皖籍思想家文库

刘飞跃 主编

朱熹 卷

ZHU XI JUAN

吴冬梅 著

全国百佳图书出版单位
时代出版传媒股份有限公司
安徽人民出版社

图书在版编目(CIP)数据

朱熹卷/吴冬梅著.—合肥:安徽人民出版社,2019.9

(皖籍思想家文库/刘飞跃主编)

ISBN 978 - 7 - 212 - 10601 - 0

Ⅰ.①皖… Ⅱ.①刘… ②吴… Ⅲ.①朱熹(1130—1200)—思想评论
Ⅳ.①C ②B244.75

中国版本图书馆 CIP 数据核字(2019)第 141168 号

皖籍思想家文库·朱熹卷

刘飞跃 主编 吴冬梅 著

出 版 人:徐 敏 责任印制:董 亮

责任编辑:袁小燕 周 羽 封面设计:陈 爽

出版发行:时代出版传媒股份有限公司 http://www.press-mart.com

安徽人民出版社 http://www.ahpeople.com

地 址:合肥市政务文化新区翡翠路 1118 号出版传媒广场八楼 邮编:230071

电 话:0551 - 63533258 0551 - 63533292(传真)

印 刷:安徽新华印刷股份有限公司

开本:710mm×1010mm 1/16 印张:23 字数:320 千

版次:2019 年 9 月第 1 版 2019 年 12 月第 1 次印刷

ISBN 978 - 7 - 212 - 10601 - 0 定价:78.00 元

绪　论

安徽这片文化沃土，自古就广袤而绵延。她山水秀丽、历史神奇、文化丰厚，先后孕育了道家哲学、建安文学、魏晋玄学、新安理学、徽派朴学、桐城文学、现代新学等，诞生了许多享誉中外的思想家，他们在中国思想发展史上，乃至世界文明史上，都产生过重大的影响，具有独特的思想文化价值。

安徽省委省政府、省委宣传部及学界，历来十分重视安徽的地域性文化研究、文化宣传和文化建设，提出了"文化强省"的战略，在打造"文化安徽"品牌、努力让安徽文化"走出去"、为提升我国的文化软实力和人类精神文明建设服务的同时，也扩大了安徽文化的对外影响。如已经出版的"徽学丛书""安徽文化精要丛书"及《安徽文化史》《安徽历史名人辞典》《朱子全书》《方以智全集》《戴震全书》《朱光潜全集》等。这些分别从安徽文化发展史和安徽个别思想家的角度，进行了开拓性的研究和整理，但是集中展示"皖籍"思想家的思想、文化及其研究成果的文献还没有。

"皖籍思想家文库"则填补了这方面的一个空白。

"皖籍思想家文库"首次较为广泛、系统、集中地展现了两千多年来"皖籍"思想家的思想原貌、文化精髓和研究水平，是一个思想长廊，是"文化安徽"的底蕴体现和实现"文化强省"目标的战略举措，也是安徽对外宣传的重大文化品牌，展示了安徽文化自信的源来，更为主要的是落实了习近平总书记系列讲话精神——传统文化是独特的战略资源，是最深厚的文化软实力；中华优秀传统文化是中华民族的精神命脉，是涵养社会主义核心价值观的重要源泉，也是我们在世界文化激荡中站稳脚跟的坚实根基；要认真汲取其中的思想精华，深入挖掘和阐发其"讲仁爱，重民本，守诚信，崇正义，尚和合，求大同"的时代价值。

"皖籍思想家文库"从政治、经济、文化、教育、哲学、美学、宗教、军事等方面，从众多皖籍思想家中选择了管子、老子、庄子、刘安（《淮南子》）、曹操、嵇康、陈抟、朱熹、朱元璋、方以智、戴震、王茂荫、李鸿章、陈撄宁、陈独秀、陶行知、胡适、朱光潜、宗白华、方东美、王稼祥、赵朴初等22位自先秦至近现代在我国思想史上有重大影响和代表性的"皖籍"思想家，以"文化皖军"方阵的形式，从思想研究"本论"和思想原典"文选"两个方面加以整理、研究，既呈现了其经典的思想，又展示了其研究的水平，使资料性、学术性、现代性得以统一，实现了对优秀传统文化的创造性转化、创新性发展。

这也是本文库的两大特色。

"皖籍思想家文库"所谓的"皖籍"，包括祖籍或本籍在皖。如淮南王刘安，其祖籍为江苏沛县，但刘安一生都在淮南，属于本籍在皖；朱熹是福建人，但他的祖籍为当时的徽州婺源，属于祖籍在皖；宗白华的祖籍是江苏常熟，但是他出生及幼年都在安徽安庆市，属于曾经本籍在皖。

"皖籍思想家文库"由安徽省社会科学院组织本院哲学、史学、文学、经济学、社会学等方面的专家学者负责指导、编撰，并特邀部分省内，乃至全国"皖籍"思想家研究方面的专家学者参与，如《老子》研究专家华中师范大学刘固盛教授，《淮南子》研究专家安徽大学陈广忠教授，宗白华研究专家首都师范大学王德胜教授，陈独秀研究专家安庆师范大学朱洪教授，胡适研究专家安徽大学陆发春教授，方以智研究专家陶清研究员，方东美研究专家余秉颐研究员，朱光潜研究专家钱念孙研究员，管子研究专家安徽省管子研究会龚武先生，曹操研究专家亳州市文化与旅游局赵威先生，陈抟研究专家亳州市陈抟研究会修功军先生，王茂荫研究专家黄山市社会科学联合会陈平民先生，王稼祥研究专家中共安徽省委党史研究室施昌旺先生等。

"皖籍思想家文库"是 2017—2018 年度中共安徽省委宣传部重大文化建设项目，共 22 册，包括《管子卷》《老子卷》《庄子卷》《刘安卷〈淮南子〉》《曹操卷》《嵇康卷》《陈抟卷》《朱熹卷》《朱元璋卷》《王茂荫卷》《方以智卷》《戴震卷》《李鸿章卷》《陈独秀卷》《陈撄宁卷》《陶行知卷》《胡适卷》《朱光潜卷》《宗白华卷》《方东美卷》《王稼祥卷》《赵朴初卷》等，每册 25 万~30 万字，包含"本论"和"文选"两部分内容，其中思想家思想研究"本论"部分 5 万~10 万字，思想家思想选录"文选"部分 20 万字以内，共约 550 万字。

由于时间仓促、课题容量限制，还有一些重要的皖籍思想家，如桓谭、杨行密、包拯、刘铭传、杨文会等，本辑未能收录，期待续集纳入。

"皖籍思想家文库"的申报、编撰、审阅、出版，分别得到中共安徽省委宣传部的主要领导及安徽省社会科学院、安徽人民出版社有关专家学者及编委和多位编辑的大力支持。

在此，表示衷心的感谢！

书中如有不妥不当之处，敬请读者朋友批评指正。

刘飞跃

2018 年 12 月

绪

论

目　录

目

录

前　言

一、精妙而丰富的思想体系

（一）精致而思辨的理学体系

理学，也称"道学"，即义理之学，是以研究儒家经典的义理为宗旨的学说。理学萌发于韩愈的"道统说"和李翱的"复性论"，奠基于周敦颐、邵雍、张载，初创于程颢、程颐兄弟，集大成于朱熹。朱熹在二程理学的基础上，建立了一个精致而思辨的理学体系，是理学之集大成者。

（二）丰富的思想体系

朱熹思想包括哲学、政治、伦理、教育、文学、美学、经学、史学、经济、法律、心学、科技等各个方面，其思想最突出之处在哲学。

朱熹哲学思想主要包括以下几个方面：其一，理生万物。朱熹在吸收张载的气本论和继承二程的理本论的基础上，主张理生万物。他认为，一切事物都是理在气的作用下生成的。理是物生成的本原，是"生物之本"；气是物生成的材料，是"生物之具"。其二，理一分殊。朱熹从宇宙论、本体论的角度建立了"理一分殊"的体系。他指出，理的整体和最高境界是"太极"，即"理一"。就其化成各种事物来说，每个事物的理又不尽相同，所以叫"分殊"。万物产生、统一于"理"，体现着"理"的整体，是"理"的具体表现。其三，格物穷理。朱熹强调认识的主体是人心的知；认识的对象是事物的理；认识的方法是"格物"；

认识的目的是"穷理"。必须通过格物才能穷理。其四，知行相须。朱熹认为，论先后，知先行后；论轻重，行重于知；虽然知行相互区别，但又相互作用——"知行相须"。其五，心统性情。朱熹继承了二程"性即理"的观点，发挥了张载的"天地之性"与"气质之性"，进一步论证了人性中"天地之性"（天命之性）和"气质之性"的关系，认为性是心之体，情是心之用，心是性与情之主宰，即"心统性情"。朱熹哲学思想是一个丰富而完整的系统，在此不能一一列出。其整个哲学思想更是如此。

二、系统而精炼的写作特点

在生平方面，力求做到简明扼要。以朱熹的哲学思想——理学为主线，分"出入佛老、复归理学、砥砺理学、践履理学、武夷讲学、奏事风波、振民革弊、庆元党禁"等八节介绍朱熹的理学心路历程。

在思想方面，力求做到系统全面。按照朱熹思想的主要内容分哲学、政治、伦理、教育、文学、美学、经学、史学、经济、法律、心学、科技、子学等十三个方面进行阐述。

在地位与价值方面，力求做到客观理性。透过笼罩在朱熹头上的光环，消弭对理学集大成者的崇拜，客观理性地描述朱熹在思想史上的价值和地位，既不夸大，也不贬低。

在文选方面，力求做到系统性和代表性。系统性表现在根据朱熹思想哲学、政治、伦理、教育等十三个方面分门别类遴选相关文字段落；代表性表现在从朱熹繁多的著述中按照思想分类筛选有代表性的相关论述。

第一章　朱熹生平简介

第一节　出入佛老

一、家世浮沉

朱氏是一个源远流长的望族大姓，婺源朱氏出自吴郡朱氏。汉灵帝时朱氏从青州过江，其中一支迁徙到姑苏，另一支迁徙到丹阳。丹阳在后汉时属于吴郡，从朱熹喜欢自称"丹阳朱熹"可以看出他认同其远祖是迁徙到丹阳的那一支。根据《绍兴城南朱氏谱》记载，唐以前吴郡朱氏应该有一脉徙居亳城。唐末亳城朱氏又分出一脉迁居偃师，到唐僖宗朝殿中丞朱涔时又重新迁徙回到吴郡。朱涔的第二个儿子叫朱瑰，字舜臣，幼名朱古僚。黄巢起义时朱古僚向南逃到歙县黄墩居住了近三十年。天祐中，朱古僚奉刺史陶雅之命，率领军队三千防守婺源，举家搬到婺源，后来任制置茶院之官，他被尊为婺源朱氏的始祖。

朱古僚资产殷富，但其后五世业儒，家道逐渐中落，到了第七世朱森，即朱熹的祖父时，家业已经一蹶不振。朱森字良材，一生潦倒不得志，却训诫后辈子弟说："吾家业儒，积德五世，后当有显者，当勉励谨饬，以无坠先生之业。"朱熹的父亲朱松，字乔年，号韦斋，宋哲宗绍圣四年（1097）出生于婺源县万年乡松岩里。那时朱家已家境清寒。朱松后来回忆说："某少贱贫，进不能操十百之金贸易取赀，以长雄一乡；退不能求百亩之田于长山大谷之中，躬耕以为养。反顾其家，四壁萧然，沟壑之忧，近在朝夕，途穷势迫，计无所出，乃始挟书操笔，学为世俗所谓举子场屋之文者。"

朱松自幼才思敏捷，二十多岁时就擅长诗文，闻名于世。他于政和八年（1118）在汴梁登进士第，宣和五年（1123）以同上舍出身授迪功郎、建州政和县尉。此时正值北宋灭亡的前夜，宋王朝风雨飘摇，危如累卵，外有金兵压境，内有方腊、宋江起义余波未平。为入闽赴官，朱松变卖田产作为盘缠，携父母、妻和弟等一家八口至政和。宣和七年（1125），朱松的父亲朱森去世，他丁忧离任。因为贫穷而无法护丧还乡，只好就地寓葬于县西护国寺。朱松在南、北宋更替的时代巨变中度过了三年的服丧期。建炎二年（1128），朱松服丧期满，调任南剑州尤溪县尉。建炎三年（1129）五月任满，开始寄居于好友郑氏馆舍。郑氏馆舍的主人是郑安道，号义斋，熙宁六年（1073）进士，官至金紫光禄大夫，郑氏馆舍是他在尤溪的南溪别墅。朱松任尤溪尉时，郑安道之子郑德任尤溪宰，其时两人结为知交。建炎三年（1129）十二月，往建州任职。建炎四年（1130）五月，朱松为了避兵乱又携全家来到尤溪，寓居在郑氏馆舍中。

朱熹的母亲祝氏是歙州歙县人，为新安祝确的独女，人称五娘。祝确祖父祝仁质富甲一方，因拥有新安郡一半的产业而号"半州"。祝家为人和善，因此很受乡人的尊重。方腊起事时，歙州郡城沦为丘墟，祝半州的家业也毁于一旦。有人为了讨好权贵，去官府上下活动，打算将州城迁到北门外。但新址地势低洼，一旦遇到洪水，积水就会高于平地数尺。乡人都不赞成迁移，准备上告朝廷，但又怕得罪权贵，招来祸事，不敢上告。祝确毅然挺身而出，带头上诉。权贵对祝确恨之入骨，给他定下违抗圣旨的大罪，欲置之死地而后快。祝确隐姓埋名，四处逃避。几年以后北宋灭亡，时事巨变，此事才不了了之，因此州城还在原处，人人受益。经过这次折腾，祝家倾家荡产，家业从此一蹶不振。祝五娘生于宋哲宗元符三年（1100），十八岁时嫁给了朱松，不久祝确家道中落。朱熹就出生在徽州朱氏和祝氏两大著姓结合而成的衰败落魄的家庭中。

二、童年苦读

闽中奇山秀水，尤溪碧水萦回，曲曲折折地横贯南剑而北上，与奔涌而来的三溪水汇为壮阔的闽江。宋高宗建炎四年（1130）九月十五日，尤溪县城北青印溪南山下，朱熹出生于郑氏馆舍，此时金人南侵，叛兵骚扰，农民起义，动荡不安。尤溪古称沈溪，朱松为出生于沈溪河畔的季子取小名沈郎，小字季延。朱松共生三子，长子、次子都不幸夭折，朱熹排行第三，因此称"季"；尤溪属南剑州，南剑州又名延平，故简称"延"，因此，称朱熹为"季延"。沈郎在家族中排行第五十二，因此又称"五二"或"五二郎"。传说朱熹出生的头一天傍晚，尤溪南溪书院对面的文山和背后的公山同时起火，大火与晚霞交相辉映，火势形成"文公"二字。朱松高兴地说："天降祥瑞，必有所印，此喜火祥兆也。"因此朱松为季子取名为"熹"，是"喜"与"火"两个字的组合。后来阴阳家们为这个婴儿的降世附会、虚构了"天降大任于斯人"的验兆，说绍圣四年（1097）朱松出世时，婺源南街朱氏故宅的古井忽然白气如云，经久不散；如今他的季子在出生的前三天，远在千里之外的这口古井又忽然紫气如虹，预示着"紫阳先生"降落人间。更为奇特的是朱熹一生下来脸上的右眼角旁有七颗黑痣，排列成北斗七星的样子。笃信地理术数的朱松曾求人算命，算命先生说："富也只如此，贵也只如此，生个小孩儿，便是孔夫子。"朱松对季子寄予厚望，但他没有想到朱熹真会成为一代大儒。

朱熹自从降临人世的第一天，就开始了颠沛流离的童年生活。当时建州民乱未息，动荡不安。为了躲避兵乱，朱松一家曾经迁居到闽东的长溪县，寓居于龟龄寺。因为朱家内外亲戚大多居住在政和和尤溪，所以他们还频繁往来于建、剑二州。范汝为兵败后，朱松重新回到尤溪。绍兴二年（1132）五月，朱松除泉州石井镇监税，南下赴任，朱熹跟父亲一同前往。

绍兴四年（1134）春，朱熹被召入朝，除秘书省正字职。朱熹则随祖母和母亲留在政和。九月，朱熹的祖母程夫人去世，朱松因丁忧而罢官，回到福建建阳家中。建阳近邻有个南剑州，是道学最初在南方的传播中心。因为朱松十分热衷道学，所以与当地道学家交往非常密切。朱熹跟随父亲在建阳度过了他的童年。朱熹生来聪慧过人，自幼沉静好思，他四岁时，朱松指着天对他说："天也。"他立即反问："天之上何物？"朱松望着儿子，刚开始非常吃惊，随后就非常高兴，最后捻着胡须笑着说："此子或可望也！"

朱熹五岁时就喜欢仰望星空,苦苦思索:"烦恼这天地四边之外,是什么物事。见人说四方无边,某思量也须有个尽处,如这壁相似,壁后也须有什么物事。其时思量得行几乎成病。"与同龄的孩子相比,朱熹显得早熟。听人说天地四方无边,他便想道:"恐怕也有个尽头吧。就像这墙壁一样,墙壁后面也总有个什么东西。"天地四边之外究竟是什么东西?朱熹终日冥思苦索,几乎思虑成疾。

绍兴四年(1134),朱松把五岁的朱熹送入小学,写下了《送五二郎读书》:"尔去事斋居,操持好在初。故乡无厚业,旧箧有残书。夜寝灯迟灭,晨兴发早梳。诗囊应令满,酒盏固宜疏。貘羁宁似犬,龙化本由鱼。鼎荐缘中实,钟鸣应体虚。洞洞春天发,悠悠白日除。成家全赖汝,逝此莫踌躇!"在丁忧期间,朱松一有时间就亲自督促朱熹的学业。

朱松在闽中十余年,仕途坎坷,出入于县镇小吏。由于朱熹的两个哥哥都在"尽室饥寒"中死去,朱松把全部希望都寄托在朱熹身上,谆谆告诫朱熹家无厚业,要立志业儒,严谨持身,好好做人。

朱熹性格内向,而勤于思考。他显得沉默孤独,落落寡合;却老成持重,才思不凡。六岁时,朱熹同一群儿童在尤溪边的沙洲上嬉闹,他独自端坐在沙洲上,用手指在沙上画着图形,大家跑过去一看,才知道他所画的图形是《易经》中的八卦符号,他们都感到很惊异。后来人们便把尤溪水岭西岸的沙洲称为画卦洲,建瓯也为附会这件事而建了一座画卦亭。

朱熹八岁时,全家迁居建州城,在城南的环溪上筑室居住,名为环溪精舍。迁居后,朱熹在父亲和塾师的指点下开始学习儒家经典,最先读《孝经》和"四书"。虽然经书枯燥且乏味,但朱熹读得分外投入。当他读完《孝经》时抑制不住内心的激动,写了"不若是,非人也"六个大字。"四书"是儒学的入门书,包括《论语》《孟子》《大学》和《中庸》。每当读到《孟子·告子上》中弈秋诲二人弈的故事时,朱熹总是掩卷沉思,发誓要专心致志、锲而不舍地苦读经书。当读到《孟子》中"圣人与我同类者"时,他高兴得手舞足蹈,立志要学圣人之学,学做圣人,"厉志圣贤之学"。

绍兴七年(1137)夏,朱松服丧已满三年,再次应召入都,除秘书省校书郎。由于经济拮据，无力携全家前往，在赴都之前，朱松把祝氏和朱熹送到建州浦城寓居。在浦城朱熹得到了父亲的老师萧子庄的儒学训蒙教育。朱松在京历任著作佐郎、度支员外郎兼史馆校勘、司勋郎官、吏部员外郎等职。这是朱松最后一次出仕，是他政治生涯的顶点和终点。

不久，朱熹也来到临安。在临安，朱熹在父亲的带领下接触到众多学者。杨由义向他传授司马光所著的《居家杂仪》。杨由义是个出入公卿之门的布衣贫士，后来官至刑部侍郎，在一次出使金国时不肯屈膝跪拜，全节而归，因此名闻于朝。绍兴八年（1138）春，朱熹见到了程颐四大弟子之一的尹焞，求得尹焞《论语解》，并亲笔抄录一遍。绍兴八年（1138）五月，朱熹见到了礼部侍郎胡寅。胡寅字明仲，号致堂，是理学家胡安国的长子，受学于龟山杨时，与其弟胡宏共同开创了湖湘派。朱松的内弟程复亨，号韩溪翁，经常来访，每次饮酒都会大醉，然后大呼高歌，他的超然物外和放荡不羁给朱熹留下了深刻印象。

北宋灭亡以后，金人亡宋之心不死，不断燃起战火，南宋小朝廷却苟安于东南半壁江山。绍兴八年（1138）三月，赵构召回秦桧入朝为相，开始了一场更大规模的投降活动。直到绍兴十一年（1141），朝廷接受丧权辱国的对金和议（史称《绍兴和议》）。因朱松与胡珵、凌景夏、常明、范如圭等人联名上书，痛斥朝廷屈辱求和。秦桧于绍兴十年（1140）春以知饶州的职名将朱松逐出京师。朱松不愿赴任，请求主管台州崇道观，从此闲居建州，直到去世。

宋代"祠官"是管理寺庙、道观的闲职，薪水不高，但比较自由。从临安回来后朱松一家仍住在环溪精舍。朱熹有时去学校，大多数时间在家跟随父亲学习儒家经典。除此之外，朱松开始系统地向朱熹传授二程的学说。朱熹开始学史，朱松亲自为他诵读汉光武帝本纪。当读到刘秀以少胜多、以弱胜强的昆阳之战时，朱熹问道："何以能若是？"朱松感慨叹息，放下手中的书，细细讲解战役详情，结合南宋衰败的现实，谈论古往今来兴亡成败。朱熹被父亲的话打动，完全领会了其中的道理。

由于朱熹聪颖，且受到良好的家庭教育，因此他的学问根基很深，诗文作得很好。朱松做过三年朝官，因反对和议而名声大振，州县官吏以及当地名人大多与他往来频繁；朱松还常常带着朱熹拜访名士硕儒，大大开阔了朱熹的眼界。

三、师事三先生

朱松罢官回家以后，先后与崇安刘子羽、刘子翚、刘勉之和胡宪四人相识，讲道论文，志气十分相契。刘子羽、刘子翚兄弟居住在崇安五夫里的屏山。刘氏庄园坐落在纱帽山下，规模宏大，中有六经堂、早赋堂、横秋阁、凉阳轩等十七景。朱熹后来为此写了两副对联："两汉帝王胄，三刘文献家"，"八闽上郡先贤地，千古忠良宰相家"。刘子羽，字彦修，在朝累官至侍从，在外历任封疆大吏，曾在川陕等地英勇抗金，战功卓著，绍兴和议后奉祠家居。刘子翚，字彦冲，号病翁，是刘子羽之弟，以文学而闻名。绍兴初年曾出任兴化军通判，后来隐退居住在屏山讲学，世人称屏山先生。刘勉之，字致中，居住在五夫里的白水，自幼颖悟，博闻强记，且擅长作文，虽然一生隐居，但是名气极大，是建州的名士。胡宪，字原仲，居住在籍溪，自幼家境贫寒，以打鱼、耕种和卖药为生。但他勤学不辍，曾就学于京师太学，后出任建州州学教授。

绍兴十三年（1143）暮春之际，朱松病势日益沉重。去世前，朱松将后事托付于刘子羽，又亲笔致书刘子翚、刘勉之、胡宪，与他们诀别。朱松在病榻上用微弱的声音对朱熹说："籍溪胡原仲、白水刘致中、屏山刘彦冲，此三人者，吾友也。其学皆有渊源，吾所敬畏。吾即死，汝往父事之，而唯其言之听，则吾死不恨矣！"三月二十四日，朱松在环溪精舍含恨离世，年仅四十七岁。刘勉之主持、料理了朱松的丧事，第二年把他葬在五夫里西塔山。

刘子羽遵照朱松的遗言，在屏山附近买了几亩地，在自己庄园的对面买了几间旧屋，稍加修葺，以供朱熹母子居住。刘子羽在给刘勉之的信中说道："于绯溪得屋五间，器用完备。又于七仓前得地，可以树。有圃可蔬，有池可鱼，朱家人口不多，可以居。"第二年（绍兴十四年），朱熹正式迁居在崇安县五夫里，他在那里住了四十八年。房子背山面水，风景秀丽，位于屏山之下，潭溪之上。因为朱松曾经在徽州紫阳山游览、读书并刻有"紫阳书堂"印章，所以于乾道七年（1171），朱熹将旧楼听事之堂刻榜"紫阳书堂"，以朱松之号"韦斋"命名东边的偏室，命名燕居之堂为"晦堂"，命名东斋为"敬斋"，命名西斋为"义斋"。统称这座五室的旧楼为"紫阳楼"，朱熹也以"紫阳"自号。

父亲没有留下什么产业，朱熹的当务之急是尽快考取进士，出仕做官。朱熹遵照父亲遗言，从建州城南迁到崇安五夫里后，就受学于刘子翚、刘勉之、胡宪三位先生。当时刘勉之已迁居建阳，胡宪则远在籍溪，所以只有刘子翚与朱熹朝夕相处。当时官宦书香之家一般都会设立家塾，刘氏家塾叫"六经堂"，设在刘家的十七景之中。学堂幽静、恬适、雅致，是潜心读书的好地方。刘子羽为了使朱熹安心读书，没有寄人篱下的自卑心理，收他为义子，使他将刘家当成自己的家，安心在刘氏家塾读书学习。先后同朱熹一起入塾和居住的诸生中，除了刘子羽的三个儿子刘珙、刘瑞和刘玶外，比较著名的有黄铢、魏掞之、方士繇、黄子衡、刘懋、欧阳光祖等，他们后来有的成了朱熹的密友、同道，有的则成了他的弟子。

在崇安城南的武夷山，九曲溪流、三十六青峰、七十二洞穴、九十九幽岩的人间奇境中，有一方"绝壁飞泉挂白龙，一帘风送玉玲珑"的水帘洞，丹崖顶上有两道流泉凌空飘洒而下，犹如珠帘。洞穴高广数十丈，可同时容纳上千人，成了三位先生讲学的天然学堂。每次外出讲习，刘子翚都让朱熹跟随左右。屏山距离武夷山有百里之远，为了方便往来，刘子翚在中途建了一所歇马庄，买了两百余亩田，以收取的地租充当饮食和住宿等费用。武夷水帘洞、刘勉之的草堂和胡宪的山居等处都是朱熹经常往返问学和聆听教诲的地方。

武夷三先生对朱熹的性格影响深远。一方面，他们一起塑造了朱熹淡泊超脱、终身以读书著述为乐的性格。三先生都洁身自好，超世脱俗。刘勉之放弃科举归隐，留下了"老大多材，十年坚坐"的美名。刘子翚三十岁便无意官场，归隐于屏山。胡宪由太学归隐后靠耕田卖药为生。另一方面，三先生又铸造了朱熹道学性格中济世忧民、坚决抗金、力挽衰世的性格。刘子翚早年辟为真定幕府，效命沙场，痛愤靖康之变而哭哀成疾。刘勉之在绍兴八年（1138）被召入都，因为反对和议，慷慨进言，遭到秦桧党羽的阻挠，失败而归。胡宪第一个上疏倡议起用被罢免很久的抗金宿将张浚和刘铸，名震朝野，因此被列为"五贤"之一。

三先生都尊崇伊洛之学。刘子翚的著作《圣传论》描绘出一个由尧、舜、禹、周文王、周公到孔子、颜回、子思、孟子的圣门互相传授的道统，是朱熹学习的主要教材之一。朱熹在刘氏家塾中受到了正规全面的儒家教育：从小学到大学，从法帖临摹到苦读经书，一面为科举入仕而攻读程文与辞章之学，一面为入"圣贤之域"而潜心研读二程的洛学。刘子翚亲自监督朱熹细读司马光《司马温公集》、陈瓘《了斋集》等范本，培养其举业的基本功。在刘子翚的悉心指导下，朱熹下功夫苦读，进步很大，他后来说："某自十六七时，下功夫读书，彼时四旁皆无津涯，只自恁地硬著力去做。至今日虽不足道，但当时也是吃了多少辛苦读书。"

刘子翚十分赏识朱熹刻苦读书的精神与超出常人的天资，在朱熹十六岁生日时，为他取字为"元晦"，还写下了祝词：

"冠而钦名，粤惟古制。朱氏子熹，幼而腾异。友朋尚焉，请祝以字。字以元晦，表名之义。木晦于根，春荣晔敷。人晦于身，神明内腴。昔者曾子，称其友曰，有若无，实若虚。不斥厥名，而传于书。虽百世之远也，揣其气象，知颜子如愚。迹参并游，英驰俊驱。岂无他人，夫谁敢居！自诸子言志，回欲无伐，一宣于声，终身弗越。陋巷暗然，其光烈烈。从事于斯，惟参也无惭。贯道虽一，省身则三。夹辅孔门，翱翔两骖。学的欲正，吾知斯之为指南。惟先吏部，文儒之粹。彪炳育珍，文华其继。来兹讲磨，融融喜喜。真聪廓开，如源之方驶，望洋渺弥，老我缩气。古人不云乎，纯亦不已。怅友道之衰，变切切而惟惟。子德不日新，则时予之耻。勿谓此耳，充之益充。借曰合矣，宜养于蒙。言而思毖，动而思颠。凛乎惴惴，惟颜曾是畏！"

"元晦"二字既寄托了老师对朱熹的厚望，也蕴含着老师的一番苦心。"元"是《易经》中的四大要素之首，是万物之本；"晦"有韬光养晦，蓄势待发的意思。朱熹时刻将老师的教诲铭记在心，他自号晦翁、晦庵、云壑老人、云台隐吏、嵩高隐吏、沧洲病叟、遁翁、云台真逸等，始终不离一个"晦"字。晚年书桃符时，他还写过"晦木谨师传"。

刘勉之和胡宪在儒学上对朱熹同样有很重要的影响。刘、胡二人是太学同学，又同样主张二程学说。刘勉之亲自为朱熹讲解张载的《西铭》，并向他传授读书之法。刘勉之个性鲜明，鄙视浮华，不附权贵，恪礼守法，疾恶如仇，耿直倔强，不苟合同流，潜移默化影响了朱熹的性格。

胡宪厅上书有"文定书堂"四个字，"文定"为北宋大儒胡安国的谥号。胡宪是胡安国的族人，为人宽厚，平易近人，性格沉静，持身谨严。朱熹经常到胡宪家中问学。胡宪指导朱熹阅读自己编著的《论语合议》，攻读张载的《正蒙》，教他修养心性。

四、心学之路

刘子翚、刘勉之、胡宪等既是道学家，又是佛门信徒，常将儒家经典与佛教经义相糅合，企图调和儒佛。这在当时的士大夫中是司空见惯的。朱松也不例外，他有很多方外之友，其中与建州尊胜院净悟禅师祖源交往密切。刘子翚在莆田做官时，认识不少僧人、道士。朱松家居后，时常与刘勉之、胡宪等谈禅。胡宪认为佛教广大精微，有圣人没有说到或虽说到但不详尽之处，甚至批评胡安国之学只能言治国而不足以语道。名僧宗杲、圆悟、道谦以及武夷山冲佑观道士都和三先生交往很密切，朱熹在耳濡目染中对佛学渐渐产生了浓厚的兴趣。

朱熹曾迷上禅学。禅宗是佛教的一支，主张通过内心体验而达到顿悟，视语言文字等外在之物为多余。朱熹找来禅宗语录，夜以继日地字字咀嚼。他向宗杲请教禅学要秘。在刘子翚家里见到僧人，他便去寻根问底，对其"鸳鸯绣出从君看，莫把金针度与人"的玄妙言谈佩服得五体投地。

朱熹认识僧人道谦后开始真正进入佛道。道谦俗姓游，崇安县五夫里人，早年出家，先后师事名僧克勤、宗杲。绍兴十六年（1146）秋，道谦应刘子羽的邀请来到刘家附近的开善寺做住持。当朱熹第一次听道谦说佛家语"昭昭灵灵底禅"时，他虽不理解，但感到很神秘，就去向道谦请教。朱熹仰慕道谦的高名，道谦喜欢朱熹的才思敏捷，因此二人一见如故。朱熹焚香礼拜，郑重向道谦求教禅学之事。道谦尽其所知，有问必答，知无不言，言无不尽。从开善寺回来后，道谦的禅语还时常在耳边响起，朱熹恍然若失。他感到过去不致力于内心体验而埋头于书册辛勤苦读，是走错了为学之路，不仅白费了光阴，还用力越多，反而离道越远，决心遵从道谦教诲，一心向禅。从此以后朱熹几乎每天都要去开善寺听道谦说法。他回到家中一直努力思索不明白的地方，留到见面时再问道谦。道谦在开善寺住了将近一年。在道谦的指引下，朱熹渐渐深入禅学，原来的学业差不多束之高阁，曾经苦读的群书也被冷落在一边。甚至在他参加乡举考试之前，刘子翚打开他的箱子，也只看到了一本宗杲的《大慧禅师语录》。

朱熹非常喜欢道谦的禅说，他甚至按照道谦的说法去参加礼部的省试，没想到竟然一举中了。朱熹运用道谦的禅说去作文而金榜高中，他因此认为道谦的禅说很管用，后来他自然而然地师事道谦，从而有了十几年出入佛老的心路历程。朱熹后来还将自己的书斋改为"牧斋"，表明他要潜心研究禅学的决心。他的第一部诗集《牧斋净稿》记载了他拜道谦为师的全部过程，然而朱熹晚年对这段历程却后悔不已。

第二节　复归理学

一、科举登仕

绍兴十七年（1147）秋，十八岁的朱熹怀着济世情怀和继承儒学、光宗耀祖的宏伟志向，到建州城参加乡贡考试。朱熹从三百多名闽北考生中脱颖而出，高中榜首，贡名礼部。当时的主考官蔡兹高兴地对人说："吾取中一后生，三篇策皆欲为朝廷措置大事，他日必非常人！"

刘勉之看中朱熹的才学，将女儿刘清四许配给他。绍兴十八年（1148）正月，十九岁的朱熹在五夫紫阳楼迎娶了刘清四，金榜题名时，洞房花烛夜。刘勉之作为岳父兼老师，对朱熹教授得尽心尽力，他主要教授朱熹四书学和张载之学。张载最有名的格言是"为天地立心，为生民立命，为往圣继绝学，为万世开太平"，也体现了刘勉之的思想。

婚后不久，朱熹抱着志在必得的信心，告别新婚妻子，不远千里到京城临安参加尚书省礼部的全国进士考试。宋代科举制度非常严格，防范严密，经、义、诗、赋、论、策等，一场接着一场考，有较深的经、史、子学及诗文功底的人才有可能及第。朱熹数年的苦读终于得到回报。

在等待放榜的日子里，朱熹重游京城。西湖侧畔有寺庙智果院，朱熹叔祖朱弁的墓在旁边。朱弁字少章，建炎二年（1128）以布衣自荐于高宗，后来出使金国，被囚十六年。绍兴十三年（1143）才得以归来，次年于临安病逝。朱弁在金受尽磨难而始终不屈服，其气节可嘉。朱熹于墓前凭吊，焚香膜拜。

终于在春寒料峭的二月盼来了放榜之日。朱熹中"第五甲第九十人"，赐同进士出身。在那个时代，一个士人考取进士是一生中里程碑式的大事，意味着被社会所承认和获得较为固定的生活来源。

按当时的规定，只要中了进士就可直接授官，仅仅赐出身的人要再经过铨试，合格的才能做官。朱熹赐同进士出身，不能直接入仕。绍兴二十一年（1151）朱熹第三次来到临安，参加吏部铨选。朱熹很快顺利通过了吏部的铨选考试，被授予左迪功郎、泉州同安县主簿待次。所谓待次，就是回家等候上述官职缺员，等到另有通知之日再赴任。

与以往一样，朱熹利用一切机会拜访名人，增长见识。朱熹在临安见到了父亲的老友钟世明。五月，他专程去湖州拜访二程的再传弟子、尹焞的门人徐度。在湖州期间，朱熹终日随侍，了解到尹焞许多言行。朱熹此行拜访的另一位名儒是范浚。范浚字茂明，婺州兰溪人，自幼业儒，隐居不仕。绍兴末年（1162）卒，年仅四十九，著有《香溪集》。朱熹特地拜访，范浚恰巧外出。朱熹偶然在范浚桌子上见到了其所作的《心箴》，赶紧读了一遍，不禁拍手失声叫道："说得太好了！"在征得他家人的同意后，亲手抄录下来，反复诵读，爱不释手。后来在作《孟子集注》时，朱熹便将此箴全文载于书中。朱熹不止一次去拜访范浚，但始终都没有见到。

二、主簿同安

绍兴二十三年（1153），朱熹接到通知赴任泉州同安县主簿。同安县地处泉州境南，濒临南海，距崇安有千里之遥。朱熹的夫人此时已有身孕，因此不能随行。四月，朱熹拜别老母、妻子及亲朋好友，独自踏上赴任之途。七月初，朱熹到达同安任主簿。主簿是古代的官名，是各级主官属下掌管文书的佐吏，主要职责是协助县令管理簿籍，催缴和整理赋税及主管文化教育等。主簿之廨在县衙的东边，只有破屋数间，依靠柱木支撑着，摇摇欲坠，几乎不能住人。县衙的西北角有一个轩，高大敞亮，是供大家在公事之余休息游玩的地方。朱熹非常喜爱这个轩，将其命名为"高士轩"，表达了他随遇而安、不因官职小而感到自卑的心态。

朱熹在其位而谋其政，他全身心投入到职事之中，夜以继日地清理簿籍，熟悉条令，逐日点对签押每一笔账目和每一项出纳，样样都要弄清楚。朱熹很快就对职责内的事驾轻就熟，了如指掌，只要有欺蔽，他就一定会洞察到。不久朱熹又被抽调到泉州，协助处理举人考试事务。科举考试官府防范非常严格，有关人员不得擅自离开，饮食起居都在试院，朱熹也不例外。

秋末公事接踵而至，朱熹连续被派往南安、民安等地，并且巡视县境。回到县城后，又被派去监督修城之役。朱熹每天都去郊原督视，因为要赶工期，不得不驱迫面黄肌瘦的乡民日夜劳作。连日的辛劳也令朱熹筋疲力尽，憔悴不堪。朱熹在同安任上度过了忙碌、琐碎的第一年。有时他禁不住对自己感到怀疑："吾一区区小吏，殚精竭虑，终日奔波，果有补于国家否？"

新的一年开始了，朱熹被派出的任务减少，于是投入全力整顿县学。县学师资不够，生员稀少，纪律松弛，形同虚设。朱熹首先将学舍两斋扩充为四斋，重新命名四斋为志道、据德、依仁、游艺。为了加强师资力量，他先后聘请本县进士徐应中为学宾，官给厨馔，以他们作为学者的表率；聘请进士柯翰为直学，专门负责讲经。为了充实生员，朱熹决定允许校外士人通过补试入学。朱熹以简驭繁，只用一幅纸写出数榜，注明补试日期，张贴告示。快到期了，吏人认为应该按照惯例考试延期，朱熹断然回答："决不延期！"朱熹认为，以往的课程内容主要目的是功名利禄，以举业为主。因此，他全面改革设置课程，以教授经义为主。请直学柯翰讲授《礼记》，他自己亲自讲授《论语》。朱熹还开辟讲座，以问答讨论的方式解决教学中的疑难。为了整饬纪律，朱熹与师生反复商议，制定学规，约法三章，违者定罚不贷。在奖掖上进的同时，对于德败行恶、屡教不改的，朱熹一定会依照学规，坚决惩治。他曾当众令人鞭打违纪的生员。他还完善考试制度，亲自出策题，考查诸生。

朱熹深知有这些还远远不够，必须使师生在思想上明白为学的内容和为学的目的，才能从根本上解决问题。他于是苦口婆心地劝说引导，将自己的理解全面灌输给士人学子。朱熹告诉他们，古人之学与今人之学的区别，古人之学优于今人之学。古人八岁入小学，学习六甲五方书计之事；十五岁入大学，学习先圣之礼乐。不仅仅教他们这些，还教他们如何修养身心。以理义养其心，以声音养其耳，以彩色养其目，以舞蹈降登、疾徐俯仰养其血脉。以至于左右起居，盘盂几杖有铭有戒，修养身心的方法和途径可谓是应有尽有。故学者所得，既可以守之以善其身，也可以推之以及一乡一国而至于天下。这就是古人之学。所谓今人之学如下：自学绝而道丧，至今千有余年，学者有名而无其实。父所以教其子，兄所以告其弟，师所以勉其弟子，弟子之所以学，除科举之业还是科举之业。新学小生自为儿童时，在其父兄如此教诲之下，因恬不以为愧，而安受其空虚无实之名，内以傲其父兄，外以骄其闾里，终身不知自力，以至到最后还只是小人，成不了圣人，连市井之人都比不上，都是深受今人之学之害。他又说，须知夫学，乃有在于科举之外，所谓学以为己者也。学以为己，即知所以正心诚意于饮食起居之间，而由之以入于圣贤之域，即始于为士，终于为圣人也。朱熹的这些引导劝谕，也是对自己此前所学的一个总结，体现了他在儒学思考中所达到的高度和深度。

为丰富县学藏书，朱熹在奉命前往福州时，为县学争取到安抚司直接拨给的九百八十五卷图书，他亲自清理县学藏书，共得旧书一百九十一卷。他又行文搜求借出在外的书籍，得到三十六卷书。他将这些书重新装订，共一千余卷，著录于籍，妥善收藏。朱熹又积极奔走，划策筹资，在县学内建起书楼一所，名曰经史阁。经朱熹的大力整顿，县学规模初具，焕然改观。士人纷纷向学。

除兴办教育外，朱熹还致力于风俗礼仪之事。朱熹曾奉命搜访境内先贤事迹，得知元祐名相苏颂乃是本县人，其所居之处有忠义、荥阳二坊，故基还在。但县人大多不知其事迹，也无人去祭祀。朱熹认为苏颂道德高尚，学问渊博，足以表率后人，于是向县里申请，改旧坊为丞相坊，又在县学内建造祠堂一间，安放苏颂画像，每年定时举行祭祀。县学举行释奠礼，以前的官吏都是草草行事，没有章法。朝廷所颁布的《政和五礼新仪》，也已不存在，没有什么依据。朱熹认为，礼仪有关风俗教化，意义重大，不可小视，便参考《周礼》《仪礼》、唐《开元礼》及本朝《绍兴祀令》，画成礼仪、器用、服饰等图，详加注释，并使师生朝夕观览，熟悉其事。他又进一步考察州县民间礼仪混乱的情况，将自己的主张写成《民臣礼议》，准备上奏朝廷。同安民俗原来不重视婚姻之礼，平民百姓"贫不能聘"，往往私奔，叫作"引伴为妻"，渐渐形成一种风气，士人富家也往往效法，常常导致纷争，甚至酿成杀身之祸。朱熹认为这是不能容忍的，这是乖违礼典，渎乱国章。为了正风俗，防祸乱，他申请于县，主张坚决禁止男女私奔，今后都要依照《政和五礼新仪》中士庶婚娶仪式行事。朱熹这些重视风俗礼教的主张和举措，贯穿了整个仕宦生涯。

经过历练，朱熹逐渐显露出治事刚直果敢、雷厉风行的为官作风。以往官户富家、吏人市户买卖田地，大多有意拖延时日，迟迟不肯受田，仗势欺人，以此拖垮破卖家计、穷苦无依的穷人。朱熹愤懑填膺，凡经手买卖田地者，一概命令其必须于当日办完一切手续，以免除乡民宿食废业之患，杜绝富家持久逼勒之弊。

在巡察本县及出差外县的过程中，朱熹越来越感到本州各县普遍存在版籍不正、田税不均和税田脱节的严重弊病。因为未经实地核查，簿籍已在很大程度上与实际情况有出入。贫苦人户或因破产失田而税籍仍存，富家巨室或因吞并田产而隐匿逃税。贫者有输纳拖欠、追呼监禁之苦，官府有隐瞒流失、财政不支之患。因此，他认为重新丈量核实土地，正籍均税，即实行"正经界"，势在必行。为此，朱熹提出详细方案，先就职权所及，对本县税籍有很多改革，在一定程度上减少了上述弊端。朱熹提出正经界，有体恤贫困、抑制豪强的意图。

绍兴二十五年（1125）夏，朱熹的宁静生活被传来的乱民消息所打破。有消息说，乱民即将攻打同安县城。县衙上下如临大敌，紧急动员，所有官吏都要率领士卒守城。朱熹与监盐税曹沆被指派把守城西北角。以往乱民攻陷城池，经常自西北而入，因此西门乃是攻守的要冲。朱熹与曹沆登上城楼，环顾四野，互相勉励道："此处若失守，吾属将死无葬身之地，可不尽力哉！"于是二人分别巡城，鼓励士卒，检查器械，部署人力，日夜守立城上，以待死战。警报稍为缓解，又与曹沆商议守城之具，居高临下，方便弓箭。而士卒平素不习，无能射者。于是在城角空地建了射圃，令士兵每日习射。不久，乱民溃去，没有到城下，一场虚惊就这样过去了。

在同安的第四年，由于主簿房舍破敝无法居住，朱熹不得不暂时搬往梵天寺。梵天寺在城东北大轮山麓，为同安名刹。新建成的兼山阁高耸于密林之端，深僻幽静。朱熹生性喜欢居住在楼阁，因此寓居在楼阁中。来同安已满三年，任期已满，他已无心久留，实际上这时他几乎与无事之人一样。不过离群索居处，正是好好读书时。在《一经堂记》中，他写下自己的新得："予闻古之所谓学者非他，耕且养而已矣。其所以不已乎经者，何也？曰将以格物而致其知也。学始乎知，惟格物足以致之。知之至，则意诚心正而大学之序推而达之无难矣。若此者，世亦徒知其从事于章句诵说之间，而不知其所以然者，固将以为耕且养者资也，夫岂用力于外哉！"

八月末，吏部派下来接替朱熹的人始终没有到。这时他正好接到去其他州出差的通知，于是准备好车辆载着一家老小，顺道送他们经泉州而北归。早春的时候朱熹按事南归，到达德化县，暂住在剧头铺僧寺中。这次出差公事不多，朱熹随身带着《论语》，一有空闲就逐章苦读。他读到《子张》篇中"子夏之门人小子"一段时，读了成百上千遍，无论怎么苦苦思索，一连三四夜一直坐到天明，就是想不通其文意、义理。又是一个不眠之夜，烛光将朱熹坐诵行吟的身影投射在窗纱上。已过三更，褴褛的衾被不能御寒，朱熹只好将它裹在身上，抱着膝盖坐着，瘦弱的躯体在早春的余寒中瑟瑟发抖。他猛然记起《明道语录》中有"君子教人有序"一段，赶紧翻身下床，一把抓起书册，将上下文飞快地读了数遍，顿时豁然开朗。

朱熹重返同安之后发现主簿廨已经坍塌，只好暂时租住在县医陈良杰之家。陈家在县廨西北一个小巷中，七弯八绕地从县廨走数百步就到了。陈家没有高墙深院，非常整洁方便，有可以会客的厅堂，也有可以读书栖息的居室。朱熹将自己的居室命名为"畏垒庵"。朱熹独自居住在陈宅，除了偶尔处理公务外，很少过问其他的事。他闭门读书，就像退隐深谷之中，与许升等几个学者一起，早晚不停地吟诵研读经典，潜心研究经典的主旨。不仅反复诵读，还讲论体验，条分缕析，字斟句酌，一定使经典通透于心，没有一丝不懂怀疑之处才罢休。在畏垒庵住了近一年的时间，朱熹专门研读了《论语》十篇。

在钻研经书的过程中，朱熹对二程的门人谢良佐的学说产生了浓厚的兴趣。谢良佐字显道，河南上蔡人，人称上蔡先生。他与杨时、吕大临、游酢并称"程门四先生"。朱熹得到谢氏的《论语解》，潜心苦读，先用朱笔勾出语意好处，熟读后又觉得朱笔勾过的地方太烦琐，便再用黑笔勾出。又读，另用青笔勾出，熟读后得到其要领，最后用黄笔勾出。如此用四种颜色的笔勾出之后，可以清晰地见到非常重要之处只在一两句上，于是日夜在这一两句上玩味体验，一直到透彻理解了才罢休。朱熹又得到《上蔡语录》一本，也采用同样的方法研读。如此反复若干遍之后，与刚开始读时体会就大不相同了。钻研得越深，体会得就越透，朱熹情不自禁地想做些什么。他搜集到题为《上蔡先生语录》《逍遥先生语录》《谢子雅言》的上蔡语录三种不同版本后，就着手进行勘比，最后校定为《谢上蔡语录》一书。该书为朱熹整理的第一部理学著作，具有重要的意义。

除《上蔡语录》外，朱熹着手注释的还有《论语》和《诗经》。在注解《论语》等经书的过程中，朱熹发现自己陷入了力不从心的境地。

三、师事延平

当年赴官同安的途中，朱熹特地在南剑州（古称延平）离开船登上岸，专门拜谒了其父朱松的同门好友李侗。李侗字愿中，南剑州剑浦人，人称延平先生。李侗年少时豪勇，常常在夜晚醉酒驰马，成年后更是闻名于乡里。罗从彦是二程的得意弟子杨时的学生，而李侗是罗从彦的学生，因此，李侗是二程的再传弟子。李侗师从罗从彦，潜心儒学数年，深得二程之学，得罗从彦的"亟称许"。李侗当时已年逾花甲，隐居不仕，正高卧剑浦著书讲学。朱熹从小就常常听到父亲谈起李侗，称其"如冰壶秋月，莹澈无瑕"，可惜从未谋面。

朱熹以后生晚辈的身份，执父礼拜见李侗，滔滔不绝地将以前所学关于儒学、释学和道学的知识倾囊而出，评古论今，旁征博引，说到高兴之处时还不自觉地眉飞色舞。李侗静静地听着，一语不发，最后他突然打断朱熹说："汝恁地悬空理会得许多，而面前事却又理会不得！道亦无玄妙，只在日用间著实做工夫处理会，便自见得。"李侗的话犹如当头泼下的一盆冷水，立刻让朱熹怔住了。稍许，朱熹怀疑地看看李侗，思忖道："吾所言这老子想是不懂吧！"

李侗为人简重，不善言辩，只说朱熹不对，不说他怎么不对，叫他只看《论语》《孟子》《六经》，并且认为释、道是异端。朱熹很不以为然地心想："何必如此多事！"李侗的话虽然触动了朱熹，使他不得不反省往日所学所得，但他始终心存怀疑而不服气。

在去同安任职的路上，朱熹反复思量李侗的告诫，觉得李侗叫他只读圣贤之书，注重日常体验和应用，不要被释道异端邪说迷惑，有一定的道理。于是朱熹试着按照李侗的话专心读经，随着时间的推移，他发现经书博大精深，意蕴无穷，读得越深入，越觉得有味，如李侗的话一样，回头再看看释道之说，觉得其漏洞百出。他立即写信向李侗报告自己的这些心得，并且请教自己读经书时的疑问。李侗六月二十六日给朱熹回信，肯定了朱熹的心得，为他解疑，强调内心体验的重要性，"承谕涵养用力处，足见近来好学之笃也，甚慰甚慰。但常存此心，勿为他事所胜，即欲虑非僻之念自不作矣。孟子有夜气之说，更熟味之，当见涵养用力处也。于涵养处着力，正是学者之要。若不如此存养，终不为己物也。更望勉。"这些标志着朱熹"逃禅归儒"重大思想转变的开始。

随着深入研究经学，朱熹对李侗的治学思想越来越感兴趣。绍兴二十八年（1158）新年刚过，朱熹从五夫里出发，步行数百里奔赴延平，这是他第二次向李侗问道，向李侗请教《春秋》《论语》中的十八个问题。李侗在讲解《论语》"吾十有五而志于学"时，勉励朱熹循序渐进，不懈努力，每十年要有一个大发展，他还说："圣人非不可及也，不知更有此意否？"鼓励朱熹朝着圣人的方向前进。

第二次向李侗问道后不久，朱熹就返回崇安五夫里侍奉老母。但他经常与李侗通信，来回反复论学，因此，朱熹经学猛进，收获颇多。绍兴三十年（1160）五月八日，李侗写信邀请朱熹见面："此中相去稍远，思欲一见未之得。恐元晦以亲旁无人兼侍，亦难一来，奈何？"当年冬天朱熹第三次到延平拜访李侗，正式拜李侗为师。从此，朱熹的学术之路进入了一个崭新的阶段。

在延平时，朱熹暂时居住在西林院，每天都到李侗的住处问学。李侗先教朱熹入门之法。他对朱熹说，学问之道不在于话多，而在于通过静坐养心而体认天理。体认了天理之后，一毫私欲都不能影响道心。李侗还告诉朱熹，"喜怒哀乐之未发谓之中"在《中庸》中占有很重要的地位。学者首先要体验喜怒哀乐未发之前气象是怎样的，求其"中"，知道天下的大本在心中，天下之理都能为心所体认。

李侗本人曾经历了一个磨砺性格而涵养心性的过程。他年轻时性格豪爽不羁，后来他克己修心，渐渐收敛，去掉了不好的习气。由此，来向他问学的弟子越来越多，以至于原来的住处都显得非常狭小，只好对其进行扩建。他曾经借了胡安国的《春秋传》和程颐的《易传》，亲自一丝不苟、一笔一画地誊写全文。他平时与普通乡人没有什么差别，不写什么，别人不问他什么，他也就不说什么。李侗的这些特性对朱熹影响很大。朱熹白天读书，议论天理，晚上静坐养心，体味当天李侗的言论。如果有疑问，他第二天再问李侗。在延平几个月的时间里，经过李侗反复启发，朱熹领会到了排除杂念，向里用功，立足内心体验在治学中的重要作用，"看来须是先理会个安著处。譬如人治生，也须先理会个屋子，安著身己，方始如何经营，如何积累，渐渐须做成家计。若先未有安著身己处，虽然经营，毕竟不济事。为学者不先存此心，虽说要去理会，东东西西，都自无安著处。孟子所以云收放心，亦不是说只收放心便了。收放心，且收敛得个根基，方可以做工夫。"

李侗为晚年能得到这样的弟子感到非常欣慰，他在给友人的信中对朱熹大为称赞："元晦进学甚力，乐善畏义，吾党鲜有。晚得此人商量所疑，甚慰。……此人极颖悟，力行可畏，讲学极造其微处。某因追求所省，渠所论难处，皆是操戈入室，俱从源头体认来，所以好说话。某昔于罗先生得入处，后无朋友，几放到了。得渠如此，极有益。渠初从谦开善处下工夫来，故皆就里面体认。今既论难，见儒者路脉，极能指其差误之处。自见罗先生来，未见有如此者。……此人别无他事，一味潜心于此。初讲学时，颇为道理所缚，今渐能融释，于日用处一意下工夫。若于此渐熟，则体用合矣。"

绍兴三十二年（1162）春二月，朱熹第四次专门去拜谒李侗。这时李侗已年届古稀，寓居建安。之后，朱熹又跟随李侗回到延平。朱熹住在西林院惟可禅师的僧房，在延平停留了近一个月，在这期间他系统地聆听了老师的教诲。李侗与朱熹二人所研究、讨论的问题，已经不局限于对个别经义的阐释，而上升到对天理、心性等深奥的哲学命题的理解。

四、上札议政

绍兴三十二年（1162）六月，宋高宗赵构在朝野一片反对和议、主张抗金声中禅位给皇太子赵昚。赵昚登基，改元隆兴，史称孝宗。孝宗即位以后，按照惯例，下诏全国，征求直言。

朱熹以监潭州南岳庙的臣职立即写了《壬午应诏封事》的初稿，寄给李侗，请他审阅。李侗给朱熹回信说："封事熟读数过，立意甚佳。今日所以不振，立志不定，事功不成者，正坐此以和议为名尔。书中论之，甚善。

见前此赦文中有和议处一条，又有事迫许便宜从事之语，盖皆持两端，使人心疑也。要之断然不可和，自整顿纲纪，以大义断之，以示天下向背，立为国是可尔。此处更可引此。又许便宜从事处，更下数语以晓之，如何？某不能文，不能下笔也。封事中有少疑处，已用贴纸贴出矣，更详之。明道语云，治道在于修己责任求贤，封事中此意皆有之矣，甚善甚善。吾侪虽在山野，忧世之心但无所伸尔。亦可早发去为佳。"朱熹接到李侗的回信后对《壬午应诏封事》进行了修改。

八月七日，朱熹生平第一篇封事，以密封直呈形式送到建宁府代呈皇帝。这也是朱熹第一次公开系统地发表自己对国家大事的见解，其中不少内容后来成为朱熹的一贯主张。朱熹在《封事》中历数和议之害，复仇之利，反和主战态度十分鲜明。主要有以下三个方面的意思。

其一，"帝王之学不可以不熟讲也"。"帝王之学"是指古代贤明君主之学。朱熹系统阐述了"人心惟危，道心惟微，惟精惟一，允执其中"十六字心法，主张要以二程所发挥的《大学》为纲领，以《六经》为基本内容等，批评孝宗喜好诗文华藻、留意老子释氏之书。他要求孝宗首先从正心诚意做起，摒去旧习无用浮华之文，攘弃似是而非的邪诡之说，遍访真儒，请他们做顾问。这样才能治国平天下。其二，"修攘之计不可以不早定也"。修攘之计就是指"修政事，攘夷狄"。朱熹认为南宋和金人有不共戴天之仇，应该停止和议，追还使人。从今以后闭关绝约、任贤使能，立纪纲、厉风俗，以图事功。数年之外，志定气饱，国富兵强，这时就可以看国力的强弱和金人弊政的浅深，起而与争中原之地。抗金则义理明，而讲和则有百害而无一利。其三，"本原之地不可以不加意也"。朱熹主张举贤才、远小人，杜绝营私舞弊，正朝廷以正监司，正监司以正守令，然后天下百姓之利病休戚可以兴除。最后，朱熹劝谏孝宗不要墨守成规，要勇于改革，实现天下大治。

上言取得了预期的效果，第二年（隆兴元年初夏）经左仆射陈康伯推荐，朝廷召朱熹赴临安待命。朱熹开始作入都的准备，其中最重要的就是考虑好面见皇帝时所要对答的内容。李侗及时来到了朱熹身边帮助他。李侗的长子李友直当时是信州铅山县尉。隆兴元年（1163）六月，李侗从建安出发，前往李友直的任所，正好途经武夷山。朱熹在五夫里潭溪之畔迎来了他曾四次登门求教的李侗，进行了第五次会面。朱熹详细汇报了应召入都的情况，并就面呈皇帝之事进一步向李侗求教。经过李侗的再三阐述，朱熹下定决心要向皇帝重申议和误国的大义，思想上从此"涣然冰释，无复疑滞矣"。李侗离开武夷山北上寻子之后，于七月二十八日再次回信给朱熹，断然指出朝廷日衰的原因是"三纲不振，义利不分"。八月，李侗过不惯与儿子住在一起的生活，返回延平，又经过武夷山，这是第六次与朱熹会面，"过其门弟子故人于五夷潭溪之上，徜徉而归"。这次不寻常的会面坚定了朱熹入都奏事的决心，他根据李侗的指点，写了面奏政见的三札。九月十八日，师生二人分别，朱熹北上入都奏事，李侗南下返回延平。

十一月六日孝宗召见朱熹。朱熹面容严肃，整齐衣冠，跪于阶下，展开奏札，直言不讳地读了三札。第一札主要讲正心诚意格物致知的"圣学"，而反对老佛。他说："臣闻大学之道，自天子以至于庶人，一是皆以修身为本，而家之所以齐，国之所以治，天下之所以平，莫不由是出焉。"他一面抨击朝臣们专好辞章记诵和出入"老子释氏之间"，一面指责沉迷老佛所带来的恶果，甚至认为国家所以不治，就是因为帝王一心不好儒家《大学》之道，而笃信佛老虚无之谈。他建议孝宗遍访真儒，讲明此学。第二札主要论述外攘夷狄的复仇之义，而反对议和。朱熹以"正其义不谋其利，明其道不计其功"的义利观为基础，分析了战、守、和三说的是非短长，论证了非战无以复仇、非守无以制胜、决不可和的主张。他根据三纲五常思想指出，父子君臣不共戴天之深仇，皇上应该摈弃利害，遵循天理，罢黜和议。第三札主要讲了内修政事之道，而反对皇帝宠信佞幸。朱熹列举了经传成文，说明制御夷狄之道不在于威强而在于德业，不在于边境而在于朝廷，不在于兵食而在于纪纲。他认为，从当今形势来看，现在所行的不完全是古先圣王制夷之道。他请求孝宗始终立足于修德业、正朝廷、立纪纲，以开纳谏诤、黜远邪佞、杜塞倖门、安固邦本四者为急先之务，要治其本，不能治其末，要治其实，不能治其名，才能实现恢复大业。

读第一札时，孝宗面容温和，不时应答；读到第二、三札关于罢黜和议、整饬朝纲时，孝宗就蹙眉沉吟，最后默不作声了。札文很快流传四方，朱熹之名因此而逐渐为人所知。但是孝宗并没有接受朱熹的思想。朝廷几天之后授朱熹武学博士之职，待缺四年。实际上当时和议已定，朱熹知道政见与朝廷不合，却仍在都下自行作着抗争，并亲登参政周葵之门抗论，反对和议。这时突然传来恩师李侗去世的噩耗。朱熹悲痛欲绝，冒着漫天风雪离开临安，赶赴延平奔丧。在李侗柩前，朱熹含悲泣拜，跪荐祭文《祭李延平先生文》，追述先生教育深恩："熹也小生，丱角趋拜。恭惟先君，实共源派。闾闾侃侃，敛衽推先。冰壶秋月，谓公则然。施及后人，敢渝斯志？从游十年，诱掖谆至。春山朝荣，秋堂夜空。即事即理，无幽不穷。相期日深，见励弥切。蹇步方休，鞭绳已掣。安车暑行，过我衡门。返旆相遭，秋凉已分。熹于此时，适有命召。问所宜言，反复教诏。最后有言：'吾子勉之！凡兹众理，子所自知。奉以周旋，幸不失坠。'归装朝严，讣音夕至。失声长号，泪落悬泉。何意斯言，而诀终天！病不举扶，殁不饭含。奔赴后人，死有余憾！仪刑永隔，卒业无期。坠绪茫茫，孰知我悲？伏哭柩前，奉奠以赘。不亡者存，鉴此诚意！"

李侗与朱熹的六次会面，成为一段佳话，是师生笃交的楷模。朱熹为了报答师恩，决心为师立言。于是他把前后六次向李侗求教的实录编成《延平答问》一书，成为李侗仅有的一部著作而传诸后世。

第三节　砥砺理学

一、衡岳论学

绍兴二十八年（1158）后，朱熹以赡养老母和抚养幼子为由，向朝廷请祠。自此以后，朱熹数次请祠，一生共做祠官十二次。祠禄为朱熹解除了后顾之忧，使他可以潜心钻研儒学，专心著述和讲学。

在李侗去世后，真正称得上朱熹思想第一次飞跃的是他关于中和问题的醒悟。《中庸》中有："喜怒哀乐之未发谓之中，发而皆中节谓之和。中也者，天下之大本也。和也者，天下之达道也。"因此一般认为，未发即是中，已发即是和。未发与已发是理学非常重要的命题。杨时—罗从彦—李侗学派一脉相承的体验未发即是指摒除一切思维活动和情感，回到完全静止的心理直觉状态，从而达到对早已蕴含于心中的万物之理的本能的、自发的认识。从学李侗后，朱熹对中和问题即未发与已发问题产生了强烈的兴趣。朱熹广泛参阅程颢、程颐及其后学谢良佐、杨时、吕大临、罗从彦和李侗的著作，同时与张栻、何镐等众多学者进行了深入讨论，还受到湖湘学派的启发，最终兼取众长，得出了"心为已发，性为未发"的结论。

与湖湘学者的论辩促使朱熹思想由"中和旧说"向"中和新说"过渡。在张栻的影响下，朱熹于乾道二年（1166）放弃了未发与已发前后相隔截的看法，建立起了未发与已发浑然不分的中和思想。朱熹从胡宏书中认识到这个"敬"，又在张栻启示下把"敬"当作存养的根本工夫。这一年是丙戌年，因此称之为朱熹的丙戌之悟。心为已发、性为未发，是指人之心总是处于不停的运动中，支配着思维和感情活动，因此是已发的状态。而心之理即性始终寂然不动，通过心的运动来体现性，因此是未发的状态。性是体，心是用。性与心统一于一体。

湖湘学派的张栻当时正在潭州讲学授徒，胡实、胡大原等一大批湖湘派学者也聚集在潭州，朱熹的朋友刘珙正好为知潭州、荆湖南路安抚使。乾道三年（1167）秋，朱熹偕弟子林用中启程去湖湘拜访张栻。朱熹与弟子跋山涉水一月之后到达潭州，受到张栻等人的热烈欢迎。他们到达潭州时，刘珙已经离任，新知州是著名的词人张孝祥。张孝祥专门派人到郊外迎接，还与张栻争着要安排朱熹他们的食宿。

朱熹在潭州会见了当地很多学者，详细了解了衡山学派的观点，先察识后涵养，即由已发到未发等观点，并深受其影响。他和张栻等人深入讨论了中和问题、太极问题与乾坤动静等问题，还交流了研读《论语》等书的心得。朱熹从张栻的许多见解中得到了启发。当然，他们有时也各持己见，甚至激烈地争论。讨论《中庸》中某些问题时，争论几天几夜也没有达成一致意见。

　　除了在州城讲学外，朱熹还经常与张栻一起渡过湘江到岳麓书院继续讨论。岳麓书院在长沙之西岳麓山脚，始建于北宋太平兴国元年（976），是宋代四大书院之一。刘珙知潭州时重新修建岳麓书院，聘请彪居正为山长，张栻主教事。朱熹与张栻二人在书院与诸生一一交谈。朱熹应张栻的请求写了"忠孝廉节"四个大字。朱熹在潭州停留两个月后，在张栻的陪同下去南岳衡山。一路风雪满天，朱熹与张栻游兴不减，一边游山一边唱酬，继续对理学问题进行探讨。

　　回来后，朱熹一开始是十分赞赏湖湘学派"先察识，后涵养"的修养方法的。然而，他在经过反复思索后又对之产生了很多疑问。根据《中庸》的本旨和程颐的原意，所谓未发与已发不是指性与心的区别，而是指心的两个阶段或两种状态。未发指心在尚未萌动时的相对静止状态，已发指心在已经萌动之后的运动状态。心始终贯穿于未发与已发的两个阶段之中。也可以说，未发与已发是心的两种状态。照这样理解的话，湖湘学派的"先察识，后涵养"，就主要只是强调要在已发时涵养，而不讲究在未发时涵养，在方法论上有一定缺陷。正确的做法是，无论是未发与已发时都要"涵养"。

　　乾道五年（1169）春，朱熹在同蔡元定进行问辩时，忽然悟到"中和旧说"不仅"非惟心性之名命之不当"，还"日用工夫全无本领"。他用程颐的"涵养须用敬，进学则在致知"思想为指导去重新研读二程的全部著作，原来总觉得矛盾的各种说法竟然都贯通了。这就是朱熹在《中和旧说序》中所说的"己丑之悟"。在这里，朱熹肯定了李侗强调在"未发"时下涵养工夫，他用"敬"代替了"静"，"静"在被扬弃的同时又被包含在"敬"中。他否定了湖湘派，用"涵养须用敬，进学则在致知"代替了"先察识，后涵养"，保留了"随事省察"，扬弃了"察识"的同时又将之包含在"致知"中。因此，朱熹的"中和新说"融合了闽学与湖湘学、二程的主静与主敬等理学思想因子，既克服了李侗之偏于静的缺少察识工夫，又克服了湖湘学之偏于动的缺少涵养工夫。

　　朱熹把自己的新说写成《已发未发说》，然后修改成《与湖南诸公论中和第一书》，寄给了张栻和湖湘学者。张栻和湖湘派学者都表示不能接受，但不久张栻便转向了朱熹，只有那些湖湘学者仍多墨守着胡氏家学不变。朱熹同湖湘学者又继续就中和说展开反复论辩，直到乾道八年（1172）他编定中和旧说，作《中和旧说序》，总结了这场论辩和自己从中和旧说到中和新说的思想历程。"己丑之悟"是朱熹在理学重大问题上获得的第二次进展，表明他在批判继承二程、李侗与湖湘学派思想的基础上，确立了主敬致知的为学基础。这时朱熹已经产生了性为心体、情为心用的思想，其心性论的"心统性情"就是由之发展而来的。

在继承二程学说的同时，朱熹高度重视理学开山周敦颐的思想。在此之前，朱熹已对周敦颐的主要著作《太极图说》《通书》进行过初步整理，在长沙刊印。朱熹后来重新编定，将《太极图说》放在《通书》之首，分章及章题恢复旧貌，又综合潘兴嗣、蒲宗孟、孔文仲、黄庭坚等人所记，纂成行实一篇，以方便读者研究。

二、寒泉著述

乾道五年（1169）五月，朝廷两次催促朱熹入朝供职，他两次推辞。一直拖延到九月朱熹的母亲去世也没有赴任。按照古制，母丧，子当庐墓三年，朝廷也不能再强请他做官。乾道六年（1170）正月，精于风水的蔡元定择地，朱熹将其母祝氏葬在建阳崇泰里后山天湖之阳的寒泉坞。从寒泉坞到潭溪有一百余里，为了便于守墓，朱熹在寒泉坞旁边盖起了几间简易的小屋，命名为"寒泉精舍"，与其子朱塾和朱埜住在那里守丧。卧室旁边还专门盖了作为讲学用的房子。住在寒泉精舍时，朱熹常常与当地及慕名而来的士人学子切磋学业，两个儿子从学蔡元定学习作文。从乾道六年（1170）起，寒泉精舍成为朱熹讲学和著书立说的主要地方。他往返于寒泉、云谷、潭溪之间，守丧结束以后也常居在寒泉精舍。在朱熹的倡导下，精舍学风渐浓，逐渐成为当地的理学中心。

乾道六年（1170），朱熹在寒泉精舍完成第一部著作《太极图说解》的初稿。他以程颐在《易传序》中说的"体用一源，显微无间"为指导思想来注说《太极图说》，确立了自己理学体系的三条原则：一是无极与太极同一。

无极即太极，都指宇宙本体"理"。二是理气相即、道器相即。三是理一分殊。一理散为万理，万殊归本于一理。"理一分殊"被确立为朱熹理学体系的重要哲学原则，他运用这一条原则建立起了其理学体系。朱熹在《太极图说解》中用程颐思想来解释周敦颐，用"主敬"代替了周敦颐的"主静"。朱熹的解说是比较符合周敦颐思想基本精神上的，尤其是其中非常重要的一句"无极而太极"。朱熹将周敦颐的"太极"解释为性命之理，也即天理。朱熹把《太极图说解》寄给张栻、吕祖谦和蔡元定三人，其后根据三人的意见不断修改。

乾道六年（1170），朱熹完成了另一部著作《西铭解》，同他的《太极图说解》共同完成了其理本论哲学体系的建构。同《太极图说解》一样，朱熹运用程颐的"体用一源，显微无间"的思想对《西铭》重新进行了阐释。虽然"天地之塞，吾其体"蕴含了气一分殊的思想，"天地之帅，吾其性"蕴含了性一分殊的思想，但是张载没有直接提出"理一分殊"。朱熹把张载的气一分殊、性一分殊改造成了"理一分殊"。朱熹的《西铭解》实质就是让《西铭》思辨化，即从本体论的高度把《西铭》的思想思辨抽象地概括为"理一分殊"："盖以乾为父，以坤为母，有生之类，无物不然，所谓理一也；而人物之生，血脉之属，各亲其亲，各子其子，则其他亦安得而不殊哉！一统而万殊，则虽天下一家，中国一人，而不流于兼爱之弊；万殊而一贯，则虽亲疏异情，贵贱异等，而不梏于为我之私，此《西铭》之大指也。"朱熹把《西铭》纳入了理一分殊的框架。

《西铭》对于张载来说具有伦理道德说的意义，而《西铭解》对于朱熹来说具有哲学本体论的意义，是理一分殊的具体运用。从这个意义上来说，《太极图说解》和《西铭解》使"理一分殊"初具模型。

当弟子向朱熹问起《太极图说》和《西铭解》时，他说："自孟子以后，方见有此两篇文章。"可以看出朱熹对这两篇文章的溢美之词。朱熹从本体论上把这两篇文章联成一个整体，他曾对弟子说："如云：'五行，一阴阳也；阴阳，一太极也；太极，本无极也。五行之生也，各一其性。无极之真，二五之精，妙合而凝，乾道成男，坤道成女。二气交感，化生万物，万物生生，而变化无穷焉。便只是'天地之塞，吾其体；天地之帅，吾其性。只是说得有详略缓急耳。'"朱熹在《太极图说解》和《西铭解》中把"理一分殊"提到了哲学本体论原则的高度。乾道八年（1172）十月，朱熹正式修订成《西铭解》，并写了一篇《西铭后记》，对他同张、吕等人讨论的"理一分殊"进行了总结。之后朱熹还不断地从理论上充实完善"理一分殊"。

朱熹在寒泉精舍完成了他对其史学体系的建构。朱熹正式确立了二程学派道统的标志是《伊洛渊源录》一书的完成。乾道八年（1172）四月，他完成了《资治通鉴纲目》初稿。《通鉴纲目》是根据司马光的《资治通鉴》《目录》《举要历》和胡安国的《资治通鉴举要补遗》四书编成，大致"踵编年之成文"，具有开创新史体的意义。纲目采用编年形式叙事，每件事都分为纲要和细目两个部分。纲要模仿《春秋》，运用大字简叙总括的提要，细目模仿《左传》，运用分注方式逐条详细叙述细节。朱熹几乎到去世都没有中断过对《纲目》及其《凡例》的修改。

乾道八年（1172），朱熹编成《八朝名臣言行录》。此书前集有十卷，共录五十五人，后集有十四卷，共录四十二人。全书缀辑了前人的著述材料，注明出处，采辑面广，有代表性。朱熹站在理学的立场上取舍材料，不以自己的主观好恶对待史实，客观全面地叙述历史人物的行事，兼取不同说法的材料，较完整地呈现了一代政治活动家言论行事的全貌。

三、湖湘论战

在三年守丧期间，朱熹除讲论外，还通过书信与四方学者展开了广泛的学术讨论。他与湖南学者们论辩了中和说和察识涵养问题，还与吕祖谦、张栻讨论胡宏的思想。寒泉精舍成了他与吕祖谦（金华）、张栻（长沙）三人鼎足而立的理学研讨中心。

乾道五年（1169）以后，朱熹同湖湘派的分歧全面暴露，他在与湖湘派的论战中发展了自己的理学体系。这场论战从乾道六年（1170）开始，先后形成"性说""仁说"和"心说"三个讨论的高峰，到淳熙元年趋于沉寂。其论战成果有：《知言疑义》《仁说》《观心说》《观过说》《尽心说》《巧言令色说》《论语或问》《论性答稿》《明道论性说》《定性说》等一系列著作和大量的往返书札。

论战从批评湖湘派的《知言》开始。乾道六年（1170），朱熹把《知言》归纳为八条加以批判："《知言》疑义，大端有八：性无善恶，心为已发，仁以用言，心以用尽，不事涵养，先务知识，气象迫狭，语论过高。"他以这八条为纲写出《知言疑义》，对湖湘派思想进行初步的批判。朱熹在《知言疑义》中批评了湖湘学的五个方面思想：一是性心体用、心以成性说。二是性无善恶说。三是天理、人欲同体异用说。四是心无死生说。五是先察识后涵养说。从《知言疑义》可以看出朱熹与湖湘学派思想的分歧已经从中和说扩大到整个理学体系，它是朱熹同湖湘学者进行论战的总纲，这场论战便以《知言疑义》为起点沿着"性说""仁说"和"心说"三条线展开。

论战最初是围绕"性说"进行的。乾道八年（1172），湖湘学者同朱熹在论性上形成了一个高潮。乾道八年（1172）五月彪居正赴省时特地经过寒泉同朱熹面对面讨论，认为张栻"见大本未明，所以被人转却"。吴翌、胡实、胡大原等都主张性无善恶、性体心用、天理人欲同体异用。朱熹认为《知言》"与告子、杨子、释氏、苏氏之言几无以异"。他指出性无善恶的说法是杨时从庐山东林浮屠常总的禅说里得来的，杨时曾问常总："性岂可以善恶言？"常总回答说："本然之性，不与恶对。"杨时把这种观点传给了胡安国父子。朱熹在给胡实信中就用这一事实否定了他"别有无对之善"的说法。坚守家学的胡大原在论辩中坚持己见。朱熹考虑到双方的争持不下和自己"颇得罪于人"，便在乾道八年（1172）给胡大原的最后一封信中表示可以各存其说。这一年八月，他把自己问答性说的论辩文字编为《论性答稿》，并写了一篇后记，总结了这场性说论战，对自己的性说思想作了补充，形成了较为完整的性说体系。

朱熹与张栻在岳麓之会时讨论的重要问题之一是"仁说"。在共定《知言疑义》以后，张栻在仁说上逐步同朱熹达成一致。乾道八年（1172），编定《论性答稿》和写成《仁说》标志着论战的重心从"性说"转到了"仁说"上。

湖湘派在"仁说"方面推崇上蔡"以知觉为仁",先识仁体后为仁,先知后行。朱熹认为孔孟书中说"仁"的地方是仁说,不说"仁"的地方也有仁说的意思,只选有"仁"字的句子编成书是不全面的。他在给张栻的信中针对湖湘派的"仁说"说,二程以前学者都以"爱"说仁;二程以后学者都离"爱"说仁,造成悬空说仁、忽略操存涵养功夫的流弊。朱熹主张以"爱"求"仁",想建构一种能够把知仁与为仁统一起来、把认识仁的"知"的工夫与涵养仁的"行"的工夫统一起来的"仁说"体系,把敬、知双修、交相为助的原则贯穿到"仁说"中。朱熹在乾道八年(1172)正式写出的《仁说》标志着程朱学派的"仁学"体系诞生了。

朱熹的"仁学"体系以天人合一为基础,以"心统性情"为框架,认为,心之德即仁,人之心有仁义礼智之四德;心统摄性情,未发为性,故性中具备仁义礼智之四德,而仁包纳着四德;已发为情,故情中具备恻隐、羞恶、辞让、是非之四端,而不忍人之心包纳着四端;性之未发为仁之体,情之已发为仁之用;性、情相通,爱之理为仁,爱之发为情,故以"爱"名仁虽然为非,但是以"爱之理"名仁则是,不能离开爱去说仁;求仁也即存心,也即克己复礼,灭人欲而存天理。朱熹利用儒家学说、通过思辨构造出理学之"仁说"体系,把理、心、性、情、仁、爱、知等都糅合在"仁"的思想中。朱熹把孔子提出的"仁"理论化、思辨化、体系化了。

张栻在"仁说"上渐渐与朱熹趋于一致,吕祖谦也渐渐倾向于朱熹。张栻在乾道八年(1172)根据朱熹的意见修改了《言仁录》,并把两人往返的问答讨论附于书后。在这段时间,朱熹与张栻的论辩主要围绕三个问题进行:一是仁是否包纳四德,不忍人之心是否包纳四端。张栻认为仁是指至善之体,与义礼智相对,义礼智同不忍人之心都指已发,故仁既不包纳四德,不忍人之心也不包纳四端。朱熹指出张栻的错误是"但知仁之为善,而不知其为善之长";"但知已发之为爱,而不知未发之爱之为仁";"但知仁之为性,而不知义礼智之亦为性";"但知仁之无所不体,而不知仁之所以无所不体"。二是能否以"爱"名仁。张栻根据二程的说法不同意以爱名仁,认为爱与仁没有关系,仁是体、是性,爱是用、是情,如果以爱名仁,就是"指其用而遗其体、言其情而略其性"。朱熹认为自己不是以"爱"名仁，而是以"爱之理"名仁，这是"因其性之有仁，是以其情能爱"，是以"性"之体指"情"之用。三是能否以"知觉"言仁。张栻放弃了湖湘派以"觉"为仁的思想，但仍主张上蔡"心有知觉"的说法，把心有知觉同以觉为仁混为一谈。朱熹认为，仁包纳四德，知只是仁所兼包的四德之一，知觉是智的发用，因此"谓仁者心有知觉则可，谓心有知觉谓之仁则不可"。张栻在乾道九年（1173）开始赞同朱熹的观点，在这一年秋他也写成了一篇《仁说》寄给朱熹看，两人的"仁说"已大致相通。张栻在这一年冬又根据朱熹的意见修改了《仁说》和《言仁录》，而朱熹也修改了自己的《仁说》，两人共同表示了结束"仁说"论辩。

乾道九年（1173）以后，论战的重心又从"仁说"转到了"心说"。朱熹把湖湘派的"心说"当作释氏之说来批判。湖湘派也与朱熹一样认为心具众理，但主张"以心观心"，故上蔡有"知此心，则知仁"的说法，胡宏主张"以放心求心""察识仁体""察识端倪"，这是一种向内心的自我观照。朱熹主张"以心观物"，认为"以心观物，则物之理得"，只有向外即事、即物而穷究其理，才能"全其本心廓然之体"，这是一种自外向内、内外兼修的认知方式和修养功夫。他在同湖湘学者论战中专门写了《尽心说》。

论战围绕三个问题展开："道心""人心"是指一心还是二心？操存本心之前是否先要察识心体？是以心观心还是以心观物？以心观心的说法实际上承认了人有两个"心"，把"道心"与"人心"看成分开且对立的两个东西，可以以此心观彼心。朱熹认为"道心"与"人心"其实是一心，是人心的两种趋势，他主张"即人心而识道心"，人之心在下操存、主敬、涵养等功夫后，"人心"被"道心"所主宰，此时人之心便为"道心"。在操存之前并不存在以彼一心察识此一心。

在淳熙元年（1174）朱熹主要批判吕祖俭的观点。吕祖俭受胡宏的影响，主张察识本心。朱熹在同时给石塾信中说："今人著个'察识'字，便有个寻求捕捉之意，与圣贤所云操存主宰之味不同。此毫厘间须看得破，不尔，则流于释氏之说矣。如胡氏之书，未免此弊也。"朱熹认为吕祖俭有"存之未熟而遽欲察识之过"。在朱熹看来，先察识仁体、端倪、本心等说法，都是借鉴了以心观心的释氏之说，所以他特别批评胡宏的"以心观心"。

在乾道八年（1172）朱熹开始批评吴翌的"观过知仁"是以"心既有此过矣，又不舍此过，而别以一心观之；既观之矣，而又别以一心知此观者之为仁，若以为有此三物递相看觑"为根基的。到淳熙元年（1174）他在同吕祖俭、何镐、石塾等讨论操存、尽心、养心、存心等问题时，否定了以心使心、以心存心、以心尽心的说法，认为"存者，此心之存也，亡者，此心之亡也。非操舍存亡之外，别有心之本体也"。这一年吴翌因奔其母之丧来到崇安，所以同朱熹面对面更详细地讨论了以上问题，他们二人的观点仍旧不能达到一致。于是朱熹写了《观心说》，直接批判了《知言》"以心观心"与彪居正的"问心"二章。朱熹的"心说"是在心统性情下主张"心观"，同湖湘派的"观心"相对立；主张"本心自操"而同湖湘派的"以心操心"相对立；主张"以心观物"而同湖湘派的"以心观心"相对立。所以他以"本心穷理""顺理应物"反对"以心求心""以心使心"；以即物的"实理"反对"观心"的"虚理"。他把尽心说、养心说、存心说、操存说等借助于敬知双修的原则糅合融贯成一个"心说"体系，使之统摄于"十六字心传"之下，使"十六字心传"理论化，并且获得了特定明确的学派思想内容。

湖湘论战从乾道六年（1170）到淳熙元年（1174）整整延续了四年，经过论战，朱熹的理学体系大体全面确立。淳熙元年（1174）以后，朱熹批判的主要对象已经不再是湖湘学，因为"临川之说方炽"，所以主张心学的陆九渊兄弟成了朱熹与张栻共同关注的目标。

四、朱吕陆三会

乾道九年（1173），朱熹的长子朱塾到金华受教于吕祖谦，因此朱熹同吕祖谦的学术交往较之以前更加密切了。到淳熙元年（1174），陆学在江西和两浙一带的影响很大，朱熹和吕祖谦都面临如何对待陆学的问题。

淳熙二年（1175）三月二十一日，吕祖谦偕潘景愈从婺州启程，四月一日到达五夫同朱熹相见。

朱熹陪客人住在寒泉精舍，讲学论道。在以后的十几天时间中朱熹与吕祖谦两人一起研读周敦颐、张载、程颢、程颐的著作，从他们四人的十四种书中辑录出了六百一十二条，编成了《近思录》一书，大致实现了两人统一认识的目标。全书十四卷，一是道体，二是为学大要，三是格物穷理，四是存养，五是改过迁善、克己复礼，六是齐家之道，七是出处、进退、辞受之义，八是治国、平天下之道，九是制度，十是君子处事之方，十一是教学之道，十二是改过及人心疵病，十三是异端之学，十四是圣贤气象，构成了一个完整的理学体系。在《近思录》中朱熹借用周、张、二程的语言建立了其简明精巧的理学体系，标志其学派及思想的正式确立。

在闽中逗留五十余日后，朱熹陪吕祖谦离开崇安，去信州铅山鹅湖寺会见陆九渊、陆九龄等闽、浙、赣学者，这就是著名的"鹅湖之会"。鹅湖山在铅山县东北十五里，传说东晋时有双鹅自空中飞来降落此地，繁衍育成数百只小鹅后又飞走了，故名鹅湖。唐大历中大义智孚禅师植锡铅山中，双鹅又飞回来了。山麓的仁寿院是禅师建的，今名鹅湖寺，是朱、陆、吕相会讲学的地方。

陆九渊字子静，江西金溪人，为南宋心学派的代表。其兄陆九龄，字子寿。乾道末年，二陆之学渐渐闻名于世，江西士人争相学习。陆学注重内心体验，强调心在道德修养中的主导作用，不特别注重读书接物等外在的修养，因此朱、吕二人都不赞同陆学，朱熹甚至认为陆学犹如禅学。

到达鹅湖后，吕祖谦首先问陆九龄别后新作功夫。陆九龄吟诗道："孩提知爱长知钦，古圣相传只此心。大抵有基方筑室，未闻无址忽成岑。留情传注翻蓁塞，着意精微转陆沉。珍重友朋相切琢，须知至乐在于今。"诗念了一半，朱熹回头对吕祖谦说："子寿早已上子静船也！"陆九渊接着道："途中某和得家兄此诗。"诗云："墟墓兴衰宗庙钦，斯人千古不磨心。涓流积至沧溟水，拳石崇成泰华岑。易简工夫终久大，支离事业竟浮沉。欲知自下升高处，真伪先须辨只今。"诗句批评朱熹留情传注为"支离事业"，将两家学问的异同提高到真伪之辨。朱熹听后一言不发，拂袖而去。

第二天，朱熹与吕祖谦商量出数十个问题，责难陆九渊。陆九渊能言善辩,"悉破其说"。在之后的几天里,双方唇枪舌剑,各不相让。陆九渊斥朱熹之说为"意见",朱熹回答说:"邪意见不可有,正意见不可无。"陆九渊说:"此是闲议论。"朱熹回应说:"闲议论不可议论,合议论则不可不议论。"他们论辩的内容十分广泛,论辩的中心是关于"易简"与"支离"的问题。双方都坚持各自立场,没能说服对方,鹅湖之会无果而终。六月八日,吕祖谦告别朱熹东归,朱熹返回崇安。

鹅湖之会后朱熹同吕祖谦、张栻在经学上继续展开交流讨论。许多经学的具体问题在寒泉之会、鹅湖之会上还没有来得及交换看法,朱熹在鹅湖回来后又有了新的思想,他感到有同吕祖谦再次见面讨论的必要。

淳熙二年(1175),汪应辰卒于三衢。朱熹打算趁哭祭汪应辰时,邀吕祖谦南下三衢见一次面。三衢之会的地点定在开化县的听雨轩,会上朱熹和吕祖谦在诗经学上爆发了第一次争论。朱熹在乾道九年(1173)修订《诗集解》时以毛郑为主,尊崇《毛序》,但是在淳熙二年(1175)鹅湖之会后对《毛序》产生了怀疑,把乾道九年(1173)本《诗集解》视为旧说准备加以扬弃。吕祖谦是南渡以来专门主张毛郑《诗》的经学大家,淳熙元年(1174)他开始写作《吕氏家塾读诗纪》,其中有一本重要的参考书就是朱熹乾道九年(1173)的删定本《诗集解》。淳熙二年(1175)冬他在全部读完《诗经》以后写信给朱熹,对朱熹的《诗集解》的一些具体注解表示了不同看法,但是对《诗集解》依旧多有所取。在三衢之会以后,朱、吕两人在《诗》经学上出现了分歧。

在《尚书》学上,朱熹与吕祖谦也开始出现分歧。吕祖谦是林之奇的弟子,林之奇是《尚书》学大家,因《尚书集解》而闻名于世。林之奇的《尚书集解》只解到《洛诰》,吕祖谦以续师说为完书为己任。吕祖谦的《书说》从《洛诰》以下开始注解,一直解到《秦誓》。吕祖谦解《书》继承了林之奇的方法,认为传世《古文尚书》和《孔传》不是伪书,但有很多求全、巧说、强解的毛病。朱熹表示不同意,因为《尚书》中有伪篇,他抱着对前儒之说的怀疑精神和对经书本身的求实精神,主张知之为知之、不知为不知,遇到不懂的地方,宁愿不作注解,也不要自以为是地注解,所以反对吕祖谦勉强对《尚书》全书作注解。

朱熹与吕祖谦在《易》学上也开始有争论。鹅湖之会后，朱熹发现《易经》原本是一部卜筮之书。三衢之会前，他把这一新发现告诉了吕祖谦，同依旧坚守义理易学的吕祖谦发生了矛盾，在三衢见面时两人不可避免地对此展开讨论，但没有达成一致意见。

乾淳以来在婺地兴起的学派中，东莱吕祖谦为"性命之学"，龙川陈亮为"事功之学"，悦斋唐仲友为"经制之学"，三家一个是"以性命绍道统"，一个是"以皇王帝霸之略志事功"，一个是"以经世立治术"。吕祖谦之学有兼包事功学和经制学的特点，朱熹对此表示不赞同。

三衢之会是朱熹经学与理学思想发展上的又一个重要里程碑。在三衢之会后，朱熹开始一边批判婺学的功利史学，一边批判陆学的禅悟心学，并克服自己学问的"支离"，对自己的生平学问著述初步完成了一次由博返约的总结。

第四节　践履理学

一、知军南康

淳熙五年（1178）三月史浩除右相后立即引荐了朱熹、吕祖谦、张栻和辛弃疾等著名人物。尚书省八月下札任命朱熹知南康军。朱熹立即上了辞免状。尚书省不允许朱熹不赴任，十月又命令朱熹直接去南康上任。朱熹原定入都面奏皇上的打算落空，便上札请祠。宰辅们都写信劝朱熹赴任，吕祖谦也认为朱熹作为一代儒宗应该赴任，正好可以"使世见儒者之效"。朱熹在这种情势下连上三札请辞，但十二月省札再催朱熹赴任，他只好在淳熙六年（1179）正月边上状乞宫观，边启程到信州铅山崇寿寺待命。一直等到三月省札又催，他才上路，于三月三十日到达南康。

南康虽然风景秀丽，但是土瘠民贫。朱熹在到任后的第一道榜文中宣布了宽民力、敦风俗、砥士风三条施政大纲。朱熹认为民俗败坏和士风萎靡的根源在于苛政造成的民力穷困，所以他从宽民力入手来振厉民风士气。

南康辖星子、都昌、新昌三县，其中星子县人烟稀少，田畴荒芜。因此朱熹于六月上了一道《乞蠲减星子税钱状》，但遭到上自朝廷议臣、下至漕司的反对。淳熙七年（1180）二月朱熹上第二状驳斥了朝议妄说，乞蠲星子县细绢一千五十余匹，钱二千九百余贯，却没有得到回音。都昌县百姓终年在山中烧炭，炭每斤只值五六文钱，但奸吏滑胥通过辗转以物折钱、以钱折物的折算层层增税加额，造成"民力重困，多挂欠籍，追逮督迫，几不聊生"。朱熹一到任先奏申提点坑冶司乞请裁减税额，接着又向朝廷上《论木炭钱利害札子》，奏请照旧以本色木炭交纳，不折钱绢。但泉司拖延迟迟不予解决，朱熹又连上二札，泉司才在淳熙七年（1180）四月同意岁减木炭钱二千缗。但福建漕司又出来从中阻挠，朱熹无可奈何。

南宋地方每年征收秋税都被上等富户把持，公吏明目张胆侵吞税收，滥加损耗。朱熹将秋苗每石减去加耗一半。因为秋苗加耗同官粮、军粮问题联系在一起，所以处理起来十分棘手。南康一军秋苗年额四万六千余石，上供四万石，剩下六千余石由漕司桩管在南康军。这六千余石因旱涝不时，民户逃移死亡，每年无户可催，从来没有收发齐全过；其中收到的一部分，南康军无权支用，只好任其积压腐烂。因此，南康一军官吏军兵一年要吃用粮二万七千余石没有着落，全靠从民户输纳的苗米中多收加耗、高量、斛面等来解决，这是南康军税重赋苛的重要原因。朱熹奏请漕司今后将六千余石归拨本军应付军粮，同时"将淳熙三年、四年、五年未起零残之数悉从蠲免"，这样也可防止奸吏在秋苗中巧作名色额外加耗，减轻民户负担。但漕司敷衍朱熹，实际上一粒都不给，未起发的还要照数收齐。朱熹束手无策。

朱熹也想在免役上有所作为。在《申免移军治状》中愤怒指斥说移动一军劳民动众，有害无利。朝廷对朱熹的这些奏请大多不予理睬，下面县官依旧乱派夫役，借公行私，妨碍农时，成为民户的大害。朱熹虽发布了一则《约束科差夫役》，立法十分严苛，但没有得到落实。减税免役不可避免要损害强宗豪右和贪官奸吏的利益，遭到上起朝廷权臣，下至监司要员、县衙奸吏和乡里豪横的反对。朱熹在减免赋役上还没有取得多少成绩，就引起很多谣言，说他"治财太急，用刑过严"。

为了敦民风、砺士气，朱熹发布了一道"宽恤民力，敦厉风俗"的牒文，命杨教授、毛司户负责美人伦、厚教化的具体事项。主要有：寻访矢忠帝室的晋太尉陶侃的遗迹；为武功超卓的晋太傅谢安、高风亮节的隐士陶潜立祠；重建白鹿洞书院；旌表累世义居、嫠妇守节的义门洪氏；为晚年居住在庐山讲学的周敦颐立祠；寻访清廉刚直的陈了翁的遗迹等。朱熹几乎调动了南康的全部前代有名的忠臣孝子、义夫节妇，宣扬忠孝节义，弘扬光大儒家思想，试图力挽这衰世的颓风。在短短几个月中，他在学宫讲堂东面建成了周濂溪祠，在讲堂西面建成了陶潜、刘涣、刘恕、李公择、陈瓘五贤祠堂，还请诗人江西提举尤袤作了一篇祠记。在城西门外修复后的刘涣墓旁建壮节亭，在栖贤西涧刘涣旧隐处建"清净退庵"。在江中"渊明醉石"上建"归去来馆"小亭。派遣使者吊祭唐孝子熊仁瞻墓。奏请朝廷为陶侃加爵封号，"御赐"庙额。修葺了军学，奏请将"泗水侯"孔鲤列于学宫从祀之位。这一切与朱熹的减税免役相结合，使南康一时出现了百废俱兴的气象。

南康的百姓受佛道的影响很大，很多穷人家的孩子都抛弃父母出家，朱熹认为这些都是败坏三纲五常、丧失人伦孝道的。为了改变这种状况，朱熹对《孝经·庶人章》作通俗注解、印刻，颁发到家家户户，让他们仔细诵读，弘扬三纲五常和人伦孝道。朱熹还利用"礼"来整顿维系涣散的三纲五常，礼与刑并施以调整人伦和人际关系。一方面，导之以礼。朱熹根据《礼经》在淳熙六年（1179）颁布了《晓喻兄弟争财产事》《严别籍异产之令》等，引导人们像熊孝子、洪义门一样孝悌忠信。他还重视冠、婚、丧、祭的家礼，淳熙七年（1180）他向尚书省礼部上了《乞颁降礼书状》，奏请降下《政和五礼新仪》。朱熹把这部《政和五礼新仪》作为"化民善俗之本"印造颁发，让家家都使用。后来朱熹感到《政和五礼》还有不完备的地方，再上了《乞增修礼书状》，对其作了修补。另一方面，绳之以法。朱熹用严刑判处谋杀亲夫的阿梁狱案、私买板木与争闹斗殴的马辛狱案等，甚至锄除恶霸权豪。

朱熹认为学风的不振导致士风的败坏，他通过整顿学校向士子传输理学思想以重振学风和士风。朱熹整饬军学，在周濂溪祠中挂起了其画像，重新校订印刻《太极通书》，发给诸生诵读。他请临江军新淦县尉来军学傅道堂主盟文社，军学"教授总司教条，每日讲书，次日覆，三八日出题，四九日纳课，择精勤者书考以示劝，无籍者给食，有籍者以次差补职事，其不率教者，则有规请贤父老，勉其子弟，努力从事于学"。学校推荐有志于学的平民子弟入学，选用德才兼备的名流担任学职，同时却下放那些喜好穿凿经义、断章出题的教官到郡学中去。朱熹自己也经常同学官们讲论经旨，他每隔四五天就到学宫中去亲自讲授《大学章句》《论语集注》等。当时全国的郡学大都弥漫着舞弄辞章、模拟程文的腐烂举业气氛，朱熹对军学的整饬取得了很大效果，南康军学面目因此焕然一新。

淳熙七年（1180）皇帝诏令各地官员直言上陈民间利弊。朱熹立即写成数千字的《庚子应诏封事》，密封上呈。《封事》的主要思想是：天下国家的根本任务在于体恤百姓，体恤百姓的关键在于省赋，省赋的关键在于治军；要做到治军、省赋以致体恤百姓，关键在于君主要正心术、立纪纲。《封事》体现了朱熹治国安邦思想的总纲，是他一年多来体察民情、思考民情的成果。《庚子应诏封事》是孝宗即位近二十年来受到的最尖锐的批评，孝宗读完《封事》就勃然大怒，经过宰相赵雄的劝说和周必大等人的极力周旋后才罢了。朝廷假装采纳了朱熹的建议，实际上对他不理不睬。朱熹因此而不断地请祠，他到南康任上才一个月，就两次请祠，又一再上章自劾乞归。

在上《封事》后不久，南康军发生了特大旱灾。从五月到七月滴雨未下，土田龟裂，禾苗枯焦。朱熹正好借助严重的灾情减赋免税，把《封事》中说的省赋、治军、恤民贯彻到赈荒中，从减赋和赈济两个方面着手救灾。

朱熹首先发布告示安民。告诉百姓官方已经采取措施多方救助，劝告他们一边抗灾，一边等待官府救济，要安于本土，不要轻易背井离乡。朱熹告诫各县官吏要共同救荒，以至公至诚之心相处，使民受惠。他认为，在灾荒时更应当深切体会民间疾苦，广泛施行仁政。朱熹请求早降圣旨，按检定的旱情减免赋税；请求免除百姓淳熙三年（1176）以前所欠的钱物，禁止再催；请求暂缓交纳本年夏税，待来年再说。根据灾情，他后来又请求将缓交的夏税一律免除，将受灾次年原已除放的上供钱物全部免交。

农田失收，饥民嗷嗷待哺。当务之急是筹集足够的钱米。朱熹火速收聚库中所存三万贯现钱，专门用来救荒。他盘点本军常平仓现存七千八百余石米。他又上奏朝廷，将上年所欠及本年应纳一万四千余石上供米全部截留。他又先斩后奏，擅借二万四千余贯上供钱存留。他又向本路安抚司、转运司、提举常平司申请，得到贵溪五千石常平米，池州五千贯常平钱。在短时间内，由于四处斡旋，朱熹就筹集到六七万贯现钱，三万余石米谷。此后，他仍不断向朝廷及上级官府呼吁请求，以确保灾民安全度过饥荒。

有了现钱后，朱熹将重点转向蓄积米谷。他首先就地取材，通过民间推举、官府核查的方式，调查管内富裕之家存粮状况，开列出有余粮的富户名单。然后由县官出面，设置酒果，以礼敦请，晓以利害，动员富户将余粮平价出售，接济饥民。又派人往丰收的外州、外路买粮食和吸引外地粮商前来卖米。朱熹采取的系列措施，使南康军境内粮价平稳，库存充足，为安全度荒做好了充分的准备。

朱熹在全力救灾的同时，着眼于来年和长远，动员百姓积极从事农业生产和兴修水利。他申奏朝廷，强调兴修水利的益处：免除沉船、溺人的祸害；使饥民因服役而得食，这也是间接地救荒。

新年伊始，南康军正式开场，救济灾民。由于充分准备，米源充足，各粜场有条不紊地进行。三个月后南康喜得雨雪，土地得以滋润，麦苗渐渐长势喜人，粜场也顺利结束。因此，三县人口得以平安度灾，很少有流亡的。孝宗因为朱熹修举荒政，赈灾有功，所以特授予他直秘阁之职，以资嘉奖。

二、白鹿洞书院

为了整顿学风士风，朱熹修复了白鹿洞书院。白鹿洞在庐山五老峰南二十余里，同登封嵩阳书院、长沙岳麓书院、商丘应天书院并称为宋代四大书院。但南渡以来几经兵乱，书院已经焚毁不存，基址埋没在荒草之中。

朱熹一到任就四处寻访。淳熙六年（1179）十月十五日，在行视阪塘时经樵夫指点在李家山找到白鹿洞书院的基址。朱熹在弟子刘清之等人的资助下，由教授杨大法和星子令王仲杰负责，到淳熙七年（1180）三月修复了白鹿洞书院，共建二十余间学舍，增置建昌东源庄田为学田。朱熹自任洞主，先招二十名生员，到九月又任学录杨日新为书院堂长。朱熹特地请吕祖谦为白鹿洞书院做了一篇《白鹿洞书院记》，阐述了重建书院的宗旨，刻石树碑。在书院的彝伦堂，朱熹还写了一副对联：

　　　鹿琴与游，物我相忘之地；

　　　泉峰交映，智仁独得之天。

　　白鹿洞书院在三月十八日正式开讲，朱熹亲自给诸生讲授他的《中庸章句首章或问》。以后每逢休沐，他都要到白鹿洞同诸生一起研讨论辩。他把自己的教育思想凝聚成了有名的《白鹿洞书院学规》。

　　朱熹制订的书院学规体现了以伦理道德为本位的教育思想，比官学学制更能体现传统儒家文化的神髓，成为各书院的楷模。

　　鹅湖之会后，朱、陆之间保持了一段时间的沉默。淳熙八年（1181）二月，陆九渊带领弟子由金溪来南康访朱熹。此次相见气氛比较融洽。朱陆二人携弟子泛舟落星湖，畅游庐山名胜。陆九渊请朱熹书写了《陆九龄墓志铭》，朱熹则请陆九渊到白鹿洞书院为诸生开讲，"得一言以警学者"。陆九渊慷慨激昂地讲了《论语》中的"君子喻于义，小人喻于利"一章。陆九渊联系科举之弊严辨义、利与君子、小人，使诸生听得出汗、流泪。陆九渊自己也颇自得地说："当时说得来痛快，至有流涕者。元晦深感动，天气微冷，而汗出挥扇。"朱熹当场起身离席说："熹当与诸生共守，以无忘陆先生之训。""熹在此不曾说到这里，负愧何言！"他还请陆九渊书写了《讲义》，刻碑立于书院。

　　白鹿之会后，陆九渊也不否认读书与讲学，认为读书与讲学可以除意见、去心蔽，可以同发明本心的易简工夫内外珠联璧合。淳熙十年（1183）以后，两人矛盾又开始激化，开始了一场由弟子相互争斗的朱攻陆为禅学、陆攻朱为老学的论战，但朱、陆二人没有再见过面。

三、六劾唐仲友

淳熙八年（1181）三月，朱熹除提举江南西路常平茶盐公事，待缺员赴任。这次朱熹没有推辞。朱熹于四月十九日回到家中，又开始了中断数年的著述生活，在不到半年时间中重新修订了《中庸章句》《孟子集注》《古今家祭礼》等。

当时浙东连遭水旱之灾，饥民遍野。由于朱熹在南康赈灾中表现突出，朝廷改除朱熹提举浙东常平茶盐公事。救灾如救火，朱熹即日拜命，并在面见皇帝奏事之后赴任。十二月六日，朱熹于萧山县正式就职，揭开了浙东救灾的序幕。他先上了一道《奏救荒事宜状》，向皇帝算了一笔细账：绍兴六县有田二百万亩，丰年每亩收米二石，一年共收四百万石，灾年只收十分之一，即四十万石。而六县受灾贫民有一百三十万，加上上户中的灾民，共一百四十万。朱熹手头的赈济钱只能折米八万多石，即使朝廷一粒不征，六县贫民平均每天也只有一二合的口粮，何况地方官吏在朝廷严令下依旧催交赋税。这场灾荒其实小半是天灾，大半是人祸。所以他在《乞赈粜赈济合行五事状》中明确提出了赈灾的紧急任务："绍兴府今年饥荒极重……惟有蠲除税租、禁止苛扰、激劝上户，最为急务，譬如救焚拯溺，不可迟缓。"

在巡查的途中，朱熹一边拨钱施粮，不停地上札呈报灾情，请求减免税赋；一边弹劾不法官吏。淳熙九年（1182）正月，巡视到嵊县时奏劾贪污灾粮的绍兴指挥使密克勤；五月，上状乞不要再催收灾州县积年旧图欠，推赏献助人，奏劾新衢州守擅支常平义仓米。在诸多奏札中，最为激烈的是六次上状奏劾台州知州唐仲友贪污不法。

朱熹惩贪雷厉风行，声势浩大，贪官都闻风而惧，纷纷收敛恶行。淳熙九年（1182）七月，当朱熹巡行到台州时，遭到了知州唐仲友的强烈抵制。唐仲友竟然押知县作为人质，勒令民户交纳夏税。朱熹在七月十六日启程时，一路上看到台州灾民扶老携幼逃荒的惨景，听到唐仲友恶行的大量事实。十九日朱熹还没有到台州就奏了他一本，揭露他不施荒政、依旧刻急催督税租和不公不法的恶行。到台州后，又于二十三日写了奏劾唐仲友的第二状。二十七日，上递了三状，共二十四条，全面详细地揭露唐仲友残民、贪污、结党和淫恶四个方面的罪行。但三次劾状都被唐仲友的亲家、宰相王淮扣押，没有上报。

八月八日，朱熹写了奏劾唐仲友的第四状。奏文开头就指出朝中大臣包庇唐仲友的行径，接着提供大量新的事实，进一步揭露唐仲友催逼税租、贪虐残民、植党淫恶、藏匿罪犯的罪状。朱熹的第四状震动了朝廷上下，连孝宗也有所耳闻。王淮自知瞒不住，连忙指使唐仲友匆匆写成"自辩状"，并将唐仲友的详细"自辩状"同朱熹的第一状一起呈给孝宗，压着朱熹的第二、三、四状。但是，"自辩状"并不能掩盖确凿的罪证。王淮无奈，放出风声，说要另行委派浙西提刑来过问此案，催促朱熹早日离开台州，到别处巡历，实际上是阻止他继续查办唐仲友一案。

得到消息的唐仲友更加有恃无恐，甚至派吏卒闯入州司理院大打出手。八月十日，朱熹上奏劾唐仲友的第五状，揭露从宰相、侍从、台谏直到台州官员子弟上下勾结的行为，直接提出：要么将唐仲友付之典狱，以谢台州之民；要么议臣之罪，重置典宪。

王淮老奸巨猾，采取了一系列措施来应对。八月十四日，王淮通过朝廷正式发布唐仲友一案由浙西提刑来究办；罢去唐仲友新职，实际上是将他保护起来；十八日，任朱熹为江西提刑，实际上是把他远远调开；又以朱熹赈荒有功，"进职二等"，任直徽猷阁，企图堵住朱熹的嘴。朝命一时还没有下达到台州，朱熹一边等待浙西提刑来公正审案，一边仍以浙东提举的身份继续巡历赈荒。八月底，朱熹巡历到处州，又根据处州的现状接连上了《奏盐酒课及差役利害状》《奏义役利害状》《论差役利害状》等奏折。直到九月四日，朱熹才知道自己早在半个多月前就已经被罢免提举之职，改除江西提刑。朱熹认清了王淮的骗局，他不但当即上了一道辞免进职状，而且抢在改除江西提刑正式任命前上奏弹劾唐仲友的第六状，进一步揭露其贪污偷盗和伪造官会的罪行。第六状也同样石沉大海。唐仲友最终虽然被免职，离开了浙东，但逃脱了刑罚，逍遥法外。朱熹因六劾唐仲友而以铮铮忠臣的光辉形象彪炳于史册。

九月十二日，朱熹巡历到衢州常山县，正式接到朝廷公文，改任江西提刑，并不必入都奏事，直接上任。在浙东赈灾的几个月中，朱熹深深地感到"所劾脏吏，党羽众多，棋布星罗"，他虽横流独抗，但无力回天，于是上状辞免，收拾行装，怂然南归。

四、三学角逐浙东

在提举浙东期间，朱熹的学说在浙东得到了传播。浙东有很多学派，不仅有金华的吕祖俭，四明的杨简、沈焕、舒璘、袁燮四先生，永康的陈亮，永嘉的陈傅良、薛叔似、叶适等，还有陆九渊的心学。朱熹来到浙东，出现了朱学、陆学和浙学交叉渗透、相互影响的复杂局面。淳熙十年（1183）朱熹在给陆九渊的信中说："浙中士人，贤者皆归席下。"朱熹虽然对陆学在浙东的深入影响不满，但还把它看成一种用道德对抗功利的文化力量。朱熹想要用自己的影响去争取他们，所以在浙东同甬上四先生和陆学其他弟子保持密切的联系。

朱学与浙学的对立，是以道德拯世与以事功用世的不同。朱熹一生同浙东学派的论战都是围绕这一对立处展开的。朱熹同永康学派的陈亮进行了初步的交锋。淳熙九年（1182）一月，他在第一次巡历到金华时，到武义明招山哭祭了吕祖谦之墓，同吕氏子弟和潘叔度、潘叔昌等浙东学者讲论。陈亮也赶到明招山同朱熹见面，之后陪同朱熹巡历，两人一路讲论，直到陈亮家中聚谈了几天。这次初会两人有相见恨晚的感觉，分别后朱熹还写信邀请陈亮和陈傅良来绍兴府再聚，并把《战国策》《论衡》和自注的《田说》寄给了陈亮。陈亮在回信中说："山间获陪妙论，往往尽出所闻之外。世途日狭，所赖以强人意者，惟秘书一人而已。"他把自己的《文中子》《经书发题》、十篇问答《杂论》和两篇《策问》寄给了朱熹。两人却在相互钦慕中，拉开了王霸义利之辩的序幕。在会面时，两人对时政、荒政的看法一致，陈亮还替他出主意上奏乞留婺州通判赵善坚协助婺守钱佃措置赈济；在经学上两人也相近，朱熹怀疑《古文尚书》和孔《序》为伪，陈亮的《经书发题》是用道学家的口吻在发经义，所以朱熹称赞他说："《书义破题》真张山人所谓'著相题诗'者，句意俱到，不胜叹服。"

但是两人对社会历史的看法有很大分歧。朱熹在淳熙十一年（1184）给吕祖俭的信中对明招堂上的论辩有所透露："所谓秦汉把持天下有不由智力者，乃是明招堂上陈同甫说底。"他在给陈亮信中说的"《策问》前篇，鄙意犹守明招时说"。这是他们二人后来的义利王霸之辩的重要争论之一。在分手后两人的论辩有所展开，陈亮读了朱熹所注的《田说》，在回信中对其做了尖锐的批判。陈亮鄙薄那些"羞道功利"的腐儒，认为"论说"不等于"实行"，成天下大功须靠自家气力，他既反对拱手空谈，又反对烦琐著述，提出了事功之学的基本观点。朱熹用"义利双行、王霸并用"来概括陈亮事功之学的灵魂，对他平日放浪不羁大惑不解，两人的义利王霸论战已经箭在弦上，但因朱熹劾唐仲友被罢逐，暂时中断了这次论战。其实这时两人对对方的观点都还没有全面正确的了解。因为很多吕氏弟子转投到陈亮的门下，所以朱熹强烈地感觉到了永康功利之学在浙东的影响逐渐扩大。吕祖谦的金华学同陈亮的永康学有很大差别，他在生前和朱熹一样都批评过陈亮之学。但在吕祖谦去世后，一向追随他的吕祖俭、潘叔昌等人转向了永康功利之路，朱熹在给陈亮信中感叹，"近见叔昌、子约书中说话，乃知前此此话已说成了"。

在朱熹看来，南宋社会人欲横流、道德沦丧、腐败透顶，需要重新建构传统儒家道德，弘扬人生伦理价值。浙东功利思潮反道德，在道德缺失的情况下兴起泛滥，是"今日之病，唯此为大"。这就是朱熹把浙东事功学看得比江西陆学更危险，同陈亮展开一场尖锐的义利王霸论战的根本原因。

由于朱学的到来，在浙东出现了浙学、陆学和朱学三者之间角逐的现象。这是一个功利派、道德派和德知派的交锋，三家都取得了各自的胜利。烛湖孙应时和平庵项安世转投到朱熹的门下，标志着朱学的胜利。孙应时是一个有陆学与事功学学术背景的浙东学者，他最初师事陆九渊，同陆学的甬上四先生和永康学的石斗文、学于吕陆二家的石宗昭交往密切。朱熹在任浙东提举时，时任黄岩尉的孙应时得到了朱熹的器重，于是很快转向了朱学。朱熹特地举荐孙应时，"大抵学者专务持守者，见理多不明；专务讲学者，又无地以为之本。能如贤者兼集众善，不倚于一偏者，或寡矣"，认为这孙应时克服了陆氏心学之病，这也意味着他对陆门师说的背叛。项安世开始投陆门之下，但后来也渐渐转向了朱熹。朱熹也举荐了他，告诉刘燫说："张宪到未？向在浙东同官，甚好士。某所荐杨敬仲、孙季和、项平父，渠皆荐之。"朱熹在浙东之所以举荐这三个人，是因为杨简代表正宗的陆学弟子，孙应时代表有陆学与浙学二重背景的学者，项安世代表位于陆学与朱学之间的学者。

　　浙东、陆学和朱学三家在浙东的角逐具有一种更宏阔博大的文化历史的深层背景。三家在浙东角逐，不单纯是学派之间抢夺弟子，也不是门户意气之争。朱熹以一种综罗百家、兼取众善的气魄对待各家各派的学者，在实际政事中重用自己的论敌和反对派中的学者，被他重用的州官县吏包括了吕学、陆学、永康学、永嘉学等各派的弟子。朱熹的努力也促成了其学说在浙东开始传播立足。

　　朱熹在金华也确立了其学术地位。金华本来是浙东众多林立的学派矛盾的中心，是文化思潮交汇的焦点。吕祖谦在世时，吕学、永康学和永嘉学已经形成了一种你中有我、我中有你的学派阵营模糊的学术思想现象。吕祖谦、唐仲友都住在金华，授徒讲学，陈亮在永康则天然沟通着吕学和永嘉学。吕祖谦的丽泽书院和明招堂培养出了众多弟子，也是陆学、永康学、永嘉学的学者们前来朝拜的圣地，当时各派弟子的营垒和界限并不是很清晰。

　　吕祖谦去世后，其弟子各投师门，学派重新组合。浙东各派都可以接受事功之学，陈亮、陈傅良和叶适相继并起也不足为奇。朱熹与吕祖谦是知己，其长子朱塾从学于吕祖谦，他同吕学保持着一种特殊的友好关系，学派矛盾还没有充分展开的时候，朱学在金华学者中就影响很深。

　　朱熹在浙东主要靠自己的影响去争取吕学和永康学的学者。针对金华学者与吕学弟子，朱熹一方面批评他们驰骛功利，另一方面批评他们重史轻经。这基本上是朱学同浙东事功学划判学派界限的标准和同浙学展开论战的纲领。在《孟子集注》中，朱熹特地选用金华兰溪范浚的《心铭》，对金华学者具有一种特殊的号召力。金华学的代表人物吕祖俭、潘叔昌虽然同朱熹不能一致，但也受朱学的影响，不是一个标准的纯浙东事功派学者。朱熹在淳熙八年（1181）入都奏事时，潘叔昌一直追送他到严陵钓台，吕祖俭更是终身向朱熹问学不停。朱学的影响也随着他的巡历从绍兴波及台州，当朱熹因劾唐仲友失败而离开台州，在处州、衢州路上时，一路都有学子慕名来拜谒他。

真正象征朱学在浙东角逐胜利的是：朱熹在离浙前夕同浙东各派学者在衢州的一次相聚讲学胜会。赈荒的成功和劾唐的壮举使朱熹在浙东学者中树起了超越学派的威望，浙东不管哪一派的学者都对他产生了一种要来饯行、朝拜的心理。朱熹九月四日到达遂昌，得知改除江西提刑后，给在金华的朱塾写信，邀请浙东各派学者来玉山相会，信中提到的人大多数是金华吕学弟子。其中除了玉山汪逢（季路）是江西学者，吕祖俭、潘叔昌是吕学学者、又仰慕永康学。潘叔度为吕祖谦弟子，又习佛学。叶适是永嘉学刚刚升起的新星，还处在虔诚向朱熹问学的时期。朱熹在九月十日前后同浙东学者在衢州常山举行了聚会，进行学术交流。吕祖俭在聚会上请朱熹为在江西隆兴刻板的《吕氏家塾读诗记》作序。朱熹借作序的机会表达其反《毛序》的《诗》学思想，朱熹在《后序》中委婉谈到自己同吕祖谦在《诗》学上的对立："此书所谓'朱氏'者，实熹少时浅陋之说，而伯恭父误有取焉。其后历时既久，自知其说有所未安。如雅郑邪正之云者，或不免有所更定，则伯恭父反不能不置疑于其间，熹窃惑之。方将相与反复其说，以求真是之归，而伯恭父已下世矣。"朱熹第一次公开了他同吕祖谦在《诗》学上的分歧和自己黜《毛序》的《诗》学思想。所以这次象征朱学在浙东胜利的聚会，又预示着朱熹同浙学展开理学经学全面论战的到来。

此次聚会后，朱熹又在玉山和上饶同江西学者进行了聚会。当朱熹在弟子簇拥下来到玉山，凭吊汪应辰遗迹、流连玉山山水时，徐斯远、徐彦章、段元衡、赵成父等一批江西学者与诗人都来陪同，这些人大多是深受陆学熏陶和学步江西诗派的学者与诗人。由于朱熹的影响，在江西除出现了一批纯朱学的弟子外，还产生了不少在理学上崇奉陆九渊而在经学上尊崇朱熹的亦朱亦陆式的学者士子。朱熹回到福建后，以铅山克斋陈文蔚为代表，不断有江西士子来武夷精舍向他问学。

朱熹从玉山来到上饶，先拜访了家居南涧的著名诗人韩元吉，又约诗人徐安国共游南岩，辛弃疾也参加了聚会。朱熹弟子余大雅、西岩名士汤铃和其他后学士子陪同。他们四人笑谈吟唱，诗歌大师与理学大师在思想上交锋。在南岩胜会后，辛弃疾、徐安国、韩元吉都对朱学表现出了更大兴趣，朱学在江西诗人中的影响扩大了。

浙东的三家角逐在南岩胜会中基本结束。淳熙十年（1183）正月，朱熹多次辞免请祠后，朝廷下诏差朱熹主管台州崇道观。于是，朱熹在武夷山五曲溪北隐屏峰下创办武夷精舍，开始隐居山中讲学、著述的生活。

第五节　武夷讲学

一、武夷精舍

乾道五年（1169），朱熹乘舟经过武夷山九曲溪之第五曲时，惊喜地见到在重峦叠翠之间有一处平地。朱熹喜欢上了此地，于是打算在这里筑屋讲学。他在南康任职时，将此事托付给友人蔡元定，招得一道人住在此地，由云谷提供口粮，商议开始动工等相关事宜。

从浙东回来的第二年初春，朱熹和朋友等人到那里游玩，他亲自规划，择日破土。朱熹暮春时去查看房屋建设情况，已经建好的三间书堂拔地而起，但不够精致，他不是很满意。但是书堂背对着大隐屏，面对着溪南的大山，左边有魏王上升峰，右边有钟模三教石，非常雄壮。红花绿树，风景优美，非常幽静，只听得猕猴的叫声此起彼伏，真是读书讲学的好地方。

按照规划，大隐屏下的两麓之中西南向建造三间屋子，叫"仁智堂"。堂的左右各建造一间屋子，左边的叫"隐求"，是自己住宿的地方；右边的叫"止宿"，是招待宾客的地方。左边山麓的外边有一个坞，用石头垒成门，叫"石门之坞"。坞中再建造房屋，是学生们居住的地方，叫"观善之斋"。石门的西边稍微朝南一点，有屋以居道流，名曰"寒栖之馆"。在观善斋前面的山顶建造一座亭子，回望大隐屏，称之为"晚对"。其东出山背，临溪水，又因故基为亭，称之为"铁笛"。在寒栖馆的外边种植花木，作为藩篱隔断了两麓之口，藩篱之间有一扇柴门，上方悬着"武夷精舍"的匾额。在大隐屏西溪的北岸有一块巨大的石头，上面很平坦，称之为"钓矶"。还有一块巨石屹立在小溪的中间，上面可以围坐八九个人。石头的四面都是很深的水，石头的当中有深坑像灶一样，可以烧柴煮茶，称之为"茶灶"。溪水九曲，左右两边都是石壁，没有立足之处。只有南山的南面有小路，而精舍却在溪北，无路可通。因此出入精舍都要乘渔船。

四月中旬，仁智堂建好了，很多朋友来游赏。上至宰相陈俊卿，下至诗人陆游和众多门人朋友，都纷纷写诗祝贺。朱熹邀请原吏部尚书韩元吉作记，记中说朱熹与门生弟子讲书肄业，琴歌酒赋，尽得山中之乐。从此以后，朱熹有空就到这里来著述讲论，接引后学，精舍成为他一生中规模较大、影响较深远的讲学场所之一。

在武夷精舍，朱熹读书讲道，乐而忘归。著名的《武夷櫂歌》有记载，櫂歌写出了远离喧嚣尘世的超脱气象，很快便在士大夫中广为流传。

二、傲立"反道学之风"

以朱熹为代表的理学思潮遭到王淮党等腐朽官僚势力的反对。因为与陈亮相师友的吕皓受朱熹的举奏而得到一个官职，陈亮又在劾唐仲友上支持朱熹，反道学党首先拿朱熹的好友陈亮开刀。淳熙十一年（1184）三月陈亮被逮入狱，直接起因是同里奸民卢氏诬告吕殊、吕皓之父同陈亮在宴会上用毒酒药杀卢氏之父，并告发淳熙五年（1178）陈亮科场失意而归时，同吕殊等人在狎妓醉饮中戏扮皇帝宰相作君臣礼，叛逆犯上。实际上卢氏是秉承了州县地方官的旨意，要通过诬陷陈亮达到打击朱熹和整个道学的目的。反道学党们便又加给了他一条罪名：挟朱熹之势求略。陈亮被囚八十余日，最后由吕皓入都向孝宗上书诉冤，陈亮才在五月二十五日洗冤脱狱。

陈亮在反道学的王淮党眼里不过是一个小目标。反道学的王淮奸诈圆滑，他首先从控制台谏言路和科举仕路给道学势力以致命打击。陈贾、王信、蒋继周、冷世光一批王淮党羽被安插到台谏，并在王淮授意下首先替唐仲友鸣冤叫屈，将矛头针对朱熹。在朝内外做官的道学士大夫人人自危，处在随时遭台谏言官论劾罢逐的境地。王淮党又堵住了道学士人科举入仕的路途。淳熙十一年（1184）春试，凡有道学气味的试卷都被黜落不取。国子监丞彭仲刚，因为在唐仲友事件上极力为朱熹辩护，被王淮爪牙视为眼中钉。淳熙十一年（1184）三月因在春试选士上同右正言蒋继周意见不一致，更是得罪了王淮党。蒋继周以"心术回邪，学识乖谬"的罪名弹劾了彭仲刚。陆九渊在给朱熹信中揭露这件事的内幕说："彭仲刚子复者，永嘉人，为国子监丞，近亦遭论。此人性质不至淳美，然亦愿自附于君子。往岁求言诏下，越次上封，言时事甚众，其辨天台事（按：指朱熹劾仲友事件）尤力，自此已有睥睨之者矣。近者省场检点试卷官，以主张道学，其去取与蒋正言违异，又重得罪。"在彭仲刚被放逐前后，王希吕、袁枢、王自中、陆九渊等人相继被王淮党弹劾后放逐。

在反道学猖狂时，朱熹处境艰危，感到了一种"踪迹孤危，动辄得谤"的恐惧。从浙东一回到福建，就有人伪印图榜散发，上面列有朱熹、刘坪等人名衔，造成一种道学们朋党勾结的假象，以便可以随时设谤加罪。朱熹《武夷精舍杂咏》中有"居然我泉石"，反道学当权者们抓住一个"我"字大做文章，说他有独占武夷山的野心。

善于造文字狱的反道学当权者们从朱熹的《四书集注》等经学著作的字里行间发现讥讽时事、谤讪朝政的罪迹，所以当广西帅詹仪之私自印刻了朱熹的几种经学著作时，他不胜恐惧地写信劝阻："闻已遂刊刻，闻之悯然，继以惊惧……贱迹方以虚声横遭口语，玷黜之祸，上及前贤，为熹之计，政使深自晦匿，尚恐未能免祸。今侍郎丈乃以见爱之深，卫道之切，不暇以消息盈虚之理推之，至为刻画其书，流布远近……熹恐其未能有补于世教，而适以重不敏之罪，且于门下亦或未免分朋树党之讥……况所说经固有嫌于时事，而不能避忌者，如《中庸》'九经'之类，指为讪上而加以刑诛，亦何不可乎？"朱熹在武夷山中感到危机四伏，无可奈何地对弟子林用中说：

"吾人罪戾踪迹显不可掩，只得屏迹念咎，切不可多与人往来。至如时官及其子弟宾客之属，尤当远避，勿与交涉，乃可自安。"

朱熹有傲然不屈的道学硬骨。淳熙九年（1182）冬间他作的一首梅词真实地刻画出了他在武夷山中迎对反道学逆风的身姿：

念奴娇 用傅安道和朱希真梅词韵
临风一笑，问群芳谁是，真香纯白？独立无朋，算只有、姑射山头仙客。绝艳谁怜，真心自保，邈与尘缘隔。天然殊胜，不关风露冰雪。 应笑俗李粗桃，无言翻引得，狂蜂轻蝶。争似黄昏闲弄影，清浅一溪霜月。画角吹残，瑶台梦断，直下成休歇。绿阴青子，莫教容易披折。

乾道以来，朱学始终作为一种民间学术，通过讲学授徒流行于士大夫中间，没有形成一种左右朝政的政治势力。面对着王淮党反道学逆风，朱熹意识到道学必须附托于某种当权的政治力量，才能成为一种官方政治力量。淳熙九年（1182）从浙东回来后，他就上奏朝廷要进呈自己的《通鉴纲目》以资帝治，但因孝宗和王淮的漠不关心而失败了。朱熹把目标转向了四名喜欢交结、荐引道学之士的重臣：前任相史浩、陈俊卿，现任右相梁克家和宗室中威望日增的赵汝愚。

梁克家好道学，淳熙九年（1182）九月任右相，朱熹频频同他通信论政，要梁克家以"愿君侯正身以统天下"作为任相治国的座右铭。但是梁克家却远远不是王淮的对手，加上他很快因病不理朝政，朱熹对他完全失望了。朱熹把眼光投向了当时德高望重的元老史浩和陈俊卿。淳熙十一年（1184），孝宗以隆重大礼把史浩迎进国门，特赐御宴，褒宠奋加。朱熹向史浩投去一札，希望他"亟召门下直谅多闻之士，曲加访问，傅尽其说，兼总条疏，悉以上闻"。接着他又追加一札，认为因灾异而求直言是历世相传的故事，要他向孝宗"为上一言，使幽隐之情得以上通"。朱熹又写信给陈俊卿，鼓动他出面劝说孝宗下诏求言。然而史浩与陈俊卿都畏于王淮的势焰，对朱熹采取了观望退却的态度。淳熙十二年（1185）十一月冬至，朝廷举行郊礼，诏史浩、陈俊卿入都陪同祭祀，朱熹认为这又是一次向孝宗进直言的良机，再次写信给陈俊卿，替他谋划入都陈言，但是史浩、陈俊卿两人都未敢入朝。淳熙十三年（1186）正月孝宗再召两人赴赵构八十寿庆典，陈俊卿仍旧辞免，史浩渡江入都，却遭王淮妒忌，被台谏爪牙参劾离都。朱熹从淳熙九年（1182）以来一直对号称"多智""全德"的陈俊卿抱有期待，但陈却屡召不出。

朱熹最终在赵汝愚那里找到了道学可以依托的政治支柱。赵汝愚虽然当时只是持节一方，却已露出了入朝为重臣的兆头，为道学之士们所注目。淳熙九年（1182）七月赵汝愚到福州任闽帅，他对朱熹几乎言听计从。朱熹门人林用中等都入了赵汝愚的幕府。王淮当轴时期，全国道学处于被压抑打击的境地，而闽中道学却在赵汝愚的保护下十分活跃。淳熙十年（1183）八月，他父亲故人傅自得卒于泉州，朱熹不远千里，扶疾往吊。当年朱熹主簿同安，多次往来泉州。岁月如梭，转眼间已是二十七年。故地重游，老友陈知柔、黄维之、门人许升、道人溥公、显庵益老等人争相款待朱熹。朱熹异常兴奋，感慨良多，诗兴大发，与诸人一一唱和。他偕门人林用中游了莲花山、九日山、凉峰、凤凰山等名胜。最后陈知柔等人载酒在洛阳桥为朱熹饯行。十一月，朱熹北上莆田，住在白湖陈俊卿宅第东偏的仰止堂。他成了陈俊卿家上下所"仰止"的道学夫子，朱熹作《用林择之韵呈陈福公》诗颂扬这个主张道学的元老："昔公秉钧衡，金玉我王度。中年几湖海，堰息安国步。岿然九鼎重，翩若孤云去。俯仰天地间，谁哉此同趣？"陈俊卿的儿子陈实、陈守、陈定都执弟子礼向朱熹问学，朱熹将《大学章句》《中庸章句》《孟子集解》赠送给了他们。朱学通过陈俊卿一家在莆中形成了一个有影响的道学核心。

福州是朱熹这次南游的主要目标。十一月底，朱熹到了福州，受到知州赵汝愚的热情款待。在福州的十多天中，朱熹同他朝夕相处，寄情于山水文字，共同登上乌石山绝顶，远眺江中风帆浪舶，在乌石山桃石大书"赵子直、朱仲晦淳熙癸如仲冬丙子同登"的题刻，在乌石山麓的石室题了"石室清隐"几个字。福州人杰地灵，当地士人学者听闻朱熹来了，争相拜见请益，乞求入门为徒的人很多。此时赵汝愚正致力于开浚城西古湖灌田和更革闽中盐法弊政，遭到了反道学朝臣的非难。朱熹从疏凿西湖的政绩中看到了一种道学的忠君爱民精神：

伏承侍郎使君垂示所与少傅国公

唱酬西湖佳句，谨次高韵，聊发一笑。

百年地辟有奇功，创见犹惊鹤发翁。

共喜安车迎国老，更传佳句走邮童。

闲来且看潮头入，乐事宁忧酒盏空。

会见台星与卿月，交光齐照广寒宫。

越王城下水融融，此乐从今与众同。

满眼艾荷方永日，转头禾黍便西风。

湖光尽处天容阔，潮信来时海气通。

酬唱不夸风物好，一心忧国愿年丰。

这首诗显示了朱赵两人在道学上的志同道合和面商政事的完全一致，因此，朱熹的南游之行成功了。他这个道学夫子被赵汝愚待为上宾，也使福州士子们争慕不止，把他看成当代夫子，以一睹真容和受教为荣。

腊月九日晚朱熹要离开了，赵汝愚与幕僚属士等数十人饯于江边。天快黑时，众人握手赠言，依依不舍。朱熹与门人士友十余人乘坐一艘船去怀安。夜风中，以同众人共饮时拈得的"星"字为韵，吟成此行最后一诗：

挂帆望烟渚，整棹别津亭。风水已云便，我行安得停？离樽枉群贤，浊醪愧先倾。谈笑不知远，但觉江流清。猎猎甘蔗洲，茫茫白沙汀。斯须复回首，只有遥山青。野色一以暝，川光晶孤明。中流漾华月，极浦涵疏星。酒酣客散归，茫然独宵征。起视天宇阔，此身一浮萍。难追五湖游，未愿三闾醒。且咏招隐作，孤舟转玲珑！

当全国都处在王淮党反道学逆风笼罩下，闽中却出现了芸芸士子对朱熹的仰慕，预示了道学作为政治力量的上升。朱熹这次南游的根本意义就是朱学作为一种道学文化开始同有势力的政治力量相结合。

　　南游回来后，朱熹同赵汝愚在政事上开始了紧密合作。赵汝愚入闽后就计划汇编一部宋代名臣奏议的政书向孝宗投进，他称这部书是"择其至精至要，尤切于治道者"，"上可以知时事之得失，言路之通塞；下可以备有司之故实。其大旨以备史氏之网遗"。朱熹在福州就同赵汝愚讨论了这部《国朝名臣奏议》的编选，回来后又给他写信，对书稿提出了详细的修改意见："诸公奏议大体甚正。其间一二篇，如蔡承禧辈议论，无甚可采，不足列于诸老之间，而独断数篇恐或饮药以增病也。温公两篇，当为章惇而发，虽其救时之切，不暇远谋，然亦终不可以为后世法也。使绍圣、崇宁之间群小得此踪迹，岂不为奇货哉！又闻明道《王霸札子》中间虽遭摈黜，今虽已复收，然恐其他更有似此若迂而实切，若小而甚大者，须别作一眼目看，不可轻有遗弃，恐后世有明眼人冷地看着有所遗恨，窃笑于今日也。伯恭《文鉴》所载奏疏甚详……鄙意以为凡其所载，似不可遗，其所不载，乃当增益，此亦条例中之一事也。"

　　这体现朱熹的主程学而反王学、主朱学而反浙学的精神，也表明了他的主道学而反反道学的立场。赵汝愚把这一百五十卷的政书分为君道、帝系、天道、百官、儒学、礼乐、赏刑、财赋、兵制、方域、边防、总议十二门，那时他正好被改除四川制置使，奉诏携书入都，途经武夷同朱熹相见，书稿又经朱熹亲自审阅，在淳熙十三年（1186）正月向孝宗进呈。所以《名臣奏议》得到了朱熹的指导，是朱熹和赵汝愚在王淮反道学统治下传播道学的一种特殊方式，也是朱学与有势力的政治力量结合所结出的第一个成果。孝宗读了《名臣奏议》后，对周必大等一班宰臣说："治道尽在此矣！"

三、义利王霸之辩

　　朱熹同永康学派陈亮展开了义利王霸之辩。两人对以"三纲五常"为核心的本体"道"本身的看法基本一致。陈亮提出了道在日用间的思想，认为"道之在天下，平施于日用之间""天地之间，何物非道""道非出于形气之表，而常行于事物之间"。朱熹实际上也充分发挥了这个思想，这种思想贯穿在他早年同李侗的《延平答问》中，引导他完成了漫长的逃禅归儒的心路历程，成为他反对老佛的思想武器，他把这种思想概括为理气相即、道器相即、理一分殊等哲学命题。因此，两人论战的焦点不在"道"本身，而在人怎样才能体道、行道。两人做出了道德与功利两种不同的回答。

在浙东时，陈亮曾把自己所作史论十篇及策问等文寄给朱熹。朱熹读过后觉得扦格不入，但迟迟没有回信，直到淳熙十年（1183）八月才复信，在信中斥责陈亮的学说为"义利双行，王霸并用"之说，"非三纲五常之正"，劝他要修身养性，"粹然以醇儒之道自律"。当时陈亮因受诬陷被囚，出狱之后，他马上回信，反驳朱熹的指责，拉开了论辩的序幕。陈亮在回信中毫不含糊地提出自己的主张：汉、唐的君主能够成就大业，就是天理流行，而不是人欲横流，没有违悖三纲五常："谓三代以道治天下，汉、唐以智力把持天下，其说固已不能使人心服；而近世诸儒，遂谓三代专以天理行，汉、唐专以人欲行，其间有与天理暗合者，是以亦能久长。信斯言也，千五百年之间，天地亦是架漏过时，而人心亦是牵补度日，万物何以阜蕃，而道何以常存乎？故亮以为，汉、唐之君本领非不洪大开廓，故能以其国与天地并立，而人物赖以生息。惟其时有转移，故其间不无渗漏。"

淳熙十一年（1184）九月，陈亮趁朱熹生日寄去贺信，全面反驳朱熹，论辩进入高潮。

儒家学者们都说汉高祖、唐太宗"杂霸"，在陈亮看来却是"其道固本于王也"，是行王道。陈亮把自己归为开拓事功的英雄豪杰，同朱熹等谨守仁义道德的儒者对立。

陈亮主张事功用世，功利行道，朱熹却一如既往地遵循着他的道德主义的批判理性进行冷峻的反思。朱熹在淳熙十一年（1184）九月给陈亮回信，坚持汉唐以来的一千五百年只是以人欲行："若高帝则私意分数犹未甚炽，然已不可谓之无。太宗之心，则吾恐其无一念之不出于人欲也！直以其能假仁借义以行其私……千五百年之间，正坐如此，所以只是架漏牵补过了时日。其间虽或不无小康，而尧、舜、三王、周公、孔子所传之道，未尝一日得行于天下之间也。"

汉唐以人欲行与汉唐以天理行的对立，做儒与成人的对立，实际还是一个"人"与"道"的关系问题，所以朱熹在信中把他和陈亮的矛盾归结为"人"能不能干预"道"的争论，"若论道之长存，却又初非人所能预。只是此个自是亘古亘今常在不灭之物，虽千五百年被人作坏，终殄灭他不得耳。汉唐所谓贤君，何尝有一分气力扶助得他耶！"以后两人的论战便围绕这个根本问题展开，两人各自思想的内在矛盾也暴露出来。

淳熙十二年（1185）春，刚养好病伤的陈亮在回信中回答了朱熹的诘难，他针锋相对地提出了"人"能干预"道"的思想："夫心之用有不尽而无常泯，法之文有不备而无常废，人之所以与天地并立而为三者，非天地常独运而人为有息也。人不立则天地不能以独运，舍天地则无以为道矣。夫'不为尧存，不为桀亡'者，非谓其舍人而为道也。若谓道之存亡非人所能与，则舍人可以为道，而释氏之言不诬矣。"他提出了"人为"的思想，主张人要尽心之用以行道。人能干预道的思想便构成了陈亮事功学的真正精髓，是对消极内求的道德自我修养的否定。他把人能干预道的思想发挥到极端，又走向了反面。一方面他强调道要依赖人才能存在，甚至道的存亡决定于贤君："高祖、太宗及皇家太祖，盖天地赖以常运而不息，人纪赖以接续而不坠……道非赖人以存，则释氏所谓千劫万劫者，是真有之矣。"另一方面他又强调道永恒长存，无所不在，人只要去做，便无不是道，"闭眼之人，开眼即是""仰首信眉，何处不是光明！""开眼运用，无往而非赫日之光明"，走向了功利主义。

朱熹抓住陈亮思想中这种矛盾给他回了一封信，论述了人不能干预道的思想。所谓人不能干预道，并不是说可以舍人为道，而是说道是客观存在的，是不以人的意志为转移的："非谓苟有是身，则道自存；必无是身，然后道乃亡也。"汉唐千百年来之所以道不行而人欲盛，涉及的是识道与行道的问题："道未尝亡，而人之所以体之者有至有不至耳。"所以，"道未尝息，而人自息之"。朱熹认为，道永恒存在，人不一定可以合道而行；人去做去用，不一定完全是道；只有达到圣人境界的人，视听言动才能符合道。朱熹注重人的体道工夫，于是针对陈亮的"人为本领"，他提出了"根本工夫"。"人为本领"是功利的，"根本工夫"是道德的，二人在成人与做儒的方面对立也即"人为本领"与"根本工夫"的对立，是用道与体道的对立。朱熹的"根本功夫"是正心诚意的道德修养功夫，通过"人心惟危，道心惟微，惟精惟一，允执厥中"的十六字秘诀使道心主宰人心、天理战胜人欲，实现人性向善的复归，达到人心体道、心与理一的境界。朱熹的"根本工夫"与陈亮的"人为本领"从心理的深层结构上展示了两人思维模式与价值取向的差异："根本工夫"是主张循序从"心"体上做起，由正心诚意达到治国平天下，这是由心推及道，由主观到客观，由动机到效果，由义到利；"人为本领"却是主张超前从"道"用上做起，由成功济业检验人心的公私义利，这是由道反观心，由客观到主观，由效果到动机，由利到义。

到淳熙十二年（1185）秋，两人主要围绕功利与道德进行论辩。陈亮通过评价管仲来宣扬他的功利思想："说者以为孔氏之门五尺童子皆羞称五伯，孟子力论伯者以力假仁，而夫子称之如此所谓'如其仁'者，盖曰似之而非也。观其语脉，决不如说者所云。故伊川所谓'如其仁'者，称其有仁之功用也。"朱熹在给陈亮的回信中认为："管仲之功，伊吕以下谁能及之？但其心乃利欲之心，迹乃利欲之迹。是以圣人虽称其功，而孟子、董子皆秉法义以裁之，不少假借。"陈亮以效果为标准衡量，认为管仲能一匡天下，有仁的功用，所以是仁义而非利欲，是王道而非霸道。朱熹以动机为标准衡量，认为管仲是出于利欲之心，虽有功而不能谓仁，是利欲而非仁义，是霸道而非王道。朱熹认为，陈亮的以功用判别仁义利欲是"点功利之铁，以成道义之金"，于是论战的焦点又回到了论战开始提出的如何看待三代汉唐历史上来。朱熹坚持认为："汉唐之君或不能无暗合（道）之时，而其全体却只在利欲上"，"古之圣贤从根本上便有惟精惟一功夫，所以能执其中，彻头彻尾无不尽善。后来所谓英雄，则未尝有此功夫，但在利欲场中头出头没。其质美者乃能有所暗合，而随其分数之多少以有所立；然其或中或否，不能尽善，则一而已"。陈亮认为："本领宏阔，工夫至到，便做到得三代；有本领无工夫，只做得汉唐。……天地之间，何物非道，赫日当空，处处光明。……不应二千年之间有眼皆盲也。"朱熹以道德价值为衡量标准而对汉唐以来政治持否定态度，陈亮以功利价值为衡量标准而对汉唐以来政治持肯定态度。

朱、陈义利王霸之辩持续了四年，没有在任何方面取得一致。但两人礼尚往来，陈亮甚至年年为朱熹送礼祝寿，非常尊崇朱熹。王霸义利之辩评价三代与汉唐优劣，讨论王道与霸道的区别，实质上是在讨论义利关系。朱、陈各自对义与利做了多方面、多角度的论证，在南宋思想界具有深远的影响，对于后来形成统一的义利观起到了一定的积极作用。

四、浙学陆学之间

朱熹认为浙东功利思潮危害很大。吕祖俭在吕祖谦去世后成为吕学的领袖，但吕学弟子们大致形成了三种思想走向：一是转向永康学和永嘉学的事功轨道；二是在老佛思想中寻找用世的妙谛真力；三是从陆氏心学中追求顿悟的捷径。但这三种不同走向又都出于同一功利目的。朱熹一再惊呼吕祖谦死后"议论蜂起""百怪俱出"，在与浙学学者的论战中，他的目标不是陈亮，而是吕学弟子，他想通过争取业已瓦解的吕学遏止永嘉永康事功学思潮，阻挡浙学与陆学合流。

论辩的开端是对待陆学的不同态度。吕祖俭以功利为本，否定陆学的尊德性、收放心的准道德主义。朱熹认为陆学的尊德性可以收敛身心，是救治浙学向外驰骛功利的良药，他主张要取陆学之善以自益。浙学一向主张经史一贯，实际上却有重史轻经、以史说经的倾向。朱熹批评他们是"舍圣贤经指，而求理于史传"，是"向外底意思多，切己底意思少"，这只能更加促使生活在"世路险窄已无可言"的南宋衰世的士人们"流而入于功利变诈之习，其势不过一传再传，天下必有受其祸者"。所以他劝吕祖俭由史返经，读"四书"，多做正心切己的道德修养功夫。

淳熙十二年（1185），朱熹扩大了他同吕祖俭的论辩，广泛同浙学学者论战，他先后论辩与批评的浙学学者有潘景宪、潘景愈兄弟，潘友文、潘友端、潘友恭兄弟以及沈焕、石天民、孙应时、路德章、诸葛诚之、时子云、陈肤仲、康炳道、王季和、周叔谨等人，旁及陈刚、刘清之、滕磷、黄榦、程正思、耿直之等闽、徽、赣名士。理欲义利之辩几乎成了他这一年同所有人通信讲论的主调。孟子反对以"屈己一见诸侯"而致王霸，因为枉尺直寻是出于利欲之心，朱熹在《孟子集注》中注"一有计利之心，则虽枉多伸少而有利，亦将为之"，道出了他反功利的立场。朱熹以《孟子》中的《滕文公》作为同浙学学者论战的经典依据，陈亮、吕祖俭以《史记》中的《礼书》和《六国年表》作为同朱学论战的经典依据。朱熹在这年秋间给吕祖俭的信中用"枉尺直寻"四字来概括两家论战的根本分歧，批评他不但不能救天下学者跳出"功利窠窟"，自己也"深入其中，做造活计，不惟不能救得他人，乃并自己陷入其中而不能出"。

吕祖俭在朱熹猛烈攻击下招架不住，寄给朱熹两卷读四书五经的心得论文，表示自己已转向做切己工夫，但是却始终坚持事功，到淳熙十三年他在同朱熹论辩中提出"省节视听"，又暴露了他思想深处一种因好佛说而与陆氏心学趋同的倾向。朱熹批评吕祖俭说："所谓'省节视听'及'闲得心地半时，便是半时工夫'者，却是微有趋静之偏。"朱熹后来直接指出这种"省节视听"是释家无闻无见无思无虑的坐禅入定，他对弟子说："可怜子约一生辛苦读书，只是竟与之说不合！今日方接得他三月间所寄书，犹是论'寂然不动'，依旧主他旧说。他硬说'寂然不动'是耳无闻，目无见，心无思虑，至此方是工夫极至处。"这种"旧说"就是吕祖俭在同朱熹论战时提出来的，只是当时没有来得及展开充分讨论，但对这种与陆氏心学相类的直觉顿悟的批评，构成了他晚年同吕祖俭再度展开论战的主要内容。

浙东学者一边做着入世的功利俗学，一边虔诚地做着超世的直觉顿悟，这成为一种时髦，他们试图结合功利学与禅学，寻找奇功异效的事功力量。朱熹在同吕祖俭的论战中，特地选取这种亦吕亦陆、亦儒亦释类型的浙学名士作为批判对象。淳熙十三年（1186）朱熹同以吕祖俭为首的浙学的论战已经陷入停顿。在这场论战的整个过程中大多永嘉学派学者都采取了不参战的态度，而吕学除了吕祖俭外，又多是在朱陈论战接近尾声以后才出来进行一点无力的论辩，所以这场论战虽然波及面广，却只成为朱陈义利王霸之辩的"附庸"。其实朱熹也并不反对"利"，他只是反对不顾仁义道德去"求利"；浙学也并不反对"义"，而只是反对不顾实功实效去"守义"。但是双方在论战中都把自己具有合理因素的思想引向了不合理的极端。

朱熹同浙中学者诸葛诚之的一段对话最能反映这种思想两极对立：

诸葛诚之："'仁人正其义不谋其利，明其道不计其功'，仲舒说得不是。只怕不是义，是义必有利；只怕不是道，是道必有功。"

朱熹："才如此，人必求功利而为之，非所以为训也。固是得道义则功利自至；然而有得道义而功利不至者，人将于功利之徇，而不顾道义矣！"

朱熹抓住了义利矛盾的一面而走向了不谋利不计功，浙学却抓住了义利统一的一面而走向了以成败论英雄。论战最后加深了各自偏颇流弊的消极作用，浙东功利学到淳熙末发展成为一股席卷东南的社会思潮。

浙东学派公开言利，持论低下，于伦理道德领域不易取得合法地位，因此在道学家的攻击面前，显得理不直而气不壮。相反，象山学派高举"超凡入圣"的旗帜，注重修身养性，其说更加高深玄妙，其途更加简捷省力，因而对学者具有更大的诱惑性。这就是浙东学派最终没能与朱学分庭抗礼，而象山学派最终崛起，将"东南三贤"的格局改写为"朱陆并峙"的原因。因此，在对朱学的冲击方面，"江西顿悟"较之"永康事功"更加厉害。

朱陆两家的学术分歧历来公开存在。鹅湖之会后的几年间，陆九渊兄弟对先前的见解和对朱熹的尖刻态度有所追悔和改变，两家的关系渐趋缓和，能够较为冷静地看待彼此的长短，从而出现了陆九渊应朱熹之邀去白鹿洞讲学，朱熹作跋大加赞许的融洽气氛。

朱熹曾认真反省自己的治学方法，承认有某些不足之处，陆学确实有可以借鉴的地方。因而朱熹主张取长补短，避免偏废。他在给弟子项安世的信中说：

"大抵子思以来教人之法，惟以尊德性、道问学两事为用力之要。今子静所说专是尊德性事，而熹平日所论却是道问学上多了。所以为彼学者多持守可观，而看得义理全不仔细，又别说一种杜撰道理遮盖，不肯放下。而熹自觉于义理上不敢乱说，却于紧要为己为人上多不得力。今当反身用力，去短集长，庶几不堕一边耳。"

又在答孙应时书时说："大抵学者专务持守者见理多不明，专务讲学者又无地以为本。能如贤者兼集众善，不倚于一偏者或寡矣。"

这是朱熹从结识陆九渊以来第一次对朱陆二学作的中肯持平之论。但陆九渊对朱熹此说却持保留态度。他说："朱元晦欲去两短，合两长，然吾以为不可。既不知尊德性，焉有所谓道问学？"两人不可避免地开始了新的论战。

淳熙十年（1183），陆氏高足曹建卒。曹建字立之，曾经于南康拜访朱熹，放弃陆学而转向朱学。朱熹受托作《曹立之墓表》，其中有：

"于是喟然叹曰，吾平生于学无所谓而不究其归者，而今后乃有定论而不疑矣"，"学必贵于知道，而道非一闻可悟、一超可入也。循下学之，则加穷理之工，由浅而深，由近而远，则庶乎其可矣。今必先期于一悟，而遂至于弃百事以趋之，则吾恐未悟之间，狼狈已甚，又况忽下趋高，未有幸而得之者耶？"朱熹又称曹立之"苟心所未安，虽师说不曲从，必反复以归于是而后已"，肯定他的背弃陆学。

这篇墓表触及了陆学的根本宗旨，因而引起了对方学者的不满。陆门弟子包扬等人愤愤不平，公开表示反对，陆九渊本人也回复朱熹说："立之墓表亦好，但叙履历，亦有未得实处。某往时与立之一书，其间叙述立之生平甚详，自谓真实录，未知尊兄曾及见否？"指出朱熹墓表有失实之处，自己的记述才是真实可信的。因此，朱熹和陆九渊关系出现裂痕。

对曹建墓表的不同看法并未明显地影响两家的关系，也没有改变朱熹对陆学一方面保持批评、一方面吸取其长处的基本态度。当时吕祖谦门人与陆氏门人经常互相攻击，朱熹多次写信劝解。他给陈孔硕写信说："陆学固有似禅处，然鄙意近觉婺州朋友专事闻见，而于自己身心全无功夫，所以每劝学者兼取其善。要得身心稍稍端静，方于义理知所决择。……吾道之衰，正坐学者各守己偏，不能兼取众善，所以终有不明不行之弊。"这实际上是他给朱学同浙学与陆学的三角论战规定了"战略"：在兼取众家之善下肯定浙学的读书闻见而反对其驰骛功利，肯定陆学的收敛身心而反对其兀然死悟。在与陆门弟子刘定夫、李伯敏、符初等人交往中，他甚至不赞成他们放弃陆学，转而他求，反对对陆学轻率地进行批评。当然，这并不表明朱熹对陆学持完全肯定态度。朱熹在写曹建墓表后不久就对陆学的弊病表现出越来越多的担忧。他曾给刘清之写信说："子静一味是禅，却无许多功利术数，目下收敛得学者身心，不为无力。然其下梢无所据依，恐亦未免害事也。"

当陆九渊将自己面见皇帝时所上奏章寄给朱熹看时，朱熹在肯定其所造之深、所养之厚以后，说其有禅学意味，"向上一路未曾拨转处，未免使人疑著，恐是葱岭带来耳"。陆九渊说："兄尚有'向上一路未曾拨著'之疑，岂待之太重，望之太过，未免金注之昏耶！"此后朱熹又在与陆九渊的信中谈到了对陆氏门人傅梦泉的不良印象，称其不察是非黑白，却想另求玄妙于意虑之表，其偏处甚害事。他自己虽苦口相劝，但其未必以为然，要陆九渊痛加贬斥。他得知湖南学者胡大时与陆九渊在临安相见，连忙去信，对胡大时说，要警惕欲速好径这一今日学者大病，不要妄意追求顿悟之类，这样只会使人癫狂粗率，而于日常行为举止反不得其所安。

在与陆门弟子的接触中，朱熹发现陆氏门人有一个通病，即为学好高欲速，尽废讲论书简功夫，行为举止狂妄粗率。他由此更看清了自己的持养与陆学的持养之间的分歧。朱熹的持养强调主敬功夫，包括连续不断的自我反省和行为举止的涵养规范。陆学的持养强调追求顿悟，发明本心，与禅学相似，而实无益于言行举止。这些促使朱熹逐渐改变了兼取所长的态度，走向对陆学的全面批判。

朱熹对陆学态度的转变，在与门人的信中做了清楚的说明。他在《答赵师渊书》中说："向来正以吾党孤弱，不欲于中自为矛盾，亦厌缴纷竞辩，若可羞者，故一切容忍，不能极论。近乃深觉其弊，全然不曾略见天理仿佛，一味只将私意东作西捺，做出许多诐淫邪遁之说，又且空腹高心，妄自尊大，俯视圣贤，蔑弃礼法。只此一节，尤为学者心术之害，故不免直截与之说破。渠辈家计已成，决不肯舍。然此说既明，庶几后来学者免堕邪见坑中，亦是一事耳。"他在《答程端蒙书》说："盖缘旧日曾学禅宗，故于彼说虽知其非，而不免有私嗜之意。亦是被渠说得遮前掩后，未尽见其底蕴。……去冬因其徒来此，狂妄凶狠，手足尽露，自此乃始显然鸣鼓攻之，不复为前日之唯阿矣。"

从此，朱熹不仅在各种场合直言不讳地评论、批判陆学之弊，而且直接个别教训陆氏门人傅梦泉、包约、刘槱、颜子坚等人为学支离、废弃讲学、舍去书册、脱离简编，指斥包扬兄弟三人及刘定夫等人躐等趋高，欲速好径。陆门弟子并未被朱熹所震慑，反而群起争辩，这更加激怒了朱熹。他撇开争论的问题本身，首先对众人缺乏教养、目中无人的狂妄态度加以严词谴责，训斥傅梦泉"气象言语只似禅家，张皇斗怒，殊无宽平正大、沉浸浓郁之意"，包扬所作程文"从头骂去，如人醉酒发狂，当街打人，不可救劝"，刘定夫"来书词气狂率，又甚往时。且宜依本分读书做人，未须如此胡说为佳"，"说得张皇，都无收拾，只是一场大脱空，直是可恶"，要他"息却许多狂妄身心"。最后，朱熹对陆门弟子的悖慢无礼，甚至达到了深恶痛绝、不屑一辩的地步，表示道不同不相为谋，多说无益，且各信其所信，看看到最后怎么样。今后通信，只以故人关系问候寒暄，无须再执恭敬之礼。

对陆学的反感和忧虑，最终使朱熹将矛头直接指向了陆九渊本人。他在寄给象山的信中说："来喻所说利欲深痼者已无可言，区区所忧，却在一种轻为高论，妄生内外精粗之别，以良心日用为两截，谓圣贤之言不必尽信，而容貌词气之间不必深察者。此其为说乖戾狠悖，将有大为吾道之害者，不待他时末流之弊矣。"

陆九渊在答书中断然否定了朱熹的指责，认为其属无中生有，并进行反击。他说："大抵学者病痛，须得其实，徒以臆想，称引先训，文致其罪，斯人必不心服。纵不能辩白，势力不相当，勉强诬服，亦何益之有？岂其无益，亦以害之则有之矣。"书中明言朱熹以势压人，已经脱离了问题的本身，带有明显的意气。至此，朱陆两家公开全面分裂。这种破裂，在随之而来的朱、陆无极太极之辩中达到了登峰造极的地步。

无极、太极是周敦颐《太极图》及其说解中的范畴，朱熹作《太极图解义》，按自己的理解作了解释。陆九渊及其兄陆九韶有完全不同的看法，率先向朱熹发难，挑起了一场论争。这场辩论本来是局部性质的学术问题，本身没有更多的特殊意义。但在朱陆关系全面破裂的背景下，双方都充满意气，言辞激烈，唇枪舌剑，甚至有人身攻击之嫌。这样的辩论从一开始就注定不会有什么结果，因此在两次书信往返之后就结束了。从此，朱熹对陆学主要采取否定的态度。朱熹此前与浙东学派的论争和对陆学的批判，使他的思想体系在乾淳之际基本成形之后有了新的发展，进一步走向严密和完善。

第六节　奏事风波

一、延和奏事

杨万里，字廷秀，吉州吉水人，因诗而闻名于世。王淮为相，曾问杨万里天下人才，杨万里疏列朱熹以下六十人以献。其后，杨又以封事专门推荐朱熹。孝宗告诉执政大臣说："杨万里封事荐朱熹久闲，可与监司。"宰相周必大拟任命朱熹转运副使之职，有人认为治理钱粮非其所长，因此有江西提刑之命。朱熹接到任命后，首先照例递上了辞呈，同时陷入了矛盾的心境。对于朱熹的辞免，朝廷未予理睬。次年春，再次下令朱熹前来临安奏事，然后赴任。

正如朱熹在辞呈中所说，累年以来积负忧畏，精神恍惚，耳重目昏，筋骨支离，腰痛足弱，其余病苦，发歇不常，言不能尽。其实他不愿出山的原因主要不在体弱多病，而是政治上的担心。当第二次辞免又被拒绝后，他不得不抱着复杂的心情于三月十八日离家赴京。朱熹在途中又于信州城、玉山县递上辞呈两次，一面调理疾病，一面徐徐前进，等候回音。然而等到的是再次催促入对的命令。五月末，朱熹终于在沿途滞留数十日后到达临安。

八年没有到过京城，难免一番应酬。令朱熹意想不到的是，孝宗竟对他念念不忘。六月四日，宰相周必大派人传达皇帝旨意："朱某已到数日，何不请对？"朱熹受宠若惊，慌忙递上申请。六月七日，朱熹来到延和殿，整装趋前，跪于孝宗皇帝面前。拜毕，朱熹首先自言数年前任浙东提举时蒙皇上保全。孝宗开口道："浙东救荒煞究心。久不见卿，浙东之事朕自知之。今当处卿清要，不复劳卿州县。"朱熹又言："蒙除江西提刑，衰朽多疾，不任使令。"孝宗答道："知卿刚正，只留卿在这里，待与清要差遣。"

朱熹再三称谢，方拿出奏札五篇，开始奏对。因朱熹这次是以江西提刑身份入奏，所以主要奏及刑狱赋税之事。第一札论狱讼，以三纲五常为基石，阐述了古代圣人的刑罚理论，批判了申不害、商鞅等人的酷刑及腐儒姑息之论、异端报应之说、俗吏便文自营之计导致轻刑两种偏弊，提出凡有狱讼，必先论其尊卑上下、长幼亲疏之分而后听其曲直之辞，凡以下犯上、以卑凌尊者虽直不佑，其不直者罪加凡人一等的建议。当言及近年来有妻杀夫、族子杀族父、地客杀地主之类大逆不道之人多免死而处以轻刑时，孝宗插言道："似如此人，只贷命，有伤风教，不可不理会。"

第二札论狱官遴选。列举州县刑狱之弊，提出严格遴选州县狱官及令县丞或主簿参与理刑的主张。

第三札论提刑司主管征收的经总制钱不合理，请求逐步减免。

第四札论江西路巧取豪夺，科罚百姓之弊。孝宗解释说："闻多是罗织富民。"以上四札皆就事论事，不出新任职权范围。

第五札则就全局论治道，对孝宗即位以来的政治状况提出了尖锐的批评。认为即位二十七年来，因循荏苒，虚度岁月，了无尺寸之治效，不但不足以致治，或反足以召乱。接着，朱熹又历数了政治、经济、军事等各个方面的深痼之弊。朱熹追根溯源，重新阐发了以存天理、灭人欲的帝王心术治理国家的理论。

孝宗对朱熹言辞激烈的批评和"正心诚意"的陈词采取了宽容的态度，奏对在和谐的气氛中结束了。这次奏对，朱熹得到皇上的信任和慰劳，心中十分满意，自以为可以报效一二，不虚此行。但是孝宗临时改变了主意，想将朱熹留在身边，准备进一步重用。奏对次日，朱熹由江西提刑改除兵部郎官。此为朝廷要职，孝宗本意是要给朱熹以更为优厚的待遇，却不知道朱熹有难言之隐。因为几天前的一场学术论争，竟然影响到他的仕途，让他这次"入对"无疾而终。

当时兵部侍郎林栗，刚在与朱熹论战《易解》中大败而归。朱熹新的任职，恰好在其手下。林栗也没有想到竟有这样的好机会。当晚就令吏人携印前来，要朱熹接印上任。朱熹以公状、札子上呈兵部，说明情况，要求暂不赴任，却如石沉大海。兵部只令吏人反复催促，定要交印。他再次恳请，竟连札子也被退回。朱熹无奈，便让吏人在自己下榻处住下，一起看守官印。两天以后传来消息说，林栗和兵部尚书一起弹劾朱熹"本无学术，徒窃程颐、张载绪余，谓之道学，所至辄携门生数十人，妄希孔、孟历聘之风，邀索高价，不肯供职，其伪不可掩"。林栗劾朱熹不肯供职是假，借劾朱熹以攻道学是真。接着，又论朱熹奸佞，过有邀求，视为乱人之首，加以事君无礼之罪，当众显言，传播远近。

孝宗当时仍然十分器重朱熹，当他看到林栗劾章时，对左右人说："林栗言似过。"宰相周必大乘机进言说："朱熹上殿之日足疾未瘳，勉强登对。"孝宗点头道："朕亦见其跛曳。"这时左补阙薛叔似等人也为朱熹辩解，孝宗于是采纳周必大的建议，仍除朱熹江西提刑。

愤怒的朱熹不置一词，得命即行。朝廷对林栗的弹劾不置可否，态度暧昧，还任江西，是对自己的保护呢？还是对自己的处分？一想到林栗仍然气焰嚣张，安处高官，未动分毫，朱熹就气从心来。他不愿背着臣子所不堪的罪名不明不白地前去上任。当行至衢州接近江西时，便递上辞呈，自行转而南下。

当孝宗看到朱熹辞呈中引有林栗弹劾之语时，奇怪地问身边的人说："林栗劾章并未发下，外廷何以传播喧闹？"有人回答说，林栗曾经当众公布劾章内容，人人皆知。孝宗十分不高兴。太常博士叶适等人上疏与林栗辩论，认为其弹劾朱熹没有一句是实情。孝宗于是降旨："朱熹力疾入对，奏札皆论新任职事，朕谅其诚，复从所请，可依已降指挥疾速之任。"

圣旨虽然对朱熹有所抚慰洗雪，但是仍然没有触动林栗一根毫毛。朱熹当然不满意，仍然坚辞不起，并请求奉祠。在接二连三的辞呈及与执政大臣书中，他差不多明确表示，只要林栗还在台上，自己的冤屈就没有洗清，因此绝不可能赴任。

这时胡晋臣当上了侍御史，首先奏劾林栗执拗不通，刚愎自用，党同伐异。朝廷终于将其罢知泉州。同时，由于朱熹坚决辞免，朝廷无奈，从其请罢江西任，进职直宝文阁，主管西京嵩山崇福宫。告词说："朕惟廉节不立，风俗未淳，思得难进易退之士，表而用之，庶几幡然，变其旧习。尔之学术，远有渊源，其为操行，养之久矣。志在忧时，曾未得一日立于朝。比以部刺史入奏便殿，朕嘉其谠论，留置郎曹，盖将进诸清要之地。遽以疾恳，祈反初服，既勉从于素志，复更请于真祠。夫指麾何意于去来，仕止不形于喜愠，此古之清达之士也。朕察尔诚，是用升职二等，听食优闲之禄。身虽在外，亦有补于风化。"

至此，朱熹的要求完全满足了，他在对加官进职做了一两次推让之后，欣然接受了任命。

二、"无极而太极"

临安奏事归途中，朱熹在玉山遇到了翰林学士洪迈。洪迈给朱熹看了淳熙十三年（1186）完成的官修《四朝国史》。朱熹看后大吃一惊，《国史》中的《周敦颐传》竟把周敦颐《太极图说》最关键的首句"无极而太极"改成了"自无极而为太极"，却没有任何版本校勘考异的说明文字。

按照朱熹对《太极图说》的解说，"无极而太极"是说太极"无形而有理"，无极即太极，太极即无极，无极和太极是同一的关系，都指本体"理"。而"自无极而为太极"则把无极和太极分而为二，无极与太极变成了先后生成的关系，这便同道家所说的"无"生"有"的本体论没什么区别。这样不仅使周敦颐剽窃道家"无生有说"成为事实，而且使朱熹借周敦颐之说建立起来的整个理学体系失掉本体论的哲学依据。

朱熹马上当面向洪迈问"自无极而为太极"有什么版本依据，负责主修《四朝国史》的洪迈支支吾吾，拿不出任何依据。朱熹马上怀疑这是官方修史者别有用心的伪窜，是王淮党又在用文字狱的惯用伎俩诬杀人。

本来《太极图说》开篇首句作"无极而太极"并不存在任何问题，"无极"与"太极"是同一本体而不具有先后生成的关系，周敦颐自己也说得很清楚，《太极图说》："五行，一阴阳也；阴阳，一太极也；太极本无极也"，"无极之真，二五之精，妙合而凝，乾道成男，坤道成女。二气交感，化生万物。万物生生，而变化无穷焉"。因为"太极"本来就是"无极"，自然无须再往上推。

从版本上考察，宋代也根本不存在首句作"自无极而为太极"的《太极图说》版本。宋代各种版本的《太极图说》首句有三种：一是作"无极而太极"。当时流行朱熹用来校订《太极通书》的各种本子。二是作"无极太极"。如《伊川至论》本《太极图说》首句。三是作"无极而生太极"。只有杨方所得九江故家传本首句作"无极而生太极"。

朱熹当面要洪迈拿出版本依据，洪迈拿不出版本依据，却又拒绝修改。事情明摆着：王淮党人林栗从乾道以来一直在无极太极上同朱熹进行论战，并在奏劾朱熹中达到高潮。现在王淮党人洪迈又接上了林栗的太极论战，拿出"钦定"的《国史》再给朱熹以致命打击。所以对朱熹来说，同洪迈的相见意味着一场特殊的太极论战又开始了。朱熹认定这是《国史》御用文人的蓄意窜改，回到武夷以后，他便写了一篇《记濂溪传》加以揭露，把这件事同"浅见之士"林栗的"讥议"联系起来，再次要求修改《国史》："戊申六月，在玉山邂逅洪景卢内翰，借得所修《国史》，中有濂溪、程、张等传，尽载《太极图说》。盖濂溪于是始得立传，作史者于此为有功矣。然此说本语首句但云'无极而太极'，今传所载乃云'自无极而为太极'，不知其何所据而增此'自''为'二字也夫以本文之意亲切浑全，明白如此。而浅见之士犹或妄有讥议。若增此字，其为前贤之累，启后学之疑，益以甚矣。谓当请而改之，而或者以为不可。昔者苏子容特以为父辨谤之故，请删《国史》所记草头木脚之语，而神祖犹俯从之；况此乃百世道术渊源之所系耶？正当援此为例，则无不可改之理矣。"

朱熹的用意是要将是非公开。但是不仅《国史》修撰者保持奇怪的缄默，不拿出版本实据进行反击，而且整个士林也都拿不出实据证明《国史》无误。其实士林学子们无不心中有数：《国史》修撰者从监修、主修到预修都是反道学的王淮党人。

三、太极论战

淳熙十五年（1188）被称为朱熹的太极论战之年。先是林栗，接着是洪迈，然后又是陆九渊，都不约而同在太极无极上与朱熹争论。

淳熙十三年（1188）底陆九渊被劾，奉祠归家潜心心学。他的心学体系正是在象山讲学期间最终成熟和完成。淳熙十五年他第一次明确提出了心—理—宇宙三位一体的完整心学体系："四方上下曰宇，往古来今曰宙。宇宙便是吾心，吾心即是宇宙。千万世之前，有圣人出焉，同此心、同此理也。千万世之后，有圣人出焉，同此心、同此理也。东南西北海有圣人出焉，同此心、同此理也。……宇宙内事，是己分内事；己分内事，是宇宙内事……"在陆九渊看来，心、理与宇宙三者是同一的，只要发明本心便可领悟宇宙之理，无须从分殊上去求理，这是他的顿悟认识法。后来陆九渊修正补充了原来执于一偏的方法论，他把读书讲学也纳入了"明理"的方法中：在"发明本心"的道德修养方法之外，又提出了"格物穷理"的认识方法。

"发明本心"与"格物穷理"，也即"尊德性"与"道问学"，是陆九渊与朱熹争论的一个焦点。两人都主张尊德性与道问学：陆九渊把明心与明理、尊德性与道问学的关系看成本与末的关系。朱熹认为，尊德性以正心诚意为核心，道问学以格物致知为核心，尊德性与道问学不是本与末的关系，而是相辅相成的关系。

太极之辩由陆九渊在淳熙十四年（1187）正式挑起。这年秋间，陆九渊给朱熹写了一封信，正式向朱熹提出了挑战。朱熹到淳熙十五年（1188）正月十四日才给陆九渊回信，表示愿意"虚心以候"。

陆九渊在收到朱熹接受挑战的信后，写了一篇二千多字的长信，详细论述了自己对无极太极的看法。陆九渊主要依据儒家经书上只有"太极"而没有"无极"，反驳朱熹对"无极"的两条解说，证明"无极"不是儒家圣贤传下来的，而是借用了老庄道家的思想因素：一方面，他针对朱熹说的"不言无极，则太极同于一物，而不足为万化根本；不言太极，则无极沦于空寂，而不能为万化根本"，认为《易大传》《洪范》上都没有"无极"，因此"太极者，实有是理……其为万化根本固自素定，其足不足，能不能，岂以人言不言之故耶？"另一方面，他针对朱熹说的"无极"即"无形"，"太极"即"有理"，"周先生恐学者错认太极别为一物，故着无极二字以明之"。认为"《易》之大传曰'形而上者谓之道',又曰'一阴一阳之谓道',一阴一阳已是形而上者,况太极乎?"阴阳已经是形而上,就不会把至高无上的太极误认为形而下之物了。他把"极"训解为"中":"盖极者,中也,言无极则是犹言无中,是奚可哉?"由此他断定"无极"是老氏希夷之学,《太极图说》不是周敦颐的著作,"太极"之上不应当加"无极"之名。陆九渊多少也抓到了朱熹逻辑上的漏洞,两人在以"太极"为宇宙本体这一根本点上是一致的,分歧只在于对"太极"的理论表述上:能不能用"无极"的概念来表述"太极"(理),也就是说,朱熹与陆九渊这场争论的焦点是在"太极"能不能加以"无极"之名,而不是在"太极"之前有没有"无极"。洪迈之流是想用"无极"生"太极"即"无生有"来证明朱熹的整个理学体系是伪学,从而从政治上打击道学;陆九渊是想用"太极"不能加以"无极"之名来证明"无极而太极"是老氏之说,从而否定《太极图说》为周敦颐的著作。

朱熹在回信中全面论述了自己对无极太极的看法,提出的七点反驳意见,构成了其完整的太极体系:一是,"太极"之"极"是"至极"之意,不当训"中";《通书·理性命章》所说"一"即"太极","中"指"气察之得中",与"太极"无关;二是,"无极"是周敦颐"灼见道体","真得千圣以来不传之秘";三是,"太极"为形而上之道,"阴阳"为形而下之器,"无极"是指道"无方所,无形状",以"阴阳"为形而上是"昧于道器之分";四是,"太极"又称"无极"是为了将"道"的"无形"与"有理"的二重特性"两下说破",以防闻人说有,即谓之实有;五是,见人说无,即以为真无;六是,"无极"不是说无"太极",与《易大传》"易有太极"并不矛盾;七是,老庄说的"无极"是"无穷"的意思,与周敦颐的"无极"本体范畴有本质不同。这场论战暴露出了两人在理本体论上的分歧。

朱熹和陆九渊在第一轮通信中就已各自把对无极太极的看法全部摆出,他们的论战引起了士人学子的广泛关注。陆九渊在十二月十四日写成一篇更长的信,并附别幅一起寄给了朱熹:一是,引《洪范》九畴"皇极"居中以证明"极"为"中",驳斥朱熹以"极"为"至极"之说;二是,引《说卦》《系辞》以证明"阴阳"为形而上之道,否定朱熹以"阴阳"为形而下之器的说法。这封长信实际上并没有提出更新的看法。朱熹在淳熙十六年正月写一篇长文对陆九渊的信给予分段分节逐一答复,但也只是重复了原来的看法。

太极论战表面上是围绕一个"无极"在争论,实际上却反映了两人在哲学体系上的对立。朱熹已经感到两人这种矛盾无从调和统一,淳熙十六年(1189)正月给陆九渊写信说:"如曰未然,则我日斯迈,而月斯征,各尊所闻,各行所知,亦可矣,无复可望于必同也。"陆九渊在七月四日回了一封信,指责朱熹"遽作此语,甚非所望"。朱熹在八月六日的回信中再次表示"某春首之书,词气粗率,既发即知悔之,然已不及矣"。淳熙十六年(1189)正月以后两人在太极论辩上没有实质性的进展,两人已经基本停止正面交锋。

对"无极"的争论不仅没有解决问题,而且把他们两人在《易》学上的分歧全部暴露出来。陆九渊提出作为重要论据的《洪范》"皇极",直接涉及《易》学象数问题。淳熙十六年(1189)两人论辩发展成为皇极之辩,并由皇极之辩扩大为《易》学图书象数的论战。论战的方式由针锋相对的书信往返变为各自著文的旁攻侧击,论战的焦点由"无极"转到"皇极",由《易》学义理大纲转到了象数大纲。

因为朱熹淳熙十三年(1186)写成《易学启蒙》,淳熙十五年(1188)完成《周易本义》,建立起完整的《易》学图书象数体系,他在太极论战中提出的"皇极"与图书象数密切相关,所以陆九渊开始攻击朱熹的象数揲蓍之说。陆九渊把《洪范》的九畴同《易》的象数相配,论证出了"皇极"以五数居九畴之中,"皇极"即"太极",所以"极"字皆训为"中"。

陆九渊把"太极"转化为"皇极",使朱熹更不能沉默了,于是朱熹写了一篇《皇极辩》。这篇文章在政治上有反击反道学派皇极建中说的重要意义,但实际又是他对自己正月给陆九渊回信的详细补充,也就是不点名地攻击陆九渊的皇极说。"《洛书》九数,而五居中;《洪范》九畴,而皇极居五。故自孔氏《传》训皇极为大中,而诸儒皆祖其说。余独尝以经之文义语脉求之,而有以知其必不然也。盖皇者,君之称也;极者,至极之义，标准之名，常在物之中央，而四外望之以取正焉者也。故以极为在中之准的则可，而便训极为中则不可。"把"极"训为至极、标准是朱熹《尚书》学的新发现。朱熹指出陆九渊把"皇极"之"极"训中是源于孔安国《古文尚书传》，他认为孔《传》是伪作，这样陆九渊的太极、皇极说便不言而喻毫无价值了。

陆九渊为了回复朱熹，也认真地研究《易》学象数揲蓍。陆九渊一向主张不立文字，在《易》学上没有专门的文章或著作可以同朱熹相抗衡。但在淳熙十六年（1189）后，他却一连写出了《揲蓍说》《易说》《易数》《三五以变错综其数》等文章，到绍熙年间他否定所有传世的象数揲蓍之说，建立起了陆学义理派以理说象的《易》学体系大纲，基本完成了他更定《图》《书》、复《图》《书》之古的《易》学目标。陆九渊在荆门军任上聚集吏民专门宣讲了《洪范》"皇极"一章。这篇《荆门军上元设厅皇极讲义》可以说也是为了答复朱熹的《皇极辨》，文章一开头就说："皇，大也；极，中也。《洪范》九畴，五居其中，故谓之极。是极之大，充塞宇宙，天地以此而位，万物以此而育。""极"既然是充塞宇宙之"理"，所以他同时又以"心"说"极"，认为"保极"就是"保心"，"若能保有是心，即为保极"。

朱熹很快批判了陆九渊在荆门的皇极说。他写信给胡大时说："荆门皇极说曾见之否？试更熟读《洪范》此一条详解，释其文义，看是如此否？"又写信给陆之弟子项安世说："《洪范·皇极》一章，乃九畴之本，不知曾子细看否？先儒训皇极为大中，近闻又有说保极为存心者，其说如何，幸详推之。"

朱熹借"皇极"上的争论同陆九渊展开《易》学象数揲蓍论辩，绍熙三年（1192）四月十九日他在给陆九渊的信中说："峡州郭雍著书颇多，悉见之否？其论《易》数颇详，不知尊意以为如何也？近著幸示一二，有季并及。"陆九渊的《揲蓍说》同朱熹驳正郭忠孝、郭雍父子揲蓍之说的《蓍卦考误》对立，朱熹有目的地向陆九渊提到郭雍。陆九渊在五月间给朱熹写了一封回信，这也是他给朱熹的最后一封信，表明两人之间始终存在无法调和的思想对立。这封信因为亡佚不为人知，但朱熹在当时给《易》学家赵彦肃的信中谈到了这封信："子静后来得书，愈甚于前。大抵其学于心底工夫不为无所见，但便欲恃此陵跨古今，更不下穷理细密功夫，卒并与其所得者而失之。"这表明朱陆的皇极之辩最终没有达成一致，而一场即将有可能展开的《易》学象数撰著论辩因陆九渊的突然去世而中断了。

四、戊申封事

淳熙十五年（1188）八月，朱熹奉祠家居在武夷山。仅一个多月后，尚书省颁下札子，命令朱熹即赴行在。朝中王淮、周必大和留正三家角逐，王淮罢相后，又逐渐形成了周必大党与留正党两家争斗的局面。朱熹同三相的关系有亲有疏：王淮同他势如寇仇，留正与他素不相识，周必大同他私交密切。但朱熹远在江湖，超然于相党纷争之上。他是意向周必大，但却不是周必大之党。周必大深知孝宗内禅对其不利，他要尽一切机会赶在赵惇即位之前广引同党，特别要把道学之魁请入朝。

朱熹被召入朝，是出于谏议大夫谢谔的推荐。谢谔学本程颐，师事冲晦处士郭雍，人称艮斋先生，因著《性学渊源》五卷而深得孝宗赏识。他最初受周必大举荐，成为周必大在台谏言路上的得力同党，被反道学派视为眼中钉。朱熹在淳熙十五年（1188）六月入都奏事同谢谔见有一面。所以这次谢谔特地推荐朱熹，不仅是因为丞相周必大的授意，而且是因两人私交甚厚、志同道合。

九月，尚书省奉圣旨以札子召朱熹前往临安，他上了一道《辞免召命状》。十月，尚书省又下诏催促。刚刚经历波折的朱熹，没有兴趣做官，数次上状辞免。为了不出山，又能对两次召命有所交代，朱熹写下一生最长的奏疏——《戊申封事》，全面陈述自己的政见。

封事首先陈述不出任的原因是不明白召命之意。朱熹说，数月前所奏，至今未见其略有施行者，是言已陈而不可用矣。两年以来，累蒙加官晋爵，是恩宠既厚而无以加矣。此时再召入朝，则不识其果何谓也。何况朝廷侍从正有造为飞语以中害善良、唱为横议以胁持上下，巧谋阴计，甚于前日。

自己不愿再轻犯其锋,重蹈覆辙。反复思之,用其人不如行其言。若言不可行,其人又有何可取?因此采取密封进言的形式,以为虽至京城,所言也不过如此。

接着,朱熹由分析天下形势转入正题:

"今日天下之势,如人之有重病,内自心腹,外达四肢,盖无一毛一发不受病者。虽于起居饮食未至有妨,然其危迫之证,深于医者固已望之而走矣。是必得如卢扁华佗之辈,授以神丹妙剂,为之涮肠涤胃,以去病根,然后可以幸于安全。如其不然,则病日益深而病者不觉,其可寒心,殆非俗医常药之所能及也。"

朱熹的办法就是全力抓好天下之大本与今日之急务。所谓天下之大本,即帝王之心。朱熹重申并发挥六月奏对的观点说,天下之事千变万化,其端无穷,而无一不本于人主之心。人主之心正,则家人正,左右正,朝廷正,百官正,万民正,天下之事无一不出于正,前事皆正,天下也就达到大治了。人主之心不正,则天下之事无一得由于正。他历数天下弊端之尤者,尖锐地指斥孝宗皇帝不能胜其一念之邪而至于有私心、有私人、有私财,从义理与利害两个方面论述了帝王正心的极端重要性,并详尽地列出了正心之法。

所谓今日之急务,指辅翼太子、选任大臣、振举纲维、变化风俗、爱养民力、修明军政六个方面。朱熹从儒家学说的理论高度,从国家治理的全局,结合当今利弊,条分缕析,逐一做了多角度、多方面的精辟论述,并提出了具体的实施方案。

最后,在全面论述了治国方略后,朱熹着重批判了因循苟且、轻举冒进两种错误倾向,剖析了老、佛虚无之学,管、商功利之说,从反面论证了尧、舜、禹、汤、文、武、周、孔、颜、曾、伋、轲这一道统至高无上的正确性。最后朱熹说:"岁月逾迈,如川之流,一往而不复返!不惟臣之苍颜白发已迫迟暮,而窃仰天颜,亦觉非昔时矣。臣之鄙滞,固不能别有忠言奇谋以裨圣听;而陛下日新之盛德,亦未能有以使臣释然而忘其夙昔之忧也。则臣于此,安得不深有感而重自悲乎!身伏衡茅,心驰魏阙,窃不胜其爱君忧国之诚,敢冒万死,刳沥肺肝,以效野人食芹炙背之献,且以自乞其不肖之身焉！"

封事洋洋洒洒，近二万言，用心良苦，遣词耿介，全面展现了朱熹道学思想和治国方略，字里行间浸透着他的忧国忧民之心。奏疏上达宫中，夜漏已下七刻，孝宗自御榻秉烛急起，一口气读完。次日就下达圣旨，除朱熹主管西太乙宫兼崇政殿说书。然而朱熹坚守前说，没有接受这一任命。孝宗知道无法勉强，于次年正月除朱熹秘阁修撰，依旧主管西京嵩山崇福宫。

第七节　振民革弊

一、知漳州

淳熙十六年（1189）二月，孝宗内禅，光宗即位。在宰相留正的建议下，朝廷改除朱熹知漳州。漳州临海，朝廷鞭长莫及，郡政废弛，民风薄恶，词诉纷繁。朱熹主张为政以德、以刑为辅，他从整饬纲纪、变化风俗入手治理漳州。本州历来分工不明，文书散漫无条理，财赋狱讼尽出吏人之手，参佐以下官员则坐受其成。朱熹首牒州县官员，自五月一日起必须严格按照规定供职，做到分工明确、等级分明，互相监督协调，使公务有条不紊。州衙各部胥吏职掌不同，难易不均。朱熹让他们定期轮换一次，优轻者移换到重难处，重难者移换到优轻处。针对官府历来办事拖延推托、吏人乘机从中邀索的弊病，朱熹凡事皆立程限，在期限之内一定要办好，超出期限的都要受到严惩。当天递上的词诉，当天之内必须了结。每逢旬休前一日不受词诉，专门清理本旬之内未了之事，定要了于一日之内。先前各县申呈簿历到州，磨算司、审计司及经手吏人层层索钱，动辄迁延两三月，直到满足了他们的私欲，才上报到州。朱熹严格规定程限，明确职责，不许吃拿卡要。刚开始时吏人不以为意，仍然有过限不申者。朱熹亲自追查，至交点司，当时杖决吏人两名。自此无人敢违限邀索。朱熹刚到任时，召集官吏商量公事，众人皆互相推诿，敷衍应付，没有人敢出头担当。朱熹发怒道："似此几时得了！"于是抓起纸笔，先写自己意见，再命众人根据自己的意见逐一写出利害，议定一事，再写第二事。白纸黑字，比空口说来说去有真凭实据，到真正实施的时候，没有人能推托。

朱熹坚决惩处不服管教、违令失职的官员，从不手软。漳浦官员黄岌擅离职守，致使沿海寨兵军粮供应不上。朱熹立即将其革职对移，又上状劾其渎职，营私舞弊，不以国家养兵捕盗为念，致使一寨一百多士军饥饿狼狈，请求朝廷严加惩处，以儆效尤。朱熹极力推荐褒扬奉公守法和勤事爱民的官员。他熟知知录赵师虑为人，又知道他的政绩，于是举荐他。朱熹赏罚分明，激浊扬清，劝善惩恶。

州境盗贼横行，民不安生。朱熹整军习武，弹压盗贼。朱熹刚刚到任时教习各军射箭，竟然没有一个人擅长。他后来分军士为三批，每日轮番入校场习射，及格者有赏；不及格者继续练习，直到及格为止；淘汰一直不及格或老弱病残的人。两个月后人人都擅长射箭，因此军威日盛。

朱熹还不遗余力地转变民风。他将古灵先生陈襄劝谕文详加注释，予以颁布，作为州民的行为规范。要求同保之人互相劝诫，孝顺父母，尊敬长上，和睦宗族，和谐邻里，安守本分，善修本业，不做奸盗，不纵饮博，不相斗打，畏惧王法等。又散发劝谕榜文，规定同保人互相监督纠察，蓄水防火，提防盗贼，禁止争斗，不许贩卖私盐，不许宰杀耕牛，不许传习邪教。规定男女不得非法同居，不得私奔。规定遭丧之家在一个月之内安葬，不准设斋供佛，不得强令丧家供应饮食。规定男女不准以修道为名私创庵宇，不得以礼佛传经为名聚集混杂，不得以消灾求福为名装神弄鬼。如此等等，朱熹还分别出榜，谆谆劝诱，移风易俗。

朱熹重视学校教育，公事之余，经常到州学视察，亲自为诸生讲说释疑。为了加强学校管理，他在调查访问的基础上，聘请黄樵、施允寿、石洪庆、林易简、李唐咨、陈淳、杨士训、徐寓等八人担任学正、学录等职，撤换多名不称职的教师。经朱熹大力整顿，学政焕然一新。远近士人都络绎不绝地前来问学。童伯羽、刘砥、陈淳等一大批学子都是在这个时候从学于朱熹的。

在漳州，朱熹一如既往地爱护体恤百姓。他刚刚到任就上奏朝廷，减罢属县上供、科茶钱、本州无额经总制钱共万余缗。又革新盐政，废罢临海的十一个铺，渐渐免除了害民的横赋。朱熹又亲自出郊劝农，敦促生产。

朱熹在任时竭尽全力地奔走呼吁，倡导推行经界，关系到一州生灵长久的利益。所谓"经界"，即重新核查土地，按田造籍，按籍纳税。来到漳州后，朱熹又一次深切体会到地籍不正、租税不均带来的无穷弊病。朱熹首先将龙溪知县翁德广的拟议方案上报，又以申状详细论述经界不可不行。朱熹提出，经界宜详勿略，必须差官置局，丈量土地，编制图账。朱熹结合以往经界的经验教训，参考故惠安县丞郑昭叔之法，详尽陈述了差官置局、丈量、编造账籍三方面的具体措施。朱熹原本准备在秋收之后即动手丈量田地，春耕之前基本结束，次年即按新税征收。但是夏末秋初，经界之事仍毫无动静，朱熹所申如石沉大海，眼看计划就要落空。情急之下，朱熹再次上状催促，以为再行拖延，不但虚费时日，使三州疲悴之民多受一年之苦，而且将使上下之人怀疑官府无意施行，动摇人心。这时朝廷专门下诏，拟于漳州先行经界，令本州从长计议。朱熹只得重新整理差官、丈量、造图以及租税折算摊派、寺院荒田处理等事宜，条列上奏。在此同时，朱熹开始全面筹划经界实施方案，从各个方面做好充分准备。然而，朝廷表面敷衍而暗地大加阻挠，施行经界的最后命令迟迟不下。直到十月，才下达了施行漳州经界的诏令。朱熹次年正月才收到尚书省札子，经界必须在秋收后的农闲时节进行，而此时春耕大忙已经开始，经界之令也就成了一纸空文。朱熹对朝廷心灰意冷，加上二月其子朱塾病逝，他于是请求离任奉祠。朝廷授予朱熹秘阁修撰的职名，主管南京鸿庆宫。

在任一年，朱熹同浙东之任一样，惩治豪强，除暴安良，以政严之名著称。门人陈淳叙述朱熹之政说："先生在临漳，首尾仅及一期。以南陬敝陋之俗，骤承道德正大之化，始虽有欣然慕，而亦有谔然疑，哗然毁者。越半年后，人心方肃然以定。僚属厉志节而不敢恣所欲，仕族奉绳检而不敢干以私，胥徒易虑而不敢行奸，豪猾敛踪而不敢冒法。平时习浮屠，为传经礼塔朝岳之会者，在在皆为之屏息。平时附鬼为妖，迎游于街衢而掠抄于闾巷，亦皆相视敛戢，不敢辄举。良家子女从空门者各闭精庐，或复人道之常。四境狗偷之民亦望风奔遁，改复生业。至是及期，正尔安习先生之化，而先生行矣。是岂不为恨哉！"

二、卜居考亭

崇安五夫里旧居早已破败不堪，朱熹这次从漳州回来，暂时寄居在建阳同繇桥。父亲朱松当年曾到过建阳考亭，非常喜爱那个地方。朱熹决定禀承先志，定居于此。朱熹买了数间旧屋，整修翻新后就能住。绍熙三年（1192）六月，整修翻新结束，朱熹正式迁往考亭，在那里度过了余生。

新居远离街市，山环水绕，是读书讲学的好地方。朱熹读书于其间，披阅经史子集之余，也看其他类的杂书。每次得到没有看过的书，一定夜以继日地读完才罢休，以致双眼肿痛，疲倦得体力不支，只好闭目而听其门人诵读。他还喜欢诵读屈原的《楚辞》、诸葛亮的《出师表》、陶渊明的《归去来兮辞》、杜甫的《古柏行》等。

朱熹在疾病之余仍然孜孜不倦地潜心研究经传，在不少重要问题上都有创见，取得了很大的进步。他多次得意地对别人说："某觉得今年方无疑"，"某向时也杜撰说得，终不济事。如今方见得分明。……若或去年死，也则枉了。自今夏来，觉见得才是圣人说话，也不少一个字，也不多一个字，恰恰地好，都不用一些穿凿"，"某而今看圣人说话，见圣人之心成片价从面前过"。

随着时间的推移，朱熹的学术思想体系日趋圆熟，日见精密。天地万物都是他观察的对象，都进入了他研究的领域。他曾对其弟子郑可学等说："常见高山有螺蚌壳，或生石中。此石即旧日之土，螺蚌即水中之物。下者却变而为高，柔者变而为刚"，"今高山上多有石上蛎壳之类，是低处成高。又蛎须生于泥沙中，今乃在石上，则是柔化为刚。天地变迁，何常之有？"这是世界上最早的海陆变迁及地球演化说之一。

朱熹虽然已经不在官，但依然忧心国家前途和地方政事，他一有合适的机会就会通过各种途径出谋献策。他致书宰相留正，请他关心漳州减税和褒录高登两件事，极力促成其事；多次与留正辨析朋党之论，劝其进君子，退小人。他又写信给吏部尚书赵汝愚，指责他所用之人皆平庸之辈，希望他出于公心，广泛求取人才，选贤用能，无愧于辅相之位。

十二月，陆九渊于荆门病逝。朱熹率门人至僧寺设灵位哭之，过了良久说："可惜死了告子！"朱熹以此表明了友情的立场。但朱熹在陆九渊去世后并没有停止对其学说的批判："某道他断然是异端！断然是曲学！断然非圣人之道！"

陆九渊的去世，使朱、陆并峙变为朱学一统天下的局面。登门求学者蜂拥而至，叶贺孙、潘时举、林恪、石洪庆、徐容、甘节、郑可学、滕璘、王力行、黄义刚、游敬仲、黄升卿、周明作、杨与立、郑南升、欧阳谦之、潘植、陈芝、汪德辅等一大批门人云集建阳，形成了朱熹讲学授徒的高峰时期。

这时朱熹的身体日趋虚弱，气血已衰，忍受着多种疾病的折磨。心疾、脚气时常发作，右手自指至肩背疼痛难耐，时寒时热，周身无力，饮食减少。常常医药杂进，炙灼满身，也不见效。病势沉重时，卧床动辄月余，甚至无力说话。但每当门人入室探病，总是正冠坐揖，各尽其情，略无倦意。有未及壮年者，待之也无不周详。黄榦劝他暂时谢绝宾客数月以养病，朱熹不同意："天生一个人，便须着管天下事。若要不管，须是如杨氏为我方得。某却不曾去学得这般学。"左右之人多次请朱熹稍减应接，他厉声说："你懒惰，教我也懒惰！"

朱熹生性好客健谈，对来学之士，来者不拒，诲人不倦，循循善诱。他的讲解长于比喻，富有启发性，善于以动作助讲。日常生活细事也往往成为朱熹开导门人的生动例子。家人上亮隔，取中间一条为正。朱熹以手示之曰："事须有一个大本。"对雨，自言道："安徐便好。"门人请问，便言："昨日骤雨，今日方微下，已浃洽，悠悠未已，有周溥意，不似前日暴也。"坐窗前，见地上日光，便觉热；退坐不见，即不热。因对门人说："目受而心忌之，则身不安之矣。"他曾告诉众人涵养功夫说："某前日病中闲坐，无可看，偶中堂挂几轴画，才开眼，便要看它，心下便走出来在那上。因思与其将心在他上，何似闭着眼坐，得此心宁静？"众人请食荔枝，因言："兴化军陈紫，自蔡端明迄今又二百来年，此种犹在，而甘美绝胜，独无他本。

天地间有不可晓处率如此。所谓'及其至也，圣人有所不能知'。"他要求门人处事要做到无过不及，"恰好"二字成为他的口头禅。在日常生活起居方面，朱熹更注重以身作则，为人师表。曾立于北桥之上，忽市井游手数人悍然突过，朱熹敛衣于桥侧避之。而闲行道间，诸生如避行人，朱熹即厉声止之曰："你管他作甚！"每次徒行拜访，他总是大步流星，从不左顾右盼。闲暇时领诸生游赏，则徘徊四顾，缓步微吟。有客人到了，他一定接见，见必降阶肃立，客人离开时他一定送到阶前。唯诸生夜晚听讲还，则不送。客退，必立门前视其车行，不再回首，方退而解衣，应酬他事。客方登车，有以他事告者，或不睬，或令稍待。对客人语及本路诸使者守将，必称其官，以示敬重。

　　诸生如果有过错，朱熹就会严厉训斥。有人好读时文，朱熹斥责其曰："公且道不去读书，专去读些时文，下梢是要做什么人？赴试屡试不得，到老只恁地衰飒了，沉浮乡曲间。若因时文做得一个官，只是恁地卤莽，都不说着要为国为民兴利除害，尽心奉职，心心念念，只要做得向上去，便逐人背后钻刺，求举觅荐，无所不至！"叶贺孙请问，至末声音低微，朱熹听不见，因此不高兴地说："公仙乡人何故声气都恁地？说得个起头，后面懒将去。孔子曰：'听其言也厉。'公只管恁地，下梢不好。见道理不分明，将渐入于幽暗，含含糊糊，不能到得正大光明之地。说话须一字是一字，一句是一句，便要见得是非。"有学者作揖后，就将左手缩在袖中。朱熹看着他说："公常常缩着一只手是如何？也似不是举止模样！"一个年长的学者每次会集，刚刚坐定就说闲话。朱熹数落他道："公年已四十，书读未通，才坐便说别人事。夜来诸公闲话至二更，如何如此相聚，不回光反照，作自己工夫？却要闲说！"朱熹气疾发作，诸生连日皆无问难。一夕派人召入卧室，众人也无请问者。朱熹发怒道："诸公恁地闲坐时，是怎生地？恁地便归去强，不消得恁地远来！"有人读《关雎》，问其训诂字义，皆不能答，便说"乐而不淫，哀而不伤"等。朱熹嘲讽道："若如此读《诗》，则只消此八字，更添'思无邪'三字，成十一字，后便无话可说，三百五篇皆成渣滓矣！"

　　朱熹尤其厌恶请托之风，痛斥请举请荐者。门人杨迪以书求荐，又托林成季婉转求之。朱熹给杨迪回信说:"所谕赵帅书,在吾友妙年,何遽汲汲如此?向使前举未登科,不成如今亦要举状关升也?平生不敢为此,故亦不欲以此施之于人;不喜宛转为人求知,故亦不欲作此等书。"门人冯允中、吴南、卓周佐等,也都先后遭到了他的严词拒绝。亲戚来托人求举,也被朱熹拒绝。朱熹说:"亲戚固是亲戚,然荐人于人,亦须是荐贤始得。今乡里平平等人,无可称之实,某都不与发书恳人。况此人事如此,临财如此,居乡曲事长上如此,教自家荐举他什么得!"朱熹接着问所托之人说:"公且与撰几句可荐之迹将来,是说得说不得?假使说道向来所为不善,从今日自新,要求举状,是便有此心,何可保!"

朱熹就这样在读书养疾的闲暇和聚徒讲学的繁忙中度过了三年。然而命运之神却再一次将他推向了仕途。

三、二入湖湘

绍熙四年(1193)冬,朝廷派人出使金国。金人素闻朱熹盛名,便问使者:"南朝朱先生安在?"使者怕给宋朝留下一个弃贤不用的名声,便回答道:"见已擢用。"使者回朝后,朝廷匆忙下令,除朱熹知潭州、荆湖南路安抚使。

由于漳州经界没有被朝廷采纳,朱熹当即递上辞呈。他的理由是,自己才能短浅,不能胜任潭州之职。况且前不久刚辞去知静江府、广南西路经略安抚使之职,若接受任命,将招来辞远就近之诮。当时有人请求召朱熹入朝供职,宰相留正不无顾忌地说:"正非不知熹,但其性刚,到此不合,反为累耳。"因此朝廷没有同意朱熹的请求,反而催促他立即赴任长沙。次年春正月,朱熹第二次递上辞呈,表示若实在要起用他,可以考虑任命一远小州军或闲慢官职。光宗下诏说:"长沙巨屏,得贤为重。往祗成命,毋执谦让。可依已降指挥,疾速之任。"

经过两次往复,又看到光宗的旨意,朱熹这才有意出山。潭州控带湖湘,为江南重镇。湖南一路下辖九州,乃战略要地,地广而权重。这时,徭人骚扰边境,侵入湖南邵州界,事势紧迫,急需镇抚。朱熹于四月拜命启程。

朱熹一到任就先全力对付侵边的徭人。当时湖北路已进兵攻讨,徭人气势渐衰。于是调集东南第八副将黄俊带兵前去把守。有人向朱熹推荐军校田升可以破敌，朱熹召来，详细地问他方略。田升认为目前正是有利时机，不必再行进剿，可以招降。朱熹采纳了他的建议，约定时日，并严令："至期不俘以来，将斩汝！"田升便带数十人驰往徭人军中，晓以利害。徭人头领蒲来矢本来就软弱无能，凭恃险阻才敢与官府抗衡。如今兵败困窘，田升许以宽恩，因此心中大喜而听从命令，于是携妻儿随田升到安抚司纳降。朱熹善言抚谕，官给衣帽，徭人遂平。

潭州城南乃张栻读书之地，朱熹旧地重游，怀念故友，哀醻一觞于故人之祠云："昔从公游，登高望远。指顾兹土，水竹之间。谓予肯来，相与卒岁。予以怀土，顾谢不能。其后闻公，开凿亭沼。带经倚杖，日游其间。写景哦诗，辱以寄我。寂寥短韵，几篇在吟。于今几何？岁月奔逝。我复来此，白发苍颜。追怀日游，顾步涕落。未奠宿草，姑即遗祠。玉色金声，恍如对接。草木鱼鸟，莫知我哀！"

他没时间亲自到衡岳之下，便派人分别去拜祭张浚、张栻父子。朱熹为政，特别注重考察官吏的能力，他认为这是治理好一州一县的关键所在。州中僚属朝夕相处，不久即对其人了如指掌，而对属县官吏却无从了解。朱熹想出一个办法，每月属县送纳州府版账钱，令各县轮流派官吏押来，当日住下来，他亲自接见，试以公事。立定格式出题，令其详陈处置意见。县官的能力如何如此就可以知道了。

朱熹在考察时发现，本州驻扎东南第八将陆景任系出使回折算资历奏补，不习军事，衰病庸碌，难以统辖千人，不能担当镇守重任，便立即上奏，请求撤换。而知邵州潘恭、知全州韩邈、邵州通判蔡咸、提刑司干办公事方铨等才能突出，尽职尽责，绩效显著，于是上状朝廷，大力推荐他们。

朱熹在官数月后已经熟知大多本路官吏。因此罢任之后，对被询问到的属下还能一一道来：零陵县彭铨为彭龟年之侄，人多称之；潭州支使王桼、善化县令张维、宁乡主簿刘正学皆有才可使；长沙县丞姓管者也可用；善化县尉姓吾，浦城人，修学断事也可观；潘景愈在全州，自然当荐；李衡阳也甚佳，其代者赵希汉有才，但有过甚处；武冈军姨弟明敏有素；姚干按法应当回避。

潭州原例初一、十五皆不会客。朱熹到任后，改变惯例，每天都见客。他批评说："而今官员不论大小，尽不见客，敢立定某日见客，某日不见客，甚至月十日不出，不知甚么条贯如此。是礼乎？法乎？可怪！不知出来与人相应接少顷，有甚辛苦处？使人之欲见者等候，不能得见。或有急干欲去，有甚心情等待？欲吞不可，欲吐不得，其苦不可言！此等人所谓不仁之人，心都顽然无知，抓着不痒，掐着不痛矣！小官尝被上位如此而非之矣，至他荣显，又不自知矣。"

四、重修岳麓书院

在任期间，朱熹除"降武备，戢奸吏，抑豪民"外，还把兴学作为从政的大事来做，他在"本州州学之外，复置岳麓"。岳麓书院本是朱熹与张栻会讲之所，当年在此讲学，现在重回旧地，有一种特殊感情。自张栻去世后，书院"比年以来，师道陵夷，讲论废息，士气不振，议者惜之"，很不景气。

朱熹对书院的现状感到十分痛心，一到潭州便提出《潭州委教授措置岳麓书院牒》，采取了一系列恢复岳麓书院的措施。首先，朱熹委派州学教授专门负责书院兴复之事，聘请门人醴陵贡士黎贵臣充当书院讲书，又聘请张栻门生郑一之为学录，掌管学规和辅助教授。其次，朱熹为岳麓书院别置额员，增其廪给。原刘珙重建岳麓时，定养士额二十人。朱熹增置额外学生十人，其待遇与州学生同，以满足不由课试而入者；给来院的学生以膏火费，并以安居；所廪给经费若田租不足，还从官费拨给。学员由自己亲自选拔录取。最后，朱熹亲自执教、督课。朱熹"治郡事甚劳，夜则与诸生讲论，随问而答，略无倦色。多训以切己务实，毋厌卑近而慕高远。恳侧至到，闻者感动"。朱熹在政事之余亲自到书院督课，检查学生学习情况。有一次，朱熹抽签请出两名士人讲《大学》，他们讲得语无伦次。朱熹没有听完，便不高兴地挥挥手说："算了算了！"让他们归位，正色对众人说道："前人建书院，本以待四方士友，相与讲学，非止为科举计。某自到官，甚欲与诸公相与讲明,一江之隔,又多不暇。意谓诸公必皆留意,今日所说,反不如州学,又安用此赘疣!明日烦教授诸职事共商量一规程,将来参定,发下两学,共讲磨此事。若只如此不留心,听其所之。学校本是来者不拒,去者不追,岂有固而留之之理!"他又说:"不理会学问,与蚩蚩横目之氓何异?"朱熹此时为管辖六十多个州县的安抚使,还对学生如此负责,实在难得。

为了更好地培养学生,朱熹重订学规。他"屡欲寻访湖学旧规,尚此未获",于是沿用白鹿洞学规作为岳麓书院的学规,以此规训学生,其后来被称为"朱子书院教条",影响了岳麓书院长达千年。

同时朱熹还着手商议改建书院之事。他委托姚干勘察画图,又采纳李彦忠的建议,准备将书院建于风雩亭之右僧寺菜地之中。这样背靠亭脚,面朝笔架山,地势右边横抱,左边拱揖,较为理想。且根据直短横长的地形特点,拟建横成一排厅堂。可惜由于朱熹在官不久,没能亲自实施这些规划。

第八节　庆元党禁

一、入侍经筵

宁宗赵扩为嘉王时,宫僚彭龟年讲经,宁宗问为谁之说,彭龟年回答为朱熹之说。从此进讲,必问朱熹之说如何。等到宁宗即皇帝位后,在知枢密院事赵汝愚的举荐下,召朱熹赴京。

朱熹早知政见不合,加上疾病缠身,出官长沙已经十分勉强。而宁宗新政,身在任所,按礼不敢推辞。他又听说任命是皇帝亲自批出的,于是陷入了举棋不定的矛盾境地。权衡再三后,他决定先接受任命,同时递上辞免申状,一面动身,一面在途中听候发落,或者回家待命。

八月六日,朱熹解印出城,迤逦东归。沿途士友争相来见。到达临江,朱熹接到除焕章阁待制兼侍讲的任命,即授帝学之师。告词对朱熹褒扬备至:"朕初承大统,未暇他图,首开经帷,详延学士。眷儒宗之在外,颁召节以趣归。径登从班,以重吾道。具位朱熹发六经之蕴,穷百氏之源,其在两朝,未为不用；至今四海，犹谓多奇。擢之次对之班，处以迩英之列，若程颐之在元祐，若尹焞之于绍兴，副吾尊德乐义之诚，究尔正心诚意之说，岂唯慰满于士论，且将增益于朕躬。非不知政化方行，师垣有赖，试望之于冯翊，不如置之本朝；召贾傅于长沙，自当接以前席。慰兹渴想，望尔遄驱！"

由皇帝御赐"儒宗"之称，与程颐、尹焞相提并论，这对朱熹来说是第一次，其尊宠已达到无以复加的地步。为了心安，免得别人说闲话，他又不得不加以推辞。朱熹走走停停，先后三次上状，表示不敢接受任命。

朱熹于九月底到达临安，住在郊外。十月初，朱熹入城，两天后以五篇札子对答于行宫便殿。第一札首先肯定宁宗无父命而即帝位为权宜之计而未失其正，又指出即位以来天变未消、地变未弭，君亲之心未欢，百姓士大夫反不能无疑于逆顺名实之际，祸乱之本已伏于冥冥之中、待时而发的严峻形势，劝宁宗不要马上以帝位自居，衣服、器用、礼仪一切暂时仍用嘉王府之旧，每天前往问候光宗饮食起居，"仰伏寝门，怨慕号泣，虽劳且辱有所不惮"，以求得父亲的原谅，使危者安，离者合，则天下之势翕然大定。第二札从心性论的高度，简明扼要地阐明了帝王之学的理论。即人不可以不学，为学之道莫先于穷理，穷理之要必在于读书，读书之法莫贵于循序致精，致精之本在于居敬持志。朱熹称此为"愚臣平生为学艰难辛苦已试之效，窃意圣贤复生，所以教人者不过如此"。以上二札言简意赅，语重心长，为此次对答的核心。第三、四、五札讲了在潭州任上遗留的几件事。对答结束后，朱熹当面辞免新任，宁宗不许。次日，又请求不受待制职名，将侍讲降为说书。几天以后，宁宗亲笔批示："卿经术渊源，正资劝讲，次对之职，勿复牢辞，以副朕崇儒重道之意。"直到此时，朱熹才接受任命，正式出任焕章阁待制兼侍讲之职。

身为帝王师，朱熹在辅导宁宗学业方面倾注了全部心血。首先讲《大学》，朱熹终身致力于此篇，早已烂熟于胸。然而他仍然字斟句酌，务使停当。每次劝讲之前，必默坐酝酿，澄心静虑，如对大宾。讲论中，总是反复引譬开导，发自肺腑，倾尽无遗。讲解数次之后，又将讲义整理编次进呈。讲义音释训诂细致入微，大义宏旨精妙深奥，以古证今，由知及行，深入浅出，明白晓畅，用心良苦。宁宗非常喜欢，命令朱熹句读好后给他。有一天朱熹请问，宁宗曰："宫中尝读之，其要在求放心耳。"朱熹退，非常高兴地对弟子说："上可与为善。愿常得贤者辅导，天下有望矣。"

按照惯例，讲官每逢单日早晚进讲，如果当天放假或有事就不进讲了。冬寒夏暑停讲数月。朱熹致主心切，除面奏外，又上札子，请求除朔、望、旬休、请安、上朝之日外，不论寒暑假故，每天都早晚进讲。宁宗同意了这一请求。

供职数日，宁宗再命以史馆之任，差朱熹兼实录院同修撰。朱熹子承父任，当上了史官。他发现在实录编纂上存在着严重的弊病，主要是本院修撰官三员、检讨官四员各自为政，不相统摄，造成全书杂乱无章。朱熹提出，改变过去一人管一年的做法，只将史料按吏、礼、兵、刑、工、户分为六类，于本院设六房吏，各专管本房之事。史官修史时，只按事目分工，从头至尾，专门让一个人管。如果事目交叉，就互相商议着来办。他又拟定修史例，规定采集传主史料的程序依次为：按《日历》年月选定传主，列成总目；注拜罢官年月于传主之下；按人头附入已有碑志、行状、奏议、文集等材料；行文各州立限取索现缺史料，置簿记录取索情况。可惜这些建设性的意见，由于朱熹任职时间短，并未得到施行。

二、"帝王师"遭逐

出于侍从之臣的责任感，朱熹对朝廷政事也知无不言，言无不尽。当时，有人上言，以为宁宗尚居行宫，未还大内，则名分体统不正，易生疑议。金使将至，恐有窥伺之心。于是下诏修葺旧东宫，筑屋数百间。朱熹听说后，非常忧虑，于是趁讲经的机会，向宁宗皇帝面陈四事：

其一，请罢东宫之役。此时大兴土木，极不合时宜。是欲弃太皇太后、太上皇、皇太后而图己之安适，必将导致天怒人怨。应停止修葺东宫劳役，只就慈福、重华宫之间草创寝殿一二十间以居之。

其二，请下诏自责。宁宗光宗父子反目成仇，长久不相往来，有悖父子天伦。不早图之，将使观听不美，天下解体。应下诏自责，痛减供奉，暂改服色，往见太上皇帝，流涕伏地，抱膝吮乳，以伸负罪引慝之诚。

其三，请整肃纲纪。朝廷纪纲紊乱，进退大臣，移易谏官，皆出于皇帝独断，非为治之体。甚者名为独断，实乃左右亲信窃弄威福。长此以往，将大权旁落，天下大乱。请严禁左右亲信干预朝政，凡事按应有制度程序公议予决。

其四，请议孝宗陵墓。孝宗陵墓草草，将遗患无穷，请从长计议。

朱熹所说的四件事，都涉及宫廷隐私忌讳。山陵和庙议都是关涉皇室宗庙的大事，朱熹议论不合，开罪众人，成为他不能立足朝廷的重要因素。同时，朱熹还触怒了近习。赴京途中，朱熹闻韩侂胄倚仗宁宗信任，弄权宫掖。抵达临安后，朱熹多次手书密给宰相赵汝愚，认为当时大事不得不用此类人，事定之后，便应当以厚赏酬其劳，但不要让韩侂胄干预朝政。面见宁宗后，朱熹又再三言及此事。韩侂胄得知后大怒，与同党谋划除去朱熹。于是指使优伶峨冠阔袖，扮大儒貌，戏于宁宗之前，丑化朱熹。

宁宗最初对朱熹是比较尊崇的，但朱熹所陈皆逆耳之言，随着时间的推移，他对朱熹的说教逐渐失去了兴趣，甚至对朱熹越俎代庖、干预朝廷事务有厌恶之感。在韩侂胄等人的挑拨之下，宁宗终于下定了罢黜朱熹的决心。

闰十月十九日晚，朱熹讲经结束后，再次请求宁宗施行前奏四事。宁宗待其退下，即亲笔批示："朕悯卿耆艾，方此隆冬，恐难立讲。已除卿宫观，可知悉。"赵汝愚、陈傅良、刘光祖、邓驲、吴猎、孙逢吉、游仲鸿、楼钥等人先后上章请留朱熹，宁宗不从。朱熹简单地上呈二状，一谢宁宗恩典，一乞免与皇上辞行，然后告别诸友，开始归闽的路途。为帝王师，朱熹达到了他仕途的顶峰。然而，立朝仅四十日，便遭驱逐。

赵汝愚辅立宁宗以后，以首相之重，连续收召天下饱学知名之士，聚于朝廷，以图新政。但赵汝愚对韩侂胄等人缺乏警惕，没有引起足够的重视。而韩侂胄自以为赏不称功，对赵汝愚怀恨在心，凭恃宁宗的信任，日夜图谋铲除赵汝愚及其同党。庆元元年（1195）二月，赵汝愚罢相，出知福州，数日后罢其知福州之职。

朱熹回到建阳以后，曾经三次上状辞免焕章阁待制职名。他认为，自己已经不再担任侍讲，理当同时削去待制头衔，以免招来世人的唾骂。为了达到这个目的，他甚至以曾妄论孝宗灵位附庙的罪名自我弹劾。当时朱熹左目已盲，右眼昏花，消化不良，腹泻多日。且又感染风寒，足疾复发，加上精神郁闷，病得更加沉重。朱熹再次递上辞呈，同时干脆提出了退休的请求。但朱熹的请求遭到了拒绝。

与此同时，韩侂胄之党对道学的打击仍在继续。四月二日，太府寺丞吕祖俭上疏留任赵汝愚，并说不当逐朱熹、彭龟年等。四月四日，吕祖俭以朋比罔上、志在无君的罪名编管韶州，后改吉州。四月五日，太学生杨宏中、周端朝、张衞、林仲麟、蒋传、徐范等六人伏阙上书，要求洗雪赵汝愚之冤，严惩李沐，以谢天下。四月六日，朝廷将六人各送五百里外编管，由临安府派人监押上道。中书舍人邓驲上疏论救，很快被罢知泉州。五月十三日，命直学士院傅伯寿草诏，以国是、尊君、中道等事训饬百官，违者从重惩处。六月十七日，刘德秀劾罢国子博士孙元卿、太学博士袁燮、国子正陈武、国子司业汪逵。

自党事起，韩侂胄之党前后隐言暗指，意常在朱熹，但还没有敢直指朱熹之名的。监察御史胡纮，曾到武夷精舍拜谒朱熹，因精舍生活简朴招待不周怀恨在心，以攻朱熹为己任，罗织罪名，经营逾年，始成章疏。因恰逢离任未能上呈，于是他将书稿交给新任监察御史沈继祖。沈继祖以为可以马上凭这个获得富贵，于是上疏，首次指名点姓地弹劾朱熹，数列朱熹六大罪状：

其一，不孝其亲。建宁米白，甲于闽中。朱熹不以此供其母，乃日籴仓米而食。其母不堪，每以语人。曾赴乡人之席，归谓朱熹曰："彼亦人家也，有此好饭！"闻者怜之。

其二，不敬于君。朱熹累被召命，偃蹇不行。及授监司郡守，或有招致，则趣驾而往。召命不至，乃欲辞小而要大；命驾趣行，则图朝至而夕馈。

其三，不忠于国。当议孝宗陵墓之时，朱熹乃以私意倡为异论，首入奏札，欲改卜他处。是欲借此以官其素所厚善之妖人蔡元定，而附会赵汝愚改卜他处之说。

其四，朱熹既以侍从名义享受封赠父母、奏荐子弟、改易服饰等待遇，乃忽上章，佯为辞免。岂有以职名受恩数而却辞职名？玩侮朝廷，莫此为甚，是可忍孰不可忍！

其五，赵汝愚既死，朝廷交庆，朱熹乃率其徒百余人哭之于野，又和人诗有"除是人间别有天"之句。人间岂容别有天邪？其言意何止怨恨而已！

其六，欲得建阳县学风水之地，使其徒知县储用，将县学与护国寺对迁，以致用大木巨缆绞缚孔子圣像，使其手足堕损。

除六罪之外，沈继祖又列举朱熹的其他事项说："欲报汝愚援引之恩，则为其子崇宪执柯，娶刘珙之女，而奄有其身后巨万之财。又诱尼姑二人以为宠妾，每之官则必与之偕行。谓其能修身，可乎？冢妇不夫而自孕，诸子盗牛而宰杀，谓其能齐家，可乎？知南康军，则妄配数人而复与之改正；帅长沙，则藏匿赦书而断徒刑者甚多；守漳州，则搜古书而妄行经界，千里骚动，莫不被害；为浙东提举，则多费朝廷赈济钱米，尽与其徒而不及百姓。谓其能治民，可乎？又如据范染祖业之山以广其居，而反加罪于其身；发掘崇安弓手父母之坟以葬其母，而不恤其暴露。谓之恕以及人，可乎？男女婚嫁，必择富民，以利其奁聘之多；开门受徒，必引富室子弟，以责其束脩之厚。四方馈赂，鼎来踵至，一岁之间，动以万计。谓之廉以律身，可乎？"

沈继祖对朱熹的指控，不辨是非，出自私意，其中大多道听途说，甚至是污蔑不实的言辞，本来应该很难令人信服。然而朝廷竟然认可了这样的奏章。这一年朝廷将朱熹的学说定为"伪学"，规定六经、四书等书为禁书，并罢朱熹二官，即秘阁修撰和提举南京鸿庆宫。朱熹便成了一个除朝奉大夫官散头衔外，没有任何官职、没有分文收入的废弃之人，结束了他数十年的政治生涯。

朱熹公开对抗朝廷的一个行为是为友人蔡元定饯行。蔡元定从朱熹游数十年，情同手足。朱熹解《易》，也与元定往复讨论。他曾辑其讲论之辞曰《翁季录》，引元定以自匹。因此蔡元定被视为朱熹的死党，有"朱熹唱伪学，蔡元定实羽翼之"之奏。朱熹落职罢祠，蔡元定流放道州。

庆元四年（1198），朝廷下诏要理学之徒"改视回听"，如果再不思悔改，必罚无赦，并订立《伪学逆党籍》，于是"伪学"又成了"逆党"，其中包括宰执四人、待制以上十三人、余官三十一人、武臣三人、士人八人，共五十九人。当时儒者不敢以儒自命，朱熹的门人故交过其门而不敢入。

党祸的兴起，完全是出于政治的需要，几乎不涉及学术的是非。作为政治上的失败者，朱熹的学说随之成为政治斗争的牺牲品，甚至"伪学之党"（朱熹弟子等）不准在朝廷做官。然而，朱熹在阴云笼罩的岁月之中始终没有放弃自己的政治立场和学术立场，表现了一个士人宁为玉碎、不为瓦全的节操。

三、付道沧洲

朱熹自临安返回后，为满足讲学需要，曾在考亭建成规模较大的学舍一所，名曰竹林精舍。朱熹亲自书写对联"道迷前圣统，朋误远方来"，以示谦逊。后来，朱熹又将竹林精舍更名为沧洲精舍。

当党祸汹汹而来的时候，友人都苦口婆心地劝朱熹遣散生徒，以避嫌远祸。他坦然自若，一笑了之。他不仅没有将前来求学的诸生拒之门外，有时反而主动邀请可以信赖的士友到精舍切磋学问。在举国上下一片攻伪之声中，精舍讲学仍在有条不紊地进行。朱熹曾对门人说："某只是做得个引路底人，做得个证明底人。"他教育诸生说："书不记，熟读可记；义不精，细思可精。唯有志不立，直是无着力处。只如而今贪利禄而不贪道义，要作贵人而不要作好人，皆是志不立之病。直须反复思量，究见病痛起处，勇猛奋跃，不复作此等人，一跃跃出，见得圣贤所说千言万语，都无一事不是实语，方始立得此志。就此积累功夫，迤逦向上去，大有事在。诸君勉旃！不是小事！"

在党禁中，朱熹虽疾病缠身，但忍辱负重，笔耕不辍，先后编纂、整理和修订了《学校贡举私议》《增损吕氏乡约》《资治通鉴纲目》《孟子要略》《韩文考异》《大学章句》《周易参同契考异》《尚书解》《楚辞集注》《楚辞后语》《楚辞辨证》《简斋诗集》等著述。

朱熹对科举之弊深恶痛绝，反复痛加抨击。他经过深入思考，写成《学校贡举私议》一篇。他首先列举科举的主要弊端：乡举取人之额不均，又有太学利诱之途，监试、漕试、附试诈冒之径；所教者不本于德行之实，所谓艺皆无用之空言，适足以坏学者心志。其恶果是人才日衰，风俗日薄。朝廷州县每有疑问不决之事，则公卿大夫、官人百吏愕贻相顾，束手无策。朱熹认为，改革科举制度势在必行，最根本的方法是采用程颢在《请修学校尊师儒取士劄子》中提出的一整套措施。如一时不能根本变革，则应该均各州之解额以定学者之志，立德行之科以厚其本，罢去辞赋而分诸经、子史、时务之年以齐其业；又使治经者必守家法，命题者必依章句，答义者必通贯经文，条举众说而断以己意；遴选实有道德之人充实师资，以招徕实学之士；裁减解额舍选谬滥之恩，以塞利诱之途；去除制科、词科、武举之类所存在的弊端，完善其制度。这样，便可做到有定志而无奔竞之风、有实行而无空言之弊、有实学而无不可用之材了。《学校贡举私议》在一个侧面体现了朱熹晚年的教育思想。

《吕氏乡约》本为北宋蓝田人吕大忠、吕大防、吕大钧兄弟所订，由吕大钧执笔，是民间自行约定的为人处事的行为规范。其内容主要有四条：德业相劝，过失相规，礼俗相交，患难相恤。每条之下都规定了若干具体做法和奖惩措施。朱熹十分赞赏《吕氏乡约》，认为它有助于改善乡俗。他以吕氏旧约为基础，杂取诸书有关内容，参考自己的意思，增删取舍后加以刊行。又另外增加每月初一同约之人集会读约的制度，使其更加完善、切实可行。

《资治通鉴纲目》自乾道八年编成后，朱熹曾先后几次对其做过一些局部改动，但没有全面修订。这一次，他亲自拟定修订方案。门人赵师渊具体实施方案，整理后的书稿又寄给朱熹过目，朱熹亲自定稿。二人书信往还，频繁地就书中问题交换意见。朱熹告诉赵师渊，先以本书目录及《稽古录》《皇极经世》《编年通载》等书参订其纲，使大事无遗漏，然后逐事考究始末，以修其目。一时讲论治道的言论，无纲可附者，拟选择其要，总附于人物死丧之后。其他若干细则，也一一作了指导。

《孟子要略》是《孟子》一书的选编本，成书于绍熙三年（1192）。其目的是便于初学者学习。朱熹对此书基本满意，只做了局部修订。他在给黄榦的信中谈道："病中看得《孟子要略》章章分明，觉得从前多是衍说，已略修正，异日写去。此书似有益于学者，但不合颠倒，却圣贤成书，此为未安耳。"

朱熹自幼喜爱韩愈之文，对其文集烂熟于胸。由于韩文版本纷繁，朱熹萌发了全面校订的念头："此集今世本多不同，惟近岁南安军所刊方氏校定本号为精善。别有《举正》十卷，论其所以去取之意，又他本之所无也。然其去取多以祥符杭本、嘉祐蜀本及李、谢所据馆阁本为定，而尤尊馆阁本，虽有谬误，往往曲从，他本虽善，亦弃不录。至于《举正》，则又例多而词寡，览者或颇不能晓知。故今辄因其书更为校定，悉考众本之同异，而一以文势义理及他书之可证验者决之。苟是矣，则虽民间近出小本不敢违；有所未安，则虽官本、古本、石本不敢信。又各详著其所以然者，以为《考异》十卷，庶几去取之未善者览者得以参伍而笔削焉。"

《大学章句》是朱熹毕生致力的经解之一，前后做过不计其数的反复修改，字斟句酌，最终达到朱熹自称的"不多一字，不少一字"的境界。庆元四年（1198），朱熹将其作为最后定本刊出。但这个"定本"其实也终未定，直到朱熹去世前三天，他还在对某些章节做进一步修改。

在党禁的严酷统治中，朱熹对《周易参同契》产生了浓厚的兴趣。他原打算作一些研究，但受健康状况的限制，没能实现。因先将其书精心校对一遍，辑其所考为《周易参同契考异》。

朱熹研究《尚书》，积数十年之心得，拟仿《诗集传》例作《书集传》。朱熹认为蔡元定之子蔡沈对《尚书》有精深的了解，于是招其来考亭，商议编纂之事。他在信中说："最是《书说》未有分付处。因思向日喻及《尚书》文义通贯犹是第二义，直须见得二帝三王之心，而通其所可通，毋强通其所难通，即此数语，便已参到七八分。千万便拨置此来，议定纲领，早与下手为佳。诸说此间亦有之，但苏氏伤于简，林氏伤于繁，王氏伤于凿，吕氏伤于巧。然其间尽有好处。如制度之属，只以疏文为本。若其间有未稳处，更与挑剔，令分明耳。"朱熹自己只撰成了《尧典》《舜典》《大禹谟》《金滕说》《召诰》《洛诰》《武成日月谱》《考定武成次序》数篇及其他百余段，全书最终由蔡沈完成。

《楚辞集注》八卷，其篇目在王逸《楚辞章句》、洪兴祖《楚辞补注》基础上稍加取舍，以屈原所作二十五篇为离骚体，宋玉以下十六篇为续离骚体，随文详注，每章各标明赋、比、兴字样。朱熹在序言中评价屈原及其作品说："原之为人，其志行虽或过于中庸而不可以为法，然皆出于忠君爱国之诚心；原之为书，其辞旨虽或流于跌宕怪神、怨怼激发而不可以为训，然皆生于缱绻恻怛、不能自已之至意。虽其不知学于北方，以求周公仲尼之道，而独驰骋于变风变雅之末流，以故醇儒庄士或羞称之，然使世之放臣屏子、怨妻去妇抆泪讴吟于下，而所天者幸而听之，则于彼此之间，天性民彝之善，岂不足以交有所发而增夫三纲五典之重？此予之所以每有味其言而不敢直以词人之赋视之也。"宋人周密《齐东野语》中说："赵汝愚永州安置，至衡州而卒。朱熹为之注《离骚》，以寄意焉。"朱熹注《楚辞》是否完全出于这种动机，已无可考。

四、圣人之逝

宁宗庆元六年（1200），朱熹七十一岁，始号晦庵病叟、沧洲病叟。入春后，朱熹多种疾病发作，服药也不见效，他对蔡沈说："脚气发作，异于常年，精神顿衰，自觉不能长久。"闰二月，友人俞闻中过考亭，推荐医士张修之。张修之极力主张以重药攻治，以通气脉。初以黄芪、罂粟壳等服之，稍见效。继用巴豆、三棱、莪术等药，觉得气畅脚轻，以往进食哽噎之症皆去，然寻苦便秘。再服温白丸数粒，即致大泻。以黄芽、岁丹作大剂服之，都无效了。

三月二日，以小简约叶贺孙、蔡沈来考亭，二人当晚就到了。是夜看蔡沈《书集传》，讲说疑义数十条，并及时事。精舍诸生皆在，四更方退。

三日，在楼下改《书集传》两章，又贴修《稽古录》一段。当晚讲说疑义数十条。

四日，在楼下商量筑小亭于门前洲上，亲自至溪岸规划。陈大方携酒食至新亭基。时溪东山间传来奇异的野兽之声。在座有人说只要听到这种声音，乡中便有丧祸。但其声从未有如此之雄。是夜讲说书义，至《太极图》。

五日，腑脏不适。知县张揆来谒于楼下，有馈礼。张揆依仗当朝宰相，治理凶焰，百姓苦不堪言。朱熹对其说知县若宽一分，百姓得一分之惠，却揆礼不受。当夜为众人讲说《西铭》，又言为学之要唯事事审求其是，决去其非，积累日久，心与理一，自然所发皆无私曲。

六日，改《大学》"诚意"一章，令詹淳誊写，再改数字。又修改《楚辞》一段。午后，大泻不止，随入宅堂，自此未能再出。

七日，腹泻加急，暴下不止。次子朱埜自崇安五夫山中赶回。

八日，精舍诸生前来探视，朱熹起坐说："误诸生远来。然道理只是恁地，但大家倡率，做些艰苦工夫，须牢固着脚力，方有进步处。"当时在座的有林夔孙、陈埴、叶贺孙、徐宇、方伯起、刘成道、赵惟夫、范元裕、蔡沈。朱熹看着蔡沈说："某与先丈病势一般，决不能起。"蔡沈答道："先人病两月余，先生方苦脏腑。然老人体气易虚，不可不急治之。"诸生退出，朱熹写了三封信，一封给范念德，托写礼书，且为长孙择配。一封给季子朱在，令其早归，收拾文字，并叹息道："许多年父子，乃不及相见也。"一封给黄榦，令成礼书。这是朱熹生前的最后一书："三月八日熹启：人还得书，知已至三山，一行安乐，又知授学次第，人益信向，所示告文规约皆佳，深以为慰。今想愈成伦理。凡百更宜加勉力，吾道之托在此者，吾无憾矣。衰病本自略有安意，为俞梦达荐一张医来，用硇砂、巴豆等攻之，病遂大变。此两日愈甚，将恐不可支吾。泰儿又远在千里外，诸事无分付处，极以为挠。然凡百已定，只得安之耳。异时诸子诸孙切望直卿一一推诚力赐教诲，使不大为门户之羞，至祝至祝！（恩老婚事余干有许意，彼所言者上有外家之嫌，不可问也。）礼书今为用之、履之不来，亦不济事，无人商量耳。可使报之，可且就直卿处折衷。如向来丧礼，详略皆已得中矣。臣礼一篇兼旧本，今先附案，一面整理。其他并望参考条例，以次修成。就诸处借来可校，作两样本，行道大小并附去，并纸各千番，可收也。谦之、公庶各烦致意，不意遂成永诀，各希珍重。仁卿未行，亦为致意。病昏且倦，作字不成。所怀千万，徒切凄黯。不具。"

是夜，命蔡沈翻检《巢氏病源》。刘成道窃与沈言："待制脉绝已三日矣，只是精神定，把得如此分晓。"

九日五更，朱熹坐于床上，蔡沈侍立于前。朱熹用手拉沈衣角命坐，若有所欲言而不言者久之。医士诸葛德裕来，令其勿言，寻命移寝中堂。天刚亮精舍的诸生都来了。叶贺孙近前缓言问："先生万一不讳，礼数用《书仪》如何？"朱熹摇头表示不同意。范元裕又问："用《仪礼》如何？"朱熹又摇头。蔡沈再问："《仪礼》《书仪》参用如何？"朱熹这才点头同意，但已不能说话。想用笔写，示意左右的人用手板托纸递上。朱熹执笔如平时，但颤抖不止，力已不能运笔。顷刻，搁笔就枕，手偶触头巾歪斜，目示蔡沈正之。诸生退去，蔡沈坐于床头，范元裕坐于床尾。朱熹进入弥留之际，其视线随二人上下移动，目光犹炯然。良久，徐徐呼吸，气息渐微而逝。时正午初刻。

十一月二十日，朱熹被安葬于建阳县唐石里九峰山下之大林谷，与夫人刘氏合葬。天幕低垂，悲风怒号，从四面八方赶来送葬的有上千人。

遵照朱熹遗嘱，季子朱在汇集其平生所作诗文，编成文集。门人汇集朱熹语录，编成《朱子语类》。黄榦在行状中对朱熹做了如此描绘：

"其色庄，其言厉，其行舒而恭，其坐端而直。其闲居也，未明而起，深衣幅巾方履，拜于家庙以及先圣。退坐书室，几案必正，书籍器用必整。其饮食也，羹食行列有定位，匕箸举措有定所。倦而休也，瞑目端坐；休而起也，整步徐行。中夜而寝，既寝而寤，则拥衾而坐，或至达旦。威仪容止之间，则自少至老，祁寒盛暑，造次颠沛，未尝有须臾之离也。

"行于家者，奉亲极其孝，抚下极其慈。闺庭之间，内外斩斩，恩义之笃，怡怡如也。其祭祀也，事无纤钜，必诚必敬。小不如仪，则终日不乐；已祭无违礼，则油然而喜。死丧之际，哀戚备至，饮食衰绖，各称其情。宾客往来，无不延遇，称家有无，常尽其欢。于亲故，虽疏远必致其爱；于乡闾，虽微贱必致其恭。吉凶庆吊，礼无所遗；赒恤问遗，恩无所阙。其自奉，则衣取蔽体，食取充腹，居止取足，以障风雨。人不能堪，而处之裕如也。"

第二章　朱熹思想研究

第一节　哲学思想

一、理与气

（一）理本论

在朱熹看来，理与气的关系主要体现在以下几个方面：理本气末、理先气后、理主气从、理寓于气、理生气。

其一，理本气末。"理"主宰着天地万物。"天地之间，有理有气，理也者，形而上之道也，生物之本也；气也者，形而下之器也，生物之具也。（《朱文公文集》卷五十八）""宇宙之间，一理而已"（《朱文公文集》卷七十），"有是理便有是气，但理是本。（《朱子语类》卷一）"理是本体，可以派生出二气五行万物，万物又复归于理。理不但是万物的产生者，而且在人物消尽之后也永恒地、循环往复地运动着、存在着；气只是形成万物的材料，是第二性的。

其二，理在气先。"以本体言之，则有是理，然后有是气。"（《孟子或问》卷三）没有无理之气，也没有无气之理。理是事物存在或发生的根据，理决定气。朱熹从天地之理的长存不息来说明：从逻辑上来说，理在气之先，气在理之后。万物有生存，有毁灭；即使万物毁灭了，理却长存不息；长存不息之理，又能再生出天地万物。

从形上与形下的角度来说，理是形而上者，气是形而下者，因此，理在先，气在后，"理未尝离乎气。然理形而上者，气形而下者。自形而上下言，岂无先后"（《朱子语类》卷一）。尽管理与气，犹如呼吸一样，循环无端，但理属于形而上者，气属于形而下者，因此，由上及下，由理而言气，理在先，气在后。

其三，理主气从。在理气关系上，朱熹认为"理气相依""理在气中"。"理"作为产生万物的本体，有"未发"和"已发"两个阶段。"未发"阶段是"未有此气，已有此理"，因此理先气后；"已发"阶段是"不论气之精粗，莫不有理"，因此理主气从。

其四，理寓于气。理生成气，又寓于气之中；理为主，为先，气为客，为后。朱熹从"未有物而已有物之理"的观点出发，认为"理"生气后，理又寓于气，"既有理，便有气；既有气，则理又在乎气之中"（《朱子语类》卷九十四）。理与气相依，不相离，相互统一。同时，理又寓于气中，"此本只是说气，理自在其中"（《朱子语类》卷九十八）。

其五，理生气。朱熹以太极之动与静来说明"理生气"。"动而生阳，静而生阴。动即太极之动，静即太极之静。动而后生阳，静而后生阴，生此阴阳之气，谓之动而生静。"（《朱子语类》卷九十四）"感应二字有二义，以感对应而言，则彼感而此应。专于感而言，则感又兼应意。"（《朱子语类》卷九十五）太极具有感应之性，故可以感，感即动。有感必有应，对感而言便现为形体。太极以阴阳五行化生万物，万物无不是理，无不具理，都应循理而行。

（二）理一分殊

朱熹借用佛教之"月印万川"来解释宇宙间有一个最高的总体"理"——太极，它是天地万物之理的总体，即总万理的那个"理一"。从某种意义上来说，太极相当于理。太极包括万物之理，万物可分别体现整个太极，即人人有一太极，物物有一太极。每一个人和物都以理作为它存在的根据，每一个人和物都具有完整的理，即"理一分殊"。天地万物总体而言只有一个太极或理，此太极、此理散在万物，使万物各具一太极、一理。万物所各具之"理"是具有统一性、普遍性特征的本体之理的体现。

朱熹发挥二程的"理一分殊"说，认为从万物的总根源而言，"为一太极而已也"，只是一个"理"；而"自其本而之末"，即从理推之万物而言，则万物分有太极一理，以之为本体，即所谓"分之以为体"。万物虽各有一个完整的理，但由于所禀之气粹驳之不齐，造成了"理"在万物那里有或偏或全的不同，即"理绝不同"。因此就有了人之理、物之理的分殊，有了君臣之理与父子之理的分殊。

二、格物致知

（一）格物致知

格物致知是中国古代认识论的命题，也是朱熹论治学、修身的功夫或方法。朱熹发扬《大学》"致知在格物"的精神和继承二程"格物穷理"的思想而阐发格物致知。朱熹借用《大学》"致知在格物"的命题探讨认识理论问题。就认识来源问题来说，朱熹虽然主张人生而有知，但不否认见闻之知。他强调穷理离不开格物，只有即物才能穷究其理。

朱熹《大学章句》中的格物补传体现其格物致知说主要内容。其一，治学、修身要以格物为先。鉴于当时好高骛广的学风，他重视大学工夫之始——格物。他在《答江隐君》中说："圣门之学，下学之序，始于格物以致其知，不离乎日用事物之间，别其是非，审其可否，由是精义入神，以致其用。"（《朱文公文集》卷三十八）其二，格物可以穷理。程颐认为"格犹穷也，物犹理也；犹曰穷其理而已矣。穷其理，然后足以致知"。"物，即事也。凡事上穷极其理，则无不通。"（《二程遗书》卷第十五）朱熹发挥二程思想说："致，推极也。知，犹识也。推极吾之知识，欲其所知无不尽也。格，至也。物犹事也。穷至事物之理，欲其极处无不到也。"（《大学章句》）其三，理一分殊，切己体认。应该先从分殊处理会格物穷理。要从切己处、近处、常处、分殊处开始格物穷理，"格物须是从切己处理会去。等自家者已定叠，然后渐渐推去，这便是能格物"（《朱子语类》卷十五）。其四，积累贯通，心与理一。朱熹认为格物能够穷理，逐件逐项理会格物，用力久了、积累多了最终能豁然贯通，达到"众物之表里精粗无不到，而吾心之全体大用无不明"——心与理一的境界。

（二）心与理一

朱熹强调心中有理，认为人的心中含有一切事物之理，通过"格物"这个工夫，就事物加以研究，然后才能达到对心中之理的认识，从而对于天地万物之理就无不了然了。"一心具万理，能存心而后可以穷理。"（《朱子语类》卷九）"心包万理，万理具于一心。不能存得心，不能穷得理；不能穷得理，不能尽得心。"（《朱子语类》卷九）由之而推论："性便是心之所有之理，心便是理之所会之地。"（《朱子语类》卷五）心有理性，理性是世界必须遵照的原理。理性不是认识作用，而是真理本身。虽然朱熹在开始时也区分认识主体和认识对象，也主张要研究事物之理，但最终认为心中的理性本来就包含一切事物之理，研究事物之理也就是体认心中之理，"人之所以为学，心与理而已。心虽主乎一身而其体之虚灵，足以管乎天下之理；理虽散在万物而其用之微妙，实不外乎一人之心。初不可以内外精粗而论也"（《大学或问》下）。

（三）知行相须

在知行关系方面，朱熹主张知先行后，行重知轻，知行互发。从知识来源上来看，知在行先；从社会效果上来看，知轻行重，"论先后，知为先"（《朱子语类》卷九），"论轻重，行为重"（《朱子语类》卷九）。总的来说，知行互发，"知行相须"，"知之愈明，则行之愈笃；行之愈笃，则知之益明"（《朱子语类》卷十四）。

三、心性论

（一）心统性情

心指独立存在于宇宙之先的先验理念。在心学派理论中，心是伦理道德原则的总称，具有世界本原的性质。程颢认为："天地本一物，地亦天也。只是人为天地心，是心之动，则分了天为上，地为下"（《二程遗书》卷二），"理与心一，而人不能会之为一"（《二程遗书》卷五），"心是理，理是心"（《二程遗书》卷十三）。

心统性情主要表现在以下几个方面：其一，情者心之用。朱熹认为心为统贯性情的总体，心不是用，情是用，"心主于身，其所以为体者，性也，所以为用者，情也，是以贯乎动静而无不在焉"（《朱文公文集》卷四十）。"仁义礼智，性也；恻隐羞恶辞让是非，情也；以仁爱，以义恶，以礼让，以智知者，心也。性者心之理也，情者心之用也，心者性情之主也。"（《朱文公文集》卷六十七）性情互为体用，性是心之体，情是心之用。他认为这种心、性、情之间的关系，就是张载提出而未加发挥的"心统性情"，包含两个方面：一个方面是心兼性情。"心统性情，统犹兼也。"（《朱子语类》卷九十八）兼指性情都包含在心内，"性，其理；情，其用。心者，兼性情而言。兼性情而言者，包括乎性情也"（《朱子语类》卷二十）。心兼性情，指心兼有性的静、未发、体和情的动、已发、用等两个方面属性，即把性情各自的属性都纳于心中。心兼性情的静动，"一心之中自有动静，静者性也，动者情也"（《朱子语类》卷九十八），"以吾心观之，未发而知觉不昧者，岂非心之主乎性者乎？已发而品节不差者，岂非心之主乎情者乎？"（《朱文公文集》卷四十二）心兼性情的未发已发。"性以理言，情乃发用处，心即管摄性情者也。故程子曰'有指体而言者，寂然不动是也'，此言性也；'有指用而言者，感而遂通是也'，此言情也。"（《朱子语类》卷五）心之体称为性，心之用称为情，心包着这性情在里面，这便是心兼性情。另一个方面是心主宰性情。"统是主宰，如统百万军"，心主宰性情是指心统御管摄性情，即指人的理智之心对人的本性和情感的把握，以求得保持善性，"未感物时若无主宰，则亦不能安其静，只此便自昏了天性"（《朱文公文集》卷四十三）。心为主宰，指存养其性，即未发时的道德修养的功夫，"心宰则情得正，率乎性之常而不可以欲言矣；心不宰则情流而陷溺其性，专为人欲矣"（《朱文公文集》卷六十四）。已发时，心主宰情，使其符合善。心不主宰情，情将会泛滥，人心流于人欲而陷溺其性。因此，朱熹主张把性与情统一起来，即把未发与已发、存养与省察结合起来。

其二，性体情用。"性是体，情是用，性情皆出于心。"（《朱子语类》卷九十八）朱熹认为心兼体用，其体为形而上之性，其用为形而下之情。"心，如水，性犹水之静，情则性之流，欲则水之波澜。"（《朱子语类》卷五）性、情、欲都统一于心。朱熹认为："性情皆因心而后见，心是体，发于外谓之用，孟子曰，仁，人心也。又曰恻隐之心。性情上都下个心字。仁，人心也，是说体；恻隐之心，是说用。必有体而后有用，可见心统性情之义。"（《朱子语类》卷九十八）性即理，具于心而为心之体；性发而为情，为心之用，体用结合即是心统性情。情发于义理是道心，发于形气之私是人心，人心听命于道心。朱熹在心、性、情关系上多层次的分析和组合丰富、完善了"心统性情"论。

（二）以水喻性

在《朱子语类》中朱熹与弟子问答时，有弟子怀疑"以水喻性"的必要性，这也是正式提出了"以水喻性"问题。（弟子）又问："先生尝云'性不可以物譬'。明道以水喻性，还有病否？"（朱熹）曰："若比来比去，也终有病。只是不以这个比，又不能得分晓。"（《朱子语类》卷九十五）

对于弟子的疑问，朱熹这样解释："性"是本体，是抽象的存在，按常理来说，不能用实物来比喻"性"。譬如，以水来比喻人性，比来比去，有时不免有失偏颇。然而，不以水来比喻人性，就不能生动形象地说明人性与善恶的关系，不能明了回答恶从哪里来的问题。因此，"以水喻性"是不得已而为之，是没有办法的办法。

朱熹关于"以水喻性"的叙述："此又以水之清浊譬之。水之清者，性之善也。流至海而不污者，气禀清明，自幼而善，圣人性之而全其天者也。流未远而已浊者，气禀偏驳之甚，自幼而恶者也。流既远而方浊者，长而见异物而迁焉，失其赤子之心者也。"（《朱文公文集》卷六十七）朱熹通过对孟子"以水喻性"思想的注释，而对二程"以水喻性"思想继承与发展、对张载和张栻"以水喻性"思想吸收与借鉴，完善与发展了"以水喻性"。

朱熹对孟子"以水喻性"注释。

"告子曰：性犹湍水也，决诸东方则东流，决诸西方则西流。人性之无分于善不善也，犹水之无分于东西也。

朱子注：告子因前说而小变之，近于扬子善恶混之说。"

"孟子曰：水信无分于东西，无分于上下乎？人性之善也，犹水之就下也。人无有不善，水无有不下。

朱子注：言水诚不分东西矣，然岂不分上下乎？性即天理，未有不善者也。"

"孟子曰：今夫水，搏而跃之，可使过颡；激而行之，可使在山。是岂水之性哉？其势则然也。人之可使为不善，其性亦犹是也。

朱子注：水之过颡在山，皆不就下也。然其本性未尝不就下，但为搏击所而逆其性耳。此章言性本善，故顺之无不善；本无恶，故反之而后为恶，非本无定体，而可以无所不为也。"

这是《四书集注》中朱子对"孟告之辩"的注释。第一段落，朱子对告子的"以水喻性"进行定性，认为告子的人性论近似于扬子的善恶混说。第二段落，确定人性善说；将人性提升到天理的高度，以证明性善论的权威性。第三段落，进一步证明人性善，阐明恶的来源：因为违背了性，所以产生了恶。"自本体上说，性为至善；从发用上说，则有善不善；从流弊上说，则只有恶而无善。这同朱熹的'心之本体未尝不善'而'恶亦出于心'的说法是一致的。"①

第二节 政治思想

一、正君心

（一）天理君权

朱熹的政治思想是其思想体系的重要方面。朱熹在其几十年的学术与政治生涯中，历事四朝，虽然真正在朝廷中做官才四十天，在朝廷外任也只有九年时间，但他的理学思想中包含丰富的政治内容。

"天理君权"论是朱熹政治思想的出发点，他认为君主和臣民都要顺应天理，各尽其职。天子"正心"，目的是"正万民""正四方"，即治理百姓和安定天下，"正心以正朝廷，正朝廷以正百官，正百官以正万民，正万民以正四方"（《朱文公文集》卷六十九）。

① 蒙培元：《理学范畴系统》，北京：人民出版社，1989 年，第 215 页。

朱熹"天理君权"论的目的是"尊君"，维护君主至高无上的权威与神圣不可侵犯的地位。朱熹认为，君主的地位犹如理学思想体系中的"太极"，"若无太极，便不翻了天地"（《朱子语类》卷一）。现实世界中如果没有"君主"，势必天下大乱。朱熹根据"理一分殊"的原则认为，"君道"既是万事万物之一，也有一个"太极"。"君道"的"太极"则非"皇极"莫属。他说："'皇极'，如'以为民极'。标准立于此，四方皆面内而取法。皇，谓君也；极，如屋极，阴阳造化之总会枢纽。极之为义，穷极极至，以上更无去处。"（《朱子语类》卷七十九）

（二）正君心

朱熹认为南宋王朝错综复杂的阶级矛盾、国家千头万绪的各种事务，其最根本、最重要的事情是"正君心"，"天下事有大根本"，"正君心是大本"（《朱子语类》卷一百八）。君主要加强自身道德修养，克去一己私欲，专意于天下，"天下事，须是人主晓得通透了，自要去做，方得"（《朱子语类》卷一百八）。

"正君心"的主要内容是"正心诚意"，在治理国家的实践运用中就是"帝王之学"。朱熹说："臣闻人主所以制天下之事者，本乎一心，而心之所主，又有天理人欲之异，二者一分，而公私邪正之涂判矣。"（《朱文公文集》卷十三）"人主"是"本乎一心"来"制天下之事"的，因此"人主"坚守胸中之"天理"、灭绝胸中之"人欲"有着特别重要的意义。朱熹认为"正君心"是立国法宝，"今日之急务为陛下言之：大本者，陛下之心。急务则辅翼太子，选任大臣，振举纲纪，变化风俗，爱养民力，修明军政六者是也。……凡此六事皆不可缓，而本在于陛下之一心，一心正则六事无不正。一有人心私欲以介乎其间，则虽欲惫精劳力以求正夫六事者，亦将徒为文具，而天下之事愈至于不可为矣"（《宋史·朱熹传》）。他由此奉劝宋孝宗存天理、灭人欲。朱熹把天下兴衰存亡寄托在君主正心诚意上。

"正君心"是大根本。朱熹认为世间万事万物自有其根本之所在，"天下事自有个大根本处，每事又各自有个紧要处"（《朱子语类》卷一百八）。天下纷纭万事，治理国家最繁复、最重要，而治理国家的大根本就是正君主之心，"正君心是大本。其余万事各有一根本，如理财以养民为本，治兵以择将为本"（《朱子语类》卷一百八）。

作为一国之主的君主要治理好国家，即要从"正君心"这个大根本入手。君主应为天下苍生谋福利、为祖宗社稷谋长远，而不应被眼前私欲功利所蒙蔽。君主只有从内心深处渴望做一番仁政事业出来，才能身体力行把好的政治措施落实下去，"天下事，须是人主晓得通透了，自要去做，方得。如一事八分是人主要做，只有一二分是为宰相了做，亦做不得"（《朱子语类》卷一百八）。只要把握好这个大根本，就能纲举目张，"为学，是自博而反诸约；为治，是自约而致其博"（《朱子语类》卷一百八），治理国家之"约"，即"正君心"这一大根本。

二、王霸之辨

（一）王霸与天理、人欲

王霸即王道与霸道或王道政治与霸道政治。宋代理学家以程颢"三代之治，顺理者也；两汉以下，皆把持天下者也"（《二程遗书》卷十一）的论说为"王、霸"之分的基本根据，认为三代之所以是"王"，是因为道统与治统相统一；汉唐之所以是"霸"，是因为治统与道统相分离，而进入一种有"势"而无"理"状态。

朱熹继承程颢的观点，认为帝王心术是社会发展的重要因素，夏、商、周三代帝王的心术最正、最好，他们以道心治天下，所以天理流行、光明、至善，是王道政治。三代以后，从秦汉至唐，帝王的心术不正，他们不以道心治天下，所以"人欲横流"、混乱、邪恶、黑暗，是霸道政治。朱熹说："夫人只是这个人，道只是这个道，岂有三代、汉、唐之别？但以儒者之学不传，而尧、舜、禹、汤、文、武以来转相授受之心不明于天下，故汉、唐之君虽或不能无暗合之时，而其全体却只在利欲上。"（《朱文公文集》卷三十六）"尧、舜、禹、汤、文、武以来转相授受之心"，是指"人心惟危，道心惟微，惟精惟一，允执厥中"这个尧舜禹相传的密旨。汉唐时期，这个密旨已经不明于天下，即使有所暗合，但实际上汉唐的帝王之心在利欲上，是霸道政治。

（二）王道、霸道与仁义、利

王道即"王道政治"，指以德治天下，推行仁义而顺天理之政。朱熹依据义与利的标准，认为三代圣王推行的是王道，即"仁义为先，而不以功利为急"（《朱文公文集》卷七十五）。三代帝王能统治天下而合乎天理是王道，即使诸侯能做到至公而"无一毫之私心，则虽在下位，何害其为王道？"（《朱子语类》卷二十五）王者兼有天下，以公心怀四海而使天下为正。如果天下正，诸侯之正出于至公，无一丝一毫自私之心，那么虽在下位，也没什么可妨碍实施王道。可见，王者之心具有仁之实，所以下民心悦诚服于以德治国之王。

在王道与霸道关系上，朱熹坚持"尊王贱霸"论，他说："古之圣人致诚心以顺天理，而天下自服，王者之道也；后之君子能行其道，则不必有其位，而固已有其德矣。故用之则为王者之佐，伊尹大公是也；不用则为王者之学，孔孟是也。若夫齐恒晋文，则假仁义以济私欲而已。设使侥幸于一时，遂得王者之位而居之，然其所由则固霸者之道也。故汉宣帝自言'汉家杂用王霸'，其自知也明矣。"（《孟子或问》卷一）朱熹认为王霸的区别就在于君主是实行仁政的便是王道，实行功利之政的就是霸道。王道就是行仁义而顺天理，霸道就是假仁义以济私欲。

三、仁民爱物

（一）天下大公

朱熹认为不能让皇帝滥用权力，要限制君权的过分膨胀。皇帝要加强自身修养，完全摒弃一切私意，为天下之大公。"言今日之告君者，皆能言修德二字。不知教人君从何处修起，必有其要。曰：安得如此说，只看舍下心不是私，即转为天下之大公，将一切私底意尽屏去，所用之人非贤即别搜求正人用之。"（《朱子语类》卷一百八）君之心摒去私意而转变为大公，恭俭好善，就有治理好国家的可能。

（二）仁民爱物

朱熹认为君主应该"爱民如子"，为民着想，从民出发。譬如，国家"理财应以养民为本"，即国家治理财政，应以养育人民为根本，应该"爱养民力"，限制徭役、赋税。特别当"民力之未裕"时，更应该克去私心，使人民能够生存下去；应该"平易近民，为政之本"（《朱子语类》卷一百八）。

仁民爱物。对民亲善，进而爱护民。朱熹说："亲亲、仁民、爱物，三者是为仁之事。亲亲是第一件事，故孝弟也者，其为仁之本与。"（《朱子语类》卷二十）朱熹把仁比作水的源头，亲亲是流水所必经的第一池，仁民为第二池，爱物为第三池。朱熹又说："仁之为性，爱之理也。其见于用，则事亲从兄，仁民爱物，皆其为之之事也。……亲者，我之所自出，兄者同出而先我，故事亲而孝，从兄而弟，乃爱之先见而尤切人。苟能之，则必有不好犯上作乱之效。"（《论语或问》卷一）由仁而孝悌，便能取得不好犯上作乱的功效。如果按此而力行，便能由亲亲而致仁民，仁民而致爱万物。

第三节 伦理思想

一、性与理

（一）性即理也

朱熹认为，人性的本质是"理"，"性只是理"（《朱子语类》卷四）。"性即理也"，"性者，人生所禀之天理也"。"性者，人之所得于天之理也；生者，人之所得于天之气也。……此人之性所以无不善，而为万物之灵也"（《孟子集注》卷十一）。"吾之性即天地之理。"（《朱子语类》卷九十八）"性者，人所禀于天以生之理也。"（《孟子集注》卷五）"理"是人性的本质，"性"是"理"这种本质在人心中的显现。"性"是人从"天"处所受之"理"，就此而言，可谓"性即理也"。

（二）天命之性与气质之性

朱熹继承了孟子的"性善论"。朱熹说："性者，人所禀于天以生之理也。浑然至善，未尝有恶。"（《孟子集注》卷五）人性之所以是善，是因为性所禀受的理本善。性所禀受之理就是天命之性，这个理在天地间时是至善，"这个理在天地间时，只是善，无有不善者"（《朱子语类》卷五）。

朱熹区分性为天地之性和气质之性。他采用了张载"天地之性"与"气质之性"之说，认为人性有二：一是"天命之性"，也叫作"天地之性"，是从"理"那里得来的。二是"气质之性"，是从"气"那里得来的。"理"在化生万物时，必须借助"气"才能显现，才有挂搭和附着之处。"天下无无性之物，盖有此物，则有此性；无此物，则无此性"（《朱子语类》卷四），反映出朱熹"人人有一太极，物物有一太极"（《朱子语类》卷九十四）的形而上理本体论在人性问题上的贯彻。

天命之性与气质之性不相分离。"才有天命，便有气质。"（《朱子语类》卷四）天命之性是至善之理，因而纯善无恶，而气质之性则有善有恶。人之本性，无有不善。人却有善有恶，是因为气禀不同，"人之性皆善，然而有生下来善底，有生下来便恶底，此是气禀不同"（《朱子语类》卷四）。天命之性与气质之性统一于人的生命之中，二者缺一不可，"有气质之性，无天命之性，亦做人不得；有天命之性，无气质之性，亦做人不得"（《朱子语类》卷四）。

二、理欲之辨

（一）天理与人欲

"天理"在与"人欲"相对时，是道德原则和道德规范的总称。朱熹认为："天理只是仁义理智之总名，仁义理智便是天理之件数"（《朱文公文集》卷四十），"然而举天下之事莫不有理。且臣之事君，便有忠之理，子之事父，便有孝之理"（《朱子语类》卷十三）。天理有两种重要的含义，一是天理包含合乎规律的自然法则之义，"天地之间，有理有气。理也者，形而上之道也，生物之本也；气也者，形而下之器也，生物之具也"（《朱文公文集》卷五十八）。二是天理包含思维规律之义，"盖天理者，此心之本然，循之则其心公而且正"（《朱文公文集》卷十三）。

"天理"与"人欲"之别在于"合道理底是天理，徇情欲底是人欲"

（《朱子语类》卷七十八）。天理人欲之别，判断的标准在于"理"，合道理的便是天理，不合道理的是人欲。他进一步指出："今看得天理乃自然之理，人欲乃自欺之情，不顺自然，即是私伪，不是天理，即是人欲。"（《朱文公文集》卷五十八）"一饮一食，都有是非，是底便是天理，非底便是人欲"（《朱子语类》卷三十八）。在现实生活中，合理的、必要的生活需求是"天理"，过多、过高的要求是"人欲"，"饮食者，天理也；要求美味，人欲也"（《朱子语类》卷十三），正常的饮食需求是天理，要求美味则是人欲。寒而欲衣，饥而欲食，这样的欲求对人来说都属于正常的合理的需求。朱熹称正常的欲求为"好底欲"，认为"不好底欲"才是人欲。作为不正当的欲求，人欲与天理不容并立。

（二）"明天理，灭人欲"

朱熹肯定人类物质生活的基本需求，认为满足基本的生活需要是天理，超过了基本需求一定的度就是人欲。他进一步认为："天理"是"公"，"人欲"是"私"；天理与人欲的对立就是公与私的对立。朱熹强调，人如果要达到最高境界——圣人，就必须做"革尽人欲、复尽天理"的功夫，使私心变为公心，人心变为道心，气质之性变为天地之性，使自己的动静思虑、视听言动，真正符合天理。做到了"明天理，灭人欲"，也就达到了"圣人"境界，而这正是理学家所要求的理想人格。灭去人欲即存得天理，人欲越少，天理就越明。

三、圣贤气象

（一）圣贤气象

朱熹与吕祖谦合编的《近思录》第十四卷专论"圣贤气象"，对尧、舜、禹、汤、文、武、孔子、颜子、曾子、孟子、荀子、董仲舒、扬雄、诸葛亮、王通、韩愈、周敦颐、程颢、程颐、张载等往圣先贤加以比较与品评。朱熹认为"气象"以温润含蕴为纯正，以英气发露为有疵，以循守圣言为轨仪，以敢为异议为大忌，以尊道重义为高尚，以谋求功利为卑下，以修德养性为学的，以擅习文章为末技，等等。

朱熹认为，体认、涵泳"圣贤气象"是变化气质、修德善性的一个重要方法。他说："如其窄狭，则当涵泳广大气象；颓惰，则涵泳振作气象。"（《朱子语类》卷八）"看公时一般气象如何，私时一般气象如何？"（《朱子语类》卷六）"王景仁问仁。曰：'无以为也，须是试去屏叠了私欲，然后子细体验本心之德是甚气象，无徒讲其文义而已也。'"（《朱子语类》卷六）朱子极力标举的"洒落""洒然"气象是学者处事应物方能廓然大公而少固滞偏倚。

朱熹论"圣贤气象"的言说极为丰富，为了引导后学明圣贤之学、学圣贤做人，他用生动、形象的语言描绘圣贤的德业、学识、志趣、襟怀、气度、风范。朱熹所说的"圣贤气象"与李侗推崇的周敦颐人格境界"胸中洒落，如光风霁月"相近，与程颢所说的"仁者与天地万物为一体"的气象一致。朱熹在赞赏圣贤人格洒脱超迈同时，也推崇圣贤刚健弘毅、积极有为的精神，尤其强调不能以了悟、想象"吾与点也""孔颜乐处"为满足。例如二程称"颜子，和风庆云也"，"人须当学颜子，便入圣人气象"（《二程遗书》卷五）。朱熹却发掘颜渊刚健大勇的一面，强调圣贤气象贵刚毅而不贵柔和、重切实而不重想象。朱熹论圣贤气象体现的不仅有超悟的直觉工夫，还有实践理性的精神。

（二）孔颜乐处与曾点气象

孔子之乐出自《论语·述而》："饭疏食饮水，曲肱而枕之，乐亦在其中矣。不义而富且贵，于我如浮云。"颜子之乐出自《论语·雍也》："贤哉，回也！一箪食，一瓢饮，在陋巷。人不堪其忧，回也不改其乐。贤哉，回也！"人们一般习惯将孔子之乐与颜子之乐合称为孔颜之乐或孔颜乐处。曾点气象出自《论语·先进》："莫春者，春服既成。冠者五六人，童子六七人，浴乎沂，风乎舞雩，咏而归。"

为了构建"心与理一"的圣人之乐境界，朱熹重新阐释了"孔颜之乐"与"曾点气象"。朱熹明确区分孔子之乐与颜子之乐，孔子之乐是自然而然的心与理一；颜子之乐是下功夫后的心与理一，欠缺自然之性。曾点已经识得日用之间天理流行，欠缺细密功夫。基于颜子之乐与曾点之乐的不足，朱子提出圣人之乐——心与理一，其实质是见大而忘小，经下切己功夫而自然上达为天理流行的圣人境界，是现实与超越、直觉与自觉、有与无、实与虚、感性与理性的统一。

对孔颜之乐与曾点气象问题的重新阐释，全面、完整体现了朱熹的境界论。其一，颜子之乐与曾点气象互相区别。朱熹曰："点之乐，浅近而易见；颜子之乐，深微而难知。"（《朱子语类》卷三十一）朱熹将颜子之乐与曾点之乐进行比较，他认为曾点之乐比较浅显而易见，而颜子之乐却隐晦而难知。从《论语》所记载的来看，我们只能看到孔子对颜子之乐的称赞，颜子之乐并非颜子自己亲口说出，我们是通过孔子之口才知道颜子之乐是怎样的乐，而"曾点之乐"是曾点自己亲口说出的，因此从文字表达方式的不同可以看出曾点之乐与颜子之乐的不同。

文字表达方式的不同恰恰显示了可学难度的大小。曾点之乐，从文字看似显而易见，但是不容易被学；他人可能会学到其表面形式，而不能学到其内在真意，"学者须是如曾子做工夫，点自是一种天资，不可学也"（《朱子语类》卷四十）。因而，学习曾点之乐的难度较之学习颜子之乐的难度更大。颜子之乐，从文字看似隐晦难懂，但是它告诉了人们具体应该怎么做，比较容易被学；他人可以学到其表面形式，日积月累也能渐渐悟到其内在真意。因而，学习颜子之乐的难度较之学习曾点之乐的难度更小。

其二，颜子之乐与曾点气象互相补充。朱熹告诫大家，既不能做老庄，也不能做管商："问，东莱说'曾点只欠宽以居之'，这是如何？曰：'他是太宽了，却是工夫欠细密。'……又曰：'今人却怕做庄、老，却不怕做管、商，可笑！'"（《朱子语类》卷四十）如何避免做老庄和管商？如果只讲曾点气象，而不下细密功夫，那么可能会流于做老庄。反之，如果只做细密功夫，而不提炼升华境界，那么无意间可能会成为管商。因此，为了避免走如上两个极端，应该两者兼顾，既重视颜子之乐，又看重曾点气象。既要注重超验的直觉，又要注重经验的总结，是在尊重经验基础之上的理性的自觉。既注重"有"与"实"，又注重"无"和"虚"。既是理性主义的敬畏境界，又是浪漫主义的洒落境界。"自觉"与"直觉"，"有"与"无"，"实"

与"虚","理性主义的敬畏境界"与"浪漫主义的洒落境界",它们之间并不矛盾。

朱熹视阈中的圣人之乐似颜子之乐那样"克己复礼"而后天理流行,却也不是颜子之乐那样不能自然而然,是自然的心与理为一。也似曾点之乐那样能洞见天理流行,所言所行处处可见天理,却也不是曾点之乐那样近于狂妄、流于庄老,是下切己功夫后的心与理为一。"圣人之乐"不仅是在心有了理之归宿后的自我之乐,还是事事物物都各遂其性、人人各遂其性、大家都乐的大众之乐;是己乐与群乐的统一,是无事不天理流行,是无处不天理流行。因此,可谓是"圣人之心,则天理浑然"(《朱文公文集》卷四十二)。"圣人之乐"是自然而然"心"与"理"的完美统一,是"现实"与"超越"的和谐统一,是"自觉"与"直觉","有"与"无","实"与"虚",感性与理性的有机统一。

第四节　教育思想

一、成人教育

教育思想是朱熹思想体系的重要方面。朱熹从创建寒泉精舍聚徒讲学,到建武夷、竹林精舍,重建白鹿洞书院与岳麓书院,在四十多年的教育活动中,积累了丰富的教育经验。朱熹事业成效最显著的是教育,主要讲学教材是《四书章句集注》《近思录》《伊洛渊源录》《诗集传》《西铭解义》《太极解》《通书解》《周易本义》《易学启蒙》《孝经刊误》《小学》《童蒙须知》等;《朱子语类》一百四十卷是朱熹数十年与学生对话的实录;《朱文公文集》中大量的通信,也与讲学论道相关。朱熹的著述是对其教育活动的延续或补充。朱熹的教育思想散见于上述著作之内,体现于教育实践活动之中。

（一）智廉勇艺

全人教育是朱熹对孔子"成人"教育观的阐释与发挥。"成人"语出《论语·宪问》,"子路问成人,子曰:'若臧武仲之知,公绰之不欲,卞庄子之勇,冉求之艺，文之以礼乐，亦可以为成人矣。'曰：'今之成人者何必然，见利思义，见危授命，久要不忘平生之言亦可以为成人矣。'"朱熹解释说："成人犹言全人。"朱熹认为孔子的教育宗旨是"成人"，即"全人"；而"成人"有不同的境界，合智、廉、勇、艺又"文之以礼乐"，达到"才全德备"的境界，为成人的最高境界；能够见利思义、在危难中持守忠信的人，是有道德的人，为成人之次级境界。朱熹认为，以"才全德备"释"成人"的最高境界，与孟子所说的"成德、达才"及"孔子之谓集大成"等相通。

（二）文之以礼乐

朱熹还从教育宗旨与使命的角度进一步阐发了"成人"的含义，强调"文之礼乐"的重要性。他说："有知而不能不欲，则无以守其知；能不欲而不能勇，则无以决其为知；不欲且勇矣，而于艺不足，则于天下之事有不能者矣。然有是四者，而又'文之以礼乐'，兹其所以为成人也"，"这一章，最重在'文之以礼乐'一句上"（《朱子语类》卷四十四），"唯'文之以礼乐'，始能取四子之所长，而去四子之所短"（《朱子语类》卷四十四）。取长去短，集小成为大成，可以得其全。"全人"是本来兼赅、内外交修、才全德备、全体大用兼综条贯而入于圣贤之域的理想人格。

（三）教化的作用

朱熹认为教育的宗旨"须是格物致知，诚意、正心、修身，而推之以至于齐家、治国，可以平治天下，方是正当学问"（《朱文公文集》卷七十四）。通过教育培养各级管理人才，对各种类型的人因材施教。圣人不需要由教育而成，贤人需要由教育而成。处于君子与小人之间的中人，既可通过教化使之成为善人，未经教化也可能堕落成为恶人，"教化之行，挽中人而进于君子之域；教化之废，推中人而堕于小人之涂"（《朱子语类》卷一百八），教化的作用尤为重要。

二、学以变化气质

（一）变化气质

朱熹认为，虽然每个人的天命之性相同，但因人所禀之气不同，所以人与人之间的气质之性不同。天命之性纯然至善，气质之性有善有恶，因此要"变化气质"。通过后天道德修养工夫，清除干净"气质之性"中的杂质（人欲），完全呈现天命之性，即"复其性"，由此达到至善的道德境界，实现最高的理想人格。

"变化气质"的过程是一个"存天理，灭人欲"的过程。"圣贤千言万语，只是教人明天理，灭人欲。"（《朱子语类》卷十二）"学者须是革尽人欲，复尽天理，方始是学。"（《朱子语类》卷十三）灭除人欲，便能存得天理。因此，灭人欲与存天理就成为道德修养过程中的互相依存的两个重要方面，天理和人欲中一方的削弱也就意味着另一方的增强，"克得那一分人欲去，便复得这一分天理来"（《朱子语类》卷四十一）。

为学的作用在于"变化气质"，"为学乃能变化气质耳"（《朱子语类》卷一百二十二）。通过为学可以"变化气质"。"气质之性"有清有浊，有善有不善，只有通过为学来澄浊为清，去不善而为善。虽然"理"永恒不变，但"气"可变，学为圣人就必须以"理"胜"气"，变"气质之性"为"天地之性"，"变化气质"不仅必要，而且可能。

（二）学以变化气质

为学的目的是改变人的气质之性，恢复人的天命之性。为学有复性的功能，即恢复性之善。"人之为学，却是要变化气禀，然极难变化，如孟子道性善，不言气禀，只言'人皆可以为尧舜。'若勇猛直前，气禀之偏自消，功夫自成，故不言气禀。看来吾性既善，何故不能为圣贤，却是被这气禀害"（《朱子语类》卷四）。

朱熹继承张载、二程的思想，特别强调"学"的意义与作用。张载说："为学大益，在自能变化气质"（《经学理窟·义理》）。程颢说："学至气质变，方是有功。"《宋元学案·明道学案》，张载、二程论述了人性的可塑性，"学以变化气质"，是人性完善的过程，是通往圣贤境界的途径。

"气禀"或"气质"极难变化，须有"勇猛直前"的决心与毅力。"学以变化气质"不仅是个"知"的问题，而且是个"行"的问题。朱熹进一步发挥说："君子之学，不为则已，为则必要其成，故常百倍其功。此困而知，勉而行者也，勇之事也"（《中庸章句》）。就是基于此种教育观念，朱熹对《论语·阳货》中"下愚不移"做了独特的诠释。"人性本善，虽至恶之人，一日而能从善，则为一日之善人，夫岂有终不可移之理！"（《朱子语类》卷四十七）朱熹在解释孔子"有教无类"主张时说："人性皆善，而其类有善恶之殊者，气习之染也。故君子有教，则人皆可以复于善，而不当复论其类之恶矣"（《论语集注》卷八）。反映出朱熹作为教育家"小以成小，大以成大，无弃人也"的胸襟与风范。

三、下学上达

（一）"下学而上达"

"下学而上达"是朱熹提倡的治学与修养方法。朱熹认为治学、修身要从粗的、末的、形而下的实事下手，逐一理会得透，循序渐进，积累得多了，便会贯通，达到心与理一的境界。"下学而上达"语出《论语·宪问》："不怨天，不尤人，下学而上达，知我者其天乎？"朱熹注释说："不得于天而不怨天，不合于人而不尤人，但知下学而自然上达，此但自言其反己自修，循序渐进耳，无以甚异于人而致其知也。然深味其语意，则见其中自有人不及知而天独知之之妙。盖在孔门，惟子贡之智几足以及此，故特语以发之。惜乎其犹有所未达也"（《论语集注》卷七）。认为这段对话是孔子启发教育的实例，其主要目的在于引导人领悟格物致知和反己自修的功夫。孔子众多弟子中的子贡有可以达到这种境界的资质，但很可惜他好像也还没有达到这种境界。可见"下学而上达"之难度。

"下学而上达"是为学之要与为学之序。程颢说"学者须守下学上达之语，乃学之要"（《二程遗书》卷二）。朱熹发挥程颢此说，首先对"下学而上达"给予界定："下学是低心下意做。到那做得超越，便是上达"（《朱子语类》卷四十四）。其次强调"学"之于"上达"的重要性："学之至，即能上达，但看著力不著力。十五而志乎学，下学也；能立，则是上达矣。又自立而学，能不惑，则上达矣。层层级级达将去，自然日进乎高明。"（《朱子语类》卷四十四）"圣人只是理会下学，而自然上达。下学是立脚只在这里，上达是见识自然超诣。到得后来，上达便只是这下学，元不相离。"（《朱子语类》卷四十四）"盖熹之所闻，以为天下之物，无一物不具夫理。是以圣门之学，下学之序，始于格物以致其知。不离乎日用事物之间，别其是非，审其可否，由是精义入神以致其用。其间曲折纤悉，各有次序，而一以贯通。无分段，无时节，无方所。以为精也，而不离乎粗。以为末也，而不离乎本。必也优游潜玩，餍饫而自得之，然后为至。固不可自画而缓，亦不可欲速而急。"（《答江元适》，《朱文公集》卷三十八）最后指出，下学是上达的前提和基础，达到一定境界之后，下学和上达不能截然分开，下学就是上达："如做塔，且从那低处阔处做起，少间自到合尖处。若只要从头上做起，却无著工夫处。下学而上达，下学方是实。"（《朱子语类》卷二十七）

（二）上学与下达

首先，下学是事，上达是理。"下学只是事，上达便是理。下学、上达，只要于事物上见理，使邪正是非各有其辨。若非仔细省察，则所谓理者，何从而见之。""下学、上达虽是两件理，会得透彻斯合，只一件。下学是事，上达是理。理在事中，事不在理外。一物之中，皆具一理。就那物中见得个理，便是上达。如'大而化之之谓圣，圣而不可知之之谓神'。然亦不离乎人伦日用之中，但恐人不能尽所谓学耳。果能学，安有不能上达者！"（《朱子语类》卷四十四）其次，"下学"与"上达"体现了儒释之辨。"须是下学，方能上达。然人亦有下学而不能上达者，只缘下学得不是当。若下学得是当，未有不能上达。释氏只说上达，更不理会下学。然不理会下学，如何上达"（《朱子语类》卷四十四）。他在《答廖子晦》中还说："圣门之学，下学而上达。至于穷神知化，亦不过德盛仁熟而自至耳。若如释氏理须顿悟不假渐修之云，则是上达而下学也，其与圣学亦不同矣"（《朱文公文集》卷四十五）。朱熹以此纠正当时土风与学风："秦汉以来，道不明于天下，而士不知所以为学。言天者，遗人而无用。语人者，不及天而无本。专下学者，不知上达，而滞于形器。必上达者，不务下学，而溺于空虚"（《朱文公文集》卷七十九）。

第五节　文学思想

一、道文一贯

（一）文与道

文与道的关系指的是形式与内容的关系。朱熹打破了千百年来文道关系论的旧思维模式，不再置文、道于两端，而是合文、道于一体，指出"道文一贯""道本文末"的认识和"积道成文"的过程。"道文一贯"，"道"为"文"之源，"文"为"道"之流，正是因为"文"从"道"流出，所以"文"体现了"道"，"这文皆是从道中流出"，"惟其根本乎道，所以发之于文者皆道也"（《朱子语类》卷一百三十九）。因为"道"与"文"为源与流的关系，所以朱熹强调二者不可分离，不能离道言文："道无适而不存在者也，故即文以讲道，则文与道两得，而一以贯之，否则亦将两失之。"也因为"道"与"文"为源与流的关系，所以朱熹进而认为道本文末："道者文之根本；文者道之枝叶。"（《朱子语类》卷一百三十九）文与道共同构成了一棵树，道是根和干，文是枝和叶。

（二）实与文

圣贤文章的形成过程，是一个内心之"实"自然体现于外的过程："古之圣贤，其文可谓盛矣。然初岂有意学为如是之文哉？有是实于中则必有是文于外……圣贤之心既有精明纯粹之实，以磅礴充塞乎其中，则其著见于外者亦必自然条理分明，光辉发越而不可掩"（《朱文公文集》卷七十）。学道修养，日积月累，久而久之，充满而积实，则美在其中，无待于外。达到这种境界，发于事业，可使德业至盛而不可加；发于文章，可使华实相副而不可掩。

二、平易自然

（一）实而有条理

这是朱熹对文学风格的要求。他崇尚着实条理、坦易明白之文，"夫所贵乎文之足以传远，以其议论明白，血脉指意晓然可知耳"（《朱子语类》卷一百三十九），"圣人之言，坦易明白，因言以明道，正欲使天下后世，由此求之"，"作文字须是靠实，说得有条理乃好，不可架空细巧。大率要七分实，只二三分文。如欧公文字好，只是靠实而有条理。……东坡如《灵璧张氏园亭记》最好，亦是靠实"（《朱子语类》卷一百三十九）。

（二）平淡自然

朱熹追求诗歌艺术风格的"平淡自然"。平淡是诗歌语言风格问题，自然即指创作方法、创作风格。朱熹认为诗歌创作应当像《庄子·养生主》所描述的庖丁解牛那样，"依乎天理"，"因其自然"，不应该凭借外力，"勉强有为为之"。所以，他不赞同杨龟山的"有意于含蓄而不尽，遂多假借寄托之语，殊不快人意"。朱熹推崇平淡之风，要求平淡不是有意为之，而要出于自然。在《答巩仲至》中说："夫古人之诗，本岂有意于平淡哉？"（《朱文公文集》卷六十四）又说："陶渊明诗平淡出于自然"，李白诗"自然之好"，非无法度，"乃从容于法度之中"（《朱子语类》卷一百四十）。又论欧阳修文平淡："虽平淡，其中却自美丽，有好处，有不可及处，却不是阗茸无意思"（《朱子语类》卷一百三十九）。以上均可见朱熹对平淡自然的追求。

三、古文与时文

（一）古文之用，时文之弊

古体与近体、古文与时文相比较而言，朱熹倾向于欣赏赞扬古文，而反对雕琢辞藻、华而不实的近体时文。朱熹在《答巩仲至》中说："夫古人之诗，本岂有意于平淡哉？……自有诗之初，以及魏晋，作者非一，而其高处无不出此左右。固自以为，亦尝从头看得一过，而谙其升降沿革矣，则岂不察于此者？但恐如李汉所谓，谓《易》以下为古文，因以为无所用于今世，不若近体之可以悦人之观听，以是不免有是今非古之意，遂不复有意于古人之高风远韵耳"（《朱文公文集》卷六十四）。

朱熹所说的"近体"即是时文、近体，是当时活跃在科场考试中的文字。朱熹多次用"秦汉古体""近世俗体"来评价作家作品。朱熹赞赏韩愈的"以六经之文为诸儒倡"，说："这个道理，自孔孟既没，便无人理会得"（《朱子语类》卷十八）。又说："汉末以后，只做属对文字，直至后来，只管弱。……文气衰弱，直至五代，竟无能变。到尹师鲁、欧公几人出来，一向变了。其间亦有欲变而不能者，然大概都要变"（《朱子语类》卷一百三十九）。因此，朱熹指出不要误以为"古文"无所用于今世，而沉溺于悦人耳目的近世俗体，忽略对古人高风远韵的追求。

（二）时文与古文为害等尔

朱熹对南宋以来衰变的古文同样持否定态度："所喻学者之害莫大于时文，此亦救弊之言。然论其极，则古文与时文，其使学者弃本逐末，为害等尔"（《朱文公文集》卷五十六）。

宋代散文承晚唐五代淫靡之风，当时流行于贡举和学校考试的文体，仍以四六对仗的骈文为主，称为时文。台阁重臣杨亿、刘筠倡以"雄浑奥衍"，以革其弊，号为西昆。古文运动的先驱者倡导古文，反对时文。时文同时遭到古文家和理学家的反对，却以顽强的生命力活跃于科场文字中，并经古文家和政治家的共同努力，逐渐发展、最后定型于十段文，开启后世八股文的先河。朱熹在宋代时文尚处在八股文雏形阶段时就已反对和抨击："时文之弊已极，虽乡举又何尝有好文字脍炙人口？若是要取人才，哪里将这几句冒头见得？只是胡说！今时文日趋于弱，日趋于巧小，将士人这些志气都消削得尽"（《朱子语类》卷一百九）。朱熹对国家设太学、聘教授教习时文，考官出怪题偏题，考生迎合主司之意，争为新奇、竞尚浮薄等问题，都提出了严厉的批评。他肯定欧阳修反对西昆、反对时文的观点，认同王安石的改革贡举。

朱熹也看到，自欧阳修提倡以不受对偶、声韵和典故约束的古文取代科场时文以来，确立古文在科考中的地位后，古文也开始了它的蜕变历程。王安石时，已开始有意识使用对偶排比，最终成为程式。哲宗元祐时的经义程文已出现官题、破题、承题等格式。高宗时《绍兴重修通用贡举式》对古文形式做出人为规定。孝宗时有学者为适应贡举需要，深入探索文章的章法、句法，使古文迅速朝着规范化、程式化方向转化。这些使原本平易自然的古文体式，变为繁文缛节、格律森严的时文格调，失去了秦汉时骈散不拘的精神风貌。

朱熹对以上各个阶段都有所评述，对南渡后文坛弊端也多有批评，"大抵今日后生辈以科举为急，不暇听人说好话，此蹙大病"，"此间（古文）与时文皆已刊行，于鄙意殊未安也。近年文字奸巧之弊熟矣，正当以浑厚朴素矫之，不当崇长此等，推波以助澜也"（《朱文公文集》卷三十三）。因此，总的来说，朱熹把古文和时文放在一起进行批评。

第六节　美学思想

一、文道合一

（一）道之显者谓之文

"道之显者谓之文"（《论语集注》卷五）是朱熹理学美学美本论的核心命题。朱熹在《读唐志》中解释其内涵为："盖不必托于言语，著于简册，而后谓之文。但自一身接于万事，凡其语默动静，人所可得而见者，无所适而非文也"（《朱文公文集》卷七十）。"道者文之根本，文者道之枝叶。惟其根本乎道，所以发之于文皆道也"（《朱子语类》卷一百三十九）。"文"不仅仅指形成文字的东西，可以看到的、"语默动静"中的、未形成文字的东西也称得上是"文"。

朱熹所说的"文"涵盖了美的各种现象，广义上包括：天地山川、阴阳刚柔的自然之文，即"裁成天地之道，辅相天地之宜，此便是经天纬地之文"（《朱子语类》卷二十九）。礼乐制度、语默动静的文明之文，即"盖礼乐制度之谓"。诗书六艺、文章文辞的艺术之文，即"如文辞之类亦谓之文"（《朱子语类》卷二十九）。交错相间、顺理成章的形式之文，即"文者，顺理成章之谓"。朱熹所说的"道"，主要有两种含义：超越形器的绝对精神——"理"。"事理之当然""人之所共由"的伦理道德观念。前者是宇宙原理，属哲学范畴；后者是道德准则，属伦理范畴。朱熹试图使二者合一，就是将"道"或"理"作为美的本体，将"文"作为美的发用。

道与文是本体与现象、本体与功能关系，本体"道"是现象"文"的决定者，现象文是本体道的体现。

就地位而言，朱熹以道为本，以道为重，但他重道而不轻文，重道而不废文。就逻辑而言，文与道是两合一的关系，是逻辑上的形上与形下的关系，凡文皆道，凡道皆文，文外无道，道外无文。"文便是道"，艺术的终极根源和形上本体是"道"，艺术本质上是"道"的"流行发见"。艺术美的最深层的意蕴、最高的模式也就是"道"。不但艺术的内容、本质由"道"决定，而且艺术的形式美也是从"道"里流出，由"理"决定。在山水美领域，具体为"那个满山青黄碧绿，无非天地之化流行发见"，"鸢飞鱼跃，道体随处发见"。自然美是道体的呈现。在人格美领域，人格美也在于道心的浑然呈现，"存于中谓之德，见于事谓之行"，"心与理一"，"与道无际"就是人格美的最高体现。

（二）文以载道

北宋周敦颐则明确提出"文以载道"："文所以载道也，轮辕饰而人弗庸，徒饰也，况虚车乎？"其中"道"指义理之学，其中"文"指载道的简单工具，两者不是可以截然分开的不同事物。但周敦颐并不主张完全废除文饰，只是反对不载道的"徒饰"。朱熹进一步强调"道"之于"文"的重要性，"文所以载道，犹车所以载物"，"为文者必善其词说"，"不载物之车，不载道之文，虽美其饰，亦何为乎"（《通书注》文辞第二十八）。

二、美与善恶

（一）美之实

"美者，声容之盛；善者，美之实也"（《论语集注》卷二）是朱熹对"美"和"善"之关系的解释。朱熹把美与善界定为不同的范畴，认为"善"是伦理道德，"美"是主体获得精神性和感性的愉快，表现了不同的社会功能和作用。在此基础上朱熹把"美"和"善"统一起来，把"美"归结为善的内涵和发见。认为美是声容形象，善是美之所以然的实在；美是凭感官可以感受到的特性，善是这种特性之所以为美的内在依据。因此，美以善为基础和内涵，美由善决定，是感官可以感受到的特性；善是这种特性之所以为美的内在依据。人具有内在的美，善性中自有美德，此美不待外露而可自足。一旦这种内在之美与事业或德业结合起来，便能焕发出崇高的光辉，内美积淀于形体之中，扩充之于事业和德业，可畅发于外部世界而造福于社会。朱熹认为，所当然之美的本质和根源是所以然之理，美始终与善以及决定善的理或道相联结，美的基本内涵和绝对根据是善和理，美的基本旨趣和最终目的也在于通过"穷理尽性""践形尽性"的人生美育实践达到"穷神知化""天人合一"的人生境界。

（二）美之变

"恶者，美之变"（《朱文公文集·续集》卷十）是朱熹论述"美"和"恶"关系的命题。其中朱熹弟子："气之始有清无浊，有美无恶。浊者清之变，恶者美之变。以其本清本美，故可易之，以反其本。然则所谓变化气质者，似亦所以复其初也。"朱熹肯定了其弟子的说法，这样解释："善恶皆是理，但善是那顺底，恶是反转来底。然以其反而不善，则知那善底自在。故善恶皆理也，然却不可道有恶底理"（《朱子语类》卷九十七）。

以理学本体论思想为前提，朱熹认为理只有善之理，没有恶之理，恶也从善之理流出，只是由于流歪而走向反面。阴阳五行之气构成人与物的各种形态，其中的正且通者构成人，偏且塞者构成物，这是人与物的分别；在由气之正且通者构成的人中，又有清浊美（善）恶的分别，清者为智，浊者为愚；美（善）者为贤，恶者为不肖。

美与恶的分别是后天形成的，美和善是从阴阳五行的磨动和气化运行的平正处出来，而恶和丑是从阴阳五行的磨动或气化运行的倾侧处出来。朱熹由此而提出"可易之以反其本"，认为美与恶都是因人而言，人可以变化气质，可以变化气质的根据在于恶本来就是美的变形，如果能返"本然之正"，就可以澄浊为清，易恶为美。

（三）天生成腔子

"文字自有一个天生成腔子"（《朱子语类》卷一百三十九）是朱熹

分析艺术美本体的命题。朱熹认为天理决定了文学辞章艺术的内容和形式，就其内容而言，德与性是人所禀受于天理的；就其形式而言，是"天生成腔子"，是由理决定的先天"至善至好"的模式。文学艺术的符号载体——文字，不是人凭自己臆测创造出来的，而是先有此理，通过人"流行发见"出来；一切有形可见的内容和形式在产生之前，必然已有各自先天的道理、先天的原型模式。而这所以然的先天道理、原型或模式，就是他认为的文学艺术美的本体——理。

三、远游精思

（一）远游以广其见闻，精思以开其胸臆

"远游以广其见闻，精思以开其胸臆"（《朱文公文集》卷七十六）是朱熹美学中有关主体修养论的命题。"远游"与"广其闻见"是朱熹艺术修养论向外的格物工夫。朱熹的格物论强调知与行、体与用、德与艺以及间接经验与直接经验的结合。他不但提出"穷理"，而且强调"实体"的概念，强调艺术创作主体的学识和阅历修养。朱熹主张博学和广历，通过亲自接触外部世界的大量实践来增加见识，提高修养水平；通过游历来穷理，提高主体的素质和才能。

"精思"指学习方法，也指学习天理的方法。"胸臆"指"心"。"精思以开其胸臆"指精心构思以开启艺术创造的心灵，"穷理"以"明识"，即"格物致知"的"致知"功夫。通过穷理致知的功夫，达到心与理一的境界。艺术创造主体自我修养功夫包括两个方面：一方面是外在的生活阅历，另一方面是内在的道德修养。前者重格物、游历与实践的向外用心；后者重致知、尽性与居敬的向内用心。

（二）自然美

"鸢飞鱼跃，道体随处发见。"（《朱子语类》卷六十三）朱熹借用禅家比喻的说法，借"鸢飞鱼跃"比喻自然美的现象。"鸢飞鱼跃，道体随处发见。谓道体发见者，犹是人见得如此。若鸢鱼初不自知。察，只是著。天地明察，亦是著也。"又曰："恰似禅家云'青青绿竹，莫匪真如；粲粲黄花，无非般若'之语。""活泼泼地，所谓活者，只是不滞于一隅。"(《朱子语类》卷六十三）朱熹认为天理借助日月星辰、山川草木而向人显示自然现象和自然美。山水审美是道体的流行发见，自然美的体现需要由人这个审美主体来感知或体察。

"行云流水，本无定相。"(《朱子语类》卷七十六）指创作风格的自然，指自然界的本体，指情势的本然，不勉强，自然而然。指天理流行的本然趋势；也可指德性的本然和不勉强；又指艺术的顺情率性，自然而成。这种"自然而然"的美学趣味，从根本上来说是"文道合一"论在艺术境界和审美理想方面的直接体现。朱熹最推重的就是这种"自然而然"的美学兴趣和创作风格，这是"气象浑成"的首要特点，其他特点都出于此。这反映了朱熹倡导平易自然，反对艰涩做作的艺术风格。

第七节　经学思想

一、义理与象数

（一）象数派

"象数派"以象数解释《周易》，即以六十四卦及每卦之六爻所象之事物及其位置关系和阴阳奇偶之数来阐释《周易》。因为其以《河图》《洛书》等图书解《易》，所以又衍出图书之学。

朱熹批评象数学派拘泥于术数而不及义理的解《易》方法，并批评邵雍过分言数的倾向。朱熹主张在掌握经文本义的基础上，把象数与义理结合起来，"象陈数列，言尽理得"(《朱文公文集》卷八十五）。虽然以得理为宗旨，但理的获得要建立在象数和卜筮之辞的基础上。

（二）义理派

"义理派"以义理解释《周易》，注重阐发《周易》所蕴含的义理。朱熹批评易学义理派只重视义理的发挥、轻视，甚至不讲《易》占卜本义的治《易》方法，"近世言《易》者，直弃卜筮而虚谈义理，致文义牵强无归宿，此弊久矣"(《朱文公文集·别集》卷二）。

朱熹首先把《易》看作一部卜筮之书，要求学者先以卜筮占决之意来领会圣人作《易》时的教人占卜之本意，在此基础上再看《易传》如何解释《易经》。要避免抛开《易》卜筮本义而虚谈义理，使其所谈的义理脱离经文，牵强附会。

在阐发《易》的卜筮之本义和对义理学派的批评的基础上，朱熹提出一个重要的易学方法论原则，强调治易学必须掌握《易》的本义和推说义。朱熹认为《易》最初"只是为占筮而作，《文言》《彖》《象》却是推说做义理上去，观乾、坤二卦便可见"（《朱子语类》卷六十六）。掌握本义是治《易》的基础，要在理通《易》本旨的前提下，再推说其义理。

（三）以象数、卜筮求义理

为了避免"义理派"和"象数派"的不足，朱熹提出统一"义理派"和"象数派"的解《易》方法论。朱熹在肯定《易》为卜筮而作的前提下，把易学中所具有的义理与图书、象数、卜筮结合来。朱熹认为，圣人教民占筮而作图书，其中已包含道理，其图书亦是象数的来源，借鉴邵雍等人的图书之说，以图来解《易》。借助象数、卜筮来获得《易》理，认为象数以自然法象、阴阳之理为存在的根据，通过象数来推其蕴涵的理，并以占卜之辞作为即象推理的中介，而义理的推说经历了由象数到"卜筮而有象，因象而有占，占辞中便有道理"（《朱子语类》卷六十八）。

这一理、象、数、辞未尝相离的思想，既肯定了《易》的占筮本义，又不拘泥于此，而是主张从象数、占筮中发挥出义理，强调义理建立在卜筮之辞的基础上，不得与象数相脱离。分别吸取了邵雍的象数易学和程颐的义理易学，在综合两派的基础上加以发展，集宋代易学之大成。

二、经学与理学

（一）义理之学

为了与汉唐时期的训诂注疏之学相区别，宋以后把讲求儒家经义、探究名理的学问称为"义理之学"。后将义理之学进一步哲理化，发展出理学或道学。清代曾将学问分为义理、辞章、考据三个方面。朱熹治经的特点是重义理的诠释，他的理学思想是在阐释儒家经典的过程中将儒家经学义理化、哲理化而形成的。朱熹以"四书"义理之学取代传统的"六经"训诂之学而成为经学的主体和基础，这是对经学发展的重要贡献，亦是中国经学史上的一大变革，对宋以后经学的发展产生了重要影响。朱熹治经方法的特色是：在重视义理的同时，也重视训诂考释，把义理与训诂结合起来。

（二）汉宋融合

朱熹治经学采取了兼采汉学与宋学的方法，在治经时兼采汉学与宋学，融合二者。他不是把汉学与宋学杂糅混合而成，而是站在理学的立场，吸取汉学训诂考释之长，把义理的阐发建立在对经书文字和经文本义训诂考释的基础上。

治经的目的是通经求理。朱熹强调治经的目的在于"借经以通乎理"（《朱子语类》卷十一）。朱熹经学之训解、通经、求理三者的逻辑关系是：求理须以通经为前提，而通经须以训解为前提；训解是为了通经，但经通后可不必再拘泥于训解；通经是为了求理，但理求得后可不必再理会经。站在以汉宋融合治经的高度，朱熹批评宋学学者妄以己意解经，而主张治经不得臆断，必须有依据，要注意吸取汉学家治经的长处，从而与只以己意说经、义理无据的宋学流弊划清界限，并在一定程度上对其进行修正。同时，朱熹又站在宋学以义理解经的立场，批评汉唐学者固守注疏、单纯训诂的弊病，把传统经学发展到一个讲义理、重视义理的新阶段。这种治经方法对经学的发展起到了促进作用。

三、疑经惑传

（一）经传相分

朱熹认为，经学之弊在于烦琐注释经，以传代替经，脱离经文本义，以至于后人只看注释忘了经之本身。朱熹针对经学之弊，提出"经传相分"的思想，强调直接求取经文之本义。一是对于《大学》，朱熹将它分为经一章传十章的经传两个部分。二是对于《周易》，在《周易本义》里，朱熹把十翼从基本的经文中分离出来，列于上下经之后，把《周易》分为上下经与十翼的经传两个部分。三是对于《诗经》，朱熹提出《毛传》"不与经连"的经传相分的思想。指出《汉书·艺文志》已把《诗经》与《毛诗诂训传》分开著录，主张"风、雅之正则为经，风、雅之变则为传"（《朱子语类》卷八十），对现存的《毛诗》，要根据风、雅的正变来区分经传。四是对于《礼》书，朱熹提出以《仪礼》为经，以《礼记》为传的思想，认为《礼记》是为了说明《仪礼》的。"《仪礼》，礼之根本，而《礼记》乃其枝叶"（《朱子语类》卷八十四）。五是对于《孝经》，朱熹认为《孝经》非孔子所著。他把《孝经》分为经传两个部分，将《孝经》的前六章合为一章，作为经文，认为是曾子门人记孔子、曾子问答之言；经文以下的内容为传文部分，传分为十四章，认为可能是战国时人依据《左传》《诗经》等一些材料缀辑而成，其文理不通，亦无义理，故不应与经文混合在一起。

朱熹在主张经传相分的同时，也强调会通经传。他认为会通经传，探明经文本义的思想，与经传相分并不矛盾。其目的都是以经为本，探明经文本旨。前者重在借鉴前人对经的训诂注疏来探明经义，后者重在通过批评本义来探明经义，两者相辅相成，并不互相排斥。

宋学末流以己意解经，空说义理，所讲义理脱离经文本义。为了纠正宋学流行后出现的弊病，朱熹提出吸取汉学注重注疏的长处，在《学校贡举私议》中主张"皆以注疏为主"，强调"治经者不敢妄牵己意，而必有据依"（《朱文公文集》卷六十九），认为治经不得臆断，必须有依据。强调以经为本，通过儒家经典来阐发义理。治经应重视先儒对经文的注解，除经之本文外，力求会通汉唐以下至宋代诸家之说，以求探明经义。进而主张把传注与经文合为一道看，从中发明经义。不应该只注重传注，发挥义理，而不及经义。通过借鉴前人对经的注解来探明经义，参考先儒对经的传注疏释来解经。以传注解经，经传结合，其目的是为了以经为本，探明经文本义。

（二）疑经惑传

唐宋之际出现对传统经传提出怀疑的思潮，不仅给传统经学带来极大冲击和挑战，还意味着儒家精神的解放，为抛开传注、自由议论的性命义理之学开辟了通路。由此对宋代经学的崛起产生了重要影响，成为朱熹经学思想的重要渊源。朱熹："学者读书，须是于无味处当致思焉，至于群疑并兴，寝食俱废，乃能骤进。"（《朱子语类》卷十）在此基础上，朱熹对经传进行了疑辩，其中尤其对《尚书》加以详细考证，辨西汉伏生与托名孔安国两家所传今古文之差异，黜伪《孔传》《孔序》，疑《书序》，并疑伪《古文尚书》，指出："某尝疑孔安国《书》是假书。……况孔《书》至东晋方出，前此诸儒皆不曾见，可疑之甚！"（《朱子语类》卷七十八），朱熹的疑辩对后世产生了重要影响，促进了经学的发展。

（三）解经方法

"以易解难"是朱熹的解经原则。朱熹认为，经典为圣贤所述和作，经典在流传的过程中，因种种原因而产生了后人难解之处；要想了解圣贤的原意，就必须以今人容易读懂的语言去解释古代难读的经文，因此他提出应该以"以易解难"为诠释经典的通例。朱熹说："解经谓之解者，只要解释出来，将圣贤之语解开了，庶易读。"（《朱子语类》卷十一）解经就是要把经文解释开来，使难以读懂的经典原文变得明白易读。"解经当取易晓底句语解难晓底句，不当反取难晓底解易晓者。"（《朱子语类》卷四十六）解经应该以易解难，不应该以难解易，如果以难解易，就违背了解释经典是为了"易读"的目的。如果解经后还是让人读不懂，解经也就失去了其基本意义。

从以易解难的解经原则出发，朱熹提出先"四书"后"六经"的治经次序。"四书"中遵循先易后难的原则，应该以《大学》《论语》《孟子》《中庸》为序。"今学者不如且看《大学》《语》《孟》《中庸》四书，且就见成道理精心细求，自应有得。待读此四书精透，然后去读他经，却易为力"（《朱子语类》卷一百一十五）。强调于"四书"中精心细求，以期得到圣人之道。然后再读《诗》《书》《乐》《易》等"六经"，而不能先看《易》《诗》之类难度较大且不直接阐发义理的经典。朱熹这一思想的实质是："四书"可直接阐发圣人之道，通过研读"四书"，便可求得义理，发明圣人之道；而"六经"间接与孔孟之道有关，与义理隔了一层，所以只有先治"四书"，掌握了圣人作经的本意后，才能再来治"六经"，进一步明义理。

第八节　史学思想

一、理与史

（一）会归一理

"会归一理"指会归于天理，即理对世界的产生、人类历史的发展、历史事件的评述和历史人物的评价等都起支配与决定作用。朱熹弟子李方子称《资治通鉴纲目》："义正而法严，辞赅而旨深，陶熔历代之偏驳，会归一理之纯粹，振麟经之坠绪，垂懿范于将来"（《资治通鉴纲目后序》）。"理"贯穿于朱熹对历史事件的评述、历史人物的评价、历史著作的编撰和史学批评的价值趋向等一系列重大问题的看法。朱熹："合天地万物而言，只是一个理"，"有此理，便有此天地；若无此理，便亦无天地，无人无物，都无该载了！有理，便有气流行，发育万物"（《朱子语类》卷一），理是永恒的，先于天地万物而生，不拘束于天地万物的存在而存在。世间的一切与理都有密切关系，理在万事万物生成之前，早已禀赋于其中，制约着万事万物，支配和决定着万事万物的千变万化。人类历史也是如此。在人类历史中，"理"是三纲五常："宇宙之间，一理而已。……其张之为三纲，其纪之为五常，盖皆此理之流行，无所适而不在"（《朱文公文集》卷七十）。"道即理也，以人所共由而言则谓之道，以其各有条理而言谓之理，其目则不出乎君臣、父子、夫妇、朋友之间，而其实无二物也"（《朱文公文集》卷四十九），因此"天下之事，莫不有理。为君臣者，有君臣之理；为父子者，有父子之理；为夫妇、为兄弟、为朋友，以至于出入起居，应接事物之际，亦莫不各有理焉"（《朱文公文集》卷十四）。"理"渗透到出入起居、应事接物与人际关系等各种人类活动、关系中，对人类社会和历史有着支配和决定作用。

（二）以理阐史，以史证理

朱熹在考察社会历史问题时，把评史和论政结合起来，以评史为手段来抒发自己的政治主张；同时借助对社会历史现象的分析，阐述自己的哲学观点。两者相辅相成，形成以"以理阐史、以史证理"特色的历史哲学。

朱熹将抽象的理与具体的历史相沟通，将"理"转换为伦理道德——三纲五常。朱熹将"理"渗透到出入起居、应事接物及人际关系各种人类活动、关系中，强调"理"对社会历史发展起决定作用。借助"气化万物"沟通抽象之理与现实具体之三纲五常，认为"阴阳"虽是两个字，却能"做出古今天地间无限事来"（《朱子语类》卷七十四）。

二、先经后史

（一）"先经后史"的为学之序

朱熹说："为学之序，为己而后可以及人，达理然后可以制事。故程夫子教人先读《论》《孟》，次及诸经，然后看史，其序不可乱也。"（《朱文公文集》卷三十五）朱熹强调这样的为学之序不可乱。"先经"要求学者首先应该注意自己的道德修养，这是"基础"；"后史"要求学者在修养好自己的道德的基础上，读史书，丰富知识，以利于治国平天下。这就是朱熹一贯提倡的"为己而后可以及人，达理然后可以制事"（《朱文公文集》卷三十五）。他在《答江德功》中说，"治国平天下与诚意正心修身齐家，只是一理"（《朱文公文集》卷四十四），只有修养好自己的道德，才能"治国平天下"。因为六经经过了圣人之手，"全是天理"（《朱子语类》卷十一），因此读经必须以圣人为师并持之以恒，踏踏实实地进行道德修养，自觉遵循"理"的规范，读经要"观圣贤之意，因圣贤之意，以观自然之理"（《朱子语类》卷十）。读完六经之后，还要量力治史，否则"自家力不及，多读无限书，少间埋没于其间，不惟无益，反为所害"（《朱子语类》卷一百二十）。

（二）反对割裂经史

朱熹反对割裂经史，对重经弃史或重史轻经的两种倾向都持反对态度。朱熹主张治史应该有具体顺序：先看正史，即从史料丰富与否、是否便于记忆等着眼来摆正读史的顺序。他批评为学不以先经后史为顺序的学者，反对守约而不博（指陆学）与博杂而不约（指浙学）的为学态度。朱熹比较经与史，强调"看经书与看史书不同"，"史是皮外物事，没紧要，可以札记问人。若是经书有疑，这个是切己病痛"（《朱子语类》卷十一），非要弄清不可，否则就不利于自身的修养。朱熹由此而批评吕祖谦、吕子约、叶适、陈傅良、陈亮等偏重治史的学者，认为他们是"舍却圣贤经指，而求理于史传"（《朱文公文集》卷四十七），"只是读史传，说世变"（《朱文公文集》卷五十四）的治史方法，势必祸害天下学者，坏人心术。

三、经世致用

（一）经世致用

朱熹针对南宋积贫积弱的现状提出经世致用的思想。朱熹说："天文地理、礼乐制度、军旅刑法，皆是著实有用之事业"（《朱文公文集》卷五十八），因此都须理会。他认为："用力于文辞，不若穷经观史，以求义理而措诸事业之为实也"（《朱文公文集》卷五十九）。他训诫自己的弟子说："为县令，第一是民事为重，其次便是军政"，因此"律历、刑法、天文、地理、军旅、职官之类，都要理会。虽未能洞究其精微，然也要识个规模大概，道理方浃洽通透"（《朱子语类》卷一百一十七）。同时朱熹强调学者治学首先要加强自己的道德修养，才可以做到学以致用："为学之序，为己而后可以及人，达理然后可以制事"（《朱文公文集》卷三十五）。反对忽视甚至放弃道德修养而单纯热衷于说王道霸的治学方法。

朱熹自己也注重经世致用。他不满自戊午讲和之后的二十余年南宋的政治局面而提出了一系列对策。孝宗初立，他上《壬午应诏封事》，集中阐述了讲学以明大本、任贤以修阙政、拒和以收失地等问题；次年，他又上《垂拱奏札》三章，明确提出举贤授能的主张，并认为"考之于经，验之于史，而会之于心，以应当世无穷之变，则今日之务所当为不得不为，所不当为者不得不止"；淳熙七年（1180），他在《庚子封事》中又提出废除杂税、屯田养军等主张；淳熙十五年，在《戊申封事》中提出六事：包括辅助太子、选任大臣、振举纲纪、变化风俗、爱养民力、修明军政；次年在《己酉封事》进而提出九件事：讲学以正心、修身以齐家、远使嬖以近忠直、抑私恩以抗公道、明义理以绝神奸、择师傅以辅皇储、精选任以明体统、振纲纪以厉风俗、节财用以固邦。

（二）理势论

"理势论"是朱熹的历史观。他在《行宫便殿奏札二》中讨论理与人类社会发展趋势时强调"至论天下之理，则要妙精微，各有攸当，亘古亘今，不可移易"（《朱文公文集》卷十四）。理是"三纲、五常，亘古亘今不可易。至于变易之时，与其人，虽不可知，而其势必变易，可知也。盖有余必损，不及必益，虽百世之远可知也。犹寒极生暖，暖甚生寒，虽不可知，其势必如此，可知也"（《朱子语类》卷二十四）。"所谓势者，乃自然之理势，非不得已之势也"，如"封建自古便有，圣人但因自然之理势而封之，乃见圣人之公心。且周封康叔之类，亦是古有此制。因其有功、有德、有亲，当封而封之，却不是圣人有不得已处"（《朱子语类》卷一百三十九），"盖谓理势之当然，有不可得而易者"（《朱文公文集》卷十二）。

"理"与"势"合称强调"势"是"理"的规定之下的一种趋势。"势"是一种必然趋势，是"势不容己"（《朱子语类》卷一百八），是不以人类意志为转移的客观规律，"虽有大圣大智，亦不能遏其冲"（《朱子语类》卷八十四）。但可以顺"势"而为，"审微于未形，御变于将来"（《朱子语类》卷一百八），掌握解决问题的时机，因此，"会做事底人，必先度事势，有必可做之理，方去做"（《朱子语类》卷一百八）。

（三）鉴戒

"鉴戒"指人们通过治史，总结历史人物、历史事件的功过、是非、成败、利弊与得失等经验教训，作为自己处世行事的借鉴，是朱熹理学思想在治史方面的具体体现。

朱熹认为圣人所撰之"经"具有鉴戒作用，《春秋》是"圣人据鲁史以书其事，使人自观之以为鉴戒尔"（《朱子语类》卷八十三）。朱熹强调读史治史就是"要就事物上见得本来道理，即与今日讨论制度、较计权术者，意思功夫迥然不同"（《朱文公文集》卷五十四），读史治史实属格物中之一事，应该从中了解天理、人欲的区别，了解天理是"善"，人欲是"恶"，由此而存善去恶，也就是达到读史治史的劝善惩恶的价值。

第九节　经济思想

一、富贵贫贱

（一）审富贵而安贫贱

"审富贵而安贫贱"是朱熹对待财富和贫贱的基本立场。他肯定君子与小人对财富都有同样的诉求："欲富贵而恶贫贱，人之常情，君子小人未尝不同"（《论语或问》卷四）。但认为获取财富的手段必须符合理（道）："不以其道得之，谓不当得而得之。然于富贵则不处，于贫贱则不去，君子之审富贵而安贫贱也如此"（《论语集注》卷二）。"安贫贱"的实质是安于"理"，"设言富若可求，则虽身为贱役以求之，亦所不辞。然有命焉，非求之可得也，则安于义理而已矣"（《论语集注》卷四）。

君子对于财富和贫贱所应持的态度和标准是理（"仁"）。君子在取舍富贵与贫贱之时，要以理为标准，要符合理的要求。不符合理的富贵，应该视之如浮云，而安于贫贱，这是君子的重要品德。朱熹说："君子所以为君子，以其仁也。若贪富贵而厌贫贱，则是自离其仁，而无君子之实矣。"（《论语集注》卷二）

（二）民富则君不至独贫

"民富则君不至独贫"是朱熹的经济主张。朱熹认为，民富与君富是一致而不矛盾的，"民富，则君不至独贫；民贫，则君不能独富。有若深言君民一体之意，以止公之厚敛，为人上者所宜深念也"（《论语集注》卷六）。因为君与民的经济利益本属一体，所以不可为富其君而夺民之财，"富其君者，夺民之财耳，而夫子犹恶之。况为土地之故而杀人，使其肝脑涂地，则是率土地而食人之肉，其罪之大，虽至于死，犹不足以容之也"（《孟子集注》卷七）。君与民共享财富是一国经济状况的理想状态，"财者，人之所好，自是不可独占，须推与民共之"（《朱子语类》卷十六）。民的贫、富与国家（君）的贫、富相互依赖、相互制约。民富是君富的基础，只有民富裕、安居乐业，国家才能富强。

二、恤民省赋

（一）恤民

"恤民"是朱熹经济思想的核心内容，朱熹认为抚恤百姓是国家之大务，"臣尝谓天下国家之大务莫大于恤民"（《朱文公文集》卷十一）。恤民的具体措施为：一是蠲减税钱。"臣谨按南康为郡……故臣自到任之初，即尝具奏乞且将星子一县税钱特赐蠲减……量减分数"（《朱文公文集》卷十一）。二是整顿赋税名目。当时"经总制钱"的征收达到正税的三倍，"月桩钱""版本钱"的附加税如耗米、折帛钱、和买、和籴、科配等名目繁多。朱熹主张，除夏、秋等正税以外，其他名目的苛捐杂税统统取消，"须一切从民正赋，凡所增名色，一齐除尽，民方始得脱净"（《朱子语类》卷一百一十一）。三是整顿盐税。朱熹说："官科盐于民，岁岁增添。此外有名目科敛不一……民苦于重敛"（《朱子语类》卷一百一十一）。由于官吏盘剥，增加征收名目，不仅使盐民负担加重，也使食盐者苦于盐价。总之，朱熹主张"宁过于予民，不可过于取民"（《朱子语类》卷十六）。宁可尽可能多地给予民，也不可过多地取于民，反对与民争利，要让利于民，与民共享天下财用。

（二）撙节财用

"撙节财用"是朱熹提出的财政方针，"撙节财用"在治国中起重要作用，"朝廷撙节财用，重惜民器，以为国之大政"（《朱文公文集》卷二十六）。如果不"撙节财用"，统治者的挥霍必然导致地方财尽民穷，"臣闻先圣之言，治国而有节用、爱人之说"（《朱文公文集》卷十二），"侈用则伤财，伤财必至于害民"（《论语集注》卷一）。相反，节用"则财用足矣"，"故爱民必先于节用"（《论语集注》卷一）。朱熹认为当时的统治者穷奢极欲，"不知名园丽圃，其费几何？日费几何"（《朱子语类》卷一百一十一），为了满足自己膨胀的欲求，官吏巧作名色、横征暴敛，导致民力大穷。究其原因是统治者没有"撙节财用"，"不量入以为出，而反计费以取民，是以末流之弊，不可胜救"（《朱文公文集》卷二十五）。

朱熹针对此弊端提出三点主张：一是"量入为出"，二是"罢去冗费"，三是"悉除无名之赋"（《朱子语类》卷一百一十一）。

（三）社仓

"社仓制度"是朱熹首创的一种民间储粮和社会救济制度。绍兴二十年（1150），朱熹好友魏元履为了在灾年安定地方秩序，在建阳县创立社仓。乾道四年（1168），建宁府大饥。当时在安开耀乡的朱熹同乡绅刘如愚借常平米600石赈贷饥民，仿效"成周之制"建立五夫社仓。朱熹指出"予惟成周之制，县都皆有委积，以待凶荒。而隋唐所谓社仓者，亦近古之良法也，今皆废矣。独常平义仓尚有古法之遗意，然藏于州县，所恩不过市井惰游辈，至于深山长谷力穑远输之民，则虽饥饿频死而不能及也"（《朱文公文集》卷七十七）。社仓由官府拨给常平米为贩本，春散秋偿，每石米收取息米二斗，小歉困其半，大歉尽困之，当息米收到相当于本米之后，仅收耗米三升，此后即以息米作贷本，原米纳还本府，"依前敛散，更不收息"。

朱熹认为社仓的宗旨、管理与王安石的"青苗法"有很多不同，"抑凡世俗之所以病乎此者，不过以王（安石）氏之青苗为说耳。以予观于前贤之论，而以今日之事验之，则青苗者，其立法之本意，固未为不善也。但其给之也，以金而不以谷，其处之也，以县而不以乡，其职之也，以官吏而不以乡人士君子，其行之也，也聚敛亟疾之意而不以惨怛忠利之心，是以王氏能以行之于一邑而不能以行于天下"（《朱文公文集》卷七十九）。社仓由当地乡人士君子主持，采用当时流行的保甲制度，根据人口的真实情况，合理发放粮贷。至淳熙八年（1181），朱熹创建的五夫社仓已积有社仓米3100石，并自建仓库贮藏。这一年朱熹将《社仓事目》上奏，孝宗"颁其法于四方"，予以推广。淳熙九年六月八日，朱熹又发布《劝立社仓榜》，勉励当地几个官员用官米或者用本家米，放入社仓以资给贷，积极支持社仓的行动。并夸他们心存恻隐，惠及乡闾，出力输财，值得嘉尚。在《劝立社仓榜》中重申建立社仓的意义是"益广朝廷发政施仁之意，有以养成闾里睦姻任恤之风"（《朱文公文集》卷九十九）。反映出朱熹设立社仓制度除在客观上起救荒的作用外，其根本目的是要实现儒家的仁政。

"常平仓"是中国古代政府为贮粮、备荒、赈恤、调节粮价而设置的粮仓，后演变为乡社福利制度。朱熹分析社仓和常平仓（义仓）的区别，前者在乡间，后者在州县；前者是民办（由"乡人士君子"主持），后者是官办。义仓受益的是"市井游惰辈"，而且官吏"避事畏法"，不敢发粮救济饥民，粮食长期封闭直至化为尘土，造成浪费而不能惠及于民。朱熹还分析了社仓收息同王安石青苗法的区别，其中提到青苗法通过钱、粮的折算增加了实际利率，为经办官吏的营私舞弊提供了有利条件。

三，正经界

"正经界"指重新划定每块田地之间和井与井之间的疆界。朱熹认为"正经界"就是"仿井田之意"，对农民有很大益处，"经界一事，最为民间莫大之利"（《朱文公文集》卷十九）。朱熹实行经界的目的主要是抑制富家兼并，均平赋税，减轻农民的负担："版籍不正，田税不均，虽若小事，然实最为公私莫大之害。盖贫者无业而有税……富者有业而无税……则公私贫富，俱受其弊。"（《朱文公文集》卷二十一）其具体主张类似王安石的方田均税法，因而认为王安石的变法虽然不合时宜，但是其出发点是好的，"安石之变法，固不可谓非其时，而其设心亦未为失其正也"（《朱文公文集》卷七十）。朱熹认为实行经界法有其无可比拟的优越性，于官府、细民有利，于豪家大姓、猾吏、奸民却有所不便。他把"正经界"提高到国家治乱和社会安危的高度："往岁汀州累次贼盗，正以不曾经界，贫民失业，更被迫扰，无所告诉，是以轻于从乱"（《朱文公文集》卷十九）。然而，朱熹在知漳州时奏请在漳、汀、泉三州"正经界"，虽得宋光宗同意，最终因豪右势家的强烈反对而未能付诸实践。

第十节　法律思想

一、义理与法

（一）义理法律

朱熹的法律思想以义理为指导，以"存天理、灭人欲"为最高法律价值追求，将中国传统文化精髓贯彻于义理法律思想之中，寓政治、道德与法律为一体，在理学思想体系中，理是具有超时空、绝对和不可侵犯性质的法律规范。

朱熹的义理观是指导其法律诉讼原则的思想源泉，他倡导诉讼必先论证其尊卑上下长幼亲疏之分后再判断其曲直的诉讼思想原则。朱熹的法律思想具有"伦理性"，他认为诉讼不以听辩事实曲直为目的，而以是否违反了理为准则，"凡听五刑之讼，必原父子之亲、立君臣之义以权之，盖必如此，然后轻重之序可得而论，浅深之量可得而测"，"凡有狱讼，必先论其尊卑上下长幼亲疏之分，而后听其曲直之辞。凡以下犯上，以卑犯尊，虽直不右；其不直者，罪加凡人之坐；其有不幸至于杀伤者，虽有疑虑可怜，而至于奏谳，亦不准辄用拟贷之例"（《朱文公文集》卷十四）。诉讼要确定原被告"分"的诉权地位，区分尊卑长上下幼亲疏关系，诉讼程序当中要纳入人伦关系。朱熹以天理之名打破、抛弃司法审判的常规，以天理代替"曲直"，将天理运用于司法审判之中。

（二）以义理之所当否知之

朱熹主张诉讼不以听辩事实曲直为目的，而以是否违反了理为准则："能别其真伪者，一则以义理之所当否而知之，二则以其左验之异同而质之，未有舍此两途，而能直以臆度悬断之者也"（《朱文公文集》卷三十八）。以此作为辨别事实真伪的最根本的思想准则与法律适用原则。朱熹认为，对于事物首先必须从大处着手分析，而"义理"则正是这个大根本，"合于义理者为是，不合于义理者为非"（《朱子语类》卷八十三），诉讼必须首先论证其尊卑、上下、长幼、亲疏之分，然后再判断其曲直。朱熹的"义理"也是从"实处"（客观规律）去把握，具有依据客观规律办事的一面，他明确指出，依据义理，"如其可取，虽世俗庸人之言，有所不废。如有所疑，虽或传以为圣贤之言，亦须更加审择"（《朱文公文集》卷三十一），不管证词出自何人之口，只要有可取之处就能作为确实的证据加以采用，如果没有可取之处就不能作为确实的证据加以采用。

（三）法者，天下之理

"法者，天下之理"（《朱文公文集》卷六十九）。这是朱熹"天下万物一统于理""天地之间，理一而已"的法律起源与性质思想的重要表述。朱熹的法律思想，主要是通过论述理学而呈现出来。朱熹认为法律起源于理，以理统法，法律源于理，政权、法律和政治伦理规范是"天意"或"天理"的结果，具有神圣性、权威性和永恒性。"道字、理字、礼字、法字，实理字"（《朱文公文集》卷四十八），将礼和法纳入理学体系，将法、礼、理一体化，从根本上论证了理与法的统一。"理"不断法律化、条文化，理体现为法，法是天理的化身。

二、明刑弼教

（一）明刑弼教

朱熹从道德与法律相结合的角度对"明刑弼教"做了阐发。他将道德教化与刑罚视为维护"三纲五常"的两种手段，认为教化与刑罚的实施，其先后缓急，不是固定不变的，是先教后行，还是先行后教，应根据治国的实际需要灵活变通。"明刑以弼五教"以"期于无刑"为目的，必须服从于维护"三纲五常"这一"治道之本"。因此，无论是先教后刑还是先刑后教，都符合圣人之道。

"明刑以弼五教，而期于无刑"，语出《戊申延和奏札》，是朱熹的无讼立法指导思想之一。虽然朱熹明确强调刑罚的不可或缺性，"明于五刑，以弼五教。虽舜亦不免教之不从，刑以督之"。但刑罚并非朱熹的最终目标，刑罚与教化在现实的治理中并没有必然的先后次序，"明刑以弼五教，而期于无刑焉。盖三纲五常，天理民彝之大节而治道之本根也。

故圣人之治，为之教以明之，为之刑以弼之，虽其所施或先或后或缓或急，而其丁宁深切之意未尝不在乎此也。"（《朱文公文集》卷十四）在朱熹看来，明刑固然可以弼教，但刑罚和教化都服务于天理，最终都要达到无讼这一目的。

（二）以严为本，而以宽济之

"以严为本，而以宽济之"（《朱子语类》卷一百八）是朱熹提出的慎刑司法诉讼原则之一。"以严为本"指重视诉讼；"以宽济之"指疑罪从轻。朱熹主张司法诉讼一般应"以严为本"，慎重对待狱讼，主张恢复肉刑，限制赎刑，严惩"奸凶"，做到刑罚适当，严禁滥刑；同时，他还认为狱讼关乎人的性命，事关重大，不可等闲视之，"狱讼，面前分晓事易看。其情伪难通，或旁无佐证，各执两说系人性命处，须吃紧思量，犹恐有误也"（《朱子语类》卷一百一十）。在审理案件中法官的一念之间，往往会导致善恶颠倒的严重后果。因此，他强调法官应"详审曲直，令有罪者不得免，而无罪者不得滥刑也"（《朱子语类》卷一百一十）。反对不问青红皂白，滥施刑罚或轻罪重罚，使无辜者蒙冤。要求法官思想上重视狱讼，行动上审慎对待狱讼，使有罪者受到应有的惩罚，无罪者获得赦免。

在实际诉讼活动中，由于受缺乏充分的证据、人的认知能力有限等主客观因素的限制，法官在审理案件过程中经常陷入疑窦丛生的困境，以致定罪量刑时举棋不定。针对这种定罪量刑时发生的疑问情况，朱熹继承前人"罪疑惟轻，与其杀不辜，宁失不经"的原则，指出："罪之疑者从轻，功之疑者从重。所谓疑者，非法令之所能决，则罪从轻而功从重，惟此一条为然耳，非谓凡罪皆可从轻，而凡功皆可以从重也。今之律令亦有此条，谓法所不能决者，则俟奏裁"（《朱子语类》卷一百一十）。主张疑罪从轻处刑，避免枉滥，反映了司法诉讼中的慎刑原则。

三、法缘人情

（一）先王制礼，本缘人情

"先王制礼，本缘人情"是朱熹的立法指导原则之一。朱熹认为："先王制礼，本缘人情。吉凶之际，其变有渐，故始死全用事生之礼，既卒哭庙，然而审之。然犹未忍尽变，故主复于寝，而以事生之礼事之，至三年而迁于庙，然后全以神事之也。此其礼文见于经传者不一，虽未有言其意者，然而以情度之，知其必出于此无疑矣"（《朱文公文集》卷三十六）。"情"，可以是恻隐、丑恶、辞让和是非，也可以是民俗和人欲，朱熹这一法律思想肯定了"人"的立法要求。

（二）上合法意，下慰民情

"上合法意，下慰民情"（《朱文公文集》卷一百）是朱熹的立法与司法指导原则之一。朱熹主张"法顺人情""执法原情"，他在《州县官牒》中告诫部属，详照条法，理断公事，要求司法官处理每个案件都要做到"使义理所存，纤悉毕照"，不仅要考虑和依据成文法的规定去审理，在必要时还要依据"三纲五常"或"理"，不受法律条文的拘谨而去审判，"常屈法申恩，而不使执法之意有以胜其好生之德"。

（三）父子相隐，天理人情之至也

"父子相隐，天理人情之至也"（《论语集注》卷七）是朱熹的司法原则之一。孔子积极倡导亲亲原则，主张孝弟（仁）："其为人也孝弟而好犯上者鲜矣，不好犯上而好作乱者，未之有也，君子务本，本立而道生，孝弟也者，其为仁之本与"（《论语·学而》）。以此为准则，孔子在诉讼制度上提出"父子相隐"的基本原则，公开主张父子为了遵循慈孝伦理可以相互隐盖罪行。"叶公语孔子曰：'吾党有直躬者，其父攘羊，而子证之。'孔子曰：'吾党之直者异于是，父为子隐，子为父隐，直在其中矣。'"《论语·子路》将礼引入了法中。朱熹在解释孔子之"父为子隐，为父隐，直在其中"时认为："父子相隐，天理人情之至也。故不求，而直在其中。""顺理为直，父不为子隐，子不为父隐，于理顺邪？瞽瞍杀人，舜窃负而逃，遵海滨而处。当是时，爱亲之心胜，其于直不直，何暇计哉？"（《论语集注》卷七）

第十一节 心（理）学思想

一、心有体用

（一）心是什么

心在中国古代哲学发展过程中形成一个关于精神意识活动的范畴。在朱熹的心性论中，心是标志人的精神、意识活动的一个范畴。朱熹从不同的角度揭示了人的精神心理现象及其活动特点。其一，从心的活动特点来看，心有"虚""灵""神明"的活动特性。朱熹认为心是"人之神明"（《孟子集注》卷十三），强调"人心虚灵"（《朱子语类》卷五十七）。"虚"指"心无形影"（《朱子语类》卷十五），"灵"指神明不测，"此心至灵，细入毫芒纤芥之间，便知便觉。六合之大，莫不在此"（《朱子语类》卷十八）。"神明""虚灵"都是针对人的意识活动的变化多端、神妙莫测的特点的描述，即心神的活动不受时间、地点的限制，倏忽而来，倏忽而往，无所不至。其二，从心的功能和作用来看，心有知觉、思虑、记忆、认知的功能。"有知觉谓之心"（《朱子语类》卷一百四十），"识神乃是心之妙用"（《朱文公文集》卷五十八），"心官至灵，藏往知来"（《朱子语类》卷五）。其三，从心活动的内容来看，心有"人心""道心"之别，"人心"包含各种欲望的意识，"道心"则是体现"天理"的意识，主要指先验的道德内容："此心之灵，其觉于理者，道心也；其觉于欲者，人心也"（《朱文公文集》卷五十六）。朱熹认为，人的心理活动常常交织着感性欲望和道德原则，甚至是道德意识和非道德意识的冲突，为了使人的意识活动总是处于合道德的状态，努力使道德意识最大限度地支配人的行为，就要进行意识修养，让"道心"主宰"人心"，"必使道心常为一身之主，而人心每听命焉，则危者安，微者著，而动静云为自无过不及之差矣"《中庸章句序》。道心与人心的区分说明了在人的意识活动中，什么是合理的、善的意识内容，什么是非合理的、恶的意识内容，以及这种意识活动对人的行为的影响。其四，从心的活动状态来看，心有未发与已发、显露与潜隐、动与静、清醒与沉寂两种不同活动状态。未发之心是一种暂时潜伏而不显露的精神状态与精神活动，呈现寂、静的特点，人一般意识不到，相当于潜意识状态，已发之心呈现出各种各样的情感意识活动，呈现动、感的特点，人一般能够意识到，相当于精神活动中的意识层面。心则贯乎动与静、无间于未发与已发，即人的精神心理活动包括意识与潜意识两种状态，人的精神活动始终就处在这两种状态的连续恒动与转化过程中。

（二）心之体与用

朱熹以"性"为"心之体"，以"情"为"心之用"。在朱熹的著述中经常出现"心之体""心之用"或"心之体用"这样的范畴，至于在朱熹那儿的"体""用"是否是现代哲学所论的"体""用"，我们暂且不论。不过有一点可以肯定的是朱子的"体""用"是其独特的"体""用"，现代意义上的"体""用"内涵不完全一致。"朱子未尝著一有统系之体用论。然从其言语文字之间，可以发见下列六种原则。（1）体用有别，（2）体用不离，（3）体用一源，（4）自有体用，（5）体用无定，（6）同体异用。"①

朱子认为心之"体用""周流变化、神明不测"（《朱文公文集》卷四十二）；心之体"无所不统"，心之用"无所不周"（《孟子或问》卷十三）。心之体用虽然具有如此神妙莫测的神秘感与无所不在的普遍性，但是它们可以被完全认识，也就是朱子所认为的"心之体用"可以"尽"，他说："心之体无所不统，而其用无所不周者也。今穷理而贯通，以至于可以无所不知，则固尽其无所不统之体，无所不周之用矣"（《孟子或问》卷十三）。如朱子所言，在他的著述中我们确实可以梳理出"心之体用"的脉络。因为朱子曾说"盖性为体，情为用，而心则贯之。必如横渠先生所谓心统性情者，其语为精密也"（《朱文公文集》卷五十六），所以，朱熹之"性情"关系可以视作"体用"的关系。

① 陈荣捷：《朱子新探索》，上海：华东师范大学出版社，2007年，第179—185页。

二、心之情态

（一）未感与已感

在朱熹看来，"心"具有与"物"相感应的本性与不得不与"物"相感应的趋势。朱熹对其弟子"人之有心，本以应物"（《大学或问》）的疑问给予了充分有力的解释，他还强调"人之生不能不感物而动"（《朱文公文集》卷六十四）。并且，朱熹将"心"与"物"相感应之前称为"未感之时"，将"心"与"物"相感应时称为"感物之际"，"故其未感之时……及其感物之际……"（《大学或问》）。我们于是根据"心"与"物"相感应与否的这两种状况形象地称之为"未感""已感"，同时也依照朱熹"未发""已发"这两个范畴，而使之与"未发""已发"相对应。以"未感"指"心"没有与"物"相感应的这种状态，或称之为"心"与"物"相感应之前的状态。以"已感"指"心"与"物"相感应时的状态。

"心"在与"物"感应之前与之时的状态分别是"未感""已感"，那么"心"与"物"感应过后的状态又是什么？关于这一点，朱熹没有明说。我们可以根据朱子对"未感""已感"这两种"心"之状态的描述，推导出"心"与"物"感应过后的状态有时近似"未感"这种状态。但是否"心"与"物"相感应过后真能恢复到"已感"之前的"未感"状态，这要因人而异。并不是所有的人都能达到这种境界。虽然有的人心在与"物"相感应后能够恢复到之前的"未感"状态，但是此时的"未感"已不是彼时的"未感"了。虽然其表征与先前的"未感"相似，但其只是已经经历过"已感"的类似"未感"。对于"已感"之后"心"之状态的阐释要涉及"静""动"这两个范畴之间的联系。

（二）静与动

习惯上，我们喜欢将"动"字放在"静"字的前面，以"动静"为一个词。在这里，我们却将"动""静"二字分开，并且将"静"字置于"动"字之前。之所以如此，是因为在朱熹哲学中"静"与"动"虽可相提并论，但不可同日而语，它们具有不同的地位。在行文中为了叙述的方便，在需要"动""静"

连用时，我们还是依照语言习惯用"动静"这个词语。

"动静无端"。从形而上学的角度来看，"太极主静"之说并不是"先静后动"，而是犹如不知道"阴"与"阳"何者为开端、何者为结尾一样，不知道"动"与"静"何者为开端、何者为结尾。虽然姑且可以说应该是先有静而后才有动，但是如果要细细推究的话，那么在"静"之前又是什么？朱子认为在"静"之前是"动"，"虽是合下静，静而后动，若细推时，未静时须先动来"（《朱子语类》卷九十四），就像圆环一样没有开端，也没有结尾。在没有"动"之前是"静"，在"静"之前是又"动"，如此这样推来推去推不出一个开端出来。或者说，即使有开端与结尾，那个开端就是结尾，那个结尾也是开端，不分先后，互相作为对方的根本。"朱熹否定运动与静止有端始，把运动与静止看作是一个'层层流转'，不可穷诘的无限过程。"①

就人事来说，人经过一番动作必定会有一个成就，"如在人，人之动作，及其成就，却只在静"，那么"人之动作"就可称为"动"，而"成就"就可称为"静"。亦言之，"过程"是"动"，"结果"是"静"。就太极来说，是"动极则自然静，静极则自然动"（《朱子语类》卷九十四），当"动"达到极致之时，"动"自然而然地会转化为"静"；当"静"达到极致之时，"静"自然而然地会转化为"动"；一切顺其自然，没有一个端的。

"动""静"不仅不分先后，还如影随形，不可分离。朱熹曰："'动静'二字相为对待，不能相无，乃天理之自然，非人力之所能为也。"（《朱文公文集》卷四十二）如果"静"不与"动"相对而言，那么就不存在"静"；同理，如果"动"不与"静"相对而言，那么就不存在"动"。"动"不能没有"静"，"静"亦不能没有"动"，"若以天理观之，则动之不能无静，犹静之不能无动也"（《朱文公文集》卷三十二），没有"动"之"静"与没有"静"之"动"都是不存在的。朱熹还从《复》卦的卦象中看出"静"中有"动"，"《复》是静中见动"（《朱子语类》卷一百三），"复为静中之动者"（《朱文公文集》卷三十二）。虽然"静"中有"动"，但是

① 张立文：《朱熹评传》，长春：长春出版社，2008年，第181页。

也不能"舍动求静"（《朱文公文集》卷五十二）而应该"随动随静"（《朱文公文集》卷五十二），即应当"动"的时候就"动"，应当"静"的时候就"静"。如果刻意地去求"静"，或者是特意地去求"动"，那么都会陷入一种偏见。虽然看似于"动"中求"静"，其实是偏向了"动"而忽略了"静"。参透"心"之"动""静"的最高境界是"动静如一"（《朱文公文集》卷三十），"动"中有"静"，"静"中有"动"。甚至可以说，"动"亦是"静"，"静"亦是"动"。"动静对待统一、冲突融合的内容，既包含动静的相互对待、排斥和冲突，也包含动静相互依赖、渗透和转化。"①

（三）未发与已发

"寂然之本体"为"未发"。因为"觉"与"思"为"已发"，而"不与物接之际"时有可能会"觉"或"思"，所以"不与物接之际"也不一定是"未发"，那么究竟什么是"未发"？朱熹认为"寂然之本体"为"未发"。不管人心如何运动无常，"心之本体"都一直寂然不动，永不改变，因而可以称心之"寂然之本体"为"未发"；心之"寂然之本体"其实是"理"，"未发便是理，已发便是情。如动而生阳便是情"（《朱子语类》卷九十四）。

不与事物相接触的时候不一定是"未发"，亦即不与事物相感应（或"未感"）时不一定是"未发"。在"未感时"心有可能"觉"，"心"一有"觉"，此时就不是"未感时"，朱熹认为一旦心在几微之际（即瞬间）有觉，那么心就为已发，不是未发。

不但心"觉"时不为"未发"而为"已发"，而且心"思"时也不为"未发"而为"已发"，"思"为"已发"。当朱熹之弟子苏季明问他是否可以于"喜怒哀乐未发之前求中"时，朱熹回答说"不可"，"既思于喜怒哀乐未发之前求之，又却是思也。既思即是已发，才发便谓之和，不可谓之中也"（《近思录》卷四），既然已经思虑在"喜怒哀乐未发之前"求取"中"了，就说明已经"思"了。既然已经"思"了，就不能称之为"未发"，而是"已发"。既然是"已发"，就可以称之为"和"，而不能称之为"中"。故而，

---

① 张立文：《朱熹评传》，长春：长春出版社，2008 年，第 183 页。

不能于"未发之前"求取"中"。总之，朱熹明确地说"思"是"已发"。

在朱熹哲学体系中，一般情况下作为一对"体用"的范畴，其"体"为"未发"，与之相对的"用"为"已发"。如，在"性情"这一对范畴中，性——"仁义礼智"为"未发"，而情——"恻隐羞恶辞让是非"为"已发"，"在成熟的朱熹的已发未发说中，未发、已发有两种意义：第一，以'未发''已发'指心理活动的不同阶段或状态。第二，以未发为性，以已发为情。"①；在"仁爱"这一对范畴中，"仁"为"未发"，"爱"为"已发"，"所谓爱之理者，则正所谓仁是未发之爱、爱是已发之仁耳"（《朱文公文集》卷五十）；在"义宜"这一对范畴中也是如此，"知仁为爱之理，则当知义为宜之理矣。盖二者皆为未发之本体，而爱与宜者乃其用也"（《朱文公文集》卷五十二），如"仁爱"是"体用"而为"未发已发"的关系一样，"义宜"也是"体用"而为"未发已发"的关系。其他的每一对"体用"范畴均可以如此类推。

第十二节 科技思想

一、气

（一）太极只是一个气

太极与气之间有复杂的关系，朱熹在论述太极即气而化生万物时所提出的宇宙生成论，"太极只是一个气，迤逦分做两个：气里面动底是阳，静底是阴，又分做五气，又散为万物"（《朱子语类》卷三）。在朱熹看来太极既然是"气"，就会有动静，这个动静就是阴阳二气之流行，即"一阴一阳是总名。继之者善，是二气五行事。成之者性，是气化已后事"（《朱子语类》卷七十四）。

朱熹这样解释周敦颐的"太极动而生阳"，"一阴一阳是总名。继之者善，是二气五行事。成之者性，是气化已后事"（《朱子语类》卷七十四），太极中有动静之理，才有阴阳动静之事。但是动静之理，寓于阴阳二气，

---

① 陈来：《宋明理学》，上海：华东师范大学出版社，2003年，第133—134页。

依托二气而流行。太极在气化流行的过程中，又表现出理气相依的特点。朱熹说："太极，理也，动静，气也。气行则理亦行，二者常相依而未尝相离也。太极犹人，动静犹马，马所以载人，人所以乘马。马之一出一入，人亦与之一出一入。盖一动一静，而太极之妙，未尝不在焉"（《朱子语类》卷九十四）。他以人与马相依来比喻理与气不能相离，即所谓"理搭于气而行"。

（二）天地间无非气

"天地间无非气"是朱熹有关宇宙构造的思想。朱熹汲取前人关于天地即气的思想，提出了自己对宇宙构造和运演状况的看法。朱熹受《内经》中关于气的宇宙构造学说的影响，"或举天地相依之说，云：只是气，曰：亦是古如此说了。《素问》中说，黄帝曰：地有凭乎？岐伯曰：火气乘之。是说那气浮得那地起来……这也说得好"（《朱子语类》卷九十四）。可见朱熹对气的运动包含今天所说的空气动力学因素。朱熹说："盖天只是气，非独是高，只今人在地上，便只见如此高，要之他连那地下亦是天，天只管转来转去，天大了，故旋得许多渣滓在中间，世间无一物事恁地大，故地恁地大，地只是气之渣滓，故厚而深"（《朱子语类》卷十八）。他认为天体的演化是以气之运动为原动力，天体运动归根结底是因为大气"如劲风之旋"。这一观点在《内经》中已出现，《内经》中"大气举之"的说法是关于天地何以不陷不坠思想的滥觞。朱熹如此论述："天以气而依地之形，地以形而附天之气。天包乎地，地特天中之物尔，天以气而运乎外，故地摧在中间，隤然不动。使天之运有一息停，则地须陷下"（《朱子语类》卷一）。如果天停止旋转，地会脱离"附天之气"，地就会陷下。

（三）天以气运

宇宙的运行是通过气来表现的。"气运说"认为，气化生万物，理亦随而赋之，理无往而不在，气则有盛有衰。朱熹进一步发挥"气运说"，他融合前辈理学家关于气运的说法，同时又吸收了道家和道教阴阳二气生化万物的思想。朱熹用理与气这两个范畴来解释万事万物，认为理是形而上之道，气是形而下之器。在宇宙生成观上，朱熹说："天地初间只是阴阳之气。这一个气运行，磨来磨去，磨得急了，便拶许多渣滓，里面无处出，便结成个地在中央。气之清者便为天，为日月，为星辰，只在外，常周环运转，地便只在中央不动，不是在下。清刚者为天，重浊者为地。天运不息，昼夜辗转，故地㩴在中间。使天有一息之停，则地须陷下。惟天运转之急，故凝结得许多渣滓在中间。地者，气之渣滓也，所以道'轻清者为天，重浊者为地'。"（《朱子语类》卷一）世界是一个气化流行、万物化生的过程。由于气的运动变化而构成千差万别、丰富多彩的世界。

二、阴与阳

（一）阴阳有自然之变

朱熹认为阴阳在互动过程中存在着变化，世间任何事情皆为阴阳所化，均可以阴阳征之，而且自然而然，因此被视为"自然之变"。"精者，精微之意，画前之《易》，至约之理也。伏羲画卦专以明此而已。蕴，谓凡卦中之所有，如吉凶消长之理、进退存亡之道，至广之业也，有卦则因以形矣。阴阳有自然之变，卦画有自然之体，此《易》之为书所以为文字之祖、义理之宗也。然不止此，盖凡管于阴阳者，虽天地之大，鬼神之幽，其理莫不具于卦画之中焉，此圣人之精蕴所以必于此而寄之也"（《精蕴第三十》，《通书注》）。朱熹认为易是对世界事物变化的一个精微概括，既在文治教化上有基础作用，更在于统管了阴阳变化，天地鬼神都在其卦画之内。这是对本体理的论述，理为阴阳之理，亦系自然之理。

朱熹在论述自然变化时，认为"变"和"化"可分为两个层次或两个阶段，"变"是逐渐变化的意思，而"化"是渐变过程的完成。朱熹说："变是自阴之阳，忽然而变，故谓之变。化是自阳之阴，渐渐消磨将去，故谓之化"（《朱子语类》卷七十四）。"化则渐渐化尽，以至于无。变则骤然而长。变是自无而有，化是自有而无"（《朱子语类》卷七十四）。因为"阳之轻清无形，而阴之重浊有迹"，所以阳气转化为阴气为渐化，阴气转化为阳气则为骤变。

朱熹赞同并发挥张载对"化而裁之谓之变"的解释，以化为渐变，以变为骤变，"变化二者不同。化是渐化，如自子至亥，渐渐消化，以至于无。如自今日至来日，则谓之变。变是顿断，有可见处。横渠说化而裁之一段好"（《朱子语类》卷七十五）。阴阳推移无中断处，是一个量变的连续过程。木黄叶落也需渐化，并非朝夕可成，"且如天运流行，本无一息间断，岂解一月无阳？且如木之黄落时，萌芽已生了。不特如此，木之冬青者，必先萌芽，而后旧叶方落"（《朱子语类》卷七十一）。朱熹强调阴阳消长必须经过渐化，即量的积累，"一气不顿进，一形不顿亏。盖见此理。阴阳消长亦然。如包胎时十月具，方成个儿子"（《朱子语类》卷七十一）。

（二）天地统是一个大阴阳

朱熹这样描述宇宙结构的特点："天地统是一个大阴阳。一年又有一年之阴阳，一月又有一月之阴阳，一日一时皆然。"（《朱子语类》卷一）"天地间只有一个阴阳"（《朱子语》卷七十四），宇宙本身是一个最大的动态阴阳系统，宇宙中阴阳的普遍性是朱熹宇宙观的基本内容之一。

天地间所有事物都离不了阴阳，"诸公且试看天地之间，别有甚事？只是阴与阳两个字，看甚么物事都离不得，只就身体上看，才开眼，不是阴，便是阳，密拶拶在这里，都不著得别物事"（《朱子语类》六十五）。阴阳可以涵盖天地万物，"包罗天地，也是这阴阳"（《朱子语类》卷六十三）。"阴阳无一日不变，无一时不变"（《朱子语类》卷七十四）。天地间一切变化运动，又都可以用阴阳来囊括。

（三）阴阳之两端，循环不已

朱熹如此论述事物的变化运动，"阴阳两端，循环不已"（《朱子语类》卷九十八）。阴阳两种属性的物质和能量（气）不停地运动，循环不息，整体上达到一个动态平衡。"天地只是一气，便自分阴阳，缘有阴阳二气相感，化生万物，故事物未尝无对"（《朱子语类》卷五十三）。气分阴阳，阴阳为气的固有性质，正因为气有阴阳的对立统一，才有了气的变化无穷，万物得之而得以生生，万物生长是阴阳二气的消长。

朱熹认为阴阳的推移，乃是一气之消长，阴阳只是一气，长时为阳，消时为阴。阳的一面发展到顶点就开始消退转化为阴气，并不是阳气尽了而由另外一个阴气来代替它。正如人的呼吸一样，呼时为阳，吸时为阴，只是一气之呼吸。这是以一气自身的转化说明事物的盈虚盛衰，突破了汉唐易学的二气轮替说。这种观点认为，一事物在其变化过程中自身具有矛盾的同一性，所谓流转，不是事物更替，而是一物之分化，是对立面的相互转化。朱熹又认为，此阴阳流行的过程，总是阳了又阴，阴了又阳，循环不已，既没有开头，也没有终结。

三、农事

（一）土肉肥厚，种禾易长

朱熹论述庄稼与土质辩证关系："大凡秋间收成之后，须趁冬月以前，便将户下所有田段，一例犁翻，冻令酥脆，至正月以后，更多著遍数，节次犁耙，然后布种。自然田泥深熟，土肉肥厚，种禾易长，盛水难干。"（《朱文公文集》卷九十九）他强调肥沃的土地对水稻生长有促进作用。

肥土益苗的具体方法是："耕田之后，春间，须是拣选肥好田段，多用粪壤，拌和种子，种出秧苗。其造粪壤，亦须秋冬无事之时，预先铲取土面草根，晒曝烧灰，旋用大粪，拌和入种子在内。然后撒种。秧苗既长，便须及时趁早栽插，莫令迟缓过却时节。禾苗既长，秆草亦生。须是放干田水，仔细辨认，逐一拔出，踏在泥里，以培禾根。其塍畔斜生茅草之属，亦须节次芟削，取令净尽。免得分耗土力，侵害田苗，将来谷实必须繁盛坚好。"（《朱文公文集》卷九十九）

（二）蚕桑之务

朱熹概括蚕桑之业的重要性与种植之法的要领，认为蚕桑之业是国民经济的基础，应该得到相应的重视；种植时要注意相关技术。朱熹说："蚕桑之务亦是本业，而本州从来不宜桑柘，盖缘民间种不得法。今仰人户常于冬月，多往外路买置桑栽。相地之宜，逐根相去一二丈间，深开窠窟；多用粪壤，试行栽种。待其稍长，即与削去细碎拳曲枝条，数年之后必见其利"（《朱文公文集》卷一百）。朱熹认为，当时所在的州县不大力发展蚕桑之务，而把原因笼统归结为当地的条件不适宜。而事实上，真正的原因是民间种植技术的不得法。按照朱熹的说法,种植桑树的技术要领有四:其一,要选择肥水条件较好的地,即土壤熟化,土质肥沃,土层深厚,地面平整,能灌能排的熟坡地和半旱水田。其二,植株间隔在一二丈范围,即两株间距不能过密。其三,"深开窠窟"指的是开五到八寸的深沟。其四,"多用粪壤,试行栽种"是说施足基肥,施后盖一层三寸左右的表土,适当拌和,以免烧坏桑根。

（三）陂塘之利,农事之本

朱熹强调水利对农业重要性。他说:"陂塘之利,农事之本,尤当协力兴修。如有怠惰,不趁时工作之人,仰众列状申县,乞行惩戒;如有工力浩瀚去处,私下难以纠集,即仰经县自陈官为修筑"(《朱文公文集》卷九十九)。认为修筑陂塘,兴建水利,是农业生产的基础,对农业生产有至关重要的影响。而"今仰同用水人,协力兴修,取令多蓄水泉,准备将来灌溉,如事干众,即时闻官,纠率人功,借贷钱本,日下修筑,不容误事"(《朱文公文集》卷一百)。朱熹认识到陂塘水利有调节水资源时分布不均匀的功能,认为政府应该多修水利,保证将来民众饮水和农业生产需要。

（四）耕农时节,不可迟缓

朱熹强调农时的重要性:"今来春气已中,土膏脉起,正是耕农时节、不可迟缓。仰诸父老,教训子弟,递相劝率,浸种下秧,深耕浅种。趋时早者,所得亦早,用力多者,所收亦多,无致因循,自取饥饿"(《朱文公文集》卷一百)。是否及时播种直接关系到收成的好坏,并且秧苗长时,也必须及时栽插。朱熹还说:"秧苗既长,便须及时趁早栽插,莫令迟缓,过却时节。"(《朱文公文集》卷九十九)认为只有不误时节,尊重自然规律,才能获得好收成。

第十三节　子学思想

一、论道家

朱熹将道家与道教混称为道家,或称老氏,对其既有批评,也有吸收。

朱熹批评自老子到庄子、列御寇、杨朱等道家派厌世避祸、崇尚空寂以保全其身："畏一身之祸害，耽空寂以求全身于乱世而已，及老子倡其端，而列御寇、庄周、杨朱之徒和之"(《朱子语类》卷一百二十五)。朱熹还联系道教批评道家："道家之学，出于老子，其所谓'三清'，盖仿释氏'三身'而为之尔。"(《朱子语类》卷一百二十五)然而，朱熹对道家思想也有所吸收，主要表现在吸取道家哲学的道本论思想，以天理论道，把道与天理结合起来。

朱熹对老子及《老子》书的评价。老子是春秋末期思想家，道家学派的创始人。朱熹批评老子不讲儒家伦理："老子是出入理之外，不好声，不好色，又不做官，然害伦理。"(《朱子语类》卷一百二十五)朱熹认老子害伦理比乡愿没有见识危害尤甚："老子害伦理，乡原却只是个无见识底人"(《朱子语类》卷四十七)。朱熹认为老子思想的特点是虚静无为，主张无为而治，"老子之学，大抵以虚静无为、冲退自守为事。故其为说，常以懦弱谦下为表，以空虚不毁万物为实。其为治，虽曰我无为而民自化，然不化者则亦不之问也"(《朱子语类》卷一百二十五)。朱熹对老子的价值观提出批评："老子之术，须自家占得十分稳便，方肯做；才有一毫于己不便，便不肯做。"(《朱子语类》卷一百二十五)朱熹认为《老子》一书所论包含甚多，因而使得人们喜爱其学。如果要把书中之学拿出来治理天下，就是清虚无为的思想，"今观《老子》书，自有许多话说，人如何不爱！其学也要出来治天下，清虚无为，所谓'因者君之纲'，事事只是因而为之。如汉文帝、曹参，便是用老氏之效，然又只用得老子皮肤，凡事只是包容因循将去"(《朱子语类》卷一百二十五)。认为清虚无为观点在汉文帝、曹参之时对文景之治产生了一定的效用，

朱熹对庄子及《庄子》书进行了评价。庄子是战国时道家代表人物。一方面，朱熹多次肯定庄子，认为庄子才高识远，"盖自孟子之后，荀卿诸公皆不能及"(《朱子语类》卷十六)。朱熹指出庄子与佛教有区别：佛与儒对立，庄子的思想可以和儒家互相沟通。朱熹还把庄子与老子进行对比，肯定庄子说理"较开阔，较高远"(《朱子语类》卷一百二十五)。另一方面，

朱熹又站在理学立场批评庄子思想，认为庄子在入世方面比老子更消极，批评庄子等人于乱世中追求全身养生，"是乃贼德之尤者，所以清谈盛而晋俗衰，盖其势有所必至"（《朱文公文集》卷六十七），将晋室灭亡的原因归结为老庄清谈。朱熹认为《庄子》一书与杨朱有密切联系，"列庄本杨朱之学，故其书多引其语"（《朱子语类》卷一百二十五）。肯定该书诸篇所论"才高"（《朱子语类》卷一百二十五），"恰似快刀利剑斫将去，更无些子窒碍，又且句句有着落……可煞说得好"（《朱子语类》卷六十三）。认为《庄子》的文风豪放跌宕，说理方式独具风格，"将许多道理掀翻说，不拘绳墨"（《朱子语类》卷一百二十五）。朱熹认为佛教理论的发展与《庄子》有联系，"因论佛，曰：'老子先唱说，后来佛氏又做得脱洒广阔，然考其语多本庄列。'"（《朱子语类》卷一百二十六）《肇论》之类"用老庄之意"（《朱子语类》卷一百三十七），认为佛教思想之所以高深精妙，是因为其在中国化过程中援引了庄子之学。朱熹认为道教衰落与虚妄的真正原因，是道教徒们在发展自己的教义时没有运用好甚至丢弃了老庄之学。朱熹批评道教徒抛弃《庄子》等道家经典，明确庄子"言有可取"（《朱子语类》卷九十七），认为"自有所主，则读之何害？要在识其意所以异于圣人者如何尔"（《朱子语类》卷九十七），通过研读《庄子》，了解其与儒家圣人之间的差异，可以取长补短。

二、论法家

法家以尚法明刑为主，是战国时期产生和发展的以法治为思想核心的一个学派。朱熹对法家在持批判态度的同时，又有所吸收。他批评法家之学浅陋，只见刑名而不足以治天下。他认为法家冷冰不恤，刻薄少恩，"后世之论刑者不知出此，其陷于申商之刻薄者，既无足论矣"（《朱文公文集》卷十四）。"韩子引绳墨，切事情，明是非，其极惨核少恩，皆原于道德之意。……东坡谓商鞅、韩非得老子，所以轻天下者，是以敢为残忍而无疑"（《朱子语类》卷一百三十七）。

朱熹也吸收法家思想，认为治国要"以严为本，而以宽济之"（《朱子语类》

卷一百八），肯定法家"辟以止辟"（《朱子语类》卷七十八）的法价值观念。朱熹还建议天子要"深于用法，而果于杀人"（《朱文公文集》卷十四）、"有功者必赏，有罪者必刑"（《朱文公文集》卷十二）。

三、论墨家

"杨墨"指先秦时期两位重要的思想家杨朱、墨子及二人的学说。朱熹远承孟子，近绪二程，以杨墨为异端邪说，认为杨墨违背儒家的"仁义"："如杨氏为我，则蔽于仁；墨氏兼爱，则蔽于义"（《朱子语类》卷五十二）。朱熹不赞同韩愈"孔墨并称"的说法，指出："孔墨并称，乃退之之缪。"（《朱文公文集》卷六十一）朱熹认为杨氏之学出于老子，"杨朱乃老子弟子，其学专为己"（《朱子语类》卷六十）。

朱熹认为杨墨与老庄、释氏都是异端。"老子倡其端，而列御寇、庄周、杨朱之徒和之。孟子尝辟之以为无父无君，比之禽兽"（《朱子语类》卷一百二十五）。又说："孟子不辟老庄而辟杨墨，杨墨即老庄也。今释子亦有两般：禅学，杨朱也；苦行布施，墨翟也。"（《朱子语类》卷一百二十六）朱熹认为佛、道二教的危害类似于孟子时杨墨的危害，甚至有过之而无不及："异端之害道，如释氏者极矣。以身任道者，安得不辨之乎！如孟子之辨杨墨，正道不明，而异端肆行，周孔之教将遂绝矣。譬如火之焚将及身，任道君子岂可不拯救也！"（《朱子语类》卷一百二十六）主张要像孟子辟杨墨一样辟佛老。

四、论黄老之学

黄老之学是始于战国盛于西汉的思想流派，因为尊传说中的黄帝和老子为创始人而得名。黄老之学假托黄帝和老子的思想，实为守道任法，结合道家和法家思想，兼采阴阳、儒、墨、名等诸家观点。朱熹站在儒家正统的立场认为黄老之说与圣贤之道相违背，视黄老之学为"非"，"如学圣贤之道则为正，黄老申商则为非"（《朱子语类》卷七十一）。

朱熹也客观地承认西汉儒者受到黄老之学的影响。"西汉时儒者说道理，亦只是黄老意思，如扬雄《太玄经》皆是"（《朱子语类》卷一百二十六）。也不完全否定黄老之学，"愚谓善学老子者，如汉文景曹参，则亦不至乱天下"（《朱文公文集》卷七十二）。认为汉初文帝、景帝以及相国曹参能善学老子，使天下不乱。但又批评"文帝学申韩刑名，黄老清静，亦甚杂"（《朱子语类》卷一百三十五）。

五、论玄学

玄学是魏晋时期出现的一种学术文化思潮，融合道家和儒家，而以道为主。朱熹视"玄学"为清谈或清净之学，将其归于老庄一派，批评其曰："东晋之尚清谈，此便是杨氏之学。杨氏即老庄之道，少间百事废弛，遂启夷狄乱华，其祸岂不惨于洪水猛兽之害。"（《朱子语类》卷五十五）朱熹指出崇尚清谈的魏晋学风带来了风俗日衰，百事俱废，以致国家动荡，社会混乱，其祸害不可胜穷，"清谈盛而晋俗衰，盖其势有所必至"（《朱文公文集》卷六十七）。

朱熹分析了魏晋清谈之风产生的原因：东汉崇尚节义的同时就具备了清谈的趋势。"或引伊川言：晋宋清谈，因东汉节义一激而至此者。曰：公且说节义，如何能激而为清谈？或云节义之祸，在下者不知其所以然，思欲反之，所以一激而其变至此。曰：反之固是一说，然亦是东汉崇尚节义之时，便自有这个意思了，盖当时节义底人，便有傲睨一世、污浊朝廷之意。这意思便自有高视天下之心，少间便流入于清谈去。"（《朱子语类》卷三十四）东汉统治者过分崇尚节义而容易流入清谈，魏晋玄学家超越名教而任性自然，而提倡清谈。朱熹认为玄学又产生了一个弊病："少间那节义清苦底意思，无人学得，只学得那虚骄之气，其弊必至于此。"（《朱子语类》卷三十四）玄学丢掉了清苦的节义而陷于虚骄之气。

第三章　朱熹在中国思想史上的地位及价值

第一节　构建完善的理学体系

朱熹一生为官 10 余年，其余大部分时间主要从事教学与著述。他专心理学，成为程颢、程颐之后非常重要的理学代表人物，在哲学、经学、史学、文学、科学等各个方面都有较大成就。朱熹集理学之大成，继承并发展了程颐等人的理学思想，建立了广大精微的哲学体系。

在中国儒学史上，朱熹理学的作用和影响仅次于孔子。他所建立的理学体系超过了北宋五子，是孔孟以来中国文化的集大成者。朱熹的理学系统整合了儒释道，成功地回应了佛学的冲击与挑战，证明中国文化对外来文化具有充分的消化和吸收的能力。朱熹理学中关于修养和社会政治等方面的理论无论在当时还是在现代对个人和社会的发展都有一定启发意义。

第二节　得到官方认可

朱熹晚年受到韩侂胄排斥，其学说被诬为"伪学"，遭到禁止。朱熹于庆元六年（1200）病逝于建阳考亭的沧州精舍。朱熹去世几年以后，韩侂胄伏诛，党禁结束，朱熹思想的重要性开始被朝廷发现，追复朱熹焕章阁待制。嘉泰二年（1202），宁宗追授朱熹华文阁待制。嘉定二年（1209）诏赐谥曰"文"。嘉定五年（1214），国子司业刘爚请以朱熹《论语集注》《孟子集注》立学，宁宗准奏。宁宗同意把朱熹的著作列入官学，实际上是完全否定了他在庆元二年（1196）禁止朱学的诏令。理宗宝庆三年（1227），朱熹追封信国公。绍定三年（1230），改封徽国公。淳祐元年（1241），朱熹从祀孔庙。元惠宗至正二十二年（1362），改封齐国公。明清两代朱学被列为儒学正宗，明朝通称先儒朱子，崇祯十五年（1642）因诏位居七十二子之下，汉唐诸儒之前，特称大贤朱子。清康熙五十一年（1712）诏升大成殿配享位列十哲之次。

第三节　影响国内外

一、在国内的影响

朱熹及其门人创立了很多精舍、书院，登台讲学，生徒众多。据陈荣捷在《朱子门人》[①]中考证，仅算有籍贯的登门求教、明言奉侍、自称弟子的正式门人就有 488 人，分别属于福建、浙江、江西、湖南、安徽、江苏、四川、山东等，可谓来自全国。其中福建籍的有 164 人，占总数的三分之一，且多为朱子学的中坚和骨干。朱熹门下知名之士有黄榦、陈淳、蔡元定、蔡沈、刘爚等十多个。在朱子学的发展史上，朱熹传之于蔡元定、蔡沈、黄榦、陈淳、李方子诸位，而浦城真德秀是私淑于朱熹的。在朱子学的创立过程中，朱熹和门人对一些问题进行反复商讨，使其思想逐渐完善、成熟。朱熹门人对朱子学的创立做出了重大贡献。黄榦、蔡元定、真德秀、黄震、陈宏谋是朱子后学的重镇。

以南宋黄榦为代表的勉斋学派。黄榦注重儒家圣贤道统传授，推崇周敦颐，对其思想有所继承。他提出"有太极而阴阳分，有阴阳而五行具，太极二五妙合而人物生"（《圣贤道统传授总叙说》）的宇宙生成说，认为"太极"的"静而阴"是"体"，"动而阳"是"用"。他还认为圣贤所传之道，是"居敬以立其本，穷理以致其知，克己以灭其私，存诚以致其实"（《圣贤道统传授总叙说》），以此四者存之于心，就可得到圣贤相传的道统。用"理一分殊"来说明"道"的体用关系，指出"道之在天下，一体一用而已。

---

① 陈荣捷：《朱子门人》，台北：学生书局，1982 年，第 1—5 页。

体则一本，用则万殊"（《勉斋文集·复叶味道》）。宇宙的本体是"道"，而天地万物是"道"的表现，是"道"之"用"，"万物统体一太极"，"一物各具一太极"。（《勉斋文集·复叶味道》）但又认为"体用合一"，说："自理而观，体未尝不包乎用"，"自物而言，用未尝不具乎体"。（《中庸总论》）此学派的主要人物有詹初、胡伯履、余元一及黄榦门人方遏、张元简、刘子玠、吴昌裔、黄师雍、黄振龙、陈如晦等人。詹初以"道"为天地万物的本原，指出："天地虽大，道中之物也。吾心虽灵，自道视之，亦物也，物者，器也。道者，天地之所以大，吾心之所以灵者也。故曰道者物之神，物者道之寓。"（詹初《流塘集》）主张以理统欲："圣人未尝不欲生恶死，但其一生一死，皆断以理，而无一毫有我之心。"（詹初《流塘集》）其他人也都"得朱子端庄存养之说"（《宋元学案·勉斋学案》），或"明理远于事"，或"见事而中于理"。（《宋元学案·勉斋学案》）朱熹思想因其弟子黄榦的继承，在金华地区一枝独秀，黄榦传学于何基（1199—1269，字子贡，学者称北山先生），何基传王柏（1197—1274，字会之，号鲁斋），王柏又传金履祥（1232—1303，字吉父，学者称仁山先生），金履祥传许谦，此即"金华四先生"，从而使朱学一脉流传到元代。金华四先生又称"北山四先生"。

以南宋蔡沈为代表的九峰学派。因蔡沈隐居九峰，学者称九峰先生，故名。蔡沈为西山学派蔡元定之季子，后从学朱熹。他思想上既受其父象数之学的影响，又受朱熹理学的影响。哲学上以抽象的"数"为宇宙的本原，"天地之所以肇者，数也；人物之所以生者，数也；万事之所以失得者，亦数也"（蔡沈《洪范皇极序》）。而"数"又是人主观自生的，"数由人生，数由人成。万物皆备于我，咸自取也"（蔡沈《洪范皇极序》）；"若其所以数之妙，则在乎人之自得焉尔"（蔡沈《洪范皇极序》）；"一成于数，天地不能易之，能易之者人也"（《蔡九峰筮法》）。在"数"与"理"的关系上，主张"数之体着于形，数之用妙乎理"（《书经集传序》）；"数者尽天下之事理也"，"圣人因理以着数，天下因数以明理"。（《洪范皇极·内篇》）在"理"与"气"的关系上，继承朱熹的"理先气后"说，"理其至妙矣乎？气之未行，物之未生，理无不具焉。气之既形，物之既生，理无不在焉"（蔡沈《洪范皇极序》）。此派的主要代表人物有蔡沈之子蔡模、蔡杭、蔡权及弟子刘钦等，也都以"讲明义理，独处静室幽轩，终日怡怡"（《宋元学案·九峰学案》）。

以南宋末欧阳守道、文天祥为代表的巽斋学派。因世称守道为巽斋先生，故名。该派宗朱熹，发明孟子正人心、承三圣之说，但又有讲求益于世用的务实之风。《宋元学案·巽斋学案》引用文天祥的话评价欧阳守道之学是"如布帛菽粟，求为有益于世用，而不为高谈虚语，以自标榜于一时"。文天祥政治上主张抗元，所作《正气歌》为世人所传诵。文天祥哲学上主张"道"是宇宙本原："未有人心，先有五行；未有五行，先有阴阳；未有阴阳，先有无极太极；未有无极太极，则太虚无形，冲漠无朕，而先有此道。未有物之先，而道具焉。"（《文山御试策》）他承认宇宙万事万物时时都在变化，无时无刻不运动，"天久而不坠也以运，地久而不聭也以转，水久而不腐也以流，日月星辰久而常新也以行。天下之凡不息者，皆以久也"（《文山御试策》）。万物之所以变化的原因在其内部："神化天造，天运无端，发微不可见，充周不可穷，天地之所以变通，固自其不息者为之"（《文山御试策》）。在理欲观上，文天祥主张以"理"御"欲"，"理不足以御欲，而理反为欲所御"，"世道污隆之分数，亦系于理欲消长之分数"。（《文山御试策》）主要人物有与欧阳守道同宗的欧阳新，文天祥门友刘辰翁、邓光荐，门人王炎午等。

二、在海外的传播

其一，朝鲜的朱子学。13 世纪末，朱子学由中国传入高丽，故其早期朝鲜朱子学也称为高丽朱子学。在高丽王朝时期，朱子学经过上百年的演进和传播，到 14 世纪末李朝建立后，已上升为正统的统治思想。此后五百年间，朱子学对朝鲜社会生活各方面有着广泛和深远的影响。朱子学传入高丽后，大致经历了传入期、全盛期和衰落期三个发展时期。13 世纪末至15 世纪末，为朱子学的传入期。据文献记载，高丽忠烈王十五年（1290）集贤殿大学士安珦随忠烈王赴元大都燕京时，首次读到新刊《朱子全书》，认为它是孔孟儒教之正脉，于是手抄此书并模写朱子画像而归，这是新儒学入韩的开始。归国后即在太学讲授朱子学，并为传播朱子学做了大量工作。稍后白颐正在大都留学多年，亦购得大批理学书籍。他回高丽后，传授门人。但当时佛学正隆，朱子学未能兴旺。及至李朝成立（1392）后，改国号为朝鲜，奖励儒学排斥佛教，朱子学在朝鲜才得到广泛的传播、发展。李穑、郑梦周、李崇仁、郑道传、权近等是这一时期传播朱子学的杰出代表。他们以朱子学为理论武器，从道德、政治、经济和哲学等各个领域对佛教展开了批判。

15世纪末至16世纪，是朱子学的全盛期——李朝朱子学。在总结以往朱子学成果的基础上，产生了朝鲜朱子学集大成的理论体系，其代表人物是赵光祖（号静庵，1482—1519）、李彦迪（号晦斋，1491—1553）、李滉（号退溪，1501—1570）与李珥（号粟谷，1536—1583）。李滉学无成师，亦无哲学专著。他在书札图说问答之间，集理学之大成，形成朝鲜哲学之高峰，有朝鲜朱子之称，被称为"退溪学"。在哲学上，李滉既反对以徐敬德为代表的气外无理说，排斥王阳明的心学以及佛教，而尊崇朱熹的"理气论"。他认为理是世界的本原和主宰，如果没有理，便没有天地和人类万物。李滉虽然信奉朱熹的先知后行说，但他又认为人有两种人性，即"本然之性"和"气质之性"。李滉由气质的高下而分人为上智、中人、下愚，但认为人与人之间有气质差距，经过不断的读书和修养，可以缩小差距，也能达到圣人的境界。李滉强调天理与人欲的对立，要求人们放弃人欲，服从天理，而读书、修养的目的就是革尽人欲、复归天理。

另一位代表人物是李珥。他反对朝鲜朱子学的"理气互发论"，主张"理气兼发论"，创立了朝鲜朱子学的心学派——"主气论"学派。他在理与气的关系上，批判李滉四端理发七情气发之说，谓气发而理乘之则可，非特七情为然，四端亦如是；批评退溪理气互发之说，谓理气不能相离，不可谓互有发用。又反对徐敬德的气一元论，提出了自己的理气二元论。即世界是由气和理所构成，理气"浑沦无间"，"实无先后之可言"，"理气"就是"天地之父母"。结果朝鲜理学分两派，一为主理派，发展于朝鲜南部之岭南地区，称岭南学派，尊退溪为领袖。一为主气派，即谓理气兼而气为主，发展于西部之畿湖地区，称畿湖学派，尊粟谷为领袖。百余年间，相互抨击。

第三时期为 16 世纪末至 19 世纪上半期，是朱子学的衰落期。朱子学日趋没落，一些朱子学学者趋于脱离实际而清谈空论，其代表人物有金长生、宋时烈等人。

其二，日本的朱子学。南宋末朱子学已逐渐传入日本。日本赴径山拜师求学的圣一国师回国时带回日本的书籍中有朱熹的《大学或问》《论语精义》。与此同时，中国禅僧也相继赴日，对传播朱子学出力不少。相对于日本禅僧将宋学著作引进日本的功绩，中国禅僧们更看重对宋学义理的阐发。

当时，占据民众思想的佛教开始衰落，僧侣、寺院与民众矛盾日益尖锐，排佛思想勃兴，直至江户时代的到来，封建统治阶级需要把封建制度以最显著的形态制度化，就必须提供一种强有力的文化力量作为补充。于是从中国传入的集理学大成的朱子学一跃成为"官学"。而另一方面，由于商品经济的发展，也助长了非封建因素的发展，与朱子学几乎同时漂洋过海的阳明学成为这部分的代表——私学，形成一定的对峙局面。

日本朱子学的开创者是藤原惺窝。藤原七八岁为禅僧，30 岁左右受朝鲜李朝"儒佛不同道"之思想影响，开始演习朱子学，并完成《四书五经倭训》，这是日本第一部用朱熹观点解释《四书五经》的著作，也开启了日本朱子学的一代新风。他对佛教采取批判的态度，以朱子学的现世主义批判佛教的出世主义；对朱子学采取弘扬态度，以朱熹观点解释"理"的观点与"理一分殊"等思想。

藤原的弟子林罗山也为朱子学在日本的传播做出了贡献。林罗山 18 岁时读《朱子集注》，22 岁慕名拜藤原为师，后经推荐，谒见幕府将军德川家康，从此进入幕府统治阶层，历仕家康、秀忠、家光、家纲四代将军，协助家康用幕府制和朱子学整顿了日本的政治机构和意识形态，也制约和反对除朱子学以外的一切异学和私学。

其三，东南亚的朱子学。南宋末年朱子学开始传入越南。越南陈朝于 1225 年建立，陈太宗开始实行科举制度，重修最高儒学教育机构国子监，立国学院，并塑孔子、周公、亚圣，画七十二贤像奉事，又诏天下儒士诣国学院，讲四书、六经。朱子学一传入越南就受到官方重视，当时的陈朝还直接效仿中国以朱子《四书集注》为科举取士的官方教材。在后来黎、阮两个朝代中，统治阶级更是大力褒扬朱子学。他们把朱子学视为正统的国家哲学，作为其建国治民的指导思想。黎朝统治者从实用和功利的传播要旨出发，特别重视理学的道德实践性，积极推行以儒家伦理观念和道德规范为主要内容的社会教化活动，使儒家思想普及民间，渗透到社会的各个角落。

朱子学自南宋末传入越南后，就对越南社会产生了极为深刻的影响。渗透和支配越南社会意识形态的各个领域，影响到社会生活的各个方面，成为越南民众价值体系的核心。如现存的越南国史《大越史记全书》，就明显受到朱熹撰著的《资治通鉴纲目》史学思想的影响。从吴士连（1428—1489）对《全书凡例》所做的说明，以及范公著在《本纪续凡例》中所立的纪年原则，都可以看到其受到朱熹《纲目》思想的影响。朱熹"三纲五常"的伦理道德思想渗透到了越南人的思想行为中，成为他们行动的指南。

其四，欧洲的朱子学。欧洲人从 16 世纪开始知道朱熹，其影响主要在知识界。17—18 世纪，朱子学在法国引起了强烈的反响，当时的孟德斯鸠、伏尔泰等许多启蒙思想家都曾研究过朱子学，并从中吸取营养。而朱子学对 18 世纪德国哲学家的影响则更为突出，德国著名的哲学家、自然科学家莱布尼茨在朱子学的基础上，提出了著名的"唯理论"学说，并发表了关于"道"的《单子论》，从而开创了德国古典思辨哲学，同时为现代数理逻辑和计算机科学的形成和发展奠定了最初的理论。康德、叔本华也同样深受朱熹思想的熏陶，尤其是康德，他在《宇宙发展概论》中提出的天体起源假说，与朱熹的宇宙哲学中的"阴阳二气的宇宙演化论"的观点十分相似，称朱熹为"歌尼斯堡的伟大的中国人"。1634—1742 年，欧洲发生了一场关于中国礼仪的争论，从而使欧洲学者对朱子学进行更深入的研究，为朱子学西传提供了大好机会。

1500 年开始，中国与欧洲不再满足于间接的物质交流，思想文化层面也开始出现直接的对话，出现了"西学东渐"与"中学西传"。儒学在这个时候进入欧洲。最早引进儒学的是意大利传教士利玛窦。他将朱子学（宋明理学）与原始儒学（孔子儒学）相区别作为两种思想，既对原始儒学与基督教真理相符合的一面予以肯定，又着重对朱子学进行批判，其中最着力的是其本体论的思想。利玛窦把"太极"从原始儒学中剥离开来，提出"古圣何隐其说乎"的疑问，指出"太极"或"理"并不具有本体的属性。其目的是试图导向"上帝是世界万物唯一的创造者和主宰者"这一基督教教理。

1634—1742 年，传教士在中国的礼仪之争传入欧洲之后，程朱学派的基本概念"理"成为欧洲宗教界、学术界争论最为关注的词义之一。龙华民是"译名之争"的发起者，他注意到朱熹理学融会了佛家、道家的重要思想，认为理与道其实含义相同，并提出以理学主张理气统一为依据，得出理是物质的或依附于物质的属性的结论。

马勒伯朗士在《有关神的存在与性质的对话》中虚拟了一位"中国哲学家"作为朱熹理学的代言人和一位"基督教哲学家"作为自己的化身，让他们围绕理的问题展开论述，从而批判了理学家们将理同气联系起来，看作本质与现象的关系。马勒伯朗士认为"理"之存在于自身，不仅不以物质为转移，而且也不以最高级的理解力为转移，其实是按照神的模样来改造理。

提出"单子论"的莱布尼兹也是对中西文化进行比较研究的先驱者。与马勒伯朗士不同，他认为中西方文化各有所长。他提出"中国人将他们经过长期观察而获得的自然界的奥秘传授给我们"。"在几乎是对等的较量中，我们时而超过他们，他们时而超过我们"。并撰写《论中国人的自然神学》，此文以"理"的讨论为出发点，指出："理是万物的第一推动者，认为理是纯被动的生硬，毫无人情与物质一样的观点是错误的。"并逐条对前人的错误理解进行批驳。

其五，美国的朱子学。美国到 18 世纪才由来华传教士传入朱子学，但 20 世纪以来，美国对朱子学的研究却出现了热潮，其不仅而且大力投入研究包括朱子学在内的中国学的资金，还出现了不少研究朱子学的专家及其著作。美国大多数学者对朱子学持肯定态度，他们认为美国的民主政治也间接地受到朱子学的影响，今后还要继续加以研究。

与欧洲相比，二战以前美国对中国哲学的研究基础相对薄弱，二战以后，海外中国学中心才从欧洲转移到美国，而这个时期的研究，大多数限于先秦时期。1936 年《哈佛亚洲通讯》发表《朱熹的知识论》，这是有资料显示的最早的美国关于朱熹研究的论文。作者霍金着重比较了朱熹同斯宾诺莎、柏格森两人之异同。这篇论文的发表标志着美国哲学家开始注意朱子及其学说。经过很长一段时间都是中国经典译介阶段，朱子学作为一个参照物进入了美国中国学研究领域，目的不在朱熹，而在于西方哲学思想的阐述。20 世纪 50—80 年代，随着学术界越来越多地关注宋明理学，对朱子学的研究也越来越多。

70 年代末新儒学运动在北美大陆展开。其目的是，以承续中国文化为己任，力图恢复儒学传统的本体和主导地位，重建宋明理学的"伦理精神象征"，并以此为基础来吸纳、融合、汇通西学，建构起一种"继往开来""中体西用"式的思想体系，以谋求中国文化和中国社会的现实出路。由此美国朱子学的研究开始日益兴盛。80 年代以后，美国学术界出版了多部中国哲学总论性的著作，包括百科全书和哲学史著作。

陈荣捷对朱子学在美国的传播有着重要贡献，他从 20 世纪 60 年代起就专注于研究朱熹，共发表中英文的相关论著百万余字，如《朱子新探索》《朱子门人》《朱学论集》《近思录详注集评》等。而且所有的学术活动都与朱熹有关，1982 年推动和主持了夏威夷朱熹国际会议，这是世界范围内第一次专门讨论朱熹的国际会议，共有来自各国 80 多名朱熹研究专家参加。陈荣捷对朱熹相关的众多问题的见解，如朱熹的道统思想的哲学性、朱熹与程颐的学术关系、朱熹的生活、朱熹对宋明儒学发展的影响等，使他成为中国大陆之外的朱熹研究权威。

哥伦比亚大学狄百瑞对于开创"从儒家人格及思想的内容去考量朱子学"的道路起到相当大的作用，被视为美国中国学领域"内在进路"的引导者。狄百瑞对朱熹的研究有其独特的一面。和陈荣捷一样，他坚守朱熹的正统地位，他研究朱熹教育思想、道统概念等。

朱熹文选

朱熹　著　　吴冬梅　注释

一、朱熹哲学思想

问"人生而静以上不容说[1]一段"。曰："'人生而静以上',即是人物未生时。人物未生时,只可谓之理,说性未得,此所谓'在天曰命'也。'才说性时,便已不是性'者,言才谓之性,便是人生以后,此理已堕在形气之中,不全是性之本体矣,故曰'便已不是性也',此所谓'在人曰性'也。大抵人有此形气,则是此理始具于形气之中,而谓之性。才是说性,便已涉乎有生而兼乎气质,不得为性之本体也。然性之本体,亦未尝杂。要人就此上面见得其本体元未尝离,亦未尝杂耳。'凡人说性,只是说继之者善也'者,言性不可形容,而善言性者,不过即其发见之端而言之,而性之理固可默识矣,如孟子言'性善'与'四端'是也。"(《朱子语类》卷九十五)

注释:

[1] 人生而静以上不容说:此为二程语,见《河南程氏遗书》卷一。

又谓枯槁之物[1]只有气质之性而无本然之性,此语尤可笑。若果如此,则是物只有一性,而人却有两性矣。此语非常丑差,盖由不知气质之性只是此性堕在气质之中,故随气质而自为一性,正周子所谓各一其性者。向使元无本然之性,则此气质之性又从何处得来耶?况亦非独周、程、张子之言为然,如孔子言成之者性,又言各正性命,何尝分别某物是有性底,某物是无性底?孟子言山之性、水之性,山水何尝有知觉耶?若于此看得通透,即知天下无无性之物,除是无物,方无此性。若有此物,即如来喻木烧为灰、人阴为土,亦有此灰土之气。既有灰土之气,即有灰土之性,安得谓枯槁无性也?(《朱文公文集》卷五十八)

注释:

[1] 枯槁之物:指没有生命的物体。"枯槁"语出《老子》,《老子》第七十六章曰:"万物草木生之柔脆,其死枯槁。"

太极动而生阳，动极而静；静而生阴，静极复动。一动一静，互为其根，分阴分阳，两仪立焉。（太极之有动静，是天命之流行也，所谓"一阴一阳之谓道"。诚者，圣人之本，物之终始，而命之道也。其动也，诚之通也，继之者善，万物之所资以始也。其静也，诚之复也，成之者性，万物各正其性命也。）（《太极图说解》）

"诸公且试看天地之间别有甚事？只是阴与阳两个字，看是甚么物事都离不得。只就身体上，才开眼，不是阴，便是阳，密拶拶[1]在这里，都不著得别物事。不是仁，便是义；不是刚，便是柔。只自家要做向前，便是阳；才收退，便是阴。意思才动便是阳，才静便是阴。未消别看，只是一动一静便是阴阳。伏羲只因此画卦以示人。若只就一阴一阳，又不足以该众理，於是错综为六十四卦，三百八十四爻。初只是许多卦爻，后来圣人又系许多辞在下。如他书则元有这事，方说出这个道理。易则未曾有此事，先假讬都说在这里。如书便有个尧、舜，有个禹、汤、文、武、周公，出来做许多事，便说许多事。今易则元未曾有。圣人预先说出，待人占考，大事小事无一能外於此。圣人大抵多是垂戒。"又云："虽是一阴一阳，易中之辞大抵阳吉而阴凶，间亦有阳凶而阴吉者，何故？盖有当为，有不当为。若当为而不为，不当为而为之，虽阳亦凶。"又云："圣人因卦爻以垂戒，多是利於正，未有不正而利者。如云'夕惕若厉，无咎。'若占得这爻，必是朝兢夕惕，戒谨恐惧，可以无咎。若自家不曾如此，便自有咎。"又云："'直方大，不习无不利。'若占得这爻，须是将自身己体看：是直、是方、是大，去做某事必得其利；若自家未是直，不曾方，不曾大，则无所往而得其利，此是本爻辞如此。到孔子又自添说了，如云：'敬以直内，义以方外。'本来只是卜筮，圣人为之辞以晓人，便说许多道理在上。今学易非必待遇事而占方有所戒，只平居玩味，看他所说道理，於自家所处地位合是如何。故云'居则观其象而玩其辞，动则观其变而玩其占。'孔子所谓'学易'，正是平日常常学之。想见圣人之所谓读，异乎人之所谓读。想见胸中洞然於易之理，无纤毫蔽处，故云'可以无大过'。"又曰："圣人系许多辞，包尽天下之理。止缘万事不离乎阴阳，故因阴阳中而推说万事之理。今要占考，虽小小事都有。如占得'不利有攸往'，便是不可出路；'利涉大川'，便是可以乘舟。此类不一。"贺孙问："乾卦文言，圣人所以重叠四截说，在此见圣人学易，只管体出许多意思，又恐人晓不得，故说以示教。"曰："大意只管怕人晓不得，故重叠说在这里，大抵多一般，如云'阳在下也'，又云'下也'。"贺孙问："圣人所以因阴阳说出许多道理，而所说之理皆不离乎阴阳者，盖缘所以为阴阳者，元本於实然之理。"曰："阴阳是气，才有此理，便有此气；才有此气，便有此理。天下万物万化，何者不出于此理？何者不出于阴阳？"贺孙问："此程先生所以说道'天下无性外之物。'"曰："如云'天地间只是个感应。'又如云'诚者，物之终始，不诚无物。'"（《朱子语类》卷六十五）

注释：

[1] 密拶拶（mì zā zā）：犹言密匝匝。

剡伯问格物、致知。曰："格物，是物物上穷其至理；致知，是吾心无所不知。格物是零细说，致知是全体说。"（《朱子语类》卷十五）

注释：

[1] 格物：意为探究事物的道理，纠正人的行为，"格"，穷究之意。《礼记·大学》："致知在格物，物格而后知至"。格物致知，是中国古代儒家思想的一个重要概念，乃儒家专门研究"物之理"的学科，后失传。格物为儒家认识论方法论的重要问题，三纲八目中"八目"之基石。在认识论上，朱熹用《大学》"致知在格物"的命题，探讨认识领域中的理论问题。在认识来源问题上，朱熹既讲人生而有知的先验论，也不否认见闻之知。强调穷理离不得格物，即物才能穷理。

知、行常相须，如目无足不行，足无目不见。论先后，知为先；论轻重，

行为重。（《朱子语类》卷九）

苏宜又问："《常棣》诗，一章言兄弟之大略，二章言其死亡相收，三章言其患难相救，四章言不幸而兄弟有阋，犹能外御其侮，一节轻一节，而其所以着夫兄弟之义者愈重。到得丧乱既平，便谓兄弟不如友生，其'于所厚者薄'如此，则亦不足道也。六章、七章，就他逸乐时良心发处指出，谓酒食备而兄弟有不具，则无以共其乐；妻子合而兄弟有不翕，则无以久其乐。盖居患难，则人情不期而相亲，故天理常易复；处逸乐，则多为物欲所转移，故天理常隐而难寻。所以诗之卒章有'是究是图，亶其然乎'之句。反复玩味，真能使人孝友之心油然而生也。"曰："所谓'生于忧患，死于安乐'。那二章，正是遏人欲而存天理[1]，须是恁地看。"（《朱子语类》卷八十一）

注释：

[1]朱熹从心性说出发，探讨了天理人欲问题。以为人心有私欲，所以危殆；道心是天理，所以精微。

"天理人欲分数有多少。天理本多，人欲便也是天理里面做出来。虽是人欲，人欲中自有天理[1]。"问："莫是本来全是天理否？"曰："人生都是天理，人欲却是后来没巴鼻生底。"（《朱子语类》卷十三）

注释：

[1]承认人们正当的物质生活的欲望，提出反对佛教笼统地倡导无欲，只是反对超过基本需求的欲望。

宇宙之间，一理而已，天得之而为天，地得之而为地，而凡生于天地之间者，又各得之以为性。其张之为三纲，其纪之为五常，盖皆此理之流行，无所适而不在。若其消息盈虚，循环不已，则自未始有物之前，以至人消物尽之后，终则复始，始复有终，又未尝有顷刻之或停也。儒者于此既有以得于心之本然矣，则其内外精粗自不容有纤毫之间，而其所以修己治人、垂世立教者，亦不容其有纤毫造作轻重之私焉。是以因其自然之理，而成自然之功，则有以参天地、赞化育，而幽明巨细无一物之遗也。（《朱文公文集》卷七十）

郑仲履云："吴仲方疑太极说'动极而静，静极复动'之说，大意谓动则俱动，静则俱静。"曰："他都是胡说。"仲履云："太极便是人心之至理。"曰："事事物物皆有个极，是道理之极至。"蒋元进曰："如君之仁，臣之敬，便是极。"曰："此是一事一物之极。总天地万物之理，便是太极。太极本无此名，只是个表德。"（《朱子语类》卷九十四）

"天下未有无理之气，亦未有无气之理。"气以成形，而理亦赋焉。（《朱子语类》卷一）

问："如何谓之性？"曰："天命之谓性。"又问："天之所命者，果何物也？"曰："仁义礼智信。"又问："太极图何为列五者于阴阳之下？"曰："五常是理，阴阳是气。有理而无气，则理无所立[1]；有气而后理方有所立，故五行次阴阳。"又问："如此，则是有七？"曰："义智属阴，仁礼属阳。"按：太极图列金木水火土于阴阳之下，非列仁义礼智信于阴阳之下也。以气言之，曰阴阳五行；以理言之，曰健顺五行之性。此问似欠分别。（《朱子语类》卷九十四）

注释：

[1]"理"寓于事物之中，把"气"当作"理"的安顿处，立足处，认为具体规律不能脱离具体事物。

或问："必有是理，然后有是气，如何？"曰："此本无先后之可言。然必欲推其所从来，则须说先有是理。然理又非别为一物，即存乎是气之中；无是气，则是理亦无挂搭处。气则为金木水火，理则为仁义礼智。"或问"理在先，气在后"。曰："理与气本无先后之可言。但推上去时，却如理在先，气在后相似。"又问："理在气中发见处如何？"曰："如阴阳五行错综不失条绪，便是理。若气不结聚时，理亦无所附着。故康节云：'性者，道之形体；心者，性之郭郭；身者，心之区宇；物者，身之舟车。'"问道之体用。曰："假如耳便是体，听便是用；目是体，见是用。"（《朱子语类》卷一）

问："太极不是未有天地之先有个浑成之物，是天地万物之理总名否？"曰："太极只是天地万物之理。在天地言，则天地中有太极；在万物言，则万物中各有太极。未有天地之先，毕竟是先有此理。动而生阳，亦只是理；静而生阴，亦只是理。"问："太极解何以先动而后静，先用而后体，先感而后寂？"曰："在阴阳言，则用在阳而体在阴，然动静无端，阴阳无始，不可分先后。今只就起处言之，毕竟动前又是静，用前又是体，感前又是寂，阳前又是阴，而寂前又是感，静前又是动，将何者为先后？不可只道今日动便为始，而昨日静更不说也。如鼻息，言呼吸则辞顺，不可道吸呼。毕竟呼前又是吸，吸前又是呼。"（《朱子语类》卷一）

问："昨谓未有天地之先，毕竟是先有理，如何？"曰："未有天地之先，毕竟也只是理。有此理，便有此天地；若无此理，便亦无天地，无人无物，都无该载[1]了。有理，便有气流行，发育万物。"曰："发育是理发育之否？"曰："有此理，便有此气流行发育。理无形体。"曰："所谓体者，是强名否？"曰："是。"曰："理无极，气有极否？"曰："论其极，将那处做极？"（《朱子语类》卷一）

注释：

[1] 该载：备载；容纳一切。

问理与气。曰："有是理便有是气，但理是本[1]，而今且从理上说气。如云：'太极动而生阳，动极而静，静而生阴。'不成动已前便无静。程子曰：'动静无端。'盖此亦是且自那动处说起。若论着动以前又有静，静以前又有动，如云：'一阴一阳之谓道，继之者善也。'这'继'字便是动之端。若只一开一阖而无继，便是阖杀了。"又问："继是动静之间否？"曰："是静之终，动之始也。且如四时，到得冬月，万物都归窠了；若不生，来年便都息了。盖是贞复生元，无穷如此。"又问："元亨利贞是备个动静阴阳之理，而易只是乾有之？"曰："若论文王易，本是作'大亨利贞'，只作两字说。孔子见这四字好，便挑开说了。所以某尝说易难看，便是如此。伏羲自是伏羲易，文王自是文王易，孔子因文王底说，又却出入乎其间也。"又问："有是理而后有是气。未有人时，此理何在？"曰："也只在这里。如一海水，或取得一杓，或取得一担，或取得一碗，都是这海水。但是他为主，我为客；他较长久，我得之不久耳。"（《朱子语类》卷一）

注释：

［1］本：根本。理是本体，可以派生出二气五行万物，而万物又复归于理。

天地之间，有理有气[1]。理也者，形而上[2]之道也，生物之本[3]也；气也者，形而下[4]之器[5]也，生物之具[6]也。是以人物之生，必禀此理然后有性，必禀此气然后有形。其性其形虽不外乎一身，然其道器之间分际甚明，不可乱也。若刘康公所谓天地之中所谓命者，理也，非气也。所谓人受以生，所谓动作威仪之则者，性也，非形也。今不审此，而以魂魄鬼神解之，则是指气为理而索性于形矣，岂不误哉！所引礼运之言，本亦自有分别。其曰天地之德者，理也；其曰阴阳之交、鬼神之会者，气也。今乃一之，亦不审之误也。诗曰"天生蒸民，有物有则。"周子曰："无极之真，二五之精，妙合而凝。"所谓真者，理也；所谓精者，气也；所谓则者，性也；所谓物者，形也。上下千有余年之间，言者非一人、记者非一笔，而其说之同如合符契，非能牵联配合而强使之齐也。此义理之原，学者不可不察。（《朱文公文集》卷五十八）

注释：

［1］气："气"是形成万物的具体材料。

［2］形而上：指比较抽象的规律（包含做人做事的原则）。

［3］本：本源；根源。

附录　朱熹文选

169

［4］形而下：指具体的器物（可以拓展到感性的事物）。

［5］器：器物。

［6］具：道理；方法。

道夫言："向者先生教思量天地有心无心。近思之，窃谓天地无心，仁便是天地之心。若使其有心，必有思虑，有营为。天地曷尝有思虑来！然其所以'四时行，百物生'者，盖以其合当如此便如此，不待思维，此所以为天地之道。"曰："如此，则易所谓'复其见天地之心'，'正大而天地之情可见'，又如何？如公所说，只说得他无心处尔。若果无心，则须牛生出马，桃树上发李花，他又却自定。程子曰：'以主宰谓之帝，以性情谓之乾。'他这名义自定，心便是他个主宰处，所以谓天地以生物为心。中间钦夫以为某不合如此说。某谓天地别无勾当，只是以生物为心。一元之气，运转流通，略无停间，只是生出许多万物而已。"问："程子谓：'天地无心而成化，圣人有心而无为。'"曰："这是说天地无心处。且如'四时行，百物生'，天地何所容心？至于圣人，则顺理而已，复何为哉！所以明道云：'天地之常，以其心普万物而无心；圣人之常，以其情顺万事而无情。'说得最好。"问："普万物，莫是以心周遍而无私否？"曰："天地以此心普及万物，人得之遂为人之心，物得之遂为物之心，草木禽兽接着遂为草木禽兽之心，只是一个天地之心尔。今须要知得他有心处，又要见得他无心处，只恁定说不得。"（《朱子语类》卷一）

夫易，变易也，兼指一动一静、已发未发而言之也。太极者，性情之妙也，乃一动一静、未发已发之理也。故曰：易有太极，言即其动静阖辟而皆有是理也。若以易字专指已发为言，是又以心为已发之说也。此固未当，程先生言之明矣，不审尊义以为如何？（《朱文公文集》卷四十二）

盖合而言之，万物统体一太极也；分而言之，一物各具一太极也。（《太极图说解》）

性是实理，仁义礼智皆具。（《朱子语类》卷五）

注释：

[1]性：人的本性；生性。朱熹还把理推及人类社会历史，认为人的本然之性为理，内容是仁义礼智。

涵养[1]须用敬，进学则在致知。（《近思录》卷二）

注释：

[1]涵养：道德修养。

盖天地之间，只有动静两端，循环不已，更无余事，此之谓易。而其动其静，则必有所以动静之理焉，是则所谓太极者也。（《朱文公文集》卷四十五）

一心具万理。能存心，而后可以穷理。（《朱子语类》卷九）

心包万理，万理具于一心。不能存得心，不能穷得理；不能穷得理，不能尽得心。（《朱子语类》卷九）

性便是心之所有之理，心便是理之所会[1]之地（《朱子语类》卷五）

注释：

[1]会：会合；聚集。

或问先有理后有气之说。曰："不消如此说。而今知得他合下[1]是先有理，后有气邪？后有理，先有气邪？皆不可得而推究。然以意度之，则疑此气是依傍这理行，及此气之聚，则理亦在焉。盖气则能凝结造作，理却无情意，无计度[2]，无造作[3]。只此气凝聚处，理便在其中。且如天地间人物草木禽兽，其生也莫不有种，定不会无种子白地生出一个物事，这个都是气。若理，

则只是个净洁空阔底世界，无形迹，他却不会造作；气则能酝酿凝聚生物也。但有此气，则理便在其中。"（《朱子语类》卷一）

注释：

［1］合下：当初；原先。

［2］计度：谋划。

［3］造作：做作。

问："'太极动而生阳'，是有这动之理，便能动而生阳否？"曰："有这动之理，便能动而生阳；有这静之理，便能静而生阴。既动，则理又在动之中；既静，则理又在静之中。"曰："动静是气也，有此理为气之主，气便能如此否？"曰："是也。既有理，便有气；既有气，则理又在乎气之中。周子谓：'五殊二实，二本则一。一实万分，万一各正，小大有定。'自下推而上去，五行只是二气，二气又只是一理。自上推而下来，只是此一个理，万物分之以为体，万物之中又各具一理。所谓'乾道变化，各正性命'，然总又只是一个理。此理处处皆浑沦，如一粒粟生为苗，苗便生花，花便结实，又成粟，还复本形。一穗有百粒，每粒个个完全；又将这百粒去种，又各成百粒。生生只管不已，初间只是这一粒分去。物物各有理，总只是一个理。"曰："鸢飞鱼跃，皆理之流行发见处否？"曰："固是。然此段更须将前后文通看。"（《朱子语类》卷九十四）

问："有是理便有是气，似不可分先后？"曰："要之，也先有理。只不可说是今日有是理，明日却有是气，也须有先后。且如万一山河大地都陷了，毕竟理却只在这里。"（《朱子语类》卷一）

问："先有理，抑先有气？"曰："理未尝离乎气。然理形而上者，气形而下者。自形而上下言，岂无先后。理无形，气便粗，有渣滓。"（《朱

子语类》卷一）

　　问："'立天之道曰阴阳。'道，理也。阴阳，气也。何故以阴阳为道？"曰："'形而上者谓之道，形而下者谓之器'，明道以为须着如此说。然器亦道，道亦器也。道未尝离乎器，道亦只是器之理。如这交椅是器，可坐便是交椅之理；如这人身是器，语言动作便是人之理。理只在器上，理与器未尝相离，所以一阴一阳之谓道。"曰："何谓一？"曰："一如'一阖一辟谓之变'。只是一阴了，又一阳，此便是道。寒了又暑，暑了又寒，这道理只循环不已。'维天之命，于穆不已'，万古只如此。"（《朱子语类》卷七十七）

　　形而上者，无形无影是此理；形而下者，有情有状是此器。然有此器则有此理，有此理则有此器，未尝相离，却不是于形器之外别有所谓理。亘古亘今，万事万物皆只是这个，所以说"但得道在，不系今与后，己与人。"（《朱子语类》卷九十五）

　　天地间只是一个道理。性便是理。人之所以有善有不善，只缘气质之禀各有清浊。（《朱子话类》卷四）

　　或问："喜怒哀乐之未发谓之中，发而皆中节谓之和。中也者，天下之大本也；和也者，天下之达道也。致中和，天地位焉，万物育焉。"何也？曰：此推本天命之性，以明由教而入者，其始之所发端，终之所至极，皆不外于吾心也。盖天命之性，万理具焉，喜怒哀乐，各有攸当[1]。方其未发，浑然在中，无所偏倚[2]，故谓之中[3]；及其发而皆得其当，无所乖戾，故谓之和。谓之中者，所以状性之德，道之体也，以其天地万物之理，无所不该，故曰天下之大本。谓之和者，所以着情之正，道之用也，以其古今人物之所共由，故曰天下之达道。盖天命之性，纯粹至善，而具于人心者，其体用之全，本皆如此，不以圣愚而有加损也。然静而不知所以存之，则天理昧而大本有所不立矣；动而不知所以节之，则人欲肆而达道有所不行矣。惟君子自其不睹不闻之前，而所以戒谨恐惧者，愈严愈敬，以至于无一毫之偏倚，而守之常不失焉，则为有以致其中，而大本之立，日以益固矣；尤于隐微幽独之际，而所以谨其善恶之几者，愈精愈密，以至于无一毫之差谬，而行之每不违焉，则为有以致其和，而达道之行，日以益广矣。致者，用力推致而极其至之谓。致焉而极其至，至于静而无一息之不中，则吾心正而天地之心亦正，故阴阳动静各止其所，而天地于此乎位矣；动而无一事之不和，则吾气顺，而天地之气亦顺，故充塞无间，骊欣交通，而万物于此乎育矣。此万化之本原，一心之妙用，圣神之能事，学问之极功，固有非始学所当议者。然射者之的，行者之归，亦学者立志之初所当知也。故此章虽为一篇开卷之首，然子思之言，亦必至此而后已焉，其指深矣！（《中庸或问》）

注释：

[1] 各有攸当：即各有所当，各有各的见解和独到之处。

[2] 偏倚：有所偏重或偏向。

[3] 中：适度。

动而生阳，静而生阴。动即太极之动，静即太极之静。动而后生阳，静而后生阴，生此阴阳之气。谓之"动而生"，"静而生"，则有渐次也。"一动一静，互为其根"，动而静，静而动，辟阖往来，更无休息。（《朱子语类》卷九十四）

或问"理一分殊"。曰："圣人未尝言理一，多只言分殊。盖能于分殊中事事物物、头头项项，理会得其当然，然后方知理本一贯。不知万殊[1]各有一理，而徒言理一，不知理一在何处。圣人千言万语教人，学者终身从事，只是理会这个。要得事事物物、头头件件，各知其所当然；而得其所当然，只此便是理一矣。如颜子颖悟，'闻一知十'，固不甚费力。曾子之鲁，逐件逐事一一根究着落到底。孔子见他用功如此，故告以'吾道一以贯之'。若曾子元不曾理会得万殊之理，则所谓一贯者，贯个什么！盖曾子知万事各有一理,而未知万理本乎一理,故圣人指以语之。曾子是以言下有得,发出'忠恕'二字,太煞分明。且如'礼仪三百,威仪三千',是许多事,要理会做甚么?如曾子问一篇问礼之曲折如此,便是理会得川流处,方见得敦化处耳。孔子于乡党,从容乎此者也;学者戒慎恐惧而谨独,所以存省乎此者也。格物者,穷究乎此者也;致知者,真知乎此者也。能如此着实用功,即如此着实到那田地,而理一之理,自森然其中,一一皆实,不虚头说矣。"(《朱子语类》卷二十七)

注释:

[1]万殊:各不相同。亦指各种不同的现象、事物。

自天地言之,其中固自有分别;自万殊观之,其中亦自有分别。不可认是一理了,只滚做一看,这里各自有等级差别。且如人之一家,自有等级之别。所以乾则称父,坤则称母,不可弃了自家父母,却把乾坤[1]做自家父母看。且如"民吾同胞[2]",于自家兄弟同胞,又自别。(《朱子语类》卷九十八)

注释:

[1]乾坤:天地。

[2]民吾同胞:百姓是我的同胞。

殊不知物必格而后明,伦必察而后尽。格物只是穷理,物格即是理明。乃大学工夫之始。潜玩积累,各有浅深,非有顿悟险绝处也。近世儒者语此,似亦太高矣。(《朱文公文集》卷三十)

"格物"二字最好。物,谓事物也。须穷极事物之理到尽处,便有一个是,一个非。是底便行,非底便不行。凡自家身心上,皆须体验一个是非。若讲论文字,应接事物,各各体验,渐渐推广,地步自然宽阔。如曾子三省,只管如此体验去。(《朱子语类》卷十五)

大学所以说格物，却不说穷理。盖说穷理，则似悬空无捉摸[1]处；只说格物，则只就那形而下之器上便寻那形而上之道，便见得这个元不相离，所以只说格物。（《朱子语类》卷六十二）

注释：

[1]捉摸：摸索；揣测。

格物，须是从切己处理会去。待自家者已定叠[1]，然后渐渐推去，这便是能格物。（《朱子语类》卷十五）

注释：

[1]定叠：定当；安定。

故大学之道必以格物致知为先，而于天下之理、天下之书，无不博学审问谨思明辨，以求造其义理之极，然后因吾日用之间，常行之道省察践履、笃志力行，而所谓孝悌之至，通于神明，忠恕一以贯之者，乃可言耳。盖其所谓孝悌忠恕，虽只是此一事，然须见得天下义理表里通透，此则孝悌忠恕方是活物；如其不然，便只是个死底孝悌忠恕。虽能持守终身，不致失堕，亦不免为乡曲之常人、妇女之检押而已，何足道哉。（《朱文公文集》卷六十）

穷理之学，诚不可以顿进[1]，然必穷之以渐。俟[2]其积累之多，而廓然[3]贯通，乃为识大体耳。今以穷理之学不可顿进，而欲先识夫大体，则未知所谓大体者果何物耶？（《朱文公文集》卷四十九）

注释：

[1]顿进：急成；顿然长进。

[2]俟：等待。

[3]廓然：形容空旷寂静的样子。

问：忠信进德之事，固可勉强。然致知甚难。伊川先生曰：学者固当勉强，必须是知了方行得。若不知，只是觑[1]却尧，学他行事，无尧许多聪明睿智，怎生得如他动容周旋中礼？如子所言，是笃信而固守之，非固有之也。未致知，便欲意诚，是躐等[2]也。勉强行者，安能持久？除非烛[3]理明，自然乐循理。性本善，循理而行，是顺理事，本亦不难，但为人不知，旋安排着，便道难也。知有多少般数，煞有深浅。学者须是真知，才知得是，便泰然行将去也。某年二十时，解释经义与今无异，然思今日，觉得意味与少时自别。

凡一物上有一物之理，须是穷致其理。穷理亦多端，或读书讲明义理；或论古今人物，别其是非；或应事接物，而处其当。皆穷理也。或问：格物须物物格之，还只格一物而万理皆知？曰：怎得便会贯通？若只格一物便会通众理，虽颜子亦不敢如此道。须是今日格一件，明日格一件，积习既多，然后脱然[4]自有贯通处。（《近思录》卷三）

注释：

［1］觑 qù：看，偷看，窥探。

［2］躐等：逾越等级；不按次序。

［3］烛：洞悉。

［4］脱然：超越寻常貌。

熹天资驽钝[1]，自幼记问言语不能及人。以先君子之余诲，颇知有意于为己之学[2]，而未得其处，盖出入于释老[3]者十余年。近岁以来，获亲有道，始知所向之大方。竟以才质不敏，知识未离乎章句之间。虽时若有会于心，然反而求之，殊未有以自信。其所以奉亲事长、居室延交者，盖欲寡其过而未能也。日者误蒙收召，草野之臣，其义不敢固辞。造朝之际，无以待问，辄以所闻于师友者一二陈之。岂胸中诚有是道以进之吾君哉，特欲发其大端，冀万一有助焉耳。不谓流传，复误长者之听。伏读诲谕，惭负不知所言，然厚意不可虚辱，敢因所示文编，其间有不能无疑者，略抒其愚，以请于左右，伏惟幸复垂教焉。

熹尝谓天命之性流行发用，见于日用之间，无一息之不然，无一物之不体，其大端全体，即所谓仁。而于其间物物莫不有自然之分，如方维上下定位不易，毫厘[4]之间不可差缪，即所谓义。立人之道不过二者，而二者则初未相离也。是以学者求仁精义，亦未尝不相为用。其求仁也，克去己私以复天理，初不外乎日用之间。其精义也，辨是非、别可否，亦不离乎一念之际。盖无适而非天理人心体用之实，未可以差殊观也。（《朱文公文集》卷三十八）

注释：

［1］驽钝：亦作"驽顿"，平庸低下。

［2］为己之学：意思是使自己道德完善、成人成圣的学问，指儒学。语出《论语·宪问》，《宪问》篇曰："古之学者为己，今之学者为人。"

［3］释老：释迦牟尼和老子的并称。亦指佛教和道教。

［4］毫厘：两个很小的计量单位，极言数量之小。

问："伊川曰：'仁是性也。'仁便是性否？"曰："'仁，性也。''仁，人心也。'皆如所谓'乾卦'相似。卦自有乾坤之类，性与心便有仁义礼智，却不是把性与心便作仁看。性，其理；情，其用。心者，兼性情而言。兼性情而言者，包括乎性情也。孝弟者，性之用也。恻隐、羞恶、辞逊、是非，皆情也。"（《朱子语类》卷二十）。

问"心统性情"。曰："性者，理也。性是体，情是用。性情皆出于心，故心能统之。统，如统兵之统，言有以主之也。且如仁义礼智是性也，孟子曰：'仁义礼智根于心。'恻隐、羞恶、辞逊、是非，本是情也，孟子曰：'恻隐之心，羞恶之心，辞逊之心，是非之心。'以此言之，则见得心可以统性情。一心之中自有动静，静者性也，动者情也。"（《朱子语类》卷九十八）

性以理言，情乃发用处，心即管摄[1]性情者也。故程子曰"有指体而言者，'寂然不动'是也"，此言性也；"有指用而言者，'感而遂通'是也"，此言情也。（《朱子语类》卷五）

注释：

［1］管摄：管辖统摄。

"喜怒哀乐未发谓之中"，程子云："敬不可谓之中，敬而无失即所以中也，未说到义理涵养处。"大抵未发已发，只是一项工夫，未发固要存养，已发亦要审察。遇事时，时复提起，不可自怠，生放过底心。无时不存养，无事不省察。（《朱子语类》卷六十二）

未发已发，只是一件工夫，无时不涵养，无时不省察耳。谓如水长长地流，到高处又略起伏则个。如恐惧戒慎是长长地做；到慎独是又提起一起。如水然，只是要不辍地做。又如骑马，自家常常提掇，及至遇险处，便加些提控。不成谓是大路，便更都不管他，恁地自去之理！（《朱子语类》卷六十二）

曰：赤子之心，张子[1]、吕氏[2]以为未发，而程子以为已发。夫赤子之心，固不可为未发，然岂不亦有未发之时乎？曰：程子之告吕与叔，固自以前所谓言心皆指已发者为未当矣。夫赤子之心，众人之心，各有未发已发之时，但赤子之心，未有私意人欲之累，故虽其已发而未必中节，要亦未远乎中耳。曰：程子所谓圣人之明镜止水，其所以异于赤子之纯一无伪者，何也？曰：赤子之心，全未有知之，然以其未有私意人欲之累也，则亦纯一无伪而已尔。众人皆有所知，则杂乎私意人欲而失之。圣人则察伦明物，酬酢万变，而私意人欲终无所入于其间，是以若明鉴止水之湛然不动而物无不照也。（《孟子或问》卷八）

注释：

［1］张子：北宋哲学家张载（1020—1077），理学创始人之一，学者称横渠先生。

［2］吕氏：吕大临（1044—1091），字与叔，京兆蓝田人。北宋著名金石学家，与兄吕大忠、吕大防、吕大钧均出身于一个世代书香的官宦之家，

兄弟四人皆登及第，并称"蓝田吕氏四贤"。著有中国最早的古器物图录《考古图》一书，被誉为中国考古学的鼻祖。与游酢、杨时、谢良佐并称程门四先生。

"性是未动，情是已动，心包得已动未动。盖心之未动则为性，已动则为情，所谓'心统性情'也。欲是情发出来底。心如水，性犹水之静，情则水之流，欲则水之波澜，但波澜有好底，有不好底。欲之好底，如'我欲仁'之类；不好底则一向奔驰出去，若波涛翻浪；大段不好底欲则灭却天理，如水之壅决，无所不害。孟子谓情可以为善，是说那情之正，从性中流出来者，元无不好也。"因问："'可欲之谓善'之'欲'，如何？"曰："此不是'情欲'之'欲'，乃是可爱之意。"（《朱子语类》卷五）

"心统性情。"性情皆因心而后见。心是体，发于外谓之用。孟子曰："仁，人心也。"又曰："恻隐之心。"性情上都下个"心"字。"仁，人心也"，是说体；"恻隐之心"，是说用。必有体而后有用，可见"心统性情"之义。（《朱子语类》卷九十八）

曰：然则存心养性，儒者之说，可得闻乎？曰：存心者，气不逐物，而常守其正也。养性者，事必循理，而不害其本然也。以此推之，则儒者异端之辨明矣。曰：然则心之为物，与其尽之之方，奈何？曰：由穷理致知，积累其功，以至于尽心，则心之体用在我，不必先事揣量，着意想象，而别求所以尽之也。（《孟子或问》卷十三）

圣人相传，只是一个字。尧曰"钦明"，舜曰"温恭"[1]。"圣敬日跻"[2]。"君子笃恭而天下平。"（《朱子语类》卷十二）

注释：

[1] 温恭：温和恭敬。

[2] 圣敬日跻（jī）：跻升；登。圣名日渐高隆。

因叹"敬"字工夫之妙，圣学之所以成始成终者，皆由此。故曰："修己以敬。"下面"安人"，"安百姓"，皆由于此。只缘子路问不置，故圣人复以此答之。要之，只是个"修己以敬"，则其事皆了。或曰："自秦、汉以来，诸儒皆不识这敬字，直至程子方说得亲切，学者知所用力。"曰："程子说得如此亲切了，近世程沙随犹非之，以谓圣贤无单独说敬字时，只是敬亲，敬君，敬长，方着个敬字。全不成说话。圣人说"修己以敬"，曰"敬而无失"，曰"圣敬日跻"，何尝不单独说来？若说有君、有亲、有长时用敬，则无君亲、无长之时，将不敬乎？都不思量，只是信口胡说！"（《朱子语类》卷十二）

因说敬。曰："圣人言语。当初未曾关聚。如说出门如见大宾，使民如承大祭等类，皆是敬之目。到程子始关聚说出一个敬来教人，然敬有甚物？只如畏字相似。不是块然兀坐，耳无闻，目无见，全不省事之谓。只收敛身心，整齐纯一，不恁地放纵，便是敬。"（《朱子语类》卷十二）

"敬"之一字，真圣门之纲领，存养之要法。一主乎此，更无内外精粗之间。（《朱子语类》卷十二）

熹哀苦之余，无他外诱，日用之间，痛自敛饬[1]，乃知敬字之功亲切要妙乃如此。而前日不知于此用力，徒以口耳浪费光阴。人欲横流，天理几灭。今而思之，怛然震悚[2]，盖不知所以措其躬也。（《朱文公文集》卷四十三）

注释：

[1] 敛饬：犹整饬。

[2] 怛然震悚：怛（dá）然，惊惧貌。震悚（sǒng），震惊惶恐。

敬非是块然兀坐，耳无所闻，目无所见，心无所思，而后谓之敬。只

是有所畏谨，不敢放纵。如此则身心收敛，如有所畏。常常如此，气象自别。存得此心，乃可以为学。（《朱子语类》卷十二）

敬之问："'正心'章云：'人之心要当不容一物。'"曰："这说便是难。才说不容一物，却又似一向全无相似。只是这许多好乐、恐惧、忿懥、忧患，只要从无处发出，不可先有在心下。看来非独是这几项如此，凡是先安排要恁地便不得。如人立心要恁地严毅把捉，少间只管见这意思，到不消恁地处也恁地，便拘逼了。有人要立心恁地慈祥宽厚，少间只管见这意思，到不消恁地处也恁地，便流入于姑息苟且。如有心于好名，遇着近名底事，便愈好之；如有心于为利，遇着近利底事，便贪欲。"（《朱子语类》卷十六）

人心如一个镜，先未有一个影像，有事物来，方始照见妍丑。若先有一个影像在里，如何照得？人心本是湛然虚明，事物之来，随感而应，自然见得高下轻重。事过便当依前恁地虚，方得。若事未来，先有一个忿懥、好乐、恐惧、忧患之心在这里，及忿懥[1]、好乐、恐惧、忧患之事到来，又以这心相与衮合，便失其正。事了，又只苦留在这里，如何得正？（《朱子语类》卷十六）

注释：

[1]忿懥：亦作忿疐、忿愤。发怒。

诚意，是真实好善恶恶，无夹杂。又曰："意不诚，是私意上错了；心不正，是公道上错了。"又曰："好乐之类，是合有底，只是不可留滞而不消化。无留滞，则此心便虚。"（《朱子语类》卷十六）

敬之问"心有好乐，则不得其正"章，曰："心不可有一毫偏倚。才有一毫偏倚，便是私意，便浸淫不已。私意反大似身己，所以视而不见，听而不闻，食而不知其味。"曰："这下是说心不正不可以修身，与下章'身不修不可以齐家'意同，故云：'莫知其子之恶，莫知其苗之硕。'"视听是就身上说，心不可有一物。外面酬酢万变，都只是随其分限应去，都不关自家心事。才系于物，便为其所动，其所以系于物者有三：或是事未来，自家先有个期待底心。或事已应去了，又常留在胸中，不能忘。或正应事时，意有偏重，便只见得那边重，这都是为物所系缚。既为物所系缚，便有这个物事。到别事来到面前，应之便差了，这如何会得其正。圣人之心，莹然虚明，无纤毫形迹。一看事物之来，若大若小，四方八面，莫不随物随应，此心元不曾有这个物事。且如敬以事君之时，此心极其敬。当时更有亲在面前，也须敬其亲。终不成说敬君只敬君，亲便不须管得。事事都如此。圣人心体广大虚明，物物无遗。"（《朱子语类》卷十六）

问："有事时应事，无事时心如何？"曰："无事时只得无事，有事时也如无事时模样。只要此心常在，所谓'动亦定，静亦定'也。"问："程子言：'未有致知而不在敬者。'"曰："心若走作不定，何缘见得道理？如理会这一件事未了，又要去理会那事，少间都成无理会。须是理会这事了，方好去理会那事，须是主一。"问："思虑难一，如何？"曰："徒然思虑，济得甚事？某谓，若见得道理分晓，自无闲杂思虑。人所以思虑纷扰，只缘未见道理耳。'天下何思何虑'？是无闲思虑也。"问："程子常教人静坐，如何？"曰："亦是他见人要多虑，且教人收拾此心耳。初学亦当如此。"（《朱子语类》卷一百一十五）

心须常令有所主。做一事未了，不要做别事。心广大如天地，虚明如日月。要闲，心却不闲，随物走了。不要闲，心却闲，有所主。（《朱子语类》卷十二）

先生又谓广："见得义理虽稍快，但言动之间，觉得轻率处多。'子曰："仁者其言也訒。"'仁者之言，自不恁地容易。谢氏曰：'视听言动不可易，易则多非礼。'须时时自省觉，自收敛，稍缓纵则失之矣。"翌日广请曰：

"先生昨日言广言动间多轻率,无那'其言也訒'底意思,此深中广之病。盖旧年读书,到适然有感发处,不过赞叹圣言之善耳,都不能玩以养心。自到师席之下,一日见先生泛说义理不是面前物,皆吾心固有者,如道家说存想法,所谓'铅汞龙虎'之属,皆人身内所有之物。又数日因广诵义理又向外去,先生云:'前日说与公,道皆吾心固有,非在外之物。'广不觉怃然有警于心!又一日侍坐,见先生说'如今学者大要在唤醒上',自此方知得做工夫底道理。而今于静坐时,读书玩味时,则此心常在;一与事接,则心便缓散了。所以轻率之病见于言动之间,有不能掩者。今得先生警诲,自此更当于此处加省察收摄之功。然侍教只数日在,更望先生痛加教饬。"先生良久举伊川说曰:"'人心有主则实,无主则虚'。又一说却曰:'有主则虚,无主则实。'公且说看是如何?"广云:"有主则实,谓人具此实然之理,故实;无主则实,谓人心无主,私欲为主,故实。"先生曰:"心虚则理实,心实则理虚。'有主则实',此'实'字是好,盖指理而言也;'无主则实',此'实'字是不好,盖指私欲而言也。以理为主,则此心虚明,一毫私意着不得。譬如一泓清水,有少许砂土便见。"(《朱子语类》卷一百一十三)

学者常用提省此心,使如日之升,则群邪自息。它本自光明广大,自家只着些子力去提省照管它,便了。不要苦着力。着力则反不是。(《朱子语类》卷十二)

问谢子惺惺之说。曰:"惺惺,乃心不昏昧之谓,只此便是敬。今人说敬,却只以整齐严肃言之。此固是敬。然心若昏昧,烛理不明,虽强把捉,岂得为敬。"又问孟子、告子不动心。曰:"孟子是明理合义,告子只是硬把捉。"(《朱子语类》卷十七)

孔子所谓"克己复礼",中庸所谓"致中和""尊德性""道问学",大学所谓"明明德",书曰"人心惟危,道心惟微,惟精惟一,允执厥中"。

圣贤千言万语，只是教人明天理，灭人欲。天理明，自不消讲学。人性本明，如宝珠沉溷[1]水中，明不可见；去了溷水，则宝珠依旧自明。自家若得知是人欲蔽了，便是明处。只是这上便紧紧着力主定，一面格物。今日格一物，明日格一物，正如游兵攻围拨守，人欲自消烁去。所以程先生说敬字，只是谓我自有一个明底物事在这里。把个敬字抵敌，常常存个敬字在这里，则人欲自然来不得。夫子曰："为仁由己，而由人乎哉。"紧要处正在这里。（《朱子语类》卷十二）

注释：

[1] 溷（hùn），本意是指混浊，混乱；也指污秽物，粪便。

所论日用工夫，尤见其为己之意。但心一而已，所谓觉者，亦心也。今以觉求心，以觉用心，纷拿迫切，恐其为病不但揠苗而已。不若日用之间以敬为主而勿忘焉，则自然本心不昧，随物感通，不待致觉而无不觉矣。（《朱文公文集》卷四十五）

或问：知至以后，善恶既判，何由意有未诚处。曰：克己之功，乃是知至以后事。惟圣罔念作狂，惟狂克念作圣。一念才放下，便是失其正。自古无放心底圣贤。然一念之微，所当深谨。才说知至后不用诚意便不是。人心惟危，道心惟微。毫厘间不可不仔细理会。才说太快，便失却此项工夫也。（《朱子语类》卷十五）

问："申申、夭夭[1]，圣人得于天之自然。若学者有心要收束，则入于严厉，有心要舒泰，则入于放肆。惟理义以养其气，养之久，则自然到此否？"曰："亦须稍严肃则可，不然，则无下手处。"又曰："但得身心收敛，则自然和乐。"又曰："不是别有一个和乐，才整肃则自和乐。"（《朱子语类》卷三十四）

皖籍思想家文库·朱熹卷

注释:

[1] 申申夭夭(yāo yāo):《论语》"述而":子之燕居,申申如也,夭夭如也。这里说孔子平常在家里的生活"申申如也",很舒展,不是一天到晚皱起眉头在忧愁,他休养得很好,非常爽朗舒展;"夭夭如也",活泼愉快。达到了圣人"心与理一"的境界。

大抵身心内外,初无间隔。所谓心者固主乎内,而凡视听言动、出处语默之见于外者,亦即此心之用而未尝离也。今于其空虚不用之处则操而存之,于其流行运用之实则弃而不省,此于心之全体虽得其半而失其半矣。然其所得之半,又必待有所安排布置然后能存,故存则有揠苗助长之患,否则有舍而不芸之失。是则其所得之半,又将不足以自存而失之。孰若一主于敬而此心卓然,内外动静之间,无一毫之隙、一息之停哉?(《朱文公文集》卷四十五)

问:"'终身行之,其恕乎!'如何只说恕,不说忠?看得'忠'字尤为紧要。"曰:"分言忠恕,有忠而后恕;独言恕,则忠在其中。若不能恕,则其无忠可知。恕是忠之发处,若无忠,便自做恕不出。"问:"忠恕,看来也是动静底道理。如静是主处,动是用处,不知是否?"曰:"圣人每就用处教人,亦不是先有静而后有动。"问:"看来主静是做工夫处。"曰:"虽说主静,亦不是弃事物以求静。既为人,亦须着事君亲,交朋友,绥妻子,御僮仆。不成捐弃了,闭门静坐,事物来时也不去应接,云:'且待我去静坐,不要应。'又不可只茫茫随他事物中走。二者中须有个商量倒断,始得。这处正要着力做工夫,不可皮肤说过去。"又曰:"动静亦不是截然动,截然静。动时,静便在这里。如人来相问,自家去答他,便是动。才答了,便静。这里既静,到事物来便着去应接。不是静坐时守在这里,到应接时便散乱了去。然动静不出是一个理。知这事当做,便顺理做去,便见动而静底意思,故曰'知止而后有定,定而后能静'。事物之来,若不顺理而应,则虽块然不交于物,心亦不能得静。惟动时能顺理,则无事时始能静;静而能存养,则应接处始得力。须动时做工夫，静时也做工夫。两莫相靠，莫使工夫间断，始得。若无间断，静时固静，动时心亦不动。若无工夫，动时固动，静时虽欲求静，亦不可得而静矣。动静恰似船一般，须随他潮去始得。浪头恁地高，船也随他上；浪头恁地低，船也随他下。动静只是随他去，当静还他静，当动还他动。又如与两人同事相似，这人做得不是，那人便着救他；那人做得不是，这人便着去救他。终不成两人相推，这人做不是，却推说不干我事，是那人做得如此；那人做不是，推说不干我事，是他做得如此，便不是相为底道理。"又曰："所以程子言'未有致知而不在敬者'，又言'涵养当用敬，进学则在致知'。若不能以敬养在这里，如何会去致得知。若不能致知，又如何成得这敬。"（《朱子语类》卷四十五）

"'操则存，舍则亡'，程子以为操之之道，惟在'敬以直内'而已。如今做工夫，却只是这一事最紧要。这'主一无适'底道理，却是一个大底，其他道理总包在里面。其他道理已具，所谓穷理，亦止是自此推之，不是从外面去寻讨。一似有个大底物事，包得百来个小底物事；既存得这大底，其他小底只是逐一为他点过，看他如何模样，如何安顿。如今做工夫，只是这个最紧要。若是闲时不能操而存之，这个道理自是间断。及临事方要穷理，从那里捉起！惟是平时常操得存，自然熟了，将这个去穷理，自是分明。事已，此心依前自在。又云：'虽是识得个大底都包得，然中间小底，又须着逐一点掇过。'"（《朱子语类》卷五十九）

倪求下手工夫。曰："只是要收敛此心，莫要走作，走作便是不敬，须要持敬。尧是古今第一个人，书说尧，劈头便云'钦明文思'，钦，便是敬。"问："敬如何持？"曰："只是要莫走作。若看见外面风吹草动，去看觑他，那得许多心去应他？便也不是收敛。"问："莫是'主一之谓敬'？"曰："主一是敬表德，只是要收敛。处宗庙只是敬，处朝廷只是严，处闺门只是和，便是持敬。"时举闻同。见后。

倪曰："自幼既失小学之序，愿授大学。"曰："授大学甚好，也须把小学书看，只消旬日功夫。"

"诸公固皆有志于学，然持敬工夫大段欠在。若不知此，何以为进学之本！程先生云：'涵养须用敬；进学则在致知。'此最切要。"和之问："不知敬如何持？"曰："只是要收敛此心，莫令走失便是。今人精神自不曾定，读书安得精专！凡看山看水，风惊草动，此心便自走失，视听便自眩惑。此何以为学？诸公切宜免此！"（《朱子语类》卷一百一十八）

问"仲弓问仁"。曰："能敬能恕，则仁在其中。"问："吕氏之说却是仁在外？"曰："说得未是。"又问："只用敬否？"曰："世有敬而不能恕底人，便只理会自守，却无温厚爱人气象。若恕而无敬，则无以行其恕。"问："'在家、在邦无怨'，诸说不同。"曰："觉得语脉不是。"又问："伊川谓怨在己。却是自家心中之怨？"曰："只是处己既能敬，而接人又能恕，自然是在邦、在家人皆无得而怨之。此是为仁之验，便如'天下归仁'处一般。"（《朱子语类》卷四十二）

问："前承先生书云：'李先生云："赖天之灵，常在目前。"如此，安得不进？盖李先生为默坐澄心之学，持守得固。后来南轩深以默坐澄心为非。自此学者工夫愈见散漫，反不如默坐澄心之专。'"先生曰："只为李先生不出仕，做得此工夫。若是仕宦，须出来理会事。向见吴公济为此学，时方授徒，终日在里默坐。诸生在外，都不成模样，盖一向如此不得。"问："龟山之学云：'以身体之，以心验之，从容自得于燕闲静一之中。'李先生学于龟山，其源流是如此。"曰："龟山只是要闲散，然却读书。尹和靖便不读书。"（《朱子语类》卷一百一十三）

问："不违仁，是此心纯然天理，其所得在内。得一善则服膺而弗失，恐是所得在外？"曰："'得一善则服膺弗失'，便是三月不违仁处。"又问："是如何？"曰："所谓善者，即收拾此心之理。颜子三月不违仁，岂直恁虚空湛然，常闭门合眼静坐，不应事，不接物，然后为不违仁也。颜子有事亦须应，

须饮食，须接宾客，但只是无一毫私欲耳。"（《朱子语类》卷三十一）

敬之问："颜子'不迁怒，不贰过'，莫只是静后能如此否？"曰："圣贤之意不如此。如今卒然有个可怒底事在眼前，不成说且教我去静。盖颜子只是见得个道理透，故怒于甲时，虽欲迁于乙，亦不可得而迁也。见得道理透，则既知有过，自不复然。如人错吃了乌喙，才觉了，自不复吃。若专守虚静，此乃释老之缪学，将来和怒也无了，此成甚道理？圣贤当怒自怒，但不迁耳。见得道理透，自不迁不贰。所以伊川谓颜子之学，'必先明诸心，知所往，然后力行以求至'，盖欲见得此道理透也。"立之因问："明道云：能于怒时遽忘其怒，而观理之是非，又是怎生。"曰："此是明道为学者理未甚明底说。言于怒时且权停阁这怒，而观理之是非，少间卒然见得当怒不当怒。盖怒气易发难制，如水之澎涨，能权停阁这怒，则水渐渐归港。若颜子分上不消怎地说，只见得理明，自不迁不贰矣。"（《朱子语类》卷三十）

敬之问："'不迁怒，不贰过'，颜子多是静处做工夫。"曰："不然。此正是交滚头。颜子此处无他，只是看得道理分明。且如当怒而怒，到不当怒处，要迁自不得。不是处便见得，自是不会贰。"敬之又问："颜子深潜纯粹，所谓不迁不贰，特其应事之陈迹。"曰："若如此说，当这时节，此心须别有一处安顿着。看公意，只道是不应事接物方存得此心。不知圣人教人，多是于动处说。如云：出门如见大宾，使民如承大祭，又如告颜子克己复礼为仁，正是于视听言动处会。公意思只是要静，将心顿于黑淬淬地，说道只于此处做工夫，这不成道理；此却是佛家之说。佛家高低也不如此，此是一等低下底如此。这道理不是如此。人固有初学未有执守，应事纷杂，暂于静处少息，也只是略如此。然做个人，事至便着应，如何事至，且说道待自家去静处。当怒即怒，当喜即喜，更无定时。只当于此警省，如何是合理，如何是不合理。如何要将心顿放在闲处得。事父母，便有事父母许多酬酢；出外应接，便有出外许多酬酢。"（《朱子语类》卷三十）

"'喜怒哀乐未发谓之中',只是思虑未萌,无纤毫私欲,自然无所偏倚。所谓'寂然不动',此之谓中。然不是截然作二截,如僧家块然之谓。只是这个心自有那未发时节,自有那已发时节。谓如此事未萌于思虑要做时,须便是中是体;及发于思了,如此做而得其当时,便是和是用,只管夹杂相滚。若以为截然有一时是未发时,一时是已发时,亦不成道理。今学者或谓每日将半日来静做工夫,即是有此病也。"曰:"喜怒哀乐未发而不中者如何?"曰:"此却是气质昏浊,为私欲所胜,客来为主。其未发时,只是块然如顽石相似,劈斫不开;发来便只是那乖底。"曰:"如此,则昏时是他不察,如何?"曰:"言察,便是吕氏求中,却是已发。如伊川云:'只平日涵养便是。'"又曰:"看来人逐日未发时少,已发时多。"曰:"然。"(《朱子语类》卷六十二)

问:心本是个动物,不审未发之前全是寂然而静,还是静中有动意?曰:不是静中有动意。周子谓静无而动有,静不是无,以其未形而谓之无。非因动而后有,以其可见而谓之有耳。横渠心统性情之说甚善。性是静,情是动,心则兼动静而言。或指体,或指用,随人所看,方其静时,动之理只在。(《朱子语类》卷六十二)

"赞天地之化育。"人在天地中间,难只是一理,然天人所为,各自有分。人做得底,却有天做不得底。如天能生物,而耕种必用人。水能润物,而灌溉必用人。火能熯[1]物,而薪爨[2]必用人。财成辅相,须是人做,非赞助而何?程先生言:"'参赞'之义,非谓赞助。"此说非是。(《朱子语类》卷六十四)

圣人"赞天地化育"。盖天下事有不恰好处,被圣人做得都好。丹朱[3]不肖,尧则以天下与人。洪水汛滥,舜寻得禹而民得安居。桀纣暴虐,汤武起而诛之。(《朱子语类》卷六十四)

注释:

[1]熯(hàn):烧,烘烤。

[2] 薪爨（cuàn）：柴火，烹饪。

[3] 丹朱：上古部落联盟首领尧的长子。相传因丹朱不肖，尧禅位给了舜。

先生因论苏子由云："学圣人，不如学道"，他认道与圣人做两个物事，不知道便是无躯壳底圣人，圣人便是有躯壳底道。学道便是学圣人，学圣人便是学道，如何将做两个物事看！（《朱子语类》卷一百三十）

问范围天地之化而不过，曰：天地之化，滔滔无穷，如一炉金汁，熔化不息。圣人则为之铸泻成器。使入模范匡郭，不使过于中道也。曲成万物而不遗，此又是就事物之分量、形质，随其大小、阔狭、长短、方圆，无不各成就此物之理，无有遗阙。范围天地，是极其大而言。曲成万物，是极其小而言。范围如大德敦化，曲成如小德川流。（《朱子语类》卷七十四）

蜚卿言："或问云：'人皆有以明其明德，则各诚其意，各正其心，各修其身，各亲其亲，各长其长，而天下无不平矣。'明德之功果能若是，不亦善乎？然以尧、舜之圣，闺门之内，或未尽化，况谓天下之大，能服尧、舜之化而各明其德乎？"曰："大学'明明德于天下'，只是且说个规模如此。学者须自有如此规模，却是自家本来合如此，不如此便是欠了他底。且如伊尹思匹夫不披其泽，如己推而纳之沟中，伊尹也只是大概要恁地，又如何使得无一人不披其泽。又如说'比屋可封'，也须有一家半家不恁地者。只是见得自家规模自当如此，不如此不得。到得做不去处，却无可奈何。规模自是着恁地，工夫便却用寸寸进。若无规模次第，只管去细碎处走，便入世之计功谋利处去；若有规模而无细密工夫，又只是一个空规模。外极规模之大，内推至于事事物物处，莫不尽其工夫，此所以为圣贤之学。"（《朱子语类》卷十七）

王子充问学。曰："圣人教人，只是个论语。汉魏诸儒只是训诂，论语须是玩味。今人读书伤快，须是熟方得。"曰："论语莫也须拣个紧要底看否？"曰："不可。须从头看，无精无粗，无浅无深，且都玩味得熟，道理自然出。"曰："读书未见得切，须见之行事方切。"曰："不然。且如论语，第一便教人学，便是孝弟求仁，便戒人巧言令色，便三省，也可谓甚切。"（《朱子语类》卷十九）

胡问："回闻一知十，是明睿所照，若孔子则如何？"曰："孔子又在明睿上去。耳顺心通，无所限际。古者论圣人，都说聪明。如尧聪明文思，惟天生聪明时乂，亶[1]聪明作元后，聪明睿智足以有临也，圣人直是聪明。"（《朱子语类》卷二十八）

注释：

[1]亶（dǎn）：实在，诚然，信然。

问："夫子多材多艺，何故能尔？"曰："圣人本领大，故虽是材艺，他做得自别。只如礼，圣人动容周旋，俯仰升降，自是与它人不同。如射亦然。天生圣人，气禀清明，自是与他人不同。列子尝言圣人力能拓关，虽未可信，然要之，圣人本领大后，事事做得出来自别。"（《朱子语类》卷三十六）

或问温公才、德之辨。曰："温公之言非不是，但语脉有病耳。才如何全做不好？人有刚明果决之才，此自是好。德，亦有所谓'昏德'。若块然无能为，亦何取於德！德是得诸己，才是所能为。若以才、德兼全为圣人，却是圣人又夹杂个好不好也。"（《朱子语类》卷一百三十四）

问："古之学者始乎为士，终乎为圣人，此言知所以为士，则知所以为圣人矣。今之为士者众，而求其至于圣人者或未闻焉，岂亦未知所以为士而然耶？将圣人者固不出于斯人之类，而古语有不足信者耶？"颜子曰："舜何？人哉！予何？人哉！"孟子所愿则学孔子，二子者岂不自量其力之所至，而过为斯言耶？不然，则士之所以为士，而至于圣人者，其必有道矣。二三子固今之士，是以敢请问焉。（《朱文公文集》卷七十四）

这一个道理，从头贯将去，如一源之水，流出为千条万脉。不可谓下流者不是此一源之水。只是一个心，如事父孝，也是这一心。事君忠，事弟长，也只是这一心。老者安，少者怀，朋友信，皆是此一心。精粗本末，一以贯之，更无余法。但圣人则皆自然流行出来，学者则须是"施诸己而不愿，而后勿施于人"，便用推将去。圣人则动以天，贤人则动以人耳。（《朱子语类》卷二十七）

问："尽己之忠，此是学者之忠，圣人莫便是此忠否？"曰："固是。学者是学圣人而未至者，圣人是为学而极至者。只是一个自然，一个勉强尔。惟自然，故久而不变；惟勉强，故有时而放失。"因举程子说："孟子若做孔子事尽做得，只是未能如圣人。龟山言，孔子似知州，此喻甚好。通判权州，也做得，只是不久长。"（《朱子语类》卷二十一）

问："'知者乐水'一章，看这三截，却倒。似动静是本体，山水是说其已发，乐寿是指其效。"曰："然。倒因上二句说到他本体上。'知者动'，然他自见得许多道理分明，只是行其所无事，其理甚简；以此见得虽曰动，而实未尝不静也。'仁者静'，然其见得天下万事万理皆在吾心，无不相关，虽曰静，而未尝不动也。动，不是恁地劳攘纷扰；静，不是恁地块然死守。这与'樊迟问仁知'章相连，自有互相发明处。"朱蜚卿问是如何。曰："专去理会人道之所当行，而不惑于鬼神之不可知，便是见得日用之间流行运转，不容止息，胸中晓然无疑，这便是知者动处。心下专在此事，都无别念虑系绊，见得那是合当做底事，只恁地做将去，是'先难后获'，便是仁者静。如今人不静时，只为一事至，便牵惹得千方百种思虑。这事过了，许多夹杂底却又在这里不能得了。头底已自是过去了，后面带许多尾不能得了。若是仁者，逐一应去，便没事。一事至，便只都在此事上。"蜚卿问："先生初说'仁者乐山'，仁者是就成德上说；那'仁者先难后获'，仁者是就初学上说。"曰："也只一般，只有个生熟。圣贤是已熟底学者，学者是未熟底圣贤。"蜚卿问："'先难后获'，意如何？"曰："后，如'后其君，后其亲'之意。'哭死而哀，非为生者；经德不回，非以干禄；言语必信，非以正行'，这是熟底'先难后获'，是得仁底人。'君子行法以俟命'，是生底'先难后获'，是求仁底人。"贺孙问："上蔡所说'先难，谓如射之有志，若跐之视地，若临深，若履薄'，皆其心不易之谓。"曰："说得是。先难是心只在这里，更不做别处去。如上岭，高峻处不能得上，心心念念只在要过这处，更不思量别处去。过这难处未得，便又思量到某处，这便是求获。"（《朱子语类》卷三十二）

"无极而太极"，只是说无形而有理。所谓太极者，只二气五行之理，非别有物为太极也。又云："以理言之，则不可谓之有；以物言之，则不可谓之无[1]。"（《朱子语类》卷九十四）

注释：

[1] 作为抽象的"天理"而言，因为它没有"物事"的外形，所以不能称之为"有"，而应称之为"无"；但就其作为观念的存在而言，因为它是"实有底道理"，所以又不能称之为"无"，而应称之为"有"。

问"动静者，所乘之机"。曰："太极，理也，动静，气也。气行则理亦行，二者常相依而未尝相离也。太极犹人，动静犹马。马所以载人，人所以乘马。马之一出一入，人亦与之一出一入。盖一动一静，而太极之妙未尝不在焉。此所谓所乘之机，无极、二五所以妙合而凝也。"（《朱子语类》卷九十四）

"理在气中，如一个明珠在水里。理在清底气中，如珠在那清底水里面，透底都明。理在浊底气中，如珠在那浊底水那面，外面更不见光明处。"问："物之塞得甚者，虽有那珠，如在深泥里面，更取不出。"

曰："也是如此。"（《朱子语类》卷四）

论天地之性，则专指理言。论气质之性，则以理与气杂而言之。未有此气，已有此性。气有不存而性却常在。虽其方在气中，然气自是气，性自是性，亦不相夹杂。至论其偏体于物，无处不在，则又不论气之精粗，莫不有是理。（《朱子语类》卷四）

"形而上"者指理而言，"形而下"者指事物而言。事事物物，皆有其理，事物可见，而其理难知[1]。即事即物，便要见得此理[2]，只是如此看。但要真实于事物上见得这个道理，然后于己有益。"为人君，止于仁；为人子，止于孝。"必须就君臣父子上见得此理。大学之道，不曰穷理，而谓之格物，只是使人就实处穷竟。事事物物上有许多道理，穷之不可不尽也。（《朱子语类》卷七十五）

注释：

[1] 具体的"事事物物"是个别，有"形迹"，故"可见"；而"事事物物"之"理"则是一般，无"形迹"，故"难知"。这是"一般"与"个别"的不同。

[2] 一般之"理"并不是离事离物，而是"即事即物"，即寓存于个别之中，可见一般之理与个别之物又有联系。

人物之生，天赋之以理，未尝不同，但人物所禀受自有异耳。如一江水，你将勺去取，只得一勺；将碗去取，只得一碗；至于一桶一缸，各自随器量不同，故理亦随以异[1]。（《朱子语类》卷四）

注释：

[1] "源头"只是"一江水"，这叫作"理一"。但由于容器不同，故水之体虽未变，而水之量则不同，这叫作"分殊"。在这里，"一江水"是"理"；"勺""碗""桶""缸"是禀气不同的"器"；"勺里的水""碗里的水""桶里的水""缸里的水"是"物之理"。千差万别的"水"来

源于"一江水"，这就是万殊归于一理。"一江水"又变成千差万殊的"水"，这就是一理化为万殊。

格物、致知，彼我相对而言耳。格物所以致知。于这一物上穷得一分之理，即我之知亦知得一分；于物之理穷二分，即我之知亦知得二分；于物之理穷得愈多，则我之知愈广。其实只是一理，"才明彼，即晓此"。所以大学说"致知在格物"，又不说"欲致其知者在格其物"。盖致知便在格物中，非格之外别有致处也。又曰："格物之理，所以致我之知。"（《朱子语类》卷十八）

忠者，诚有是心而不自欺也；恕者，推待己之心以及人也。推其诚心以及于人，则其所以爱人之道，不远于我而得之矣。至于事父、事君、事兄、交友，皆所以求乎人者，责乎己之所未能，则其所以治己之道，亦不远于心而得之矣。（《中庸或问》）

或问十五章之说。曰：所谓约者，吾于论语已言之矣，此则正以知要而言也。然此亦上章之余意，故记者属之。盖博学详说者，以道深造之谓，其曰将以反说约者，则欲其自得之深也。曰：诸说如何？曰：程子知要之说是也，但所引颜子之事，则未然耳。张子所谓"先守至约，然后博学以明夫至约之道"，盖欲学者先求放心，有所存主，然后博约详说而反乎此耳。其指示学者用力之序，意则甚善，但曰先守至约，则与孟子之言相违，而不免于语病。必若程子所谓"先求放心，然后自能推寻上去"者，则语意尽善，而次序不差矣。其曰"心之博学者，所以为约"，亦曰由其先有所守，然后能用此心以至其博也。吕氏以约为诚，盖因中庸而发，诚固理之实，然非约之所以得名也。谢氏四旁中央之喻，盖曰不极乎四旁之所至，则不足以识中央之所在，故必由四旁而识中央，如因博以求约也。此其意亦善矣，然四旁中央，终成两处，不若以贯通言之之为密也。范氏初说甚善，但自扬雄以下则支离矣。杨氏分别孟、扬得失，意极亲切，然语亦有未尽，使读者不能无疑。盖所谓博约，由孟子之言，则博者所以极夫理之散殊，约则举是散殊之理而一贯之耳，是以既博学之，又详说之，而卒有会于约。盖所谓博且详者，固未尝出于约之外，而所谓约，于其博且详者，又未尝有所遗也。由扬子之言，则所谓约者，乃博中之一物，方其博也，固不知此物之为约，而茫然泛然，杂取乎其外；及其约也，则又守此一物，而于所谓博者之中，仅乃处其千万之一焉，是亦何足以为约而守之乎？以是推之，则杨氏之意得矣。（《孟子或问》卷八）

盖为学之道，莫先于穷理，穷理之要必在于读书，读书之法莫贵于循序而致精，而致精之本则又在于居敬而持志，此不易之理也。夫天下之事莫不有理，为君臣者有君臣之理，为父子者有父子之理，为夫妇、为兄弟、为朋友以至于出入起居、应事接物之际，亦莫不各有理焉。有以穷之，则自君臣之大以至事物之微，莫不知其所以然与其所当然，而无纤芥之疑，善则从之，恶则去之，而无毫发之累。此为学所以莫先于穷理也。至论天下之理，则要妙精微，各有攸当[1]，亘古亘今[2]，不可移易。唯古之圣人能尽之，而其所行所言，无不可为天下后世不易之大法。其余则顺之者为君子而吉，背之者为小人而凶。吉之大者，则能得四海而所以为法；凶之甚者，则不能保其身而可以为戒。是其粲然之迹，必然之效，盖莫不具于经训史册之中，欲穷天下之理，而不即是而求之，则是正墙面而立尔。此穷理所以必在乎读书也。若夫读书，则其不好之者固怠忽间断而无所成矣；其好之者又不免乎贪多而务广，往往未启其端而遽已欲探其终，未穷乎此而忽已志在于彼，是以虽复终日勤劳，不得休息，而意绪忽忽，常若有奔趋迫逐，而无从容涵泳之乐，是又安能深信自得，常久不厌，以异于彼之怠忽间断而无所成者哉？孔子所谓"欲速则不达"，孟子所谓"进锐者退速"，正谓此也。诚能鉴此而有以反之，则心潜一，久而不移，而所读之书文意接连、血脉贯通，自然渐渍[3]浃洽[4]、心与理会，而善之为劝者深，恶之为戒者切矣。此循序致精所以为读书之法也。若夫致精之本，则在于心。而心之为物，至虚至灵，神妙不测，常为一身之主，以提万事之纲，而不可有顷刻之不存者也。

一不自觉而驰骛飞扬，以循物欲于躯壳之外，则一身无主，万事无纲。虽俯仰顾盼之间，盖已不自觉其身之所在，而况能反复圣言、参考事物，以求义理至当之归乎？孔子所谓"君子不重则不威，学则不固"，孟子所谓"学问之道无他，求其放心而已矣"者，正谓此也。诚能严恭、寅畏，常存此心，使其终日俨然，不为物欲之所侵乱，则以之读书，以之观理，将无所往而不通；以之应事，以之接物，将无所处而不当矣。此居敬持志所以为读书之本也。（《朱文公文集》卷十四）

注释：

[1] 各有攸当：即各有所当，各有各的见解和独到之处。

[2] 亘（gèn）古亘今：横贯。指贯串古今，从古到今。

[3] 渐渍（jiàn zì）：浸润。引申为渍染；感化。

[4] 浃洽（jiá qià）：普遍沾润，遍及。

二、朱熹政治思想

"天下事有大根本，有小根本。正君心是大本。其余万事各有一根本，如理财以养民为本，治兵以择将为本。"（《朱子语类》卷一百八）

"皇极"，如"以为民极"，标准立于此，四方皆面内而取法。皇，谓君也。极，如屋极，阴阳造化之总会枢纽。极之为义，穷极，极至，以上更无去处。（《朱子语类》卷七十九）

天下之事，其本在于一人，而一人之身，其主在于一心。故人主之心一正，则天下之事无有不正；人主之心一邪，则天下之事无有不邪。（《朱文公文集》卷十二）

"天下之大本者，陛下之心也。今日之急务，则辅翼太子，选任大臣，振举纲维，变化风俗，爱养民力，修明军政，六者是也。……凡此六事皆不可缓，而本在于陛下之一心，一心正则六事无不正。一有人心私欲以介乎其间，则虽欲急精劳力以求正夫六事者，亦将徒为文具，而天下之事愈至于不可为矣。"（《朱文公文集》卷十一）

臣谨按《尚书》舜告禹曰："人心惟危，道心惟微，惟精惟一，允执厥中。"夫心之虚灵知觉，一而已矣。而以为有人心、道心之别者，何哉？盖以其或生于形气之私，或原于性命之正，而所以为知觉者不同，是以或危殆而不安，或精微而难见耳。然人莫不有是形，故虽上智，不能无人心；亦莫不有是性，故虽下愚，不能无道心。二者杂于方寸之间，而不知所以治之，则危者愈危，微者愈微，而天理之公，卒无以胜乎人欲之私矣。精，则察夫二者之间而不杂也；一，则守其本心之正而不离也。从事于斯，无少间断，必使道心常为一身之主，而人心每听命焉，则危者安，微者着，而动静云为自无过不及之差矣。又按《论语》，颜渊问仁，子曰："克己复礼为仁。一日克己复礼，天下归仁焉。为仁由己，而由人乎哉？"夫仁者，本心之全德也。己者，一身之私欲也。礼者，天理之节文也。盖人心之全德莫非天理之所为，然既有是身，则亦不能无人欲之私以害焉。故为仁者，必有以胜其私欲而复于礼，则事皆天理而本心之德复全于我也。心德既全，则虽以天下之大而无一人不归吾之仁者。然其机则固在我而不在人也。日日克之，不以为难，则私欲净尽，天理流行，而仁不可胜用矣。（《朱文公文集》卷十一）

心一不正，则是数者固无从而得其正。是数者一有不正，而曰心正，则亦安有是理哉？（《朱文公文集》卷十一）

彼老子、浮图之说，固有疑于圣贤者矣，然其实不同者，则此以性命为真实，而彼以性命为空虚也。此以为实，故所谓寂然不动者，万理粲然于其中，而民彝物则，无一之不具。所谓感而遂通天下之故，则必顺其事，必寻其法，而无一事之或差。彼以为空，则徒知寂灭为乐，而不知其为实理之原，徒知应物见形，而不知其有真妄之别也。是以自吾之说而修之，则体用一原，显微无间，而治心、修身、齐家、治国，无一事之非理。由彼之说，则其本末横分，中外断绝，虽有所谓朗澈灵通、虚静明妙者，而无所救于灭理乱伦之罪、颠倒运用之实也。（《朱文公文集》卷十一）

人心本明，天理素具，但为物欲所昏、利害所蔽，故小则伤恩害义而不可开，大则灭天乱伦而不可救。（《朱文公文集》卷十二）

臣窃谓天道流行，发育万物，而人物之生，莫不得其所以生者以为一身之主。但其所以为此身者，则又不能无所资乎阴阳五行之气。而气之为物，有偏有正，有通有塞，有清有浊，有纯有驳。以生之类而言之，则得其正且通者为人，得其偏且塞者为物。以人之类而言之，则得其清且纯者为圣为贤，则得其浊且驳者为愚为不肖，其得夫气之偏且塞而为物者，固无以全其所得以生之全体矣，惟得其正且通而为人，则其所以生之全体无不皆备于我，而其方寸之间虚灵洞彻，万理粲然，有以应乎事物之变而不昧，是所谓明德者也。人之所以为人而异于禽兽者以此，而其所以可为尧舜而参天地、赞化育者，亦不外乎此也。然又以其所得之气有清浊纯驳之不齐也，是以极清且纯者，气与理一，而自无物欲之蔽，自其次者而下，则皆已不无气禀之拘矣。又以拘于气禀之心，接乎事物无穷之变，则其目之欲色、口之欲味、鼻之欲臭、四肢之欲安佚，所以害乎其德者，又岂可胜言也哉！二者相因，反覆深固，是以此德之明日益昏昧，而此心之灵，其所知者不过情欲利害之私而已。是则虽曰有人之形，而实何以远于禽兽？虽曰可以为尧舜而参天地，然亦不能有以自知矣。

知止而后有定，定而后能静，静而后能安，安而后能虑，虑而后能得。（臣熹曰：止者，所当止之地，即至善之所在也。知之，则志有定向。静，谓心不外驰。安，谓所处而安。虑，谓思无不审。得，谓得其所止。）臣谨按：此一节推本上文之意，言明德新民所以止于至善之由也。盖明德新民固皆欲其止于至善，然非有以知其所当止之地，则不能有以得其所当止者而止之。

如射者固欲其中，然不先有以知其所当中之地，则不能有以得其所当中者而中之也。知止云者，物格知至而于天下之事皆有以知其至善之所在，是则吾所当止之地也。能知所止，则方寸之间，事事物物皆有定理矣。理既有定，则无以动其心而能静矣。心既能静，则无所择于地而能安矣。能安则日用之间从容闲暇，事至物来，有以揆之而能虑矣。能虑则随事观理，极深研几，无不各得其所止之地而止之矣。（《朱文公文集》卷十五）

古之欲明明德于天下者，先治其国。欲治其国者，先齐其家。欲齐其家者，先修其身。欲修其身者，先正其心。欲正其心者，先诚其意。欲诚其意者，先致其知。致知在格物。（臣熹曰：明明德于天下者，使天下之人皆有以明其明德也。心者，身之所主也。诚，实也。意者，心之所发也。实其心之所发，欲其一于善而无自欺也。致，推极[1]也。知，犹识也。推极吾之知识，欲其所知无不尽也。格，至也。物，犹事也。穷至事物之理，欲其极处无不到也。此八者，大学之条目也。）臣谨按：此言大学之序，其详如此，盖纲领之条目也。格物、致知、诚意、正心、修身者，明明德之事也；齐家、治国、平天下者，新民之事也。格物致知，所以求知至善之所在，自诚意以至于平天下，所以求得夫至善而止之也。所谓明明德于天下者，则各诚其意，各正其心，各修其身，各亲其亲，各长其长，而天下无不平矣。然天下之本在国，故欲平天下者，必先有以治其国；国之本在家，故欲治其国者，必先有以齐其家；家之本在身，故欲齐家者，必先有以修其身。至于身之主，则心也。一有不得其本然之正，则身无所主，虽欲勉强以修之，亦不可得而修矣。故欲修身者，必先有以正其心。心之发则意也。不能纯一于善而不免自欺，则心为所累，虽欲勉强以正之，亦不可得而正矣。故欲正心者，必先有以诚其意。若夫知，则心之神明，妙众理而宰万物者也。不能推而致之，使之内外昭融，无所不尽，则隐微之际，私欲萌焉。虽欲勉强以诚之，亦不可得而诚矣。故欲诚意者，必先有以致其知。致者，推致之谓，如"丧致乎哀"之"致"，言推之而至于尽也。至于物，则理之所在，人所必有而不能无者也。不能即而穷之，使其精粗隐显究极无余，则理所未穷，知固不尽，虽欲勉强以致之，亦不可得而致矣。故致知之道在乎即事观理以格夫物。格者，极至之谓，如"格于文祖"之"格"，言穷之而至其极也。（《朱文公文集》卷十五）

注释：

［1］推极：指推求穷究。

"天下事，须是人主晓得通透了，自要去做，方得。如一事八分是人主要做，只有一二分是为宰相了做，亦做不得。"（《朱子语类》卷一百八）

或问义利之别。曰："只是为己为人之分[1]。才为己，这许多便自做一边去。义也是为己，天理也是为己。若为人，那许多便自做一边去。"（《朱子语类》卷十三）

注释：

［1］为己，就是人欲之私；为人，就是天理之公。分别得天理人欲、公私邪正，则就能明义利之辨。

说义利处曰："圣贤之言，所以要辨别教分明。但只要向义边一直去，更不通思量第二着。才说义，乃所以为利。固是义有大利存焉，若行义时便说道有利，则此心只邪向那边去。固是'未有仁而遗其亲，未有义而后其君。'才于为仁时，便说要不遗其亲；为义时，便说要不后其君，则是先有心于为利。圣贤要人止向一路做去，不要做这一边，又思量那一边。仲舒所以分明说'不谋其利，不计其功'"。（《朱子语类》卷五十一）

夫人只是这个人，道只是这个道，岂有三代、汉、唐之别？但以儒者之学不传，而尧、舜、禹、汤、文、武以来转相授受之心不明于天下，故汉、唐之君虽或不能无暗合之时，而其全体却只在利欲上。此其所以尧、舜、三代自尧、舜三代，汉祖、唐宗自汉祖、唐宗，终不能合而为一也。（《朱文公文集》卷三十六）

古之圣人致诚心以顺天理，而天下自服，王者之道也；后之君子能行其道，则不必有其位，而固已有其德矣。故用之则为王者之佐，伊尹太公是也；不用则为王者之学，孔孟是也。若夫齐恒晋文，则假仁义以济私欲而已。设使侥幸于一时，遂得王者之位而居之，然其所由则固霸者之道也。故汉宣帝自言"汉家杂用王霸"，其自知也明矣。（《孟子或问》卷一）

若高帝，则私意分数犹未甚炽，然已不可谓之无。太宗之心，则吾恐其无一念之不出于人欲也！直以其能假仁借义以行其私，而当时与之争者才能知术既出其下，又不知有仁义之可借，是以彼善于此而得以成其功耳。若以其能建立国家、传世久远，便谓其得天理之正，此正是以成败论是非，但取其获禽[1]之多而不羞其诡遇[2]之不出于正也。千五百年之间，正坐如此，所以只是架漏牵补[3]，过了时日。其间虽或不无小康，而尧、舜、三王、周公、孔子所传之道，未尝一日得行于天地之间也。（《朱文公文集》卷三十六）

注释：

[1]获禽：原指田猎的收获。语出《左传·襄公三十一年》："侨（子产）闻学而后入政，未闻以政学者也。若果行此，必有所害。譬如田猎，射御贯，则能获禽。若未尝登车射御，则败绩厌覆是惧，何暇思获？"朱熹借以比喻只看效果不问动机。

[2]诡遇：指不按规矩射猎禽兽。语出《孟子，滕文公下》，《滕文公下》篇曰："为之诡遇，一朝而获十"句。

[3]架漏牵补：架漏，支漏、补漏；牵补为牵萝补屋之省。指牵着萝藤修补漏屋。架漏牵补：指勉强应付。

古人论王、伯[1]，以为王者兼有天下，伯者能率诸侯。此以位论，固是如此，然使其正天下、正诸侯，皆出于至公，而无一毫之私心，则虽在下位，何害其为王道。惟其"搂[2]诸侯以伐诸侯"，假仁义以为之，欲其功尽归于己，故四方贡赋皆归于其国，天下但知有伯而不复知有天子。此其所以为功利之心，而非出于至公也。在学者身上论之，凡日用常行应事接物之际，才有一毫利心，便非王道，便是伯者之习，此不可不省察也。（《朱子语类》卷二十五）

注释：

［1］伯：通"霸"，即诸侯之长。

［2］搂：聚。"搂诸侯以伐诸侯者"语出《孟子·告子下》。

然区区鄙见，常窃以为亘古亘今只是一体，顺之者成，逆之者败，固非古之圣贤所能独然，而后世之所谓英雄豪杰者，亦未有能舍此理而得有所建立成就者也。但古之圣贤，从本根上便有惟精惟一[1]功夫，所以能执其中。彻头彻尾无不尽善。后来所谓英雄，则未尝有此功夫，但在利欲场中头出头没[2]，其资美者乃能有所暗合，而随其分数之多少以有所立。然其或中或否，不能尽善则一而已。来喻所谓"三代做得尽，汉唐做得不尽"者，正谓此也。然但论其尽与不尽，而不论其所以尽与不尽，却将圣人事业去就利欲场中比并较量，见有仿佛相似，便谓圣人样子不过如此，则所谓毫厘之差、千里之缪者，其在此矣。（《朱文公文集》卷三十六）

注释：

［1］惟精惟一：指用功精深，用心专一。语出《尚书·大禹谟》："人心惟危，道心惟微，惟精惟一，允执厥中。"按：《大禹谟》这十六个字，就字面意思说，是指：人心诡秘（很难改变），道心精微（很难得其真意），必须精纯专一地去追求，真诚地执守中道。宋代理学家对这十六个字很看重，认为是尧舜禹的"十六字心传"。

［2］头出头没：语出《五灯会元·投子同禅师法嗣·濠州思明禅师》："问：'如何是清洁法身。'师曰：'屎里蛆儿，头出头没。'"，形容忽出忽没，后用以比喻追随世俗。

是申（不害）、商（鞅）、吴（起）、李悝，之徒，所以亡人之国而

自灭其身，国虽富，其民必贫；兵虽强，其国必病；利虽近，其为害也必远，顾弗察而已矣！（《朱文公文集》卷七十五）

问："或言今日之告君者，皆能言'修德'二字。不知教人君从何处修起？必有其要。"曰："安得如此说！只看合下心不是私，即转为天下之大公。将一切私底意尽屏去，所用之人非贤，即别搜求正人用之。"问："以一人耳目，安能尽知天下之贤？"曰："只消用一个好人作相，自然推排出来。有一好台谏，知他不好人，自然住不得。"（《朱子语类》卷一百八）

盖国以民为本，社稷亦为民而立，而君之尊，又系于二者之存亡，故其轻重如此。（《四书章句集注》卷十四）

丘民[1]，田野之民，至微贱也。然得其心，则天下归之。天子，至尊也；而得其心，不过为诸侯耳。是民为重也。（《四书章句集注》卷十四）

注释：

[1]丘民：丘，指自然形成的小土山。大概上古时代人们往往聚居于丘陵之地，所以就称聚居的人群为"丘民"。"丘民"意思与"庶民"差不多，泛指百姓。

有天下者，能存此心而不失，则所以絜矩[1]而与民同欲者，自不能已矣。（《大学章句》）

注释：

[1]絜矩（xié jǔ）：絜，度量；矩，画方形的工具，引申为法度。"絜矩"出自《礼记·大学》："所恶于上，毋以使下；所恶于下，毋以事上；所恶于前，毋以先后；所恶于后，毋以从前；所恶于右，毋以交于左；所恶于左，毋以交于右，此之谓絜矩之道。"

平易近民，为政之本。（《朱子语类》卷一百八）

诸生论郡县封建之弊。曰："大抵立法必有弊，未有无弊之法，其要只在得人。若是个人，则法虽不善，亦占分数多了；若非其人，则有善法亦何益于事？且如说郡县不如封建，若封建非其人，且是世世相继，不能得他去；如郡县非其人，却只三两年任满便去，忽然换得好底来，亦无定。范太史唐监议论大率皆归于得人。某初嫌他恁地说，后来思之，只得如此说。"又云："革弊须从原头理会。"（《朱子语类》卷一百八）

官无大小，凡事只是一个公。若公时，做得来也精彩。便若小官，人也望风畏服。若不公，便是宰相，做来做去，也只得个没下梢。（《朱子语类》卷一百一十二）

窃惟民生之本在食，足食之本在农，此自然之理也。（《朱文公文集》卷九十九）

契勘[1]生民之本，足食为先。是以国家务农重谷，使凡州县守倅[2]皆以劝农为职。每岁二月，载酒出郊，延见父老，喻以课督子弟、竭力耕田之意。（《朱文公文集》卷一百）

注释：

[1]契勘：宋元时代公文常用语，意为考察、审核。

[2]倅（cuì）：副职，辅助的。州县守、倅，指州县的主官和副职。

农事至重，人君不可以为缓而忽之。（《孟子集注》卷五）

众问"为政以德"章。曰："此全在'德'字。'德'字从心者，以其得之于心也。如为孝，是心中得这个孝；为'仁'，是心中得这个仁。若只是外面恁地[1]，中心不如此，便不是德。凡《六经》言'德'字之意，皆如此，故曰'忠信所以进德也'。忠信者，谓实得于心，方为德也。'为政以德'者，不是把德去为政，是自家有这德，人自归仰，如众星拱^[2]北辰。……众星于北辰，亦是自然环向，非有意于共^[3]之也。"（《朱子语类》卷二十三）

注释：

[1] 恁地：如此、这样。

[2] 拱：环绕、环卫。

[3] 共：通"拱"。

臣窃观今日之论国计者，大概有三，曰战，曰守，曰和而已。然天下之事，利必有害，得必有失。是以三者之中，又各有两端焉。盖战诚进取之势，而亦有轻举之失。守固自治之术，而亦有持久之难。至于和之策，则下矣。（《朱文公文集》卷十三）

然则今日所当为者，非战无以复仇，非守无以制胜。是皆天理之自然，非人欲之私忿也。（《朱文公文集》卷十三）

今诸道帅臣，只曾作一二任监司，即以除^[1]之。有警，则又欲其亲督战土。此最不便，万一为贼所虏，为之奈何？彼固不足恤，然失一帅，其势岂不张大？前辈谓祖宗用帅取以二路，一是曾历边郡，一是帅臣子弟曾谙兵事者。此最有理。或谓戎幕宜用文武三四员，此意亦好。盖经历知得此等利害，向后皆可为帅。然必须精选而任，不可泛滥也。（《朱子语类》卷一百一十）

注释：

[1] 除：任用。

论财赋，曰："财用不足，皆起于养兵。十分八分是养兵，其它用度止在二分之中。古者刻剥^[1]之法，本朝皆备，所以有靖康之乱。已前未有池、扬、江、鄂之兵，止谓张宣抚^[2]兵、某人兵。今增添许多兵，合当精练禁兵^[3]，

汰其老弱，以为厢兵[4]。"（《朱子语类》卷一百一十）

注释：

[1]刻剥：侵夺剥削。语出《后汉书·隗嚣传》"增重赋敛，刻剥百姓。"

[2]张宣抚：即张俊，他曾任淮西宣抚使，其军当时号为"张家军"。

[3]禁兵：亦称禁军，北宋时指由中央政府直接掌握的正规军，禁军皆实行募兵制，终身服役，直至老、病退役。

[4]厢兵：亦称厢军，宋初选诸州募兵的壮勇者送京师充禁兵，其余留驻地方，不加训练，只充劳役，称为厢兵。仁宗时开始训练部分厢兵以备战守。厢兵待遇比禁军差，薪饷仅为禁军之半，由于多老弱，并缺乏训练，因此战斗力差。

今日民困，正缘沿江屯兵费重。只有屯田可减民力，见说襄汉间尽有荒地，某云：当用甚人耕垦？曰：兵民兼用，各自为屯。彼地沃衍，收谷必多。若做得成，敌人亦不敢窥伺。兵民得利既多，且耕且战，便是金城汤池。兵食既足，可省漕运，民力自苏。然后尽驱州郡所养归明北军[1]，往彼就食，则州郡自宽。迟之十年，其效必著。须是择帅。既得其人，专一委任，许令辟召寮属，同心措置，勿数更易，庶几有济。（《朱子语类》卷一百一十）

注释：

[1]北军：原指汉代常备军的精锐和主力部队，因驻守长安城北，故称北军。唐代的北衙禁军，也称北军。朱熹所说的"北军"似指当时的禁兵。

屯田，须是分而屯之，统帅屯甚州，总司[1]屯甚州，漕司[2]屯甚州，以户部尚书为屯田使，使各考其所屯之多少，以为殿最[3]，则无不可行者。今则不然，每欲行一文字，则经由数司金押相牵制，事何由成！（《朱子语类》卷一百一十）

注释：

[1]总司：即总制司，南宋绍兴五年置，管理财赋的机构。李心传《建

炎以来朝野杂记·甲集》"经制使"条说："绍兴中，又有总制司，以执政官领其事。先是经制司既废，诸路贡赋或不时至，五年闰二月，孟富文以参知政事提领措置财用，富文请以总制司为名，许之。"按：南宋曾设淮东、淮西、湖广、四川四大总领所，在其所辖的范围内亦起军费管理的作用，朱熹所说的总司，抑或指此。

〔2〕漕司：宋代在各路置转运司，掌财赋与转运，简称漕司。

〔3〕殿最：通过考课、评比，分出等级高下。古代对官员进行考绩、选拔的一套制度，也叫"殿最制"。"殿"为最后，"最"为最好。

言今兵政之弊，曰："唐制节度、兵。观察、财。处置等使，即节镇也；使持节某州诸军事、兵。某州刺史，民。即支郡也。支郡隶于节镇，而节镇、支郡各有衙前左右押衙，管军都头，并掌兵事，又皆是士人为之。其久则根势深固，反视节度有客主之势。至有诛逐其上，而更代为之。凡陆梁跋扈之事，因兹而有。惟是节度得人，方能率服人心，归命朝廷。若论唐初兵力最盛，斥地最广，乃在于统兵者简约而无牵制之患。然自唐末，大抵节镇之患深，如人之病，外强中干，其势必有以通其变而后可。故太祖皇帝知其病而疏理之，于是削其支郡[1]，以断其臂指之势；置通判[2]，以夺其政；命都监[3]监押，以夺其兵；立仓场库务之官，以夺其财，向之所患，今皆无忧矣。其后又有路分[4]、钤辖[5]、总管[6]等员，神宗时又增置三十七将，乱离之后，又有都统、统领、统制之名。大抵今日之患，又却在于主兵之员多。朝廷虽知其无用，姑存其名。日费国家之财，不可胜计，又刻剥士卒，使士卒困怨于下。若更不变而通之，则其害未艾也。要之，此事但可责之郡守。他分明谓之郡将，若使之练习士卒，修治器甲，筑固城垒，以为一方之守，岂不隐然有备而可畏！古人谓'生之者众，食之者寡，为之者疾，用之者舒'，今一切反之！"（《朱子语类》卷一百一十）

注释：

〔1〕支郡：唐末五代，节度使割据一方，兼领数州，称为"支郡"。

据《续资治通鉴长编》卷一八载："太祖平湖南，始令潭、朗等州直属京，长吏得自奏事，其后大县屯兵，亦有直属京官者，兴元之三泉是也。戊辰，上纳瀚（李瀚）言，诏邠、宁、泾、原等州直属京，天下节镇无复领支郡者矣。"

［2］通判：通判州事或知事通判省称。宋初，武将解除兵权后，往往以朝臣身份出守州郡，称"权知军、州事"，通判即为其副职，与权知军、州事共同处理政事，但有直接向皇帝上奏权，故兼有监察官的性质。

［3］都监：即监军。唐中期后常以宦官为监军，督察多路兵马，故称"都监"。宋代设有路都监，掌管本路禁军的屯戍、训练和边防事务，州府都监。

［4］路分：一般指宋、元时路制的区域范围，这里指路一级的武官。

［5］钤辖：也称兵马钤辖，以朝官及诸司使以上充任，官高资深者称都钤辖，官卑资浅者称钤辖。

［6］总管：为地方高级军政长官或管理专门事务的行政长官的官名，一般由节度使充任。五代及北宋的太祖、太宗、真宗、仁宗四朝时，总管称为部署，据《续资治通鉴长编》卷一九八载，宋英宗即位后，即"改名部署曰总管"自此之后，总管就成为帅臣的官职。

三、朱熹伦理思想

"且所谓天理，复是何物？仁义礼智，岂不是天理！君臣、父子、兄弟、夫妇、朋友，岂不是天理？"（《朱文公文集》卷五十九）

"不为物欲所昏，则浑然天理矣。"（《朱子语类》卷十三）

人之一心，本自光明。常提撕他起，莫为物欲所蔽，便将这个做本领，然后去格物、致知。如大学中条目，便是材料。圣人教人，将许多材料来修治平此心，令常常光明耳。按"修治"字疑。伊川云："我使他思时便思"，如此方好。倘临事不醒，只争一晌时，便为他引去。且如我两眼光珑珑，又白日里在大路上行，如何会被别人引去草中。只是我自昏睡，或暗地里行，便被别人胡乱引去耳。但只要自家常醒得他做主宰，出乎万物之上，物来便应。易理会底，便理会得；难理会底，思量久之也理会得。若难理会底便理会不得，是此心尚昏未明，便用提醒他。（《朱子语类》卷十五）

且穷实理，令有切己工夫，若只泛穷天下万物之理，不务切己，即是《遗书》所谓游骑无所归矣。（《朱子语类》卷十八）

利是那义里面生出来底。凡事处制[1]得合宜，利便随之，所以云"利者义之和"。盖是义便兼得利。若只理会利，却是从中间半截做下去，遗了上面一截义底。小人只理会后面半截，君子从头来。（《朱子语类》卷六十八）

注释：

[1]处制：即处置，处理、办理。

"性[1]者，人之所得于天之理也"（《孟子集注》卷十一）。

注释：

[1]性：在中国传统文化中，主要指人性。

心有善恶，性无不善。若论气质之性，亦有不善。（《朱子语类》卷五）

景绍问心性之别。曰："性是心之道理，心是主宰于身者。四端便是情，是心之发见处。四者之萌皆出于心，而其所以然者，则是此性之理所在也。"道夫问："'满腔子是恻隐之心'，如何？"曰："腔子是人之躯壳。上蔡见明道，举经史不错一字，颇以自矜。明道曰：'贤却记得许多，可谓玩物丧志矣？'上蔡见明道说，遂满面发赤，汗流浃背。明道曰：'只此便是恻隐之心。'公要见满腔子之说，但以是观之。"问："玩物之说主甚事？"曰："也只是'矜'字。"（《朱子语类》卷五）

问："'冲漠无朕[1]'，至'教人涂辙[2]'。他所谓涂辙者，莫只是以人所当行者言之？凡所当行之事，皆是先有此理；却不是临行事时，旋去寻讨道理。"曰："此言未有这事，先有这理。如未有君臣，已先有君臣之理；未有父子，已先有父子之理。不成元[3]无此理，直待有君臣父子，却旋将道理入在里面！"（《朱子语类》卷九十五）

注释：

[1]冲，通"盅"，空虚。朕，预兆、迹象。冲漠无朕即空寂无形的意思。

[2]涂辙：即车辙、车轮的印迹，比喻行事的途径。

[3]元：同"原"。

或问"孝弟[1]为仁之本"。曰："这个仁，是爱底意思。行爱自孝弟始。"又曰："亲亲、仁民、爱物，三者是为仁之事。亲亲是第一件事，故'孝弟也者，其为仁之本与'。"又曰："知得事亲不可不孝，事长不可不弟，是为义之本；知事亲事长之节文，为礼之本；知事亲事长，为智之本。"张仁叟问："义亦可为心之德？"曰："义不可为心之德。仁是专德，便是难说，某也只说到这里。"又曰："行仁之事。"又曰："此'仁'字是偏言底，不是专言底。"又曰："此仁，是仁之一事。"（《朱子语类》卷二十）

注释：

[1]弟：通"悌"，敬爱兄长，引申为顺从长上。

仁便是"爱之理"，至于爱人爱物，皆是此理。（《朱子语类》卷二十）

爱非仁，爱之理是仁；心非仁，心之德是仁。（《朱子语类》卷二十）

郭兄问："莫不有以知夫所以然之故，与其所当然之则。"曰："所以然之故，即是更上面一层。如君之所以仁，盖君是个主脑，人民土地皆属它管，它自是用仁爱。试不仁爱看，便行不得。非是说为君了，不得已用仁爱，自是理合如此。试以一家论之：为家长者便用爱一家之人，惜一家之物，自是理合如此，若天使之然。每常思量着，极好笑，自那原头来便如此了。又如父之所以慈，子之所以孝，盖父子本同一气，只是一人之身，分成两个，其恩爱相属，自有不期然而然者。其它大伦皆然，皆天理使之如此，岂容强为哉！且以仁言之：只天地生这物时便有个仁，它只知生而已。从他原头下来，自然有个春夏秋冬，金木水火土。初有阴阳，有阴阳，便有此四者。故赋于人物，便有仁义礼智之性。仁属春，属木。且看春间天地发生，蔼然和气，如草木萌芽，初间仅一针许，少间渐渐生长，以至枝叶花实，变化万状，便可见他生生之意。非仁爱，何以如此。缘他本原处有个仁爱温和之理如此，所以发之于用，自然慈祥恻隐。孟子说'恻隐之端'，恻隐又与慈仁不同，恻隐是伤痛之切。盖仁，本只有慈爱，缘见孺子入井，所以伤痛之切。义属金，是天地自然有个清峻刚烈之气。所以人禀得，自然有裁制，便自然有羞恶之心。礼智皆然。盖自本原而已然，非旋安排教如此也。昔龟山问一学者：'当见孺子入井时，其心怵惕、恻隐，何故如此？'学者曰：'自然如此。'龟山曰：'岂可只说自然如此了便休？须是知其所自来，则仁不远矣。'龟山此语极好。又或人问龟山曰：'"以先知觉后知"，知、觉如何分？'龟山曰：'知是知此事，觉是觉此理。'且如知得君之仁，臣之敬，子之孝，父之慈，是知此事也；又知得君之所以仁，臣之所以敬，父之所以慈，子之所以孝，是觉此理也。"（《朱子语类》卷十七）

子曰："君子不重则不威，学则不固。重，厚重。威，威严。固，坚固也。轻乎外者，必不能坚乎内，故不厚重则无威严，而所学亦不坚固也。主忠信。人不忠信，则事皆无实，为恶则易，为善则难，故学者必以是为主焉。程子曰：'人道惟在忠信，不诚则无物，且出入无时，莫知其乡者，人心也。若无忠信，岂复有物乎？'无友不如己者。无、毋通，禁止辞也。友所以辅仁，不如己，则无益而有损。过则勿惮改。"勿，亦禁止之辞。惮，畏难也。自治不勇，则恶日长，故有过则当速改，不可畏难而苟安也。程子曰："学问之道无他也，知其不善，则速改以从善而已。"程子曰："君子自修之道当如是也。"游氏曰："君子之道，以威重为质，而学以成之。学之道，必以忠信为主，而以胜己者辅之。然或吝于改过，则终无以入德，而贤者亦未必乐告以善道，故以过勿惮改终焉。"（《论语集注》卷一）

问"信近于义，言可复也"。曰："如今人与人要约[1]，当于未言之前，先度其事之合义与不合义。合义则言，不合义则不言。言之，则其言必可践而行之矣。今不先度其事，且鹘突[1]恁地说了，到明日却说这事不义，我不做，则是言之不可践也。言而不践，则是不信；践其所言，又是不义，是不先度之故。"（《朱子语类》卷二十二）

注释：

［1］要约：即立盟、立约、约定。

［2］鹘突：模糊、混沌。

言约信而合其宜，则言必可践矣。致恭而中其节，则能远耻辱矣。所依者不失其可亲之人，则亦可以宗而主之矣。此言人之言行交际，皆当谨之于始而虑其所终。不然，则因仍苟且之间，将有不胜其自失之悔者矣。（《论语集注》卷一）

大率把捉不定，皆是不仁。人心湛然[1]虚定者，仁之本体。把捉[2]不定者，私欲夺之，而动摇纷扰矣。然则把捉得定，其惟笃于持敬乎。（《朱子语类》卷十二）

注释：

［1］湛然：安然。

［2］把捉：把持、掌握。

耻者，吾所固有羞恶之心也。存之则进于圣贤，失之则入于禽兽，固所系甚大。（《孟子集注》卷十三）

为机械[1]变诈之巧者，所为之事皆人所深耻，而彼方且自以为得计，故无所用其愧耻之心也。（《孟子集注》卷十三）

注释：

[1] 机械：机巧狡诈。

先之以法制禁令，是合下有猜疑关防[1]之意，故民不从。又却"齐之以刑"，民不见德而畏威，但图目前苟免于刑，而为恶之心未尝不在。先之以明德，则有固有之心者，必观感而化。然禀有厚薄，感有浅深，又"齐之以礼"，使之有规矩准绳之可守，则民耻于不善，而有以至于善。（《朱子语类》卷二十三）

注释：

[1] 关防：防备、防范。

问："颜子问仁与仲弓问仁处，看来仲弓才质胜似颜子。"曰："陆子静向来也道仲弓胜似颜子，然却不是。盖'克己复礼'，乾道也，是吃一服药便效。主敬行恕，坤道也，是服药调护，渐渐消磨去。公看颜子多少大力量，一'克己复礼'便了！仲弓只是循循做将去底，如何有颜子之勇！"祖道曰："虽是如此，然仲弓好做中人一个准绳。至如颜子，学者力量打不到，不如且学仲弓。"曰："不可如此立志，推第一等与别人做。颜子虽是勇，然其着力下手处也可做。"因举释氏云，有一屠者放下屠刀，立地成佛底事。或曰："如'不迁、不贰'，却是学者难做底。"曰："重处不在怒与过，只在'迁'与'贰'字上看。今不必论怒与过之大小，只看'不迁、不贰'是甚模样。"又云："贰，不是一二之'二'，是长贰之'贰'。盖一个边又添一个，此谓之贰。"又问："'守之也，非化之也'，如何？"曰："圣人则却无这个。颜子则疑于迁贰与不迁贰之间。"又问："先生适说：''克己复礼'，是吃一服药便效。'可以着力下手处，更望力为开发。"曰："非礼勿视、勿听、勿言、勿动处，便是克己。盖人只有天理人欲。日间行住坐卧，

215

无不有此二者，但须自当省察。譬如'坐如尸，立如斋'，此是天理当如此。若坐欲纵肆，立欲跛倚，此是人欲了。至如一语一默，一饮一食，尽是也。其去复礼，只争这些子。所以礼谓之'天理之节文'者，盖天下皆有当然之理。今复礼，便是天理。但此理无形无影，故作此礼文，画出一个天理与人看，教有规矩可以凭据，故谓之'天理之节文'。有君臣，便有事君底节文；有父子，便有事父底节文；夫妇长幼朋友，莫不皆然，其实皆天理也。天理人欲，其间甚微。于其发处，子细认取那个是天理，那个是人欲。知其为天理，便知其为人欲。既知其为人欲，则人欲便不行。譬如路然，一条上去，一条下去，一条上下之间。知上底是路，便行；下底差了，便不行。此其所操岂不甚约，言之岂不甚易！却是行之甚难。学者且恁地做将去，久久自然安泰。人既不随私意，则此理是本来自有底物，但为后来添得人欲一段。如'孩提之童，无不知爱其亲；及长，无不知敬其兄'，岂不是本来底。却是后来人欲肆时，孝敬之心便失了。然而岂真失了？于静处一思念道，我今日于父兄面上孝敬之心颇亏，则此本来底心便复了也。只于此处牢把定其功，积久便不可及。"（《朱子语类》卷四十二）

有子曰："礼之用，和为贵。先王之道斯为美，小大由之。礼者，天理之节文，人事之仪则也。和者，从容不迫之意。盖礼之为体虽严，而皆出于自然之理，故其为用，必从容而不迫，乃为可贵。先王之道，此其所以为美，而小事大事无不由之也。有所不行，知和而和，不以礼节之，亦不可行也。"承上文而言，如此而复有所不行者，以其徒知和之为贵而一于和，不复以礼节之，则亦非复理之本然矣，所以流荡忘反，而亦不可行也。程子曰："礼胜则离，故礼之用和为贵。先王之道以斯为美，而小大由之。乐胜则流，故有所不行者，知和而和，不以礼节之，亦不可行。"范氏曰："凡礼之体主于敬，而其用则以和为贵。敬者，礼之所以立也；和者，乐之所由生也。若有子可谓达礼乐之本矣。"愚谓严而泰，和而节，此理之自然，礼之全体也。毫厘有差，则失其中正，而各倚于一偏，其不可行均矣。（《论语集注》卷一）

问：“‘礼胜则离，乐胜则流’，才是胜时，不惟至于流与离，即礼乐便不在了。”曰：“这正在‘胜’字紧要。只才有些子差处，则礼失其节，乐失其和。盖这些子，正是交加生死岸头。”又云：“礼乐者，皆天理之自然。节文也是天理自然有底，和乐也是天理自然有底。然这天理本是儱侗一直下来，圣人就其中立个界限，分成段子；其本如此，其末亦如此；其外如此，其里亦如此，但不可差其界限耳。才差其界限，则便是不合天理。所谓礼乐，只要合得天理之自然，则无不可行也。”又云：“无礼之节，则无乐之和，惟有节而后有和也。”（《朱子语类》卷八十七）

父之所贵者，慈也；子之所贵者，孝也；君之所贵者，仁也；臣之所贵者，忠也。兄之所贵者，爱也；弟之所贵者，敬也。夫之所贵者，和也；妇之所贵者，柔也。事师长，贵乎礼也；交朋友，贵乎信也。见老者，敬之；见幼者，爱之。有德者，年虽下于我，我必尊之；不肖者，年虽高于我，我必远之。慎勿谈人之短，切莫矜己之长。雠者以义解之，怨者以直报之。人有小过，含容而忍之；人有大过，以理而谕之。勿以善小而不为，勿以恶小而为之。人有恶，则掩之；人有善，则扬之。处公无私雠，治家无私法。勿损人而利己，勿妒贤而嫉能。勿称忿而报横逆，勿非礼而害物命。见不义之财勿取，遇合义之事则从。诗书不可不读，礼义不可不知。子孙不可不教，婢仆不可不恤。守我之分者，礼也；听我之命者，天也。人能如是，天必相之。此乃日用常行之道，若衣服之于身体，饮食之于口腹，不可一日无也，可不谨哉！（《朱子遗集》卷四）

但当更于存养践履上著力，不可只考同异、校详略，专为章句之学而已。（《朱文公文集》卷三十五）

因说克己，或曰：“若是人欲则易见。但恐自说是天理处，却是人欲，所以为难。”曰：“固是如此。且从易见底克去，又却理会难见底。如剥百合，须去了一重，方始去那第二重。今且将‘义利’两字分个界限，紧紧走从这边来。其间细碎工夫，又一面理会。如做屋柱一般，且去了一重粗皮，又慢慢出细。今人不曾做得第一重，便要做第二重工夫去。如中庸说'戒慎乎其所不睹，恐惧乎其所不闻。莫见乎隐，莫显乎微，故君子慎其独'。此是寻常工夫都做了，故又说出向上一层工夫，以见义理之无穷耳。不成'十目所视，十手所指'处不慎，便只去慎独！无此理也。"（《朱子语类》卷四十一）

或问："克己之私有三：气禀，耳目鼻口之欲，及人我是也。不知那个是夫子所指者？"曰："三者皆在里。然非礼勿视听言动，则耳目口鼻之欲较多。"又问："'克者，胜也'，不如以克训治较稳。"曰："治字缓了。且如捱得一分，也是治；捱得二分，也是治。胜，便是打叠杀了他。"（《朱子语类》卷四十一）

亚夫问："克己复礼，疑若克己后便已是仁，不知复礼还又是一重工夫否？"曰："己与礼对立。克去己私，必复于礼，然后为仁。若克去己私便无一事，则克之后便落空去了。且如坐当如尸，立当如齐，此礼也。坐而倨傲，立而跛倚，此己私也。克去己私，则不倨傲不跛倚，然必使之如尸如齐方合礼。"……又问："克己复礼与主敬行恕之别。"曰："仲弓方始是养在这里，中间未见如何。颜子克己复礼，便规模大，精粗本末，一齐该贯在这里。佛氏之学，超出世故，无足以累其心，不可谓之有私意。然只见他空底，不见实理，所以都无规矩准绳。"……曰："先生向所作克斋记，云：克己者所以复礼，非克己之外别有所谓复礼之功，是如何？"曰："便是当时说得忒快了。明道谓克己则私心去，自能复礼，虽不学文而礼意已得。如此等语，也说得忒高了。孔子说克己复礼便都是实。"曰：如此则克己复礼分明是两节工夫，曰：也不用做两节看。但不会做工夫底，克己了犹未能复礼。会做工夫底，才克己已便复礼也。（《朱子语类》卷四十一）

晏[1]问"克己复礼"。曰："人只有天理、人欲两途，不是天理，便是人欲。

即无不属天理，又不属人欲底一节。且如'坐如尸'是天理，跛倚[2]是人欲。克去跛倚而未能如尸，即是克得未尽；却不是未能如尸之时，不系人欲也。须是立个界限，将那未能复礼时底都把做人欲断定。"先生又曰："礼是自家本有底，所以说个'复'，不是待克了己，方去复礼。克得那一分人欲去，便复得这一分天理来；克得那二分己去，便复得这二分礼来。且如箕踞非礼，自家克去箕踞，稍稍端坐，虽未能如尸，便复得这些个来。"又问："如磨昏镜相似，磨得一分尘埃去，复得一分明。"曰："便是如此。然而世间却有能克己而不能复礼者，佛老是也。佛老不可谓之有私欲。只是他元无这礼，克己私了，却空荡荡地。他是见得这理元不是当。克己了，无归着处。"又问："所以唤做礼，而不谓之理者，莫是礼便是实了，有准则，有着实处？"曰："只说理，却空去了。这个礼，是那天理节文，教人有准则处。佛老只为元无这礼，克来克去，空了。只如曾点见处，便见这意思。"又问："曾点见得了，若能如颜子实做工夫去，如何？"曰："曾点与颜子见处不同：曾点只是见他精英底，却不见那粗底。颜子天资高，精粗本末一时见得透了，便知得道合恁地下学上达去。只是被他一时见透，所以恁做将去。曾点但只见得这向上底道理，所以胸中自在受用处从容。"因问："曾点资质，莫是与颜子相反？"曰："不是与颜子相反，却与曾参相反。他父子间为学大不同。曾参是逐些子推将去，曾点是只见他向上底了，便不肯做。"又问："子路若达'为国以礼'道理，如何便是这气象？"曰："若达时，事事都见得是自然底天理。既是天理，无许多费力生受。"又问："子路就使达得，却只是事为之末，如何比得这个？"曰："理会得这道理，虽事为之末，亦是道理。'暮春者，春服既成'，何尝不是事为来。"又问："三子皆事为之末，何故子路达得便是这气象？"曰："子路才气去得，他虽粗暴些，才理会这道理，便就这个'比及三年，可使有勇且知方'上面，却是这个气象。求赤二子虽似谨细，却只是安排来底，又更是他才气小了。子路是甚么样才气！"先生又曰："曾点之学，无圣人为之依归，便是佛老去。如琴张曾晳，已做出这般事来。"又曰："其克己，往往吾儒之所不及，但只他无那礼可复。"曼再举"未能至于复礼以前，皆是己私未尽克去"。曰："这是旋克将去。”夓因说：“夜来说‘浴乎沂’等数句，意在言外。本为见得此数句，只是见得曾点受用自在处，却不曾见得曾点见那道理处。须当分明先从这数句上体究出曾点所以如此洒落，因个甚么。”曰：“这数句，只是见得曾点从容自在处，见得道理处却不在此，然而却当就这看出来。”又曰：“只为三子见得低了，曾点恁地说出来，夫子所以与之。然而终不似说颜子时。说他只说是狂者，正为只见得如此，做来却不恁地。”又曰：“‘为国以礼’之‘礼’，却不只是繁文末节。”夓问：“莫便是那‘克己复礼’之‘礼’？”曰：“礼是那天地自然之理。理会得时，繁文末节皆在其中。‘礼仪三百，威仪三千’，却只是这个道理。千条万绪，贯通来只是一个道理。夫子所以说‘吾道一以贯之’，曾子曰‘忠恕而已矣’，是也。盖为道理出来处，只是一源。散见事物，都是一个物事做出底。一草一木，与他夏葛冬裘，渴饮饥食，君臣父子，礼乐器数，都是天理流行，活泼泼地。那一件不是天理中出来！见得透彻后，都是天理。理会不得，则一事各自是一事，一物各自是一物，草木各自是草木，不干自己事。倒是庄老有这般说话。庄子云：‘言而足，则终日言而尽道；言而不足，则终日言而尽物。’”夓因问：“这‘礼’字恁地重看？”曰：“只是这个道理，有说得开朗底，有说得细密底。‘复礼’之‘礼’，说得较细密。‘博文、约礼’，‘知崇、礼卑’，‘礼’字都说得细密。知崇是见得开朗，礼卑是要确守得底。”又曰：“早间与亚夫说得那‘克己复礼’，是克己便是复礼，不是克己了，方待复礼，不是做两截工夫。就这里克将去，这上面便复得来。明道说那‘克己则私心去，自能复礼；虽不学礼文，而礼意已得’。这个说得不相似。”又曰：“‘克己复礼’，是合掌说底。”（《朱子语类》卷四十一）

注释：

［1］夓：读 huǎn，是我国姓氏之一。

［2］跛倚：偏倚，站不正；偏袒。

曰：“‘克己复礼’，是刚健勇决，一上便做了。若所以告仲弓者，是教他平稳做去，慢慢地消磨了。譬如服药，克己者，要一服便见效；敬恕者，

渐渐服药，磨去其病也。"（《朱子语类》卷四十二）

问："克己工夫与主敬行恕如何？"曰："克己复礼，是截然分别个天理人欲，是则行之，非则去之。敬恕，则犹是保养在这里，未能保它无人欲在。若将来保养得至，亦全是天理矣。克己复礼，如拨乱反正，主敬行恕，如持盈守成，二者自有优劣。"（《朱子语类》卷四十二）

问朱蜚卿："读书何所疑？"曰："论语切要处在言仁。言仁处多，某未识门路。日用至亲切处，觉在告颜子一章。答仲弓又却别。集注云：'仲弓未及颜子，故特告以操存之要。'不知告颜子者亦只是操存否？"曰："这须子细玩味。所告二人气象自不同。"顾问贺孙："前夜曾如何说？"贺孙举先生云："告仲弓底是防贼工夫，告颜渊底是杀贼工夫。"蜚卿问："如何？"曰："且子细看，大意是如此。告颜子底意思，是本领已自坚固了，未免有些私意，须一向克除教尽。告仲弓底意思，是本领未甚周备，只是教他防扞疆土，为自守计。"（《朱子语类》卷四十二）

问："程先生说云云，'看其气象，便须"心广体胖"，"动容周旋中礼。"'看来也是平日用功，方能如此。非一旦'出门如见大宾，使民如承大祭'，便能如此。"曰："自这里做去，方能如此。只是常能存得此心，便能如此。"又问："'克己复礼'乾道；'主敬行恕'坤道。"曰："乾道者是见得善恶精粗分明，便一刀两段斩截了。坤道便顺这一边做将去，更不犯着那一边。"又云："乾道是创业之君，坤道是继体守成之君。"（《朱子语类》卷四十二）

问："'"克己复礼"，乾道；主教行恕，坤道'，如何？"曰："仲弓资质温粹，颜子资质刚明。'克己复礼，天下归仁。为仁由己，而由人乎哉！'颜子之于仁，刚健果决，如天旋地转，雷动风行做将去！仲弓则敛藏严谨做将去。颜子如创业之君，仲弓如守成之君。颜子如汉高祖，仲弓如汉文帝。

伊川曰：'质美者明，得尽渣滓便浑化，却与天地同体。其次惟庄敬以持养。'颜子则是明得尽者也，仲弓则是庄敬以持养之者也，及其成功一也。"潜夫曰："旧曾闻先生说：'颜冉二子之于仁，譬如捉贼，颜子便赤手擒那贼出！仲弓则先去外面关防，然后方敢下手去捉他。'"（《朱子语类》卷四十二）

克、伐、怨、欲，须从根上治。（《朱子语类》卷四十四）

克、伐、怨、欲不行，只是遏杀得在。此心不问存亡。须是克己。（《朱子语类》卷四十四）

问："'克、伐、怨、欲'须要无。先生前日令只看大底道理，这许多病自无。今看来莫是见得人己一体，则求胜之心自无；见得事事皆己当为，则矜伐之心自无；见得'死生有命，富贵在天'，则忿怨贪欲之心自无否？"曰："固是如此，这已是第二着了。"问："莫是见得天地同然公共底道理否？"曰："这亦是如此，亦是第二着。若见得本来道理，亦不待说与人公共、不公共。见得本来道理只自家身己上，不是个甚么？是伐个甚么？是怨、欲个甚么？所以夫子告颜子，只是教他'克己复礼'。能恁地，则许多病痛一齐退听。'出门如见大宾，使民如承大祭'，这是防贼工夫。'克己复礼'，这是杀贼工夫。"（《朱子语类》卷四十四）

性即理也，在心唤做性，在事唤做理。（《朱子语类》卷五）

告子曰："性，犹杞柳也；义，犹桮棬也。以人性为仁义，犹以杞柳为桮棬。"桮，音杯。棬，丘圆反。性者，人生所禀之天理也。杞柳，柜柳。桮棬，屈木所为，若卮匜之属。告子言人性本无仁义，必待矫揉而后成，如荀子性恶之说也。孟子曰："子能顺杞柳之性而以为桮棬乎？将戕贼杞柳而后以为桮棬也？如将戕贼杞柳而以为桮棬，则亦将戕贼人以为仁义与？率天下之人而祸仁义者，必子之言夫！"戕，音墙。与，平声。夫，音扶。

言如此，则天下之人皆以仁义为害性而不肯为，是因子之言而为仁义之祸也。（《孟子集注》卷十一）

告子曰："生之谓性。"生，指人物之所以知觉运动者而言。告子论性，前后四章，语虽不同，然其大指不外乎此，与近世佛氏所谓作用是性者略相似。孟子曰："生之谓性也，犹白之谓白与？"曰："然。""白羽之白也，犹白雪之白；白雪之白，犹白玉之白与？"曰："然。"与，平声。下同。白之谓白，犹言凡物之白者，同谓之白，更无差别也。白羽以下，孟子再问而告子曰然，则是谓凡有生者同是一性矣。"然则犬之性，犹牛之性；牛之性，犹人之性与？"孟子又言若果如此，则犬牛与人皆有知觉，皆能运动，其性皆无以异矣，于是告子自知其说之非而不能对也。愚按：性者，人之所得于天之理也；生者，人之所得于天之气也。性，形而上者也；气，形而下者也。人物之生，莫不有是性，亦莫不有是气。然以气言之，则知觉运动，人与物若不异也；以理言之，则仁义礼智之？岂物之所得而全哉？此人之性所以无不善，而为万物之灵也。告子不知性之为理，而以所谓气者当之，是以杞柳湍水之喻，食色无善无不善之说，纵横缪戾，纷纭舛错，而此章之误乃其本根。所以然者，盖徒知知觉运动之蠢然者，人与物同；而不知仁义礼智之粹然者，人与物异也。孟子以是折之，其义精矣。（《孟子集注》卷十一）

"天地之塞，吾其体；天地之帅，吾其性。"塞，如孟子说"塞乎天地之间"。塞只是气。吾之体，即天地之气。帅是主宰，乃天地之常理也。吾之性，即天地之理。（《朱子语类》卷九十八）

天下之理，至虚之中，有至实者存；至无之中，有至有者存。夫理者，寓于至有之中，而不可以目击而指数也。然而举天下之事，莫不有理。且臣之事君，便有忠之理；子之事父，便有孝之理；目之视，便有明之理；耳之听，便有聪之理；貌之动，便有恭之理；言之发，便有忠之理。只是常常恁地省察，

则理不难知也。(《朱子语类》卷十三)

舜功问:"学者当先防人欲,正如未上船,先作下水计。不如只于天理上做功夫,人欲自消。"曰:"尧舜说便不如此,只云'人心惟危,道心惟微。'渠只于两者交界处理会。尧舜时未有文字,其相授受口诀只如此。"方伯谟云:"人心道心,伊川说,天理人欲便是。"曰:"固是。但此不是有两物,如两个石头样,相挨相打。只是一人之心,合道理底是天理,徇情欲底是人欲[1],正当于其分界处理会。五峰云'天理人欲,同行异情',说得最好。及至理会了精底、一底,只是一个人。"又曰:"'执中'是无执之'执'。如云:'以尧舜之道要汤',何曾'要'来?"(《朱子语类》卷七十八)

注释:

[1]人欲:即人的自然欲望。与"天理"相对时,指人不合理的需求。

今看得天理乃自然之理,人欲乃自欺之情,不顺自然,即是私伪,不是天理,即是人欲,二者面目自别,发于人心自不同。(《朱文公文集》卷五十八)

一言一语,一动一作,一坐一立,一饮一食,都有是非。是底便是天理,非底便是人欲。如孔子"失饪不食,不时不食,割不正不食","不多食",无非天理。如口腹之人,不时也食,不正也食,失饪也食,便都是人欲,便都是逆天理。如只吃得许多物事,如不当吃,才去贪吃不住,都是逆天理。看道理只管进,只管细,便好。只管见上面,只管有一重,方好。如一物相似,剥一重,又剥一重;又有一重,又剥一重;剥到四五重,剥得许多皮壳都尽,方见真实底。今人不是不理会道理,只是不肯子细,只守着自底便了,是是非非,一向都没分别。如诐淫邪遁之辞,也不消得辨;便说道是他自陷自蔽自如此,且恁地和同过也不妨。(《朱子语类》卷三十八)

问:"饮食之间,孰为天理,孰为人欲?"曰:"饮食者,天理也;要

求美味，人欲也。[1]"（《朱子语类》卷十三）

注释：

[1]正常的饮食需求是天理；要求美味则是人欲。

学者须是革尽人欲，复尽天理，方始是学。（《朱子语类》卷十三）

或问"诚其意者毋自欺"。曰："譬如一块物，外面是银，里面是铁，便是自欺。须是表里如一，便是不自欺。然所以不自欺，须是见得分晓。譬如今人见乌喙之不可食，知水火之不可蹈，则自不食不蹈。如寒之欲衣，饥之欲食，则自是不能已。今人果见得分晓，如乌喙之不可食，水火之不可蹈，见善如饥之欲食，寒之欲衣，则此意自实矣。"（《朱子语类》卷十六）

"濂溪言'寡欲以至于无'，盖恐人以寡欲为便得了，故言不止于寡欲而已，必至于无而后可耳。然无底工夫，则由于能寡欲。到无欲，非圣人不能也。"曰："然则'欲'字如何？"曰："不同。此寡欲，则是合不当如此者，如私欲之类。若是饥而欲食，渴而欲饮，则此欲亦岂能无？但亦是合当如此者。"（《朱子语类》卷九十四）

尊德性，所以存心而极乎道体之大也。道问学，所以致知而尽乎道体之细也。二者，修德凝道之大端也。不以一毫私意自蔽，不以一毫私欲自累，涵泳乎其所已知，敦笃乎其所已能，此皆存心之属也。析理则不使有毫厘之差，处事则不使有过不及之谬，理义则日知其所未知，节文则日谨其所未谨，此皆致知之属也。盖非存心无以致知，而存心者又不可以不致知。故此五句，大小相资，首尾相应，圣贤所示入德之方，莫详于此，学者宜尽心焉。（《中庸章句》）

人之一心，天理存，则人欲亡；人欲胜，则天理灭，未有天理人欲夹杂者。学者须要于此体认省察之。（《朱子语类》卷十三）

人只有个天理人欲，此胜则彼退，彼胜则此退，无中立不进退之理。凡人不进便退也。譬如刘项相拒于荥阳成皋间，彼进得一步，则此退一步；此进一步，则彼退一步。初学则要牢劄定脚与他捱，捱得一毫去，则逐旋捱将去。此心莫退，终须有胜时。胜时甚气象！（《朱子语类》卷十三）

"心与理一，不是理在前面为一物。理便在心之中，心包蓄不住，随事而发。"因笑云："说到此，自好笑。恰似那藏相似，除了经函，里面点灯，四方八面皆如此光明粲烂，但今人亦少能看得如此。"（《朱子语类》卷五）

人心但以形气所感者而言尔。具形气谓之人，合义理谓之道，有知觉谓之心。（《朱子语类》卷一百四十）

因说此章，问曰："今不知吾之心与天地之化是两个物事，是一个物事？公且思量。"良久乃曰："今诸公读书，只是去理会得文义，更不去理会得意。圣人言语，只是发明这个道理。这个道理，吾身也在里面，万物亦在里面，天地亦在里面。通同只是一个物事，无障蔽，无遮碍。吾之心，即天地之心。圣人即川之流，便见得也是此理，无往而非极致。但天命至正，人心便邪；天命至公，人心便私；天命至大，人心便小，所以与天地不相似。而今讲学，便要去得与天地不相似处，要与天地相似。"又曰："虚空中都是这个道理，圣人便随事物上做出来。"又曰："如今识得个大原了，便见得事事物物都从本根上发出来。如一个大树，有个根株，便有许多芽蘖枝叶，牵一个则千百个皆动。"（《朱子语类》卷三十六）

盖谓仁者，天地生物之心，而人物所得以为心，则是天地人物莫不同有是心，而心德未尝不贯通也。虽其为天地、为人物，各有不同，然其实则有一条脉络相贯。（《朱子语类》卷九十五）

四端皆是自人心发出。恻隐本是说爱，爱则是说仁。如见孺子将入井而救之，此心只是爱这孺子。恻隐元在这心里面，被外面事触起。羞恶、辞逊、是非亦然。格物便是从此四者推将去，要见里面是甚底物事。（《朱子语类》卷五十三）

或问："纲领诸说，孰为要？"曰："程子之言之要，皆已见于序说矣。其以貌大人，圣夷惠。为非孟子语，则恐其未必然也。张子之言亦多可观，但未成性之语，自其论易大传而失之矣，后不能悉辨也。"曰："谢氏心性之说如何？"曰："性，本体也，其用情也；心则统性情，该动静而为之主宰也，故程子曰心一也。有指体而言者，有指用而言者，盖谓此也。今直以性为本体，而心为之用，则情为无所用者，而心亦偏于动矣。且性之为体，正以仁义礼智之未发者而言，不但为视听作用之本而已也。明乎此，则吾之所谓性者，彼佛氏固未尝得窥其仿佛，而何足以乱吾之真哉！"（《朱文公文集》卷七十四）

"旧看五峰[1]说，只将心对性说，一个情字都无下落。后来看横渠'心统性情'之说，乃知此话有大功，始寻得个'情'字着落，与孟子说一般。《孟子》言：'恻隐之心，仁之端也。'仁性也，恻隐情也，此是情上见得心。又曰'仁义礼智根于心'，此是性上见得心。盖心便是包得那性情，性是体，情是用，心字只一个字母，故性情字皆从心。"（《朱子语类》卷五）

注释：

[1]五峰：即胡宏（1102—1161），字仁仲，号五峰，人称五峰先生，崇安（今福建崇安）人，南宋著名经学家胡安国之子，曾师事理学家杨时。著有《知言》《皇王大纪》和《易外传》等。

或问："孟子专论不忍人之心，而后乃及乎四端，何也？"曰："不忍人之心，即恻隐之心也。盖性之为德，无所不具，总之则为仁义礼智，而一以包三者，仁也。情之所发，无所不通，总之则惟是四端，而一以贯三者，恻隐也。然则其言之也，又安得无先后轻重之别耶？"曰："子以四端[1]为情，而孟子皆以心言之，何也？"曰："心统性情者也，故仁义礼智，性也。四端，情也。而皆得以心名之，盖以其所统者言尔。"（《孟子或问》卷三）

注释：

[1] 四端：指作为仁、义、礼、智四种德行来源的恻隐之心、羞恶之心、辞让之心、是非之心。语出《孟子·公孙丑上》："恻隐之心，仁之端也；羞恶之心，义之端也；辞让之心，礼之端也；是非之心，智之端也。人之有是四端也，犹其有四体也。"

性是未动，情是已动，心包得已动未动。盖心之未动则为性，已动则为情，所谓心统性情也，欲是情发出来底。心如水，性犹水之静，情则水之流，欲则水之波澜，但波澜有好底，有不好底。欲之好底，如"我欲仁"之类；不好底则一向奔驰出去，若波涛翻浪；大段不好底欲则灭却天理，如水之壅决，无所不害。孟子谓情可以为善，是说那情之正，从性中流出来者，元无不好也。因问："'可欲之谓善'之'欲'，如何？"曰："此不是'情欲'之'欲'，乃是可爱之意。"（《朱子语类》卷五）

"或问心情性。曰：孟子说'恻隐之心，仁之端也'一段，极分晓。恻隐、羞恶、是非、辞逊是情之发，仁义礼智是性之体。性中只有仁义礼智，发之为恻隐、羞恶、是非、辞逊，乃性之情也。"（《朱子语类》卷五）

元亨利贞，性也；生长收藏，情也；以元生，以亨长，以利收，以贞藏者，心也。仁义礼智，性也。恻隐[1]、羞恶、辞让、是非，情也；以仁爱，以义恶，以礼让，以智知者，心也。性者，心之理也；情者，心之用也；心者，性情之主也。程子曰："其体则谓之易，其理则谓之道，其用则谓之神。"正谓此也。又曰："言天之自然者谓之天道，言天之付与万物者谓之天命。"又曰："天地以生物为心。"亦谓此也。（《朱文公文集》卷六十七）

注释：

[1]恻隐：同情，怜悯。

仲尼，元气也；颜子，春生也；孟子，并秋杀尽见。仲尼无所不包；颜子示"不违如愚"之学于后世，有自然之和气，不言而化者也。孟子则露其材，盖亦时然而已。仲尼，天地也；颜子，和风庆云也；孟子，泰山岩岩之气象也。观其言，皆可见之矣。仲尼无迹，颜子微有迹，孟子其迹著。孔子尽是明快人，颜子尽岂弟，孟子尽雄辩。（《近思录》卷十四）

伊川先生曰：学者须敬守此心，不可急迫，当栽培深厚，涵泳于其间，然后可以自得。但急迫求之，只是私己，终不足以达道。（《近思录》卷四）

敬而无失，便是"喜怒哀乐未发之谓中"。敬不可谓中，但敬而无失，即所以中也。（《近思录》卷四）

苏季明问：喜怒哀乐未发之前求中，可否？曰：不可。既思于喜怒哀乐未发之前求之，又却是思也。既思即是已发，总发便谓之和，不可谓之中也。又问：吕学士言当求于喜怒哀乐未发之前，如何？曰：若言存养于喜怒哀乐未发之前则可，若言求中于喜怒哀乐未发之前则不可。又问：学者于喜怒哀乐发时，固当勉强裁抑；于未发之前当如何用功？曰：于喜怒哀乐未发之前，更怎生求？只平日涵养便是。涵养久，则喜怒哀乐发自中节。曰：当中之时，耳无闻，目无见否？曰：虽耳无闻、目无见，然见闻之理在始得。贤且说静时如何？曰：谓之无物则不可，然自有知觉处。曰：既有知觉，却是动也，怎生言静？人说"复见其天地之心"，皆以谓至静能见天地之心，非也。复之卦下面一画便动也，安得谓之静？或曰：莫是动上求静否？曰：固是，然最难。释氏多言定，圣人便言止，所谓止，如"为人君止于仁，为人臣止于敬"之类是也。《易》之《艮》言止之意曰："艮其止，止其所也。"人多不能止，盖人万物皆备，遇事时各因其心之所重者更互而出。才见得这事重，便有这事出。若能物各付物，便自不出来也。或曰：先生于喜怒哀乐未发之前，下动字，下静字？曰：谓之静则可，然静中须有物始得，这里便是难处。学者莫若且先理会得敬，能敬则知此矣。或曰：敬何以用功？曰：莫若主一。季明曰：昺尝患思虑之不定，或思一事未了，他事如麻又生，如何？曰：不可，此不诚之本也。须是习，习能专一时便好。不拘思虑与应事，皆要求一。（《近思录》卷四）

子路勇于义者，观其志，岂可以势利拘之哉？亚于浴沂者也。颜子不自私己，故无伐善；知同于人，故无施劳。其志可谓大矣，然未免出于有意也。至于夫子，则如天地之化工，付与万物而已不劳焉，此圣人之所为也。今夫羁靮以御马而不以制牛，人皆知羁靮之作在乎人，而不知羁靮之生由于马，圣人之化，亦犹是也。先观二子之言、后观圣人之言，分明天地气象。凡看《论语》，非但欲理会文字，须要识得圣贤气象。（《论语集注》卷三）

或问："孟子说浩然之气，却不分禀赋清浊说。"曰："文字须逐项看。此章孟子之意，不是说气禀，只因说不动心，滚说到这处，似今人说气魄相似。有这气魄便做得这事，无气魄便做不得。"文振说浩然之气。曰："不须多言，这只是个有气魄、无气魄而已。人若有气魄，方做得事成，于世间祸福得丧利害方敌得去，不被他恐动。若无气魄，便做人衰飒慑怯，于世间祸福利害易得恐动。只是如此。他本只是答公孙丑'不动心'，缠来缠去，说出许多'养气''知言''集义'，其实只是个'不动心'。人若能不动心，何事不可为？然其所谓'不动心'，不在他求，只在自家知言集义，则此气自然发生于中。不是只行一两事合义，便谓可以掩袭于外而得之也。孔子曰：'不得中行而与之，必也狂狷乎！'看来这道理，须是刚硬，立得脚住，方能有所成。只观孔子晚年方得个曾子，曾子得子思，子思得孟子，此诸圣贤都是如此刚果决烈，方能传得这个道理。若慈善柔弱底，终不济事。如曾子之为人，语孟中诸语可见。子思亦是如此。如云：'摽使者出诸大门之外。'又云：'以德，则子事我者也，奚可以与我友！'孟子亦是如此，所以皆做得成。学圣人之道者，须是有胆志。其决烈勇猛，于世间祸福利害得丧不足以动其心，方能立得脚住。若不如此，都靠不得。况当世衰道微之时，尤用硬着脊梁，无所屈挠方得。然其工夫只在自反常直，仰不愧天，俯不怍人，则自然如此，不在他求也。"又曰："如今人多将颜子做个柔善底人看。殊不知颜子乃是大勇，反是他刚果得来细密，不发露。如个有大气力底人，都不使出，只是无人抵得他。孟子则攘臂扼腕，尽发于外。论其气象，则孟子粗似颜子，颜子较小如孔子。孔子则浑然无迹，颜子微有迹，孟子其迹尽见。然学者则须自粗以入细，须见刚硬有所卓立，然后渐渐加工，如颜子、圣人也。"（《朱子语类》卷五十二）

闻伯夷、柳下惠之风者，顽廉薄敦，皆有兴起；此孟子之善想像者也。"孔子，元气也；颜子，和风庆云也；孟子，泰山岩岩之气象也。"此程夫子之善想像者也。今之想像大程夫子者，当识其明快中和处；小程夫子者，当识其初年之严毅，晚年又济以宽平处。岂徒想像而已哉？必还以验之吾身者如何也。若言论风旨，则诵其诗，读其书，字字而订之，句句而议之，非惟求以得其所言之深旨，将并与其风范气象得之矣。（《朱子语类》卷九十三）

叔器问："先识圣人气象，如何？"曰："也不要如此理会。圣贤等级自分明了，如子路定不如颜子，颜子定不如夫子。只要看如何做得到这里。且如'愿车马，衣轻裘，敝之无憾'，自家真能如此否？有善真能无伐否？有劳真能无施否？今不理会圣贤做起处，义刚录作：'今不将他做处去切己理会，体认教分明着。'却只去想他气象，则精神却只在外，自家不曾做得着实工夫。须是'切问而近思'。向时朋友只管爱说曾点、漆雕开优劣，亦何必如此。但当思量我何缘得到漆雕开田地，何缘得到曾点田地。若不去学他做，只管较他优劣，义刚录作：'如此去做，将久便解似他。他那优劣自是不同，何必计较。'便较得分明，亦不干自己事。如祖公年纪自是大如爷，爷年纪自是大如我，只计较得来也无益。"叔器云："希颜录曾子书，莫亦要如此下工夫否？"曰："曾子事杂见他书，他只是要聚做一处看。颜子事亦只要在眼前，也不须恁地起模画样。而今紧要且看圣人是如何，常人是如何，自家因甚便不似圣人，因甚便只似常人。就此理会得，自是超凡入圣！"（《朱子语类》卷二十九）

诚者实有此理。

诚只是实。又云：诚是理。

诚，实理也，亦诚悫[1]也。由汉以来，专以诚悫言诚，至程子乃以实理言，后学皆弃诚悫之说不观。中庸亦有言实理为诚处，亦有言诚悫为诚处。不可只以实理为诚，而以诚悫非诚也。（《朱子语类》卷六）

注释：

[1]悫（què）：诚实；谨慎。

程子曰："思无邪，诚也。"诚是实，心之所思，皆实也。明作。程子说。

问："'思无邪，诚也。'非独是行无邪，直是思无邪，方是诚。"曰："公且未要说到这里。且就诗三百，如何'一言以蔽之曰思无邪'？集注说：'要使人得性情之正。'情性是贴思，正是贴无邪。此如做时文相似，只恁地贴，方分晓。若好善恶恶皆出于正，便会无邪。若果是正，自无虚伪，自无邪。若有时，也自入不得。"（《朱子语类》卷二十三）

"思无邪，诚也"，不专说诗。大抵学者思常要无邪，况视听言动乎？诚是表里都恁地实。又曰："不独行处要如此，思处亦要如此。表里如此，方是诚。"（《朱子语类》卷二十三）

问"反诸身不诚"。曰："反诸身，是反求于心；不诚，是不曾实有此心。如事亲以孝，须是实有这孝之心。若外面假为孝之事，里面却无孝之心，便是不诚矣。"（《朱子语类》卷六十四）

问"诚者天之道，诚之者人之道"。曰："诚是天理之实然，更无纤毫作为。

圣人之生，其禀受浑然，气质清明纯粹，全是此理，更不待修为，而自然与天为一。若其余，则须是'博学、审问、慎思、明辨、笃行'。如此不已，直待得仁义礼智与夫忠孝之道，日用本分事无非实理，然后为诚。有一毫见得与天理不相合，便于诚有一毫未至。如程先生说常人之畏虎，不如曾被虎伤者畏之出于诚实，盖实见得也。今于日用间若不实见得是天理之自然，则终是于诚为未至也。"（《朱子语类》卷六十四）

问："'君子以人治人，改而止。'其人有过，既改之后，或为善不已，或止而不进，皆在其人，非君子之所能预否？"曰："非然也。能改即是善矣，更何待别求善也？天下只是一个善恶，不善即恶，不恶即善。如何说既能改其恶，更用别讨个善？只改底便是善了。这须看他上文，它紧要处全在'道不远人'一句。言人人有此道，只是人自远其道，非道远人也。人人本自有许多道理，只是不曾依得这道理，却做从不是道理处去。今欲治之，不是别讨个道理治他，只是将他元自有底道理，还以治其人。如人之孝，他本有此孝，它却不曾行得这孝，却乱行从不孝处去。君子治之，非是别讨个孝去治它，只是与他说：'你这个不是。你本有此孝，却如何错行从不孝处去？'其人能改，即是孝矣。不是将他人底道理去治他，又不是分我底道理与他。他本有此道理，我但因其自有者还以治之而已。及我自治其身，亦不是将它人底道理来治我，亦只是将我自思量得底道理，自治我之身而已，所以说'执柯伐柯，其则不远'。'执柯以伐柯'，不用更别去讨法则，只那手中所执者便是则。然'执柯以伐柯，睨而视之，犹以为远'。若此个道理，人人具有，才要做底便是，初无彼此之别。放去收回，只在这些子，何用别处讨？故中庸一书初间便说'天命之谓性，率性之谓道'。此是如何？只是说人人各具此个道理，无有不足故耳。它从上头说下来，只是此意。"又曰："'所求乎子，以事父未能也。'每常人责子，必欲其孝于我，然不知我之所以事父者果孝否？以我责子之心，而反推己之所以事父，此便是则也。'所求乎臣，以事君未能也。'常人责臣，必欲其忠于我，然不知我之事君者尽忠否？以我责臣之心，而反求之于我，则其则在此矣。"又曰：

"'所求乎子，以事父未能也。'须要如舜之事父，方尽得子之道。若有一毫不尽，便是道理有所欠阙，便非子之道矣。'所求乎臣，以事君未能也。'须要如舜周公之事君。若有一毫不尽，便非臣之道矣。无不是如此，只缘道理当然，自是住不得。"（《朱子语类》卷六十三）

"曲能有诚"，有诚则不曲矣。盖诚者，圆成无欠阙者也。（《朱子语类》卷一百四十）

问："诚意章自欺注，今改本恐不如旧注好？"曰："何也？"曰："今注云：心之所发，阳善阴恶，则其好善恶恶皆为自欺，而意之不诚矣，恐初读者不晓。又此句或问中已言之，却不如旧注云，人莫不知善之当为，然知之不切，则其心之所发，必有阴在于恶而阳为善以自欺者。故欲诚其意者无他，亦曰禁止乎此而已矣。此言明白而易晓。"曰："不然。本经正文只说所诚其意者勿自欺也，初不曾引致知兼说。今若引致知在中间，则相牵不了，却非解经之法。又况经文诚其意者勿自欺也这说话极细。盖言为善之意稍有不实，照管少有不到处，便为自欺。未便说到心之所发，必有阴在于恶，而阳为善以自欺处。若如此，则大故无状，有意于恶，非经文之本意也。所谓心之所发，阳善阴恶，乃是见理不实，不知不觉地陷于自欺，非是阴有心于为恶而诈为善以自欺也。如公之言，须是铸私钱假官会，方为自欺。大故是无状小人，此岂自欺之谓邪。此处工夫极细，未便说到那粗处，所以前后学者多说差了。盖为赚连下文小人闲居为不善一段看了，所以差也。又问今改注下文云，则无待于自欺而意无不诚也。据经文方说毋自欺，毋者禁止之辞。若说无待于自欺，恐语意太快，未易到此。曰：既能禁止其心之所发，皆有善而无恶，实知其理之当然，便无待于自欺。非勉强禁止，而犹有时而发也。若好善恶恶之意有一毫之未实，则其发于外也必不能掩。既是打叠得尽，实于为善，便无待于自欺矣。如人腹痛，毕竟是腹中有些冷积，须用药驱除去这冷积，则其痛自止。不先除去冷积，而但欲痛之自止，岂有此理。"（《朱子语类》卷十六）

次日，又曰："夜来说得未尽。夜来归去又思，看来'如好好色，如恶恶臭'一段，便是连那毋自欺也说。言人之毋自欺时，便要如好好色，如恶恶臭样方得。若好善不如好好色，恶恶不如恶恶臭，此便是自欺。毋自欺者，谓如为善，若有些子不善而自欺时，便当斩根去之，真个是如恶恶臭始得。如小人闲居为不善底一段，便是自欺底，只是反说。闲居为不善，便是恶恶不如恶恶臭。见君子而后厌然，掩其不善而著其善，便是好善不如好好色。若只于此看，此一篇文意都贴实平易，坦然无许多屈曲。某旧说忒说阔了，高了，深了。然又自有一样人如旧说者，欲节去之，又可惜，但终非本文之意耳。"（《朱子语类》卷十六）

心者，身之所主也。诚，实也。意者，心之所发也。实其心之所发，欲其一于善而无自欺也。（《大学章句》）

经曰：欲诚其意，先致其知。又曰：知至而后意诚。盖心体之明有所未尽，则其所发，必有不能实用其力而苟焉以自欺者。然或已明而不谨乎此，则其所明又非已有，而无以为进德之基。故此章之指，必承上章而通考之，然后有以见其用力之始终，其序不可乱，而功不可阙，如此云。（《大学章句》）

又论诚意一节，极为精密。但如所论，则是不自欺后方能自慊，恐非文意。盖自欺、自慊，两事正相抵背。才不自欺，即其好恶真如好好色、恶恶臭，只为求其自快自足，如寒而思衣以自温，饥而思食以自饱，非有牵强苟且、姑以为人之意。才不如此，即其好恶皆是为人而然，非有自求快足之意也。故其文曰：所谓诚其意者，毋自欺也。而继之曰：如恶恶臭，如好好色，即是正言不自欺之实。而其下句乃云：此之谓自慊。即是言恶恶臭、好好色便是自慊，非谓必如此而后能自慊也。所论谨独一节，似太说开了。须知即此念虑之间，便当审其自欺、自慊之向背，以存诚而去伪，不必待其作奸行诈，干名蹈利，然后谓之自欺也。小人闲居以下，则是极言其弊

必至于此，以为痛切之戒，非谓到此方是差了路头处也。（《朱文公文集》卷六十三）

注释：

［1］慊（qiè）：满足，快意。

四、朱熹教育思想

子在川上，曰："逝者如斯夫！不舍昼夜。"夫，音扶。舍，上声。天地之化，往者过，来者续，无一息之停，乃道体之本然也。然其可指而易见者，莫如川流。故于此发以示人，欲学者时时省察，而无毫发之间断也。程子曰："此道体也。天运而不已，日往则月来，寒往则暑来，水流而不息，物生而不穷，皆与道为体，运乎昼夜，未尝已也。是以君子法之，自强不息。及其至也，纯亦不已焉。"又曰："自汉以来，儒者皆不识此义。此见圣人之心，纯亦不已也。纯亦不已，乃天德也。有天德，便可语王道，其要只在谨独。"愚按：自此至篇终，皆勉人进学不已之辞。（《论语集注》卷五）

子路问成人。子曰："若臧武仲之知，公绰之不欲，卞庄子之勇，冉求之艺，文之以礼乐，亦可以为成人矣。"知，去声。成人，犹言全人。武仲，鲁大夫，名纥。庄子，鲁卞邑大夫。言兼此四子之长，则知足以穷理，廉足以养心，勇足以力行，艺足以泛应，而又节之以礼，和之以乐，使德成于内，而文见乎外。则材全德备，浑然不见一善成名之迹；中正和乐，粹然无复偏倚驳杂之蔽，而其为人也亦成矣。然亦之为言，非其至者，盖就子路之所可及而语之也。若论其至，则非圣人之尽人道，不足以语此。曰："今之成人者何必然？见利思义，见危授命，久要不忘平生之言，亦可以为成人矣。"复加"曰"字者，既答而复言也。授命，言不爱其生，持以与人也。久要，旧约也。平生，平日也。有是忠信之实，则虽其才知礼乐有所未备，亦可以为成人之次也。程子曰："知之明，信之笃，行之果，天下之达德也。若孔子所谓成人，亦不出此三者。武仲，知也；公绰，仁也；卞庄子，勇也；

冉求，艺也。须是合此四人之能，文之以礼乐，亦可以为成人矣。然而论其大成，则不止于此。若今之成人，有忠信而不及于礼乐，则又其次者也。"又曰："臧武仲之知，非正也。若文之以礼乐，则无不正矣。"又曰："语成人之名，非圣人孰能之？孟子曰：'惟圣人然后可以践形。'如此方可以称成人之名。"胡氏曰"今之成人以下，乃子路之言。盖不复闻斯行之之勇，而有终身诵之之固矣。未详是否？"（《论语集注》卷七）

或问"文之以礼乐"。曰："此一句最重。上面四人所长，且把做个朴素子，唯'文之以礼乐'，始能取四子之所长，而去四子之所短。然此圣人方以'亦可以为成人'，则犹未至于践形之域也。"（《朱子语类》卷四十四）

先生曰：熹此来，得观学校鼎新，又有灵芝之瑞，足见贤宰承流宣化、兴学诲人之美意，不胜慰喜。又承特设讲座，俾为诸君诵说，虽不敢当，然区区所闻，亦不得不为诸君言之。盖闻古之学者为己，今之学者为人，故圣贤教人为学，非是使人缀缉言语、造作文辞，但为科名爵禄之计；须是格物致知、诚意正心、修身而推之，以至于齐家治国，可以平治天下，方是正当学问。诸君肄业于此，朝夕讲明于此，必已深有所得。不然，亦须有疑。今日幸得相会，正好商量，彼此之间，皆当有益。（《朱文公文集》卷七十四）

自诚明，谓之性；自明诚，谓之教。诚则明矣，明则诚矣。自，由也。德无不实而明无不照者，圣人之德，所性而有者也，天道也。先明乎善而后能实其善者，贤人之学。由教而入者也，人道也。诚则无不明矣，明则可以至于诚矣。（《中庸章句》）

盖以为身与事接，而后或有所偏，非以为一与事接，而必有所偏。所谓心正而后身修，亦曰心得其正，乃能修身，非谓此心一正，则身不待检而自修也。（《大学或问》下）

故既学矣又必时习之，则其心与理相涵，而所知者盖精，身与事相安，而所能者亦固，从容于朝夕俯仰之中，凡其所学而知且能者，必皆有以自得于心，而不能以语诸人者，是其中心油然悦怿之味，虽刍豢[1]之甘于口，亦不足以喻其美矣，此学之始也。（《论语或问》卷一）

注释：

[1] 刍豢（chú huàn）：指牛羊猪狗等牲畜。

或问："东莱谓变化气质，方可言学。"曰："此意甚善。但如鄙意，则以为学乃能变化气质耳。若不读书穷理，主敬存心，而徒切切计较于昨非今是之间，恐亦劳而无补也。"（《朱子语类》卷一百二十二）

学也，问也，得于外者也，若专恃此而不反于心，以验其实，则察之不精，信之不笃，而守之不固矣，故必思索以精之，然后心与理熟，而彼此为一。（《中庸或问》下）

君子之学，不为则已，为则必要其成，故常百倍其功。此困而知、勉而行者也，勇之事也。果能此道矣，虽愚必明，虽柔必强。明者，择善之功。强者，固执之效。（《中庸章句》）

子曰："有教无类。"人性皆善，而其类有善恶之殊者，气习之染也。故君子有教，则人皆可以复于善，而不当复论其类之恶矣。（《论语集注》卷八）

圣贤千言万语，只是欲人将已放之心，约之使反复入身来，自能寻向上去，下学而上达也。（《近思录》卷四）

不得于天而不怨天，不合于人而不尤人，但知下学而自然上达，此但自言其反己自修，循序渐进耳，无以甚异于人而致其知也。然深味其语意，则见其中自有人不及知而天独知之之妙。盖在孔门，惟子之智几足以及此，故特语以发之。惜乎其犹有所未达也。程子曰："不怨天，不尤人，在理当如此。"又曰："下学上达，意在言表。"又曰："学者须守下学上达之语，乃学之要。盖凡下学人事，便是上达天理。然习而不察，则亦不能以上达矣。"（《论语集注》卷七）

问："明道言：'下学而上达'，意在言表。"曰："'意在言表'，如下学只是下学，如何便会上达？自是言语形容不得。下学、上达虽是两件，理会得透彻，厮合只一件。下学是事，上达是理。理在事中，事不在理外。一物之中，皆具一理。就那物中见得个理，便是上达。如'大而化之之谓圣，圣而不可知之之谓神'。然亦不离乎人伦日用之中，但恐人不能尽所谓学耳。果能学，安有不能上达者！"（《朱子语类》卷四十四）

问"下学而上达"。曰："学之至，即能上达，但看著力不著力。十五而志乎学，下学也；能立，则是上达矣。又自立而学，能不惑，则上达矣。层层级级达将去，自然日进乎高明。"（《朱子语类》卷四十四）

来喻以为人心之既放，如木之既伐。心虽既放，然夜气所息，而平旦之气生焉，则其好恶犹与人相近。木虽既伐，然雨露所滋，而萌叶生焉，则犹有木之性也。恐不用此说。大凡人礼义之心何尝无，唯持守之，即在尔。若于旦昼之间不至梏亡，则夜气存矣。夜气存，则平旦之气未与物接之时，湛然虚明，气象自可见。此孟子发此夜气之说，于学者极有力。若欲涵养，须于此持守可尔，恐不须说心既放，木既伐，恐又似隔截尔。如何如何？又见喻，云伊川所谓未有致知而不在敬者，考大学之序则不然。如夫子言非礼勿视听言动，伊川以为制之于外，以养其中数处，盖皆各言其入道之序如此。要之，敬自在其中也，不必牵合贯穿为一说。又所谓但敬而不明于理，则敬特出于勉强，而无洒落自得之功，意不诚矣。洒落自得气象，其地位甚高。

恐前数说，方是言学者下工处，不如此则失之矣。由此持守之久，渐渐融释，使之不见有制之于外，持敬之心，理与心为一，庶几洒落尔。某自闻师友之训，赖天之灵，时常只在心目间，虽资质不美，世累妨夺处多，此心未尝敢忘也。于圣贤之言，亦时有会心处，亦间有识其所以然者。但觉见反为理道所缚，殊无进步处。今已老矣，日益恐惧。吾元晦乃不鄙孤陋寡闻，远有质问所疑，何愧如之。（《延平答问·延平李先生师弟子答问》）

古之学者，八岁而入小学，学六甲五方书计之事。十五而入大学，学先圣之礼乐焉，非独教之，固将有以养之也。盖理义以养其心，声音以养其耳，采色以养其目，舞蹈降登疾徐俯仰以养其血脉，以至于左右起居，盘盂几杖，有铭有戒，其所以养之之具，可谓备至尔矣。夫如是，故学者有成材，而庠序有实用，此先王之教所以为盛也。自学绝而道丧，至今千有余年，学校之官，有教养之名而无教之养之实，学者挟笈[1]而相与嬉其间，其杰然者乃知以干禄蹈利为事。至于语圣贤之余旨，究学问之本原，则罔乎莫知所以用其心者。其规为[2]动息，举无以异于凡民而有甚者焉。呜呼！此教者过也，而岂学者之罪哉！然君子以为是亦有罪焉尔，何则？今所以异于古者，特声音采色之盛，舞蹈降登疾徐俯仰之容，左右起居盘盂几杖之戒有所不及为，至推其本，则理义之所以养其心者故在也。诸君日相与诵而传之，顾不察耳，然则此之不为，而彼之久为，又岂非学者之罪哉！仆以吏事得与诸君游，今期年矣。诸君之业不加进，而行谊无以自著于州里之间，仆心愧焉。今既增修讲问之法，盖[3]古者理义养心之术。诸君不欲为君子耶？则谁能以是强诸君者。苟有志焉，是未可以舍此而他求也。幸愿留意毋忽。（《朱文公文集》卷七十四）

注释：

[1] 挟笈：笈同"策"，挟笈：喻勤奋读书。语出《庄子·骈拇》篇："问臧奚事，则挟笈读书。"

[2] 规为：自度所为之事。语出《礼记·儒行》篇："儒有上不臣天子，下不事诸侯……不臣不仕，其规为有如此者。"

[3] 葢：古同"盖"。

至于后世学校之设，虽或不异乎先王之时，然其师之所以教，弟子之所以学，则皆忘本逐末，怀利去义，而无复先王之意。以故学校之名虽在，而其实不举。其效至于风俗日敝，人材日衰，虽以汉、唐之盛隆，而无以仿佛乎三代之叔季。然犹莫有察其所以然者，顾遂以学校为虚文，而无所与于道德政理之实。于是为士者求道于老子、释氏之门，为吏者责治乎簿书期会之最，盖学校之仅存而不至于遂废者，亦无几耳。（《朱文公文集》卷七十八）

熙宁以来，此法浸坏，所谓太学者，但为声利之场，而掌其教事者，不过取其善为科举之文，而尝得隽[1]于场屋[2]者耳。士之有志于义理者，既无所求于学，其奔趋辐辏[3]而来者，不过为解额[4]之滥、舍选之私而已。师生相视，漠然如行路之人，间相与言，亦未尝闻之以德行道艺之实，而月书季考者，又只以促其嗜利苟得、冒昧无耻之心，殊非国家之所以立学教人之本意也。（《朱文公文集》卷六十九）

注释：

[1] 隽：通"俊"，才智出众。

[2] 场屋：科举考试的场所，这里代指科举考试。

[3] 辐辏：亦作辐凑，形容人、物密集聚集。语出《文子·微明》篇："志大者，兼包万国，一齐殊俗，是非辐辏，中为之毂也。"

[4] 解额：指通过"发解"考试（应贡举考试）后解送礼部考试的名额。宋初，凡发解考试合格者，皆可解送，宋真宗至道三年开始限定发解人数。

古者小学教人以洒扫、应对、进退之节，爱师、敬长、隆师、亲友之道，皆所以为修身、齐家、治国、平天下之本。而必使其讲而习之于幼稚之时，欲其习与知长，化与心成，而无扞格不胜之患也。今其全书虽不可见，而杂出于传记者亦多，读者往往直以古今异宜而莫之行，殊不知其无古今之

异者，固未始不可行也。今颇蒐辑以为此书，受之童蒙，资其讲习，庶几有补于风化之万一云尔。（《朱文公文集》卷七十六）

古之圣王设为学校，以教天下之人，使自王世子[1]、王子，公、侯、卿大夫、元士[2]之适子[3]以至庶人之子，皆以八岁而入小学，十有五岁而入大学，必皆有以去其气质之偏，物欲之蔽，以复其性，以尽其伦而后已焉。（《朱文公文集》卷十五）

注释：

[1] 世子：周代称天子、诸侯之子为世子。如唐代经学家贾公彦疏《仪礼·聘礼》"世子之丧"句说："世子，惟据天子、诸侯之子。"

[2] 元士：周代称天子之士为元士，以别于诸侯之士。如孔颖达疏《礼记·王制》"天子之元士视附庸"句说："天子之士所以称元者，异于诸侯之士。"后代也用称优异之士、下级军官。

[3] 适子："适"通"嫡"，古代正妻所生之子称嫡子。

凡人须以圣贤为己任。世人多以圣贤为高，而自视为卑，故不肯进。抑不知，使圣贤本自高，而己别是一样人，则早夜孜孜，别是分外事，不为亦可，为之亦可。然圣贤禀性与常人一同。既与常人一同，又安得不以圣贤为己任？自开辟以来，生多少人，求其尽己者，千万人中无一二，只是衮同枉过一世。（《朱子语类》卷八）

学者大要立志。所谓志者，不道将这些意气去盖[1]他人，只是直截要学尧、舜。"孟子道性善，言必称尧舜[2]。"此是真实道理。"世子自楚反，复见孟子。孟子曰：'世子疑吾言乎？夫道一而已矣。'"这些道理，更无走作，只是一个性善可至尧舜，别没去处了。下文引成覸、颜子、公明仪所言，便见得人人皆可为也。学者立志，须教勇猛，自当有进。志不足以可学有为，此学者之大病。谟。（《朱子语类》卷八）

注释：

[1] 盖：超过；胜过。

[2] "孟子道性善，言必称尧舜"：这两句对孟子人性论和仁政思想的概括。"道性善"指孟子竭力宣扬人性善的观点，"称尧舜"指孟子以尧舜治理国家为榜样宣扬仁政思想。语出《孟子·滕文公上》篇："滕文公为世子，将之楚，过宋而见孟子。孟子道性善，言必称尧舜。"

盖熹闻之，天生斯人，而予之以仁、义、礼、智之性，而使之有君臣、父子、兄弟、夫妇、朋友之伦，所谓民彝[1]者也。惟其气质之禀，不能一于纯秀之会，是以欲动情胜，则或以陷溺而不自知焉。古先圣王为是之故，立学校以教其民，而其为教，必始于洒扫、应对、进退[2]之间，礼、乐、射、御、书、数[3]之际，使之敬恭朝夕，修其孝弟忠信而无违也。然后从而教之，格物致知，以尽其道，使知所以自身及家、自家及国而达之天下者，盖无二理。其正直辅翼，优游渐渍，必使天下之人皆有以不失其性，不乱其伦，而后已焉。此二帝三王之盛，所以化行俗美，黎民醇厚，而非后世所能及也。（《朱文公文集》卷七十七）

注释：

[1] 民彝（yí）：犹人伦。旧指人与人之间相处的伦理道德准则。

[2] 洒扫、应对、进退：泛指家务处理、待人接物和举止行为，进退后又指出仕与退隐。语出《论语·子张》篇："子夏之门人小子，当洒扫应对进退，则可矣，抑未也。"

[3] 礼、乐、射、御、书、数：礼指礼仪，乐指音乐，射指射箭，御指驾车，书指书写，数指算术。此六者，即古人所说的"六艺"，为古代"小学"教育的基本内容。

夫童蒙之学，始于衣服冠履，次及言语步趋，次及洒扫涓洁，次及读书写文字及有杂细事宜，皆所当知。今逐日条列，名曰《童蒙须知》。若其修身治心、事亲接物，与夫穷理尽性之要，自有圣贤典训昭然可考，当

次第晓达，兹不复详著云。（《童蒙须知》）

某此间讲说时少，践履时多，事事都用你自去理会，自去体察，自去涵养。书用你自去读，道理用你自去究索。某只是做得个引路底人，做得个证明底人，有疑难处，同商量而已。（《朱子语类》卷十三）

学者至愤悱[1]时，其心已略略通流。但心已喻而未甚信，口欲言而未能达，故圣人于此启发之。举一隅[2]，其余三隅须是学者自去理会。举一隅而不能以三隅反，是不能自用其力者，孔子所以不再举也。（《朱子语类》卷三十四）

注释：

[1] 愤悱：指积久思考之后所产生的似乎有些思想将出现、有些意思要表达的一种状态。所以朱熹解释道："愤者，心求通而未得之意；悱者，口欲言而未能之貌。"语出《论语·述而》篇："不愤不启，不悱不发。"

[2] 隅：角落。举一隅而以三隅反即"举一反三"，意为触类旁通，常被用于比喻启发式教学方法。语出《论语·述而》篇："举一隅，不以三隅反。则不复也。"

问"温故知新"。曰："道理即这一个道理。《论》《孟》所载是这一个道理，《六经》所载也是这个道理。但理会得了，时时温习，觉滋味深长，自有新得。'温'字对'冷'字，如一杯羹在此冷了，将去温来又好。"（《朱子语类》卷二十四）

仲思问："动非明，则无所之；明非动，则无所用。"曰："徒明不行，则明无所用，空明而已。徒行不明，则行无所向，冥行而已。"（《朱子语类》卷六十四）

教导后进，须是严毅。然亦须有以兴起开发之，方得。只恁严，徒拘束之，

亦不济事。(《朱子语类》卷十三)

父子有亲，君臣有义，夫妇有别，长幼有序，朋友有信。右五教之目。尧、舜使契为司徒，敬敷五教[1]，即此是也。学者学此而已，而其所以学之之序，亦有五焉。其别如左：博学之，审问之，谨思之，明辨之，笃行之。右为学之序。学、问、思、辨，四者所以穷理也。若夫笃行之事，则自修身以至于处事接物，亦各有要，其别如左：言忠信，行笃敬，惩忿窒欲[2]，迁善改过。右修身之要。正其谊不谋其利，明其道不计其功。右处事之要。己所不欲，勿施于人。行有不得，反求诸己。右接物之要。熹窃观古昔圣贤所以教人为学之意，莫非使之讲明义理，以修其身，然后推以及人，非徒欲其务记览，为词章，以钓声名，取利禄而已也。今人之为学者，则既反是矣。然圣贤所以教人之法，具存于经，有志之士，固当熟读深思而问辨之。苟知其理之当然，而责其身以必然，则夫规矩禁防之具，岂待他人设之而后有所持循哉？近世于学有规，其待学者为已浅矣，而其为法又未必古人之意也。故今不复以施于此堂，而特取凡圣贤所以教人为学之大端，条列如右而揭之楣间。诸君其相与讲明遵守而责之于身焉，则夫思虑云为之际，其所以戒谨而恐惧者，必有严于彼者矣。其有不然，而或出于此言之所弃，则彼所谓规者必将取之，固不得而略也。诸君其亦念之哉。(《朱文公文集》卷七十四)

注释：

[1] 敬敷五教：敷，施行；五教，指父子、君臣、夫妇、兄弟、朋友五种社会伦理关系的原则。"敬敷五教"即围绕五种社会伦理关系认真严肃地施行教化。语出《尚书·舜典》篇："帝曰：'契，百姓不亲，五品不逊。汝作司徒，敬敷五教，在宽。'"

[2] 惩忿窒欲：克制愤怒、控制情欲。语出《周易》"损"卦卦辞，"损"卦卦辞曰："损，君子以惩忿窒欲。"

学之为言效也。人性皆善，而觉有先后，后觉者必效先觉之所为，乃可以明善而复其初也。(《论语集注》卷一)

245

所谓学者，有所效于彼而求其成于我之谓也。以己之未知，而效夫知者，以求其知；以己之未能，而效夫能者，以求其能，皆学之事也。（《论语或问》卷一）

但为学工夫不在日用之外，检身则动静语默，居家则事亲事长，穷理则读书讲义，大抵只要分别一个是非而去彼取此耳，无他玄妙之可言也。论其至近至易，则即今便可用力；论其至急至切，则即今便当用力。莫更迟疑，且随深浅，用一日之力便有一日之效。到有疑处，方好寻人商量，则其长进通达不可量矣。（《朱文公文集》卷五十八）

为学须是切实为己，则安静笃实[1]，承载得许多道理。若轻扬浅露[2]，如何探讨得道理？纵使探讨得，说得去，也承载不住。（《朱子语类》卷八）

注释：

[1] 安静笃实：平静、切实。

[2] 轻扬浅露：洋洋自得而浅薄、缺乏深度。

尝窃谓秦汉以来，圣学不传，儒者惟知章句训诂之为事，而不知复求圣人之意，以明夫性命道德之归。至于近世，先知先觉之士始发明之，则学者既有以知夫前日之为陋矣。然或乃徒诵其言以为高，而又初不知深求其意。甚者遂至于脱略[1]章句，陵藉[2]训诂，坐谈空妙，展转相迷，而其为患反有甚于前日之为陋者。呜呼，是岂古昔圣贤相传之本意，与夫近世先生君子之所以望于后人者哉。（《朱文公文集》卷七十五）

注释：

[1] 脱略：轻慢、不拘，不以为意。

[2] 陵藉：欺凌、践踏。

予惟古之学者无他，明德新民，求各止于至善而已。夫其所明之德、所止之善，岂有待于外求哉！识其在我而敬以存之，其亦可矣。其所以必曰读书云者，则以天地阴阳、事物之理，修身事亲、齐家及国，以至于平治天下之道，与凡圣贤之言行，古今之得失，礼乐之名数，下而至于食货[1]之源流，兵刑之法制，是亦莫非吾之度内，有不可得而精粗者。若非考诸载籍之文，沈潜参伍[2]以求其故，则亦无以明夫明德体用之全，而止其至善精微之极也。（《朱文公文集》卷八十）

注释：

［1］食货："食"指粮食，"货"指布帛及侍币等，语出《尚书·洪范》篇："八政：一曰食，二曰货。"清代学者孙星衍的《尚书古今文注疏》对食、货解释道："食谓农殖嘉谷可食之物，货谓布帛可衣及金刀龟贝所以分财布利通有无者也。二者，生民之本。"将食、货合成"食货"一词，用以指国家财政经济。

［2］沈潜参（sān）伍："沈"同"沉"。"沈潜"，指沉浸其中，一般意为深入探究；"参伍"，指交互错杂。

为学须觉今是而昨非，日改月化，便是长进。（《朱子语类》卷八）

盖解经不必做文字，止合解释得文义通，则理自明，意自足。今多去上做文字，少间说来说去，只说得自一片道理，经意却蹉过了。要之，经之于理，亦犹传之于经。传，所以解经也，既通其经，则传亦可无；经，所以明理也，若晓得理，则经虽无亦可。尝见一僧云："今人解书，如一盏酒，本白好，被这一人来添些水，那一人来又添些水，次第添来添去，都淡了。"（《朱子语类》卷一百零三）

只看《论语》一书，何尝有悬空说底话？只为汉儒一向寻求训诂，更不看圣贤意思，所以二程先生不得不发明道理，开示学者，使激昂向上，求圣人用心处，故放得稍高。（《朱子语类》卷一百一十三）

熹窃谓生于今之世而读古人之书，所以能别其真伪者，一则以其义理之当否而知之，二则以其左验之异同而质之。未有舍此两途，而能直以臆度悬断之者也。（《朱文公文集》卷三十八）

夫天下之物莫不有理，而其精蕴[1]则已具于圣贤之书，故必由是以求之。（《朱文公文集》卷五十九）

注释：

[1] 精蕴：精深的含义。

读书以观圣贤之意，因圣贤之意以观自然之理。（《朱子语类》卷十）

自圣学不传，世之为士者，不知学之有本，而唯书之读。则其所以求于书，不越乎记诵训诂文词之间，以钓声名干禄利而已。是以天下之书愈多，而理愈昧；学者之事愈勤，而心愈放；词章愈丽，论议愈高，而其德业事功之实愈无以逮乎古人。然非书之罪也，读者不知学之有本，而无以为之地也。（《朱文公文集》卷八十）

大抵观书先须熟读，使其言皆若出于吾之口；继以精思，使其意若出于吾之心，然后可以有得尔。然熟读精思既晓得后，又须疑不止如此，庶几有进。若以为止如此矣，则终不复有进也。（《朱子语类》卷十）

书须熟读。所谓书，只是一般。然读十遍时，与读一遍时终别；读百遍时，与读十遍又自不同也。（《朱子语类》卷十）

读书须是专一。读这一句，且理会这一句；读这一章，且理会这一章。须是见得此一章彻了，方可看别章，未要思量别章别句。只是平心定气在这边看，亦不可用心思索太过，少间却损了精神。前辈云："读书不可不敬。"敬便精专，不走了这心。（《朱子语类》卷十）

少看熟读，反复体验，不必想像计获[1]。只此三事，守之有常。（《朱子语类》卷十）

注释：

［1］计获："计获事足"之简，意为如愿以偿。语出《后汉书·应劭传》："唯至互市，乃来靡服。苟欲中国珍货，计获事足，旋踵为害，非为畏威怀德。"

然讲学贵于实见义理，要在熟读精思、潜心玩味，不可贪多务得、搜猎敷衍，便为究竟也。（《朱文公文集》卷五十八）

读书，且就那一段本文意上看，不必又生枝节。看一段，须反复看来看去，要十分烂熟，方见意味，方快活，令人都不爱去看别段，始得。人多是向前趱[1]去，不曾向后反复，只要去看明日未读底，不曾去绅绎[2]前日已读底。须玩味反复始得。用力深，便见意味长；意味长，便受用牢固。（《朱子语类》卷十）

注释：

［1］趱（zǎn）：赶、加快、加紧。

［2］绅绎（chōuyì）：抽丝，引申为分析头绪、寻究事理。

观书以己体验固为亲切，然亦须遍观众理而合其归趣[1]乃佳。若只据己见，却恐于事理有所不周，欲径急而反疏缓也。（《朱文公文集》卷五十）

注释：

［1］归趣：指归、意向。语出杜预《春秋经传集解序》："其经无义例，因行事而言，则传直言其归趣而已。"

所以博学于文而详说其理者，非欲以夸多而斗靡[1]也，欲其融会贯通，

有以反而说到至约之地耳。（《孟子集注》卷八）

注释：

［1］斗靡：竞比奢侈华丽。

读书，须是知贯通处，东边西边，都触着这关捩子[1]，方得。只认[2]下着头去做，莫要思前算后，自有至处。而今说已前不曾做得，又怕迟晚，又怕做不及，又怕那个难，又怕性格迟钝，又怕记不起，都是闲说。只认下着头去做，莫问迟速，少间自有至处。既是已前不曾做得，今便用下工夫去补填。莫要瞻前顾后，思量东西，少间担阁[3]一生，不知年岁之老！（《朱子语类》卷十）

注释：

［1］关捩（liè）子：亦作"关棙子"，能转动的机械装置，比喻关键、紧要处。

［2］认：同"任"，听任、任从、任凭。

［3］担阁：即"耽搁"。

大凡读书，须是虚心以求本文之意为先。若不得本文之意，即见任意穿凿。如说会心处之类，正是大病根本。如《易》之词，乃是象占[1]之词。若舍象占而曰有得于词，吾未见其有得也。此皆过高之弊，所以不免劳动心气，若只虚心以玩本文，自无劳心之害。（《朱文公文集》卷四十八）

注释：

［1］象占：以卦象为依据而推断吉凶的占验。

读书无疑者，须教有疑；有疑者，却要无疑。到这里方是长进。（《朱子语类》卷十一）

某向时与朋友说读书，也教它去思索，求所疑。近方见得，读书只是且恁地虚心就上面熟读，久之自有所得，亦自有疑处。盖熟读后，自有窒

碍不通处，是自然有疑，方好较量。今若先去寻个疑，便不得。（《朱子语类》卷十一）

故《大学》之书，虽以格物致知为用力之始，然非谓初不涵养[1]履践而直从事于此也；又非谓物未格、知未至则意可以不诚、心可以不正、身可以不修、家可以不齐也。（《朱文公文集》卷四十二）

注释：

[1]涵养：道德、学问等方面的修养。

盖人能事亲而孝，从兄而弟，则是吾之所谓爱之理者，常存不息，而为仁之本于此乎在也。事亲而不知所谓孝，从兄而不知所谓弟，则是吾之本心顽然[1]不仁，而应乎事者皆不得其当，如手足之痹顽[2]矣。仁与不仁，皆必责之践履之实。（《论语或问》卷一）

注释：

[1]顽然：愚钝无知的样子。

[2]痹顽：人体某部分感觉功能全部或部分的丧失。

大抵今日之弊，务讲学者多阙于践履，而专践履者又遂以讲学为无益。殊不知因践履之实以致讲学之功，使所知益明则所守日固，与彼区区口耳之间者固不可同日而语矣。不然，所存虽正，所发虽审，窃恐终未免于私意之累，徒为拘滞[1]而卒无所发明也。（《朱文公文集》卷四十六）

注释：

[1]拘滞：拘泥呆板。

元来[1]道学不明，不是上面欠却工夫，乃是下面原无根脚。若信得及，脚踏实地如此做去，良心自然不放[2]，践履自然纯熟，非但读书一事也。（《朱文公文集》卷五十二）

注释：

[1] 元来：即原来。

[2] 放：迷失（本心）。语出《孟子·告子上》篇："学问之道无他，求其放心而已矣。"

子寿兄弟[1]气象甚好，其病却是尽废讲学而专务践履，却于践履之中要人提撕[2]省察，悟得本心，此为府病大者。（《朱文公文集》卷三十一）

注释：

[1] 子寿兄弟：指陆九龄、陆九渊兄弟。子寿为陆九龄的字，陆贺之子。陆贺有六子，即九思、九叙、九皋、九韶、九龄和九渊，均学识渊博，号称"陆氏六杰"。

[2] 提撕：警觉；提醒。

大抵学者之患在于好谈高妙，而自己脚根却不点地，正所谓道在迩而求诸远，事在易而求诸难也。（《朱文公文集》卷四十五）

盖尝闻之，人之一身，应事接物，无非义理之所在。人虽不能尽知，然其大端，宜亦无不闻者，要在力行其所已知，而勉求其所未至，则自近及远，由粗至精，循循有序，而日有可见之功矣。（《朱文公文集》卷六十四）

凡观书者，于此等处，正当反求诸己，而验之践履之间，惟愈近而愈卑，则其体之愈实，若但广求证左，推致高远，则恐其无益于为己之实，而徒为口耳之资也。（《论语或问》卷五）

吾见其扞格[1]，勤苦日有甚焉，而身心颠倒，眩瞀[2]迷惑，终无以为致知力行之地矣，况欲有以及乎天下国家也哉。（《大学或问》上）

注释：

[1] 扞格（hàn gé）：有抵触，互相抵触，格格不入的含义。

［2］眩瞀（mào）：原意为眼睛昏花而视物不明，这里指昏愦、迷乱。

至于义理虽明而践履不至者，则亦多端，或知之未深，或是行是行之不力，或是气质之偏有难化处。在彼诚为累德[1]，然在我观之，但当内自警省，不使加乎其身，而不可以此遽起轻视前辈之心，且疑讲学之无益也。（《朱文公文集》卷五十八）

注释：

［1］累德：累，连累；累德，使德行受到损害。语出《尚书·旅獒》篇："不矜细行，终累大德。"

"右传之五章，盖释格物、致知之义，而今亡矣。闲尝窃取程子之意以补之曰：所谓致知在格物者，言欲致吾之知，在即物而穷其理也。盖人心之灵，莫不有知，而天下之物，莫不有理，惟于理有未穷，故其知有不尽也。是以《大学》始教，必使学者即凡天下之物，莫不因其已知之理而益穷之，以求至乎其极。至于用力之久，而一旦豁然贯通焉，则众物之表里精粗无不到，而吾心之全体大用[1]无不明矣。此谓物格，此谓知之至也。"（《大学章句》）

注释：

［1］全体大用：指（心的）本体完备和功用充分发挥。

问："'一理通则万理通'，其说如何？"曰："伊川尝云：'虽颜子亦未到此。'天下岂有一理通便解万理皆通，也须积累将去。如颜子高明，不过闻一知十，亦是大段聪明了。学问却有渐，无急迫之理。有人尝说，学问只用穷究一个大处，则其他皆通。如某正不敢如此说，须是逐旋做将去，不成只用穷究一个，其他更不用管，便都理会得，岂有此理。为此说者，将谓是天理，不知却是人欲。"（《朱子语类》卷十八）。

"大凡学问不可只理会一端，圣贤千言万语，看得虽似纷扰，然却都是这一个道理。而今只就紧要处做固好，然别个也须一一理会，凑得这一个道理都一般，方得。天下事硬就一个做，终是做不成。如庄子说：'风之积也不厚，则其负大翼也无力。'须是理会得多，方始衬簟得起。且如'笾豆之事则有司存'，非是说笾豆之事置之度外，不用理会。'动容貌'三句，亦只是三句是自家紧要合做底，笾豆是付与有司做底，其事为轻。而今只理会三句，笾豆之事都不理会，万一被有司唤笾做豆，若不曾晓得，便被他瞒。又如田子方说'君明乐官，不明乐音'，他说得不是。若不明得音，如何明得官？次第被他易官为商，也得！所以中庸先说个'博学之'，孟子曰：'博学而详说之。'且看孔子虽曰生知，事事去问人，若问礼、问丧于老聃之类甚多。只如官名不晓得，莫也无害，圣人亦汲汲去问郯子。盖是我不识底，须是去问人，始得。"因说："南轩洙泗言仁，编得亦未是。圣人说仁处固是仁，然不说处不成非仁！天下只有个道理，圣人说许多说话，都要理会。岂可只去理会说仁处，不说仁处便掉了不管！子思做中庸，大段周密不易，他思量如是。'德性'五句，须是许多句方该得尽，然第一句为主。'致广大、极高明、温故、敦厚'，此上一截是'尊德性'事；如'道中庸、尽精微、知新、崇礼'，此下一截是'道问学'事。都要得纤悉具备，无细不尽，如何只理会一件？"或问知新之理。曰："新是故中之事，故是旧时底，温起来以'尊德性'；然后就里面讨得新意，乃为'道问学'。"（《朱子语类》卷一百一十八）

所谓一贯者，会万殊于一贯。如曾子是于圣人一言一行上一一践履，都子细理会过了，不是默然而得之。观曾子问中问丧礼之变，曲折无不详尽，便可见曾子当时功夫是一一理会过来。圣人知曾子许多道理都理会得，便以一贯语之，教它知许多道理却只是一个道理。曾子到此，亦是它践履处都理会过了，一旦豁然知此是一个道理，遂应曰："唯！"及至门人问之，便云："忠恕而已矣。"忠是大本，恕是达道。忠者，一理也；恕便是条贯，万殊皆自此出来。虽万殊，却只一理，所谓贯也。子贡平日是于前言往行上着工夫，于见识上做得亦到。夫子恐其亦以圣人为"多学而识之"，故问之。

子贡方以为疑，夫子遂以一贯告之。子贡闻此别无语，亦未见得子贡理会得，理会不得。自今观之，夫子只以一贯语此二人，亦须是它承当得，想亦不肯说与领会不得底人。曾子是践履笃实上做到，子贡是博闻强识上做到。夫子舍二人之外，别不曾说，不似今人动便说一贯也。所谓一者，对万而言。今却不可去一上寻，须是去万上理会。若只见夫子语一贯，便将许多合做底事都不做，只理会一，不知却贯个甚底！（《朱子语类》卷二十七）

须是内外本末，隐显精粗，一一周遍，方是儒者之学。（《朱子语类》卷十八）

器远问：“格物当穷究万物之理令归一，如何？”曰：“事事物物各有理，如何硬要捏合得。只是才遇一事，即就一事究竟其理。少间多了，自然会贯通。如一案有许多器用，逐一理会得，少间便自见得都是案上合有底物事。若是要看一件晓未得，又去看一样，看那个未了，又看一样，到后一齐都晓不得。如人读书，初未理会得，却不去究心理会。问他易如何，便说中间说话与书甚处相类。问他书如何，便云与诗甚处相类。一齐都没理会。所以程子说：‘所谓穷理者，非欲尽穷天下之理，又非是止穷得一理便到。但积累多后，自当脱然有悟处。’此语最亲切。”（《朱子语类》卷十八）

黄毅然问：“程子说‘今日格一件，明日格一件’，而先生说要随事理会，恐精力短，如何？曰：也须用理会。不成精力短后，话便信口开，行便信脚步，冥冥地去，都不管他。又问：“无事时见得是如此，临事又做错了，如何？”曰：“只是断置不分明。所以格物便要闲时理会，不是要临时理会。闲时看得道理分晓，则事来时断置自易。格物只是理会未理会得底，不是从头都要理会。如水火，人自是知其不可蹈，何曾有错去蹈水火！格物只是理会当蹈水火与不当蹈水火，临事时断置教分晓。程子所谓‘今日格一件，明日格一件’，亦是如此。且如看文字，圣贤说话粹，无可疑者。若后世诸儒之言，唤做都不是，也不得；有好底，有不好底；好底里面也有不好处，

附录　朱熹文选

不好底里面也有好处；有这一事说得是，那一件说得不是；有这一句说得是，那一句说得不是，都要恁地分别。如临事，亦要如此理会那个是，那个不是。若道理明时，自分晓。有一般说，汉唐来都是；有一般说，汉唐来都不是，恁地也不得。且如董仲舒贾谊说话，何曾有都不是底，何曾有都是底。须是要见得他那个议论是，那个议论不是。如此，方唤做格物。如今将一个物事来，是与不是见得不定，便是自家这里道理不通透。若道理明，则这样处自通透。"（《朱子语类》卷十八）

孟子说"知性"，是知得性中物事。既知得，须尽知得，方始是尽心。下面"存其心，养其性"，方始是做工夫处。如大学说"物格而后知至"。物格者，物理之极处无不到，知性也；知至者，吾心之所知无不尽，尽心也。至于"知至而后意诚"，诚则"存其心，养其性"也。圣人说知必说行，不可胜数。（《朱子语类》卷六十）

问："延平谓：'为学之初，且当常存此心，勿为他事所胜。凡遇一事，即当且就此事反复推寻以究其极。待此一事融释脱落，然后别穷一事，久之自当有洒然处。'与伊川今日格一件，明日格一件之语不同，如何？曰：这话不如伊川说今日明日恁地急。这说是教人若遇一事，即且就上理会，教烂熟离析，不待擘开[1]，自然分解，久之自当有洒然处，自是见得快活。某常说道，天下事无他，只是个熟与不熟。若只一时恁地约摸得，都不与自家相干，久后皆忘却。只如借得人家事一般，少间被人取将去，又济自家甚事！"（《朱子语类》卷十八）

注释：

[1] 擘开（bāi kāi）：用手把东西分开或折断。

蔡问："有一节之上达，有全体之上达。"曰："不是全体。只是这一件理会得透，那一件又理会得透，积累多，便会贯通。不是别有一个大底上达，又不是下学中便有上达。须是下学，方能上达。今之学者于下学便要求玄妙，则不可。'洒扫应对，从此可到形而上，未便是形而上'，谢氏说过了。"
（《朱子语类》卷四十四）

问："欲求大本以总括天下万事。"曰："江西便有这个议论。须是穷得理多，然后有贯通处。今理会得一分，便得一分受用；理会得二分，便得二分受用。若'一以贯之'，尽未在。陆子静要尽扫去，从简易。某尝说，且如做饭：也须趁柴理会米，无道理合下便要简易。"（《朱子语类》卷一百一十五）

积习既多，自当脱然有贯通处，乃是零零碎碎凑合将来，不知不觉，自然醒悟。其始须用力，及其得之也，又却不假用力。此个事不可欲速，"欲速则不达"，须是慢慢做去。（《朱子语类》卷十八）

问：知至若论极尽处，则圣贤亦未可谓之知至。如孔子不能证夏商之礼，孟子未学诸侯丧礼，与未详周室班爵之制之类否？曰：然。如何要一切知得。然知至只是到脱然贯通处。虽未能事事知得，然联合会得已极多，万一有插生一件差异底事来，也都识得他破。只是贯通，便不知底亦通将去。（《朱子语类》卷十八）

格物之论，伊川意虽谓眼前无非是物，然其格之也，亦须有缓急先后之序，岂遽以为存心于一草一木器用之间，而忽然悬悟也哉？且如今为此学而不穷天理，明人伦，讲圣言，通世故，乃兀然存心于一草木、一器用之间，此是何学问？如此而望有所得，是炊沙而欲其成饭也。（《朱文公文集》卷三十九）

愚谓致知格物，大学之端，始学之事也。一物格，则一知至，其功有渐，积久贯通，然后胸中判然不疑所行，而意诚心正矣。然则所致之知固有浅深，岂遽以为与尧舜同者，一旦而忽然见之也哉？此殆释氏一闻千悟，一超直

入之虚谈，非圣门明善诚身之实务也。其与前章所斥异端之学不知所先后者，又何以异哉。（《朱文公文集》卷七十二）

愚按伊川先生尝言："凡一物上有一理，物之微者亦有理。"又曰：大而天地之所以高厚，小而一物之所以然，学者皆当理会。程子之为是言也，特以明夫理之所在，无间于大小精粗而已。若夫学者之所以用功，则必有先后缓急之序，区别体验之方，然后积习贯通，驯致其极。岂以为直存心于一草一木器用之间，而与尧舜同者，无故忽然自识之哉？此又释氏闻声悟道，见色明心之说，殊非孔氏遗经，程氏发明之本意也。（《朱文公文集》卷七十二）

若由吾儒之说，则读书而原其得失，应事而察其是非，乃所以为致知格物之事，盖无适而非此理者。今乃去文字而专体究，犹患杂事纷扰，不能专一，则是理与事为二，必事尽屏而后理可穷也。终始二道，本末两端，孰甚于此。（《朱文公文集》卷七十二）

大学所言格物致知，只是说得个题目。若欲从事于其实，须更博考经史，参稽事变，使吾胸中廓然无毫发之疑，方到知止有定地位。不然，只是想象个无所不通底意象，其实未必通也。（《朱文公文集》卷六十三）

愿且虚心，徐观古训，句解章析，使节节通透，段段烂熟，自然见得为学次第，不须别立门户，固守死法也。（《朱文公文集》卷六十三）

读论语，须将精义看。先看一段，次看第二段。将两段比较，孰得孰失，孰是孰非。又将第三段比较如前，又总一章之说而尽比较之。其间须有一说合圣人之意，或有两说，有三说，有四说五说皆是，又就其中比较疏密。如此，便是格物。及看得此一章透彻，则知便至。或自未有见识，只得就这里挨。一章之中，程子之说多是，门人之说多非。然初看时，不可先萌此心，门人所说亦多有好处。蜚卿曰："只将程子之说为主，如何？"曰："不可，只得以理为主，然后看它底。看得一章直是透彻了，然后看第二章，亦如此法。若看得三四篇，此心便熟，数篇之后，迎刃而解矣。某尝苦口与学者说得口破，少有依某去着力做工夫者。且如'格物、致知'之章，程子与门人之说，某初读之，皆不敢疑。后来编出细看，见得程子诸说虽不同，意未尝不贯。其门人之说，与先生盖有大不同者矣。"（《朱子语类》卷十九）

世间之物，无不有理，皆须格过。古人自幼便识其具。且如事亲事君之礼，钟鼓铿锵之节，进退揖逊之仪，皆目熟其事，躬亲其礼。及其长也，不过只是穷此理，因而渐及于天地鬼神日月阴阳草木鸟兽之理。所以用功也易。今人皆无此等礼数可以讲习，只靠先圣遗经自去推究，所以要人格物主敬，便将此心去体会古人道理，循而行之。如事亲孝，自家既知所以孝，便将此孝心依古礼而行之；事君敬，便将此敬心依圣经所说之礼而行之。一一须要穷过，自然浃洽贯通。（《朱子语类》卷十五）

吕氏之论明善诚身，皆有所未尽。其于明善，直以为凡在我者，皆明其情状，而后知所从来。殊不知天下事物之理，皆有所谓善，要当明其当然，而识其所以然，使吾心晓然真知善之为善，而不可不为，是乃所谓明善者。若曰知在我者之所从来而已，则恐其狭而未究于理也。其于诚身，直以为知有是善于吾身而已。是亦未知孟子所谓诚身，正谓心思言行之间，能实践其所明之善而有诸身也。（《孟子或问》卷三）

问："思修身，不可不事亲；思事亲，不可不知人；思知人，不可不知天。"曰："此处却是倒看，根本在修身。然修身得力处，却是知天。知天，是知至、物格，知得个自然道理。学若不知天，便记得此，又忘彼；得其一，失其二。未知天，见事头绪多。既知天了，这里便都定，这事也定，那事也定。"（《朱子语类》卷六十四）

所论正蒙大旨，则恐失之太容易尔。夫道之极致，物我固为一物，然岂独物我之间验之？盖天地鬼神，幽明隐显，本末精粗，无不通贯而为一也。正蒙之旨诚不外是，然圣贤言之则已多矣，正蒙之作复何为乎？恐须反复研究其说，求其所以一者，而合之于其所谓一者，必铢铢而较之，至于钧而必合。寸寸而度之，至于丈而不差。然后为得也。孟子曰：博学而详说之，将以反说约也。正为是尔。今学之未博，说之未详，而欲一言探其极致，则是铢两未分而臆料钧石，分寸不辨而目计丈引，不惟精粗二致，大小殊观，非所谓一以贯之者。愚恐小差积而大谬生，所谓钧石丈引[1]者，亦不得其真矣。此躐等妄意之蔽。世之有志于为己之学而未知其方者，其病每如此也。明道先生行状云：先生教人，自致知至于知止，意诚至于平天下，洒扫应对至于穷理尽性，循循有序。病世之学者舍近而趋远，处下而窥高。所以轻自大而卒无得也。此言至矣，彦谋以为如何？（《朱文公文集》卷六十四）

注释：

[1]钧石丈引：钧石，古代重量单位。三十斤为钧，四钧为石。丈引，古代长度单位，一引等于十丈，一丈等于十尺。

示喻格物持敬之方，足见乡道不忘之意，甚善甚善。持敬正当自此而入，至于格物，则伊川夫子所谓穷经应事，尚论古人之属，无非用力之地。若舍此平易显明之功，而必搜索窥伺于无形无迹之境，窃恐陷于思而不学之病。将必神疲力殆，而非所以进于日新矣。况闻左右体羸多病，尤当完养思虑，毋令过苦，成就德器，以慰士友之望。（《朱文公文集》卷五十六）

格物致知，乃是就此等实事工夫上穷究，非谓舍置即今职分之所当为，而泛然以穷事物之理。待其穷尽而后意自诚，心自正，身自修也。（《朱文公文集》卷五十六）

意不能以自诚，故推其次弟，则欲诚其意，又必以格物致知为先。盖仁义之心，人皆有之，但人有此身，便不能无物欲之蔽，故不能以自知。若能随事讲明，令其透彻，精粗巨细，无不贯通，则自然见得义理之悦心，犹刍豢之悦口，而无待于自欺。如其不然，而但欲禁制抑遏，使之不敢自欺，便谓诚其意者不过如此，则恐徒然为是迫切，而隐微之间终不免为自欺也。（《朱文公文集》卷六十）

窃闻之，大学于此，虽若使人戒夫自欺，而推其本，则必其有以用力于格物致知之地，然后理明心一，而所发自然莫非真实。如其不然，则虽欲防微谨独，无敢自欺，而正念方萌，私欲随起，亦非力之所能制矣。（《朱文公文集》卷六十）

大学之序，自格物致知以至于诚意正心，不是两事。但其内外浅深自有次第耳。非以今日之诚意正心为是，即悔前日之格物致知为非也。（《朱文公文集》卷五十六）

盖其病根，正在欲于未发之前，求见夫所谓中者而执之，是以屡言之而病愈甚。殊不知经文所谓致中和者，亦曰当其未发，此心至虚，如镜之明，如水之止，则但当敬以存之，而不使其稍有偏倚；至于事物之来，此心发见，喜怒哀乐各有攸当，则又当敬以察之，而不使其小有差忒而已，未有如是之说也。且曰未发之前，则宜其不待着意推求，而了然心目之间矣；一有求之之心，则是便为已发，固已不得而见之，况又从而执之，则其为偏倚亦甚矣，又何中之可得乎？且夫未发已发，日用之间，固有自然之机，不假人力。方其未发，本自寂然，故无所事于执；及其当发，则又当即事即物，随感而应，亦安得块然不动，而执此未发之中耶？（《中庸或问》上）

大抵心体通有无，该动静，故工夫亦通有无，该动静，方无透漏。若必待其发而后察，察而后存，则工夫之所不至者多矣。惟涵养于未发之前，则其发处自然中节者多，不中节者少，体察之际，亦甚明审，易为着力，

与异时无本可据之说，大不同矣。（《朱文公文集》卷四十三）

叔重问："程子云：'权者，言称锤之义也。何物以为权？义是也。然也只是说到义。义以上更难说，在人自看如何。'此意如何看？"曰："此如有人犯一罪，性之刚者以为可诛，性之宽者以为可恕，概之以义，皆未是合宜。此则全在权量之精审，然后亲审不差。欲其权量精审，是他平日涵养本原，此心虚明纯一，自然权量精审。伊川常云：'敬以直内，则义以方外；义以为质，则礼以行之。'"（《朱子语类》卷三十七）

问："'满腔子是恻隐之心'，如何是满腔子？"曰："满腔子，是只在这躯壳里。'腔子'乃洛中俗语。"又问："恻隐之心，固是人心之懿，因物感而发见处。前辈令以此操而存之，充而达之。不知如何要常存得此心？"曰："此心因物方感得出来，如何强要寻讨出？此心常存在这里，只是因感时识得此体。平时敬以存之，久久会熟。善端发处，益见得分晓，则存养之功益有所施矣。"又问："要恻隐之心常存，莫只是要得此心常有发生意否？"曰："四端中，羞恶、辞让、是非亦因事而发尔。此心未当起羞恶之时，而强要憎恶那人，便不可。如恻隐，亦因有感而始见，欲强安排教如此，也不得。如天之四时，亦因发见处见得。欲于冬时要寻讨个春出来，不知如何寻。到那阳气发生万物处，方见得是春耳。学者但要识得此心，存主在敬，四端渐会扩充矣。"（《朱子语类》卷五十三）

"喜怒哀乐未发谓之中"，程子云："敬不可谓之中，敬而无失即所以中也，未说到义理涵养处。"大抵未发已发，只是一项工夫，未发固要存养，已发亦要审察。遇事时时复提起，不可自怠，生放过底心。无时不存养，无事不省察。（《朱子语类》卷六十二）

再论湖南问答，曰："未发已发，只是一件工夫。无时不涵养，无时不省察。谓如水长长地流，到高处又略起伏则个。如恐惧戒谨，是长长地做。到谨独，是又提起一起。如水然，只是要不辍地流。又如骑马，自家常常提掇[1]。及至遇险处，便加些提控[2]。不成谓是大路，便都不管他，任他自去之理。"正淳曰："未发时当以理义涵养。"曰："未发时着理义不得。才知有理有义，便是已发。当此时，有理义之原，未有理义条件。只一个主宰严肃，便是涵养工夫。伊川曰：敬而无失便是，然不可谓之中。但敬而无失，即所以中也。正淳又曰：平日无涵养者，临事不能强勉省察。"曰："有涵养者固要省察，不曾涵养者亦当省察。不可道我无涵养工夫，后于已发处更不管他。若于发处能点检，亦可知得是与不是。今言涵养，则曰不先知理义底涵养不得。言省察，则曰无涵养，省察不得。二者相睚[3]，却成担阁。"又曰："如涵养熟者，固是自然中节。便做圣贤，于发处亦须审其是非而行。涵养不熟底，虽未必能中节，亦须直要中节可也。要知二者可以交相助，不可交相待。"（《朱子语类》卷六十二）

注释：

[1] 提掇（tí duō）：提携，挈带等。

[2] 提控：掌管；管理。

[3] 睚（yá）：见"睚眦"，怒目而视。

问"思无邪"。曰："前辈多就诗人上说'思无邪'，'发乎情，止乎礼义'。某疑不然。不知教诗人如何得'思无邪'。如文王之诗，称颂盛德盛美处，皆吾所当法；如言邪僻失道之人，皆吾所当戒；是使读诗者求无邪思。分而言之，三百篇各是一个'思无邪'；合三百篇而言，总是一个'思无邪'。"问："圣人六经皆可为戒，何独诗也？"曰："固是如此。然诗中因情而起，则有思。欲其思出于正，故独指'思无邪'以示教焉。"问："诗说'思无邪'，与曲礼说'毋不敬'，意同否？"曰："'毋不敬'，是用功处，所谓'正心、诚意'也。'思无邪'，思至此自然无邪，功深力到处，所谓'心正、意诚'也。若学者当求无邪思，而于正心、诚意处着力。然不先致知，则正心诚意之功何所施？所谓敬者，何处顿放？今人但守一个敬字，全不去择义，所以应事接物处皆颠倒了。中庸博学之，审问之，谨思之，明辨之，笃行之；孟子博学而详说之，将以反说约也；颜子博我以文，约我以礼。从上圣贤教人，未有不先自致知始。（《朱子语类》卷二十三）

所喻前论未契，今且当以涵养本原勉强实履为事，此又错了也。此乃见识大不分明，须痛下工夫，钻研勘核[1]，教透彻了，方是了当[2]，自此以后方有下手涵养践履处。如横渠下手所见，只是小小未莹，伊川先生犹令其且涵泳义理，不只说完养思虑了便休也。如今乃是大段差舛，却不汲汲向此究竟，而去别处闲坐，道我涵泳本原，勉强实履。又闻手写六经，亦是无事费日，都不是长进底道理。要须勇猛捐弃旧习，以求新功，不可一向如此悠悠闲过岁月也。（《朱文公文集》卷四十八）

注释：

［1］勘核：勘察审定。

［2］了当：完毕；停当。

仲思言："正大之体难存。"曰："无许多事。古人已自说了，言语多则愈支离。如公昨来所问涵养、致知、力行三者，便是以涵养做头，致知次之，力行次之。不涵养则无主宰。如做事须用人，才放下或困睡，这事便无人做主，都由别人，不由自家。既涵养，又须致知；既致知，又须力行。若致知而不力行，与不知同。亦须一时并了，非谓今日涵养，明日致知，后日力行也。要当皆以敬为本。敬却不是将来做一个事。今人多先安一个'敬'字在这里，如何做得？敬只是提起这心，莫教放散；恁地，则心便自明。这里便穷理、格物。见得当如此便是，不当如此便不是；既是了，便行将去。今且将大学来读，便见为学次第，初无许多屈曲。"又曰："某于大学中所以力言小学者，以古人于小学中已自把捉成了，故于大学之道，无所不可。今人既无小学之功，却当以敬为本。"（《朱子语类》卷一百一十五）

今且论涵养一节，疑古人直自小学中涵养成就，所以大学之道只从格物做起。今人从前无此工夫，但见大学以格物为先，便欲只以思虑知识求之，更不于操存处用力，纵使窥测得十分，亦无实地可据。大抵敬字是彻上彻下之意，格物致知乃其间节次进步处耳。（《朱文公文集》卷四十三）

夫泛论知行之理，而就一事之中以观之，则知之为先，行之为后，无可疑者。然合夫知之浅深，行之大小而言，则非有以先成乎其小，亦将何以驯致乎其大者哉？盖古人之教，自其孩幼而教之以孝悌诚敬之实；及其少长，而博之以诗、书、礼、乐之文，皆所以使之即夫一事一物之间，各有以知其义理之所在，而致涵养践履之功也。（此小学之事，知之浅而行之小者也。）及其十五成童，学于大学，则其洒扫应对之间、礼乐射御之际，所以涵养践履之者略已小成矣。于是不离乎此而教之以格物以致其知焉。致知云者，因其所已知者推而致之，以及其所未知者而极其至也。是必至于举天地万物之理而一以贯之，然后为知之至。而所谓诚意、正心、修身、齐家、治国、平天下者，至是而无所不尽其道焉。（此大学之道，知之深而行之大者也。）今就其一事之中而论之，则先知后行，固各有其序矣。诚欲因夫小学之成以进乎大学之始，则非涵养践履之有素，亦岂能居然以夫杂乱纠纷之心而格物以致其知哉？（《朱文公文集》卷四十二）

五、朱熹文学思想

才卿问："韩文李汉序头一句甚好。"曰："公道好，某看来有病。"陈曰："'文者，贯道之器。'且如六经是文，其中所道皆是这道理，如何有病？"曰："不然。这文皆是从道中流出，岂有文反能贯道之理？文是文，道是道，文只如吃饭时下饭耳。若以文贯道，却是把本为末，以末为本，可乎？其后作文者皆是如此。"因说："苏文害正道甚于老佛，且如易所谓'利者义之和'，却解为义无利则不和，故必以利济义，然后合于人情。若如此，非惟失圣言之本指，又且陷溺其心。"先生正色曰："某在当时，必与他辩。"却笑曰："必被他无礼。"（《朱子语类》卷一百三十九）

盖道无适而不存者也，故即文以讲道，则文与道两得而一以贯之，否则亦将两失之矣。（《朱文公文集》卷三十）

道者文之根本，文者道之枝叶。惟其根本乎道，所以发之於文，皆道也。三代圣贤文章皆从此心写出，文便是道。今东坡之言曰："吾所谓文，必与道俱。"则是文自文而道自道，待作文时，旋去讨个道来入放里面，此是它大病处。只是它每常文字华妙，包笼将去，到此不觉漏逗。说出他本根病痛所以然处，缘他都是因作文，却渐渐说上道理来；不是先理会得道理了，方作文，所以大本都差。欧公之文则稍近于道，不为空言。如唐礼乐志云："三代而上，治出於一；三代而下，治出於二。"此等议论极好，盖犹知得只是一本。如东坡之说，则是二本，非一本矣。（《朱子语类》卷一百三十九）

夫所贵乎文之足以传远，以其议论明白，血脉指意晓然可知耳。文之最难晓者，无如柳子厚。然细观之，亦莫不自有指意可见，何尝如此不说破？其所以不说破者，只是吝惜，欲我独会而他人不能，其病在此。大概是不肯蹈袭前人议论，而务为新奇。惟其好为新奇，而又恐人皆知之也，所以吝惜。（《朱子语类》卷一百三十九）

今人作文，皆不足为文。大抵专务节字，更易新好生面辞语。至说义理处，又不肯分晓。观前辈欧、苏诸公作文，何尝如此？圣人之言坦易明白，因言以明道，正欲使天下后世由此求之。使圣人立言要教人难晓，圣人之经定不作矣。若其义理精奥处，人所未晓，自是其所见未到耳。学者须玩味深思，久之自可见。何尝如今人欲说又不敢分晓说！不知是甚所见！毕竟是自家所见不明，所以不敢深言，且鹘突说在里。（《朱子语类》卷一百三十九）

因论文，曰："作文须是靠实，说得有条理乃好，不可架空细巧。大率要七分实，只二三分文。如欧公文字好者，只是靠实而有条理。如张承业及宦者等传自然好。东坡如《灵璧张氏园亭记》最好，亦是靠实。秦少游龙井记之类，全是架空说去，殊不起发人意思。"（《朱子语类》卷一百三十九）

汉末以后，只做属对文字，直至后来，只管弱。如苏颋着力要变，变不得。直至韩文公出来，尽扫去了，方做成古文。然亦止做得未属对合偶以前体格，然当时亦无人信他。故其文亦变不尽，才有一二大儒略相效，以下并只依旧。到得陆宣公奏议，只是双关做去。又如子厚亦自有双关之文，向来道是他初年文字。后将年谱看，乃是晚年文字，盖是他效世间模样做则剧耳。文气衰弱，直至五代，竟无能变。到尹师鲁、欧公几人出来，一向变了。其间亦有欲变而不能者，然大概都要变。所以做古文自是古文，四六自是四六，却不滚杂。（《朱子语类》卷一百三十九）

不知时文之弊已极，虽乡举又何尝有好文字脍炙人口？若是要取人才，那里将这几句冒头见得？只是胡说！今时文日趋于弱，日趋于巧小，将士人这些志气都消削得尽。（《朱子语类》卷一百九）

所喻学者之害莫大于时文，此亦救弊之言。然论其极，则古文之与时文，其使学者弃本逐末，为害等尔。但此等物如淫声美色，不敢一识其趣，便使人不能忘，政当以为通人之蔽，不当以是为当务而切切留意也。（《朱文公文集》卷五十六）

六、朱熹美学思想

鸢飞鱼跃[1]，道体随处发见。谓道体发见者，犹是人见得如此。若鸢鱼初不自知。察，只是著。天地明察，亦是著也。君子之道，造端乎夫妇之细微，及其至也，着乎天地。至，谓量之极至。

"鸢飞""鱼跃"两句，问曰："莫只是鸢飞鱼跃，无非道体之所在？犹言动容周旋，无非至理；出入语默，无非妙道。'言其上下察也'，此一句只是解上面，如何？"曰："固是。"又曰："恰似禅家云'青青绿竹，莫匪真如；粲粲黄花，无非般若'之语。"（《朱子语类》卷六十三）

注释：

[1] 鸢飞鱼跃：鸢即老鹰。《诗经》："鸢飞戾天；鱼跃于渊"。形容万物各得其所。指的是自然美的现象。

子语鲁大师乐。曰："乐其可知也：始作，翕如也；从之，纯如也，皦如也，绎如也，以成。"语，去声。大，音泰。从，音纵。语，告也。大师，乐官名。时音乐废缺，故孔子教之。翕，合也。从，放也。纯，和也。皦，明也。绎，相续不绝也。成，乐之一终也。谢氏曰："五音六律不具，不足以为乐。翕如，言其合也。五音合矣，清浊高下，如五味之相济而后和，故曰纯如。合而和矣，欲其无相夺伦，故曰皦如，然岂宫自宫而商自商乎？不相反而相连，如贯珠可也，故曰绎如也，以成。"（《论语集注》卷二）

子谓韶，"尽美矣，又尽善也。"谓武，"尽美矣，未尽善也"。韶，舜乐。武，武王乐。美者，声容之盛。善者，美之实也。舜绍尧致治，武王伐纣救民，其功一也，故其乐皆尽美。然舜之德，性之也，又以揖逊而有天下；武王之德，反之也，又以征诛而得天下，故其实有不同者。程子曰："成汤放桀，惟有惭德，武王亦然，故未尽善。尧、舜、汤、武，其揆一也。征伐非其所欲，所遇之时然尔。"（《论语集注》卷二）

孝述又疑气之始有清无浊，有美无恶。浊者清之变，恶者美之变。以其本清本美，故可易之，以反其本。然则所谓变化气质者，似亦所以复其初也。不知是否？

先生披云："气之始固无不善，然腾倒到今日，则其杂也久矣。但其运行交错，则其美恶却各自有会处。此上智下愚之所以分也。"（《朱文公文集·续集》卷十）

前辈云："文字自有稳当底字，只有始者思之不精。"又曰："文字自有一个天生成腔子，古人文字自贴这天生成腔子。"（《朱子语类》卷一百三十九）

"天地节而四时成。"天地转来，到这里相节了，更没去处。今年冬尽了，明年又是春夏秋冬，到这里冢匝了，更去不得。这个折做两截，两截又折做四截，便是春夏秋冬。他是自然之节，初无人使他。圣人则因其自然之节而节之，如"修道之谓教"，"天秩有礼"之类，皆是。天地则和这个都无，只是自然如此。圣人法天，做这许多节措出来。（《朱子语类》卷七十三）

至其所谓"其积之中者有余，故推以治天下，有不可得而知者"，则虽非大失，而积与推者终非所以言圣人。不若易之曰"默而该之者既溥博而渊泉，故其挥而散之者自以时出而无不当"，则庶乎轻重浅深之间，亦无可得而议也。（《古史余论》，《朱文公文集》卷七十二）

曰：然则程子卒以赤子之心为已发，何也？

曰：众人之心，莫不有未发时，亦莫不有已发时，不以老稚贤愚而有别也。但孟子所指赤子之心纯一无伪者，乃因其发而后可见，若未发，则纯一无伪，又不足以名之，而非独赤子之心以为然矣。是以程子虽改夫心皆已发之一言，而以赤子之心为已发，则不可得而改也。

曰：程子明镜止水之云，固以圣人之心异乎赤子之心矣，然则此其为未发者邪？

曰：圣人之心，未发则为水镜之体，既发而为水镜之用，亦非独指未发而言也。（《中庸或问》上）

问："赤子之心，莫是发而未远乎中，不可作未发时看否？"曰："赤子之心，也有未发时，也有已发时。今欲将赤子之心专作已发看，也不得。赤子之心，方其未发时，亦与老稚贤愚一同，但其已发未有私欲，故未远乎中耳。"（《朱子语类》卷五十七）

或问："如保赤子"[1]，何也？曰：程子有言，赤子未能自言其意，而为之母者，慈爱之心出于至诚，则凡所以求其意者，虽或不中，而不至于大相远矣，岂待学而后能哉？若民则非如赤子之不能自言矣，而使之者反不能无失于其心，则以本无慈爱之实，而于此有不察耳。传之言此，盖以明夫使众之道，不过其慈幼者而推之，而慈幼之心，又非外铄而有待于强为也。事君之孝，事长之弟，亦何以异于此哉！既举其细，则大者可知矣。（《大学或问》下）

注释：

[1] 如保赤子：像保护婴儿一样，诚心实意（去做某事）。

惟圣人之心，清明纯粹，天理浑然无所亏却，故能因其道之所在，而为之品节防范，以立教于天下，使夫过不及者，有以取中焉。（《中庸或问》上）

遗书所云：释氏有尽心知性，无存心养性，亦恐记录者有误。要之，释氏只是恍惚间见得些心性影子，却不曾仔细见得真实心性，所以不见里面许多道理。政使有存养之功，亦只是存养得他所见底影子，固不可谓之无所见，亦不可谓之不能养，但所见所养，非心性之真耳。

先立根本，后立趋向，即所谓未有致知而不在敬者。又云：收得放心，然后自能寻向上去，亦此意也。

外面只有些罅隙，便走了。此语分明，不须注解。只要时时将来提撕，便唤得主人公常在常觉也。（《朱文公文集》卷五十二）

先生问窦云："寻常看'敬'字如何？"曰："心主于一而无有它适。"先生曰："只是常要提撕，令胸次湛然分明。若只块然独坐，守着个敬，却又昏了。须是常提撕，事至物来，便晓然判别得个是非去。"窦云："每常胸次湛然清明时，觉得可悦。"曰："自是有可悦之理，只是敬好。'敬以直内'，便能'义以方外'。有个敬，便有个不敬，常如此戒惧。方不睹不闻，未有私欲之际，已是戒惧了；及至有少私意发动，又却慎独如此，即私意不能为吾害矣。"（《朱子语类》卷一百一十四）

因论吕与叔说"中"字，大本差了。曰："他底固不是，自家亦要见得他不是处。"文蔚曰："喜怒哀乐未发之中，乃在中之义。他引虞书'允执厥中'之'中'，是不知'无过、不及之中'，与'在中'之义本自不同。又以为'赤子之心'，又以为'心为甚'，不知中乃喜怒哀乐未发而赤子之心已发。'心为甚'，孟子盖谓心欲审轻重，度长短，甚于权度。他便谓凡言心者，便能度轻重长短，权度有所不及，尤非孟子之意，即此便是差了。"曰："如今点检他过处都是，自家却自要识中。"文蔚曰："伊川云：'涵养于喜怒哀乐未发之前，则发自中节矣。'今学者能戒慎恐惧于不睹不闻之中，而慎独于隐微之际，则中可得矣。"曰："固是如此，亦要识得。且如今在此坐，卓然端正，不侧东，不侧西，便是中底气象。然人说中，亦只是大纲如此说，比之大段不中者，亦可谓之中，非能极其中。如人射箭，期于中红心，射在贴上亦可谓中，终不若他射中红心者。至如和，亦有大纲唤做和者，比之大段乖戾者，谓之和则可，非能极其和。且如喜怒，合喜三分，自家喜了四分；合怒三分，自家怒了四分，便非和矣。"（《朱

子语类》卷六十二）

先生问："'顾諟天之明命'，如何看？"答云："天之明命，是天之所以命我，而我之所以为德者也。然天之所以与我者，虽曰至善，苟不能常提撕省察，使大用全体昭晰无遗，则人欲益滋，天理益昏，而无以有诸己矣。"曰："此便是至善。但今人无事时，又却恁昏昏地；至有事时，则又随事逐物而去，都无一个主宰。这须是常加省察，真如见一个物事在里，不要昏浊了他，则无事时自然凝定，有事时随理而处，无有不当。"（《朱子语类》卷十六）

疑未发只是思虑事物之未接时，于此便可见性之体段，故可谓之中，而不可谓之性也。发而中节，是思虑事物已交之际皆得其理，故可谓之和，而不可谓之心。心则通贯乎已发未发之间，乃大易生生流行，一动一静之全体也。（《朱文公文集》卷四十三）

易曰"无思也，无为也，寂然不动，感而遂通天下之故"者，何也？曰：无思虑也，无作为也。其寂然者无时而不感，其感通者无时而不寂也。是乃天命之体，人心之至正，所谓体用之一源，流行而不息者也。疑若不可以时处分矣。然于其未发也，见其感通之体；于已发也，见其寂然之用，亦各有当而实未尝分焉。故程子曰："中者，言寂然不动者也。和者，言感而遂通者也。"然中和以情性言者也，寂感以心言者也。中和盖所以为寂感也。观"言"字、"者"字，可以见得其微意矣。（《朱文公文集》卷六十七）

伊川所谓"凡言心者，皆指已发而言"，吕氏只是辨此一句。伊川后来又救前说曰："凡言心者，皆指已发而言，此语固未当。心一也，有指体而言者，寂然不动是也。有指用而言者，感而遂通是也。惟观其所见如何。"此语甚圆无病。大抵圣贤之言，多是略发个萌芽，更在后人推究。演而伸，触而长，然亦须是圣贤本意。不得其意，则从那处推得出来？问："心本是

个动物，不审未发之前，全是寂然而静，还是静中有动意？"曰："不是静
中有动意。周子谓'静无而动有'。静不是无，以其未形而谓之无；非因
动而后有，以其可见而谓之有耳。横渠心统性情之说甚善。性是静，情是
动，心则兼动静而言。或指体，或指用，随人所看。方其静时，动之理只在。
伊川谓：'当中时，耳无闻，目无见，然见闻之理在，始得。及动时，又只
是这静底。'"（《朱子语类》卷六十二）

问："未发之前，当戒慎恐惧，提撕警觉，则亦是知觉。而伊川谓'既
有知觉，却是动'，何也？"曰："未发之前，须常惺地醒，不是瞑然不省。
若瞑然不省，则道理何在？成甚么'大本'？"曰："常醒，便是知觉否？"
曰："固是知觉。"曰："知觉便是动否？"曰："固是动。"曰："何以谓
之未发？"曰："未发之前，不是瞑然不省，怎生说做静得？然知觉虽是动，
不害其为未动。若喜怒哀乐，则又别也。"曰："恐此处知觉虽是动，而喜
怒哀乐却未发否？"先生首肯曰："是。下面说'复见天地之心'，说得好。
复一阳生，岂不是动？"曰："一阳虽动，然未发生万物，便是喜怒哀乐未
发否？"曰："是。"（《朱子语类》卷九十六）

问："旧看程先生所答苏季明喜怒哀乐未发，耳无闻、目无见之说，亦
不甚晓。昨见先生答吕子约书，以为目之有见，耳之有闻，心之有知未发，
与目之有视，耳之有听，心之有思已发不同，方晓然无疑。不知足之履，
手之持，亦可分未发已发否？"曰："便是书不如此读。圣人只教你去喜怒
哀乐上讨未发已发，却何尝教你去手持足履上分未发已发？都不干事。且
如眼见一个物事，心里爱，便是已发，便属喜；见个物事恶之，便属怒。
若见个物事心里不喜不怒，有何干涉？"或作："一似闲，如何谓之已发？"
（《朱子语类》卷九十六）

问："苏季明问喜怒哀乐未发之前，下'动'字？下'静'字？伊川曰：
'谓之静则可，静中须有物始得。'所谓'静中有物'者，莫是喜怒哀乐

虽未形，而含喜怒哀乐之理否？"曰："喜怒哀乐乃是感物而有，犹镜中之影。镜未照物，安得有影？"曰："然则'静中有物'，乃镜中之光明？"曰："此却说得近似。但只是此类。所谓'静中有物'者，只是知觉便是。"曰："伊川却云：'才说知觉，便是动。'"曰："此恐伊川说得太过。若云知个甚底，觉个甚底，如知得寒，觉得煖，便是知觉一个物事。今未曾知觉甚事，但有知觉在，何妨其为静？不成静坐便只是瞌睡！"（《朱子语类》卷九十六）

已发未发，只是说心有已发时，有未发时。方其未有事时，便是未发；才有所感，便是已发，却不要泥着。慎独是从戒慎恐惧处，无时无处不用力，到此处又须慎独。只是一体事，不是两节。（《朱子语类》卷六十二）

问："涵养于未发之初，令不善之端旋消，则易为力；若发后，则难制。"曰："圣贤之论，正要就发处制。惟子思说'喜怒哀乐未发谓之中'。孔孟教人，多从发处说。未发时固当涵养，不成发后便都不管！"德明云："这处最难。"因举横渠"战退"之说。曰："此亦不难，只要明得一个善恶。每日遇事，须是体验。见得是善，从而保养取，自然不肯走在恶上去。"

次日又云："虽是涵养于未发，源清则流清，然源清则未见得，被它流出来已是浊了。须是因流之浊以验源之未清，就本原处理会。未有源之浊而流之能清者，亦未有流之浊而源清者，今人多是偏重了。只是涵养于未发，而已发之失乃不能制，是有得于静而无得于动；只知制其已发，而未发时不能涵养，则是有得于动而无得于静也。"（《朱子语类》卷一百一十三）

人心"操则存，舍则亡"，须是常存得，"造次颠沛必于是"，不可有一息间断。于未发之前，须是得这虚明之本体分晓。及至应事接物时，只以此处之，自然有个界限节制，揍着那天然恰好处。（《朱子语类》卷五十九）

或问:"'孟子道性善'章,看来孟子言赤子将入井,有怵惕恻隐之心,此只就情上见,亦只说得时暂发见处。如言'孩提之童,无不亲其亲',亦只是就情上说得他人事,初无预于己。若要看得自己日用工夫,惟程子所谓:'天下之理,原其所自,未有不善。喜怒哀乐未发,何尝不善。发而中节,即无往而不善;发不中节,然后不善。'此语最为亲切。学者知此,当于喜怒哀乐未发,加持敬工夫;于喜怒哀乐已发,加省察工夫,方为切己。"曰:"不消分这个是亲切,那个是不亲切,如此则成两截了。盖是四者未发时,那怵惕恻隐与孩提爱亲之心,皆在里面了。少间发出来,即是未发底物事。静也只是这物事,动也只是这物事。如孟子所说,正要人于发动处见得是这物事。盖静中有动者存,动中有静者存。人但要动中见得静,静中见得动。若说动时见得是一般物事,静时又见得别是一般物事;静时见得是这般物事,动时又见得不是这般物事,没这说话。盖动时见得是这物事,即是静时所养底物事。静时若存守得这物事,则日用流行即是这物事。而今学者且要识得动静只是一个物事。"(《朱子语类》卷五十五)

问:"'则故而已矣',故是如何?"曰:"'故'是个已发见了底物事,便分明易见。如公都子问性,孟子却云:'乃若其情,则可以为善矣。'盖性自是个难言底物事,惟恻隐、羞恶之类却是已发见者,乃可得而言。只看这个,便见得性。集注谓'故'者是已然之迹也。是无个字得下,故下个'迹'字。"(《朱子语类》卷五十七)

问"则故而已矣"。曰:"性是个糊涂不分明底物事,且只就那故上说,故却是实有痕迹底。故有两件,如水之有顺利者,又有逆行者。毕竟顺利底是善,逆行底是恶,所以说'行其所无事',又说'恶于凿',凿则是那逆行底。又说'乃若其情,则可以为善'。性是糊涂底物事,情却便似实也。如恻隐、羞恶、辞逊、是非,这便是情。"(《朱子语类》卷五十七)

问:伊川言喜怒哀乐未发谓之中,中也者,寂然不动是也。南轩言伊川此处有小差。所谓喜怒哀乐之中，言众人之常性。寂然不动者，圣人之道心。又南轩辨吕与叔论中书说，亦如此。今载近思录，如何？曰：前辈多如此说，不但钦夫。自五峰发此论，某自是晓不得。今湖南学者往往守此说，牢不可破。某看来，寂然不动，众人皆有是心。至感而遂通，惟圣人能之。众人却不然，盖众人虽具此心，未发时已自汩乱了。思虑纷扰，梦寐颠倒，曾无操存之道。至感发处，如何得会如圣人中节。（《朱子语类》卷九十五）

陈厚之问"寂然不动，感而遂通"。曰："寂然是体，感是用。当其寂然时，理固在此，必感而后发。如仁感为恻隐，未感时只是仁；义感为羞恶，未感时只是义。"某问："胡氏说此，多指心作已发。"曰："便是错了。纵使已发，感之体固在，所谓'动中未尝不静'。如此则流行发见，而常卓然不可移。今只指作已发，一齐无本了，终日只得奔波急迫，大错了！"（《朱子语类》卷五十七）

喜怒哀乐，情也。其未发，则性也，无所偏倚，故谓之中。发皆中节，情之正也，无所乖戾，故谓之和。大本者，天命之性。天下之理皆由此出，道之体也。达道者，循性之谓，天下古今之所共由，道之用也。此言性情之德，以明道之不可离之意。（《中庸章句》）

致，推而极之也。位者，安其所也。育者，遂其生也。自戒惧而约之，以至于至静之中无少偏倚，而其守不失，则极其中而天地位矣。自谨独而精之，以至于应物之处无少差缪，而无适不然，则极其和而万物育矣。盖天地万物，本吾一体，吾之心正，则天地之心亦正矣；吾之气顺，则天地之气亦顺矣，故其效验至于如此。此学问之极功、圣人之能事，初非有待于外，而修道之教亦在其中矣。是其一体一用虽有动静之殊，然必其体立而后用有以行，则其实亦非有两事也。（《中庸章句》）

七、朱熹经学思想

春秋只是直载当时之事，要见当时治乱兴衰，非是于一字上定褒贬。初间王政不行，天下都无统属；及五伯出来扶持，方有统属，"礼乐征伐，自诸侯出"。到后来五伯又衰，政自大夫出。到孔子时，皇、帝、王、伯之道埽地，故孔子作春秋，据他事实写在那里，教人见得当时事是如此，安知用旧史与不用旧史？今硬说那个字是孔子文，那个字是旧史文，如何验得？更圣人所书，好恶自易见。如葵丘之会，召陵之师，践土之盟，自是好，本末自是别。及后来五伯既衰，溴梁之盟，大夫亦出与诸侯之会，这个自是差异不好。今要去一字两字上讨意思，甚至以日月、爵氏、名字上皆寓褒贬。如"王人子突救卫"，自是卫当救。当时是有个子突，孔子因存他名字。今诸公解却道王人本不书字，缘其救卫，故书字。孟子说："臣弑其君者有之，子弑其父者有之。孔子惧，作春秋。"说得极是了。又曰："春秋无义战，彼善于此则有之矣。"此等皆看得地步阔。圣人之意只是如此，不解恁地细碎。淳。义刚录云："某不敢似诸公道圣人是于一字半字上定去取。圣人只是存得那事在，要见当时治乱兴衰；见得其初王政不行，天下皆无统属，及五伯出来如此扶持，方有统属。恁地，便见得天王都做主不起。"（《朱子语类》卷八十三）

问："分诗之经，诗之传，何也？"曰："此得之于吕伯恭。风、雅之正则为经，风、雅之变则为传。如屈平之作离骚，即经也。如后人作反骚与夫九辩之类则为传耳。"（《朱子语类》卷八十）

问："闻郡中近已开六经。"曰："已开诗、书、易、春秋，惟二礼未暇及。诗、书序各置于后，以还其旧。易用伯恭所定本。周礼自是一书。惟礼记尚有说话。仪礼，礼之根本，而礼记乃其枝叶。礼记乃秦汉上下诸儒解释仪礼之书，又有他说附益于其间。今欲定作一书，先以仪礼篇目置于前，而附礼记于后。

如射礼，则附以射义，似此类已得二十余篇。若其余曲礼少仪，又自作一项，而以类相从。若疏中有说制度处，亦当采取以益之。旧尝以此例授潘恭叔，渠亦曾整理数篇来。今居丧无事，想必下手。仪礼旧与六经三传并行，至王介甫始罢去。其后虽复春秋，而仪礼卒废。今士人读礼记，而不读仪礼，故不能见其本末。场屋中礼记义，格调皆凡下。盖礼记解行于世者，如方马之属，源流出于熙丰。士人作义者多读此，故然。"（《朱子语类》卷八十四）

所谓修身在正其心者：身有所忿懥[1]，则不得其正；有所恐惧，则不得其正；有所好乐，则不得其正；有所忧患，则不得其正。（盖是四者，皆心之用，而人所不能无者。然一有之而不能察，则欲动情胜，而其用之所行，或不能不失其正矣。）（《仪礼经传通解》卷十六）

注释：

[1] 忿懥：怨恨。

能知所止，则方寸[1]之间，事事物物，皆有定理矣；理既有定，则无以动其心而能静矣；心既能静，则无以择于地而能安矣；能安，则日用之间，从容闲暇，事至物来，有以揆之而能虑矣；能虑，则随事观理，极深研几，无不各得其所止之地而止之矣。然既真知所止，则其必得所止，固已不甚相远。其间四节，盖亦推言其所以然之故，有此四者，非如孔子之志学以至从心，孟子之善信以至圣神，实有等级之相悬，为终身经历之次序也。（《大学或问》上）

注释：

[1] 方寸：心。

曰：然则子之为学，不求诸心，而求诸迹，不求之内，而求之外，吾恐圣贤之学，不如是之浅近支离也。曰：人之所以为学，心与理而已矣。心虽主乎一身，而其体之虚灵，足以管乎天下之理，理虽散在万物，而其用之微妙，实不外乎一人之心，初不可以内外精粗而论也。然或不知此心之灵，而无以存之，则昏昧杂扰，而无以穷众理之妙。不知众理之妙，而无以穷之，则偏狭固滞，而无以尽此心之全。此其理势之相须，盖亦有必然者。是以圣人设教，使人默识此心之灵，而存之于端庄静一之中，以为穷理之本；使人知有众理之妙，而穷之于学问思辨之际，以致尽心之功。巨细相涵，动静交养，初未尝有内外精粗之择，及其真积力久，而豁然贯通焉，则亦有知其浑然一致，而果无内外精粗之可言矣。（《大学或问》下）

或问：人之有心，本以应物，而此章之传，以为有所喜怒忧惧，便为不得其正，然则其为心也，必如枯槁之不复生，死灰之不复燃，乃为得其正邪？曰：人之一心，湛然虚明，如镜之空，如衡之平，以为一身之主者，因其真体之本然，而喜怒忧惧，随感而应，妍媸俯仰，因物赋形者，亦其用之所不能无者也。故其未感之时，至虚至静，所谓镜空衡平之体，虽鬼神有不得窥其际者，固无得失之可议；及其感物之际，而所应者，又皆中节，则其镜空衡平之用，流行不滞，正大光明，是乃所以为天下之达道，亦何不得其正之有哉？惟其事物之来，有所不察，应之既或不能无失，且又不能不与俱往，则其喜怒忧惧，必有动乎中者，而此心之用，始有不得其正者耳。传者之意，固非以心应物，便为不得其正，而必如枯木死灰，然后乃得其正也。惟是此心之灵，既曰一身之主，苟得其正，而无不在是，则耳目口鼻、四肢百骸，莫不有所听命以供其事，而其动静语默，出入起居，惟吾所使，而无不合与理。如其不然，则身在于此，而心驰于彼，血肉之躯，无所管摄，其不为"仰面贪看鸟，回头错应人"者，几希矣。孔子所谓"操则存，舍则亡"，孟子所谓"求其放心，从其大体"者，盖皆谓此，学者可不深念而屡省之哉？（《大学或问》下）

或问：仁可以为爱之理？曰：人禀五行之秀以生，故其为心也，未发则具仁义礼智之性，以为之体，已发则有恻隐羞恶恭敬是非诚实之情，以为之用。盖木神曰仁，则爱之理也，而其发为恻隐。火神曰礼，则敬之理也，而其发为恭敬。金神曰义，则宜之理也，而其发为羞恶。水神曰智，则别之理也，而其发为是非。土神曰信，则实有之理也，而其发为忠信。是皆天理之固然，人心之所以为妙也，仁之所以为爱之理，于此其可推矣。(《论语或问》卷一)

或问：子于前章，既以仁为爱之理矣，于此又以为心之德，何哉？曰：仁之道大，不可以一言而尽也。程子论《乾》四德，而曰："四德之元，犹五常之仁，偏言则一事，专言则包四者"，推此而言，则可见矣。盖仁也者，五常之首也，而包四者，恻隐之体也，而贯四端。故仁之为义，偏言之，则曰爱之理，前章所言之类是也。专言之，则曰心之德，此章所言之类是也。其实爱之理，所以为心之德，是以圣门之学，必以求仁为要，而语其所以行之者，则必以孝弟为先，论其所以贼之者，必以巧言令色为甚。(《论语或问》卷一)

圣人之意，所谓鲜矣仁者，盖曰如是之人，少有仁者之云耳，非谓如是之人，其仁少也。今曰有时而仁，又曰其心未必不仁，则失之矣。夫人心本皆仁，虽或贼之，而岂可以多少论哉？且曰有时，则又不在乎心而在乎时矣。又曰：为利而其心未必不仁，则岂有其心为利，而犹得为仁耶？(《论语或问》卷一)

或曰：仁，人心也，则心与仁宜一矣。而又曰心不违仁，则心之与仁，又若二物焉者，何也？曰：孟子之言，非以仁训心也，盖以仁为心之德也，人有是心，则有是德矣。然私欲乱之，则或有是心，而不能有是德，此众人之心，所以每至于违仁也。克己复礼，私欲不萌，则即是心而是德存焉，此颜子之心，所以不违于仁也。故所谓违仁者，非有两物而相去也，所谓不违者，非有两物而相依也。深体而默识于言意之表，则庶乎其得之矣。曰：其以三月期，何也？曰：颜子之于仁熟矣，然以其犹有待于不违而后一也，是以至于逾时之久，而或不能无念虑之差焉，然其复不远，则其心之本然者，

又未尝有所失也。向使天假之年，大而化之，则其心与仁，无待于不违而常一，而又岂复以三月期哉！（《论语或问》卷六）

曰：颜渊问仁，而夫子告之以此，何也？曰：人受天地之中以生，而仁义礼智之性具于心。仁虽专主于爱，而实为心体之全德；礼则专主于敬，而心之所以为规矩者也。然人有是身，则耳目口体之间，不能无私欲之累，以违于礼而害夫仁。人而不仁，则其一身莫适为主，而事物之间，颠倒错乱，盖无所不至矣。此圣门之学，所以汲汲于求仁，而颜子之问，夫子特以克己复礼告之，盖欲其克去有己之私欲，而复于规矩之本然，则夫本心之全德，将不离乎此而无不尽也。（《论语或问》卷十二）

仁者，人之所以生也，苟亏其所以生者，则其生也亦何为哉？志士仁人所以不求生以害仁者，乃其心中自有打不过处，不忍就彼以害此耳，非为恐亏其所以生者而后杀身以成仁也。所谓成仁者，亦但以遂其良心之所安而已，非欲全其所以生而后为之也。此解中常有一种意思，不以仁义忠孝为吾心之不能已者，而以为畏天命、谨天职，欲全其所以生者而后为之，则是本心之外别有一念，计及此等利害轻重而后为之也。诚使真能舍生取义，亦出于计较之私，而无恳实自尽之意矣。大率全所以生等说，自他人旁观者言之，以为我能如此则可，若挟是心以为善，则已不妥帖。况言之，岂不益可笑乎？《吕览》所载直躬证父一事而载取名事，正类此耳。（《朱文公文集》卷三十一）

《正蒙》可疑处，以熹观之，亦只是一病。如定性则欲其不累于外物，论至静则以识知为客感，语圣人则以为因问而后有知，是皆一病而已。"复见天地心"之说，熹则以为天地以生物为心者也，虽气有阖辟，物有盈虚，而天地之心则亘古亘今未始有毫厘之间断也。故阳极于外而复生于内，圣人以为于此可以见天地之心焉。盖其复者气也，其所以复者，则自来矣。向非天地之心生生不息，则阳之极也一绝而不复续矣，尚何以复生于内而为阖辟之无穷乎？此则所论动之端者，乃一阳之所以动，非徒指夫一阳之已动者而为言也。夜气固未可谓之天地之心，然正是气之复处，苟求其故，则亦可以见天地之心矣。（《朱文公文集》卷三十二）

盖通天下只是一个天机活物，流行发用，无间容息。据其已发者而指其未发者，则已发者人心，而凡未发者皆其性也，亦无一物而不备矣。夫岂别有一物拘于一时、限于一处而名之哉？即夫日用之间，浑然全体，如川流不息、天运之不穷耳。此所以体用、精粗、动静、本末洞然无一毫之间，而鸢飞鱼跃，触处朗然也。存者存此而已，养者养此而已，"必有事焉而勿正，心勿忘，勿助长也"。从前是做多少安排，没顿著处。今觉得如水到船浮解维正拖而沿洄上下，惟意所适矣。（《朱文公文集》卷三十二）

"天地以生物为心"，此语恐未安。

熹窃谓此语恐未有病。盖天地之间，品物万形，各有所事，惟天确然于上，地隤然于下，一无所为，只以生物为事。故《易》曰："天地之大德曰生。"而程子亦曰："天只是以生物为道。"其论"复见天地之心"，又以动之端言之，其理亦已明矣。然所谓"以生为道"者，亦非谓将生来做道也。凡若此类，恐当且认正意而不以文害词焉，则辨诘不烦而所论之本指得矣。

不忍之心可以包四者乎？

熹谓孟子论四端，自首章至"孺子入井"，皆只是发明不忍人之心一端而已，初无义、礼、智之心也。至其下文，乃云"无四者之心，非人也"，此可见不忍之心足以包夫四端矣。盖仁包四德，故其用亦如此。前说之失，但不曾分得体用，若谓不忍之心不足以包四端则非也。今已改正。

仁专言则其体无不善而已，对义、礼、智而言，其发见则为不忍之心也。大抵天地之心粹然至善，而人得之，故谓之仁。仁之为道，无一物之不体，故其爱无所不周焉。熹详味此言，恐说"仁"字不著。而以义、礼、智与不忍之心均为发见，恐亦未安。盖人生而静，四德具焉，曰仁，曰义，曰礼，曰智，皆根于心而未发，所谓"理也，性之德也"。及其发见，则仁者恻隐，义者羞恶,礼者恭敬,智者是非,各因其体以见其本,所谓"情也,性之发也"。是皆人性之所以为善者也。但仁乃天地生物之心而在人者,故特为众善之长,虽列于四者之目,而四者不能外焉。《易传》所谓"专言之则包四者",亦是正指生物之心而言,非别有包四者之仁,而又别有主一事之仁也。惟是即此一事便包四者,此则仁之所以为妙也。今欲极言"仁"字而不本于此,乃概以"至善"目之,则是但知仁之为善,而不知其为善之长也。却于已发见处方下"爱"字,则是但知已发之为爱,而不知未发之爱之为仁也。又以不忍之心与义、礼、智均为发见,则是但知仁之为性,而不知义、礼、智之亦为性也。又谓仁之为道无所不体,而不求诸天地生物之心,则是但知仁之无所不体,而不知仁之所以无所不体也。凡此皆愚意所未安,更乞详之,复以见教。

程子之所诃[1],正谓以爱名仁也。

熹按程子曰:"仁,性也;爱,情也。岂可便以爱为仁?"此正谓不可认情为性耳,非谓仁之性不发于爱之情,而爱之情不本于仁之性也。熹前说以爱之发对爱之理而言,正分别性情之异处,其意最为精密。而来论每以爱名仁见病,下意又云:"若专以爱命仁,乃是指其用而遗其体,言其情而略其性,则其察之亦不审矣。"盖所谓爱之理者,是乃指其体性而言,且见性情、体用各有所主而不相离之妙,与所谓遗体而略性者,正相南北。请更详之。(《朱文公文集》卷三十二)

注释:

[1] 诃(hē):同"呵"。

某尝疑孔安国书是假书。比毛公诗如此高简,大段争事。汉儒训释文字,多是如此,有疑则阙。今此却尽释之,岂有千百年前人说底话,收拾于灰烬屋壁中与口传之余,更无一字讹舛!理会不得。兼小序皆可疑。尧典一篇自说尧一代为治之次序,至让于舜方止。今却说是让于舜后方作。舜典亦是见一代政事之终始,却说"历试诸艰",是为要受让时作也。至后诸篇皆然。况先汉文章,重厚有力量。今大序格致极轻,疑是晋宋间文章。况孔书至

东晋方出，前此诸儒皆不曾见，可疑之甚！（《朱子语类》卷七十八）

心具众理，变化感通，生生不穷，故谓之易。此其所以能开物成务而冒天下也。圆神、方知变异，二者阙一则用不妙，用不妙则心有所蔽而明不遍照。"洗心"，正谓其无蔽而光明耳，非有所加益也。寂然之中，众理必具而无朕可名，其"密"之谓欤？心有怵惕恻隐之心，此心之宰而情之动也。如此立语如何？

熹谓惑于物者心也，情根乎性而宰乎心，心为之宰，则其动也无不中节矣，何人欲之有？惟心不宰而情自动，是以流于人欲而每不得其正也。然则天理人欲之判中节不中节之分，特在乎心之宰与不宰，而非情能病之，亦已明矣。盖虽曰中节，然是亦情也，但其所以中节者乃心尔。今夫乍见孺子入井，此心之感也。必有怵惕恻隐之心，此情之动也。"内交""要誉""恶其声"者，心不宰而情之失其正也。怵惕恻隐乃仁之端，又可以其情之动而遽谓之人欲乎？大抵未感物时，心虽为未发，然苗裔发见，却未尝不在动处。必舍是而别求，却恐无下工夫处也。所疑如此，未审尊意以为如何？

《遗书》有言，人心私欲，道心天理。熹疑"私欲"二字太重，近思得之，乃识其意。盖心一也，自其天理备具，随处发见而言，而谓之道心；自其有所营为思虑而言，则谓之人心。夫营为谋虑，非皆不善也，便谓之私欲者，盖只一毫发不从天理上自然发出，便是私欲。所以要得"必有事焉而勿正，勿忘，勿助长"，只要没这些计较，全体是天理流行，即人心而识道心也。（答云：张栻近思却与来喻颇同。要当存亡出入中识得惟微之体，识得道心初岂外是？不识只为人心也。然须宽见方得，不识如何？）

熹谓存亡出入固人心也，而惟微之本体，亦未尝加益，虽舍而之，然未尝少损。虽曰出入无时，未尝不卓然乎日用之间而不可掩。若于此识得，则道心之微初不外此，不识则人心而已矣。盖人心固异于道心，又不可作两物看，不可于两处求也。不审尊意以为然否？

人心私欲之说，如来教所改字极善。本语之失，亦是本原未明了之病，非一句一义见不到也。但愚意犹疑向来妄论引"必有事"之语亦未的当，盖舜、禹授受之际，所以语人心私欲者，非若众人所谓私欲者也，但微有一毫把捉底意思，则虽云本是道心之发，然终未离人心之境。所谓"动以人则有妄，颜子之有不善，正在此间"者是也。既曰有妄，则非私欲而何？须是都无此意思，自然从容中道，才方纯是道心也。"必有事焉"，却是见得此理而存养下功处，与所谓纯是道心者盖有间矣。然既察本原，则只此可加精一之功而进夫纯耳，中间仅有次第也。"惟精惟一"，亦未离夫人心，特须如此克尽私欲，全复天理。倘不由此，则终无可至之理耳。（《朱文公文集》卷三十二）

孟子曰："尽其心者，知其性也，知性则知天矣。"心体廓然，初无限量，惟其梏于形器之私，是以有所蔽而不尽。人能克己之私，以穷天理，至于一旦脱然，私意剥落，则廓然之体无复一毫之蔽，而天下之理远近精粗，随所扩充，无不通达。性之所以为性、天之所以为天，盖不离此而一以贯之，无次序之可言也。孔子谓"天下归仁者"，正此意也。

"存其心，养其性，所以事天也。"心性皆天之所以与我者，不能存养而梏亡之，则非是以事天也。夫心，主乎性者也。敬以存之，则性得其养而无所害矣。此君子之所以奉顺乎天，盖能尽其心而终之之事，颜、冉所以请事斯语之意也。然学者将以求尽其心，亦未有不由此而入者。故敬者学之终始，所谓彻上彻下之道，但其意味浅深有不同尔。

告子曰："不得於言，勿求於心；不得於心，勿求於气。"孟子引告子之言以告丑，明告子所以不动心术如此。告子之意，以为言语之失但直求之于言，而不足以动吾之心；念虑之失当直求之于心，而不必更求之于气。盖其天资刚劲，有过人者，力能坚忍固执，以守其一偏之见，所以学虽不正，而能先孟子不动心也。观其论性数章，理屈词穷，则屡变其说以取胜，终不能从容反复，审思明辨，因其所言之失而反之于心，以求至当之归。此其不得于言而求诸心之验欤？

"不得于心，勿求于气可；不得于言，勿求于心不可。"孟子既引告子之言而论其得失如此。夫心之不正，未必皆气使之，故勿求于气，未为甚失。

至言之不当，未有不出乎心者，而曰勿求于心，则有所不可矣。伊川先生曰："人必有仁义之心，然后有仁义之气晬然[1]达于外所以不得於心，勿求於气可也。"又曰："告子不得於言，勿求於心，盖不知义在内也。皆此意也。然以下文观之，气亦能反动其心，则勿求于气之说未为尽善。但心动气之时多，气动心之时少，故孟子取其彼善于此而已。"凡曰"可"者，皆仅可未尽之词也。至于言，则虽发乎口而实出于心，内有蔽陷离穷之病，则外有诐淫邪遁之失。不得於言而每求诸心，则其察理日益精矣。孟子所以知言养气以为不动心之本者，用此道也。而告子反之，是徒见言之发于外，而不知其出于中，亦义外之意也。其害理深矣，故孟子断然以为不可。于此可见告子之不动心所以异于孟子，而亦岂能终之而不动者哉？"

"满腔子是恻隐之心。"此是就人身上指出此理之充塞处，最为亲切。若于此见得，即万物一体，更无内外之别。若见不得，却去腔子外寻不见，即莽莽荡荡，无交涉矣。（《朱文公文集》卷三十二）

夫学也者，以字意言之，则己之未知未能，而晓夫知之能之之谓也。以事理言之，则凡未至而求至者，皆谓之学。虽于稼圃射御之微，亦曰学，配其事而名之也。而此独专之，则所谓学者，果何学也？盖始乎为士者，所以学而至乎圣人之事。伊川先生所谓"儒者之学"是也。盖伊川先生之意曰，今之学者有三：词章之学也，训诂之学也，儒者之学也。欲通道，则舍儒者之学不可。尹恀讲所谓：学者，所以学为人也，学而至于圣人，亦不过尽为人之道而已。（《朱文公文集》卷三十二）

孟子明则动矣，未变也；颜子动则变矣，未化也。有天地后，此气常运；有此身后，此心常发。要于常运中见太极，常发中见本性。离常运者而求太极，离常发者而求本性，恐未免释老之荒唐也。（《朱文公文集》卷三十二）

注释：

[1] 晬（zuì）然：温润貌。

易本为卜筮而作。古人淳质，初无文义，故画卦爻以"开物成务"。故曰："夫易何为而作也？夫易开物成务，冒天下之道如斯而已。"此易之大意如此。（《朱子语类》卷六十六）

古人淳质，遇事无许多商量，既欲如此，又欲如彼，无所适从。故作易示人以卜筮之事。故能通志、定业、断疑，所谓"开物成务"者也。（《朱子语类》卷六十六）

若是把做占看时，士农工商，事事人用得。这般人占得，便把做这般用；那般人占得，便把做那般用。若似而今说时，便只是秀才用得，别人都用不得了。而今人便说道解明理，事来便看道理如何后作区处。古时人蠢蠢然，事事都不晓，做得是也不知，做得不是也不知。圣人便作易，教人去占，占得恁地便吉，恁地便凶。所谓"通天下之志，定天下之业，断天下之疑"者，即此是也。而今若把作占说时，吉凶悔吝便在我，看我把作甚么用，皆用得。今若把作文字解，便是硬装了。（《朱子语类》卷六十六）

刘用之问坤卦"直方大，不习无不利"。曰："坤是纯阴卦，诸爻皆不中正。五虽中，亦以阴居阳。惟六二居中得正，为坤之最盛者，故以象言之，则有三者之德，而不习无不利。占者得之，有是德则吉。易自有一个本意，直从中间过，都不着两边。须要认得这些子分晓，方始横三竖四说得。今人不曾识得他本意，便要横三竖四说，都无归着。"文蔚曰："易本意只是为占筮。"曰："便是如此。易当来只是为占筮而作。文言、彖、象却是推说做义理上去，观乾坤二卦便可见。孔子曰：'圣人设卦观象，系辞焉而明吉凶。'若不是占筮，如何说'明吉凶'？且如需九三：'需于泥，致寇至。'以其逼近坎险，有致寇之象。象曰：'需于泥，灾在外也。自我致寇，敬慎不败也。'孔子虽说推明义理，这般所在，又变例推明占筮之意。'需于泥，灾在外'，占得此象，虽若不吉，然能敬慎则不败，又能坚忍以需待，处之得其道，所以不凶。或失其刚健之德，又无坚忍之志，则不能不败矣。"文蔚曰："常爱先生易本义云：'伏羲不过验阴阳消息两端而已。只是一阴一阳，便分吉凶了。只管就上加去成八卦，以至六十四卦，无非是验这两端消息。'"曰："易不离阴阳，千变万化，只是这两个。庄子云：'易道阴阳。'他亦自看得。"（《朱子语类》卷六十六）

问："程易以乾之初九为舜侧微时，九二为舜佃渔时，九三为'玄德升闻'时，九四为历试时，何以见得？"曰："此是推说爻象之意，非本指也。读易若通得本指后，便尽说去，尽有道理可言。""敢问本指？"曰："易本因卜筮而有象，因象而有占，占辞中便有道理。如筮得乾之初九，初阳在下，未可施用，其象为潜龙，其占曰：'勿用'。凡遇乾而得此爻者，当观此象而玩其占，隐晦而勿用可也。它皆仿此，此易之本指也。盖潜龙则勿用，此便是道理。故圣人为象辞象辞文言，节节推去，无限道理。此程易所以推说得无穷，然非易本义也。先通得易本指后，道理尽无穷，推说不妨。若便以所推说者去解易，则失易之本指矣。"（《朱子语类》卷六十八）

阴阳有个流行底，有个定位底。"一动一静，互为其根"，便是流行底，寒暑往来是也；"分阴分阳，两仪立焉"，便是定位底，天地上下四方是也。"易"有两义：一是变易，便是流行底；一是交易，便是对待底。如魂魄，以二气言，阳是魂，阴是魄；以一气言，则伸为魂，屈为魄。义刚。方子录云："阴阳，论推行底，只是一个；对峙底，则是两个。如日月水火之类是两个。"（《朱子语类》卷六十五）

至之曰："正义谓：'"易"者，变化之总号，代换之殊称，乃阴阳二气生生不息之理。'窃见此数语亦说得好。"曰："某以为'易'字有二义：有变易，有交易。先天图一边本都是阳，一边本都是阴，阳中有阴，阴中有阳；便是阳往交易阴，阴来交易阳，两边各各相对。其实非此往彼来，只是其象如此。然圣人当初亦不恁地思量，只是画一个阳，一个阴，每个便生两个。就一个阳上，又生一个阳，一个阴；就一个阴上，又生一个阴，一个阳。只管恁地去。自一为二，二为四，四为八，八为十六，十六为三十二，三十二为六十四。既成个物事，便自然如此齐整。皆是天地本然之妙元如此，但略假圣人手画出来。如乾一索而得震，再索而得坎，三索而得艮；坤一索而得巽，再索而得离，三索而得兑。初间画卦时，也不是恁地。只是画成八个卦后，便见有此象耳。"（《朱子语类》卷六十五）

易只是个阴阳，庄生曰"易以道阴阳"，亦不为无见。如奇耦、刚柔，便只是阴阳做了易。等而下之，如医技养生家之说，皆不离阴阳二者。魏伯阳参同契，恐希夷之学，有些自其源流。（《朱子语类》卷六十五）

问："杨氏引'达可行于天下'解'隐居以求其志，行义以达其道'，或问以为未稳，何也？"曰："解经当取易晓底句语解难晓底句，不当反取难晓底解易晓者。'隐居以求其志，行义以达其道'，此两句本自易理会。今引'达可行于天下'解之，则所引之句反为难晓。'天民者，达可行于天下而后行之者也'。横渠所谓：'必德覆生民而后出，伊吕是也。'若只是泽被一国，道行一乡，此人亦不轻。出谓之天民者，盖谓不是寻常之人，乃天之民耳。天民之云，亦犹曰'天下之善士'云尔，与'隐居以求其志，行义以达其道'者又不同。"（《朱子语类》卷四十六）

庚戌五月，初见先生于临漳。问："前此从谁学？"宇答："自少只在乡里从学。"先生曰："此事本无崚[1]崎，只读圣贤书，精心细求，当自得之。今人以为此事如何秘密，不与人说，何用如此！"问看易。曰："未好看，易自难看。易本因卜筮而设，推原阴阳消长之理，吉凶悔吝之道。先儒讲解，失圣人意处多。待用心力去求，是费多少时光！不如且先读论语。"又问读诗。曰："诗固可以兴，然亦自难。先儒之说，亦多失之。某枉费许多年工夫，近来于诗易略得圣人之意。今学者不如且看大学语孟中庸四书，且就见成道理精心细求，自应有得。待读此四书精透，然后去读他经，却易为力。"寓举子宜宗兄云："人最怕拘迫，易得小成。"且言"圣贤规模如此其大"。

曰："未好说圣贤。但随人资质，亦多能成就。如伯夷高洁，不害为圣人之清；若做不彻，亦不失为谨厚之士，难为徇虚名。"以下训寓。（《朱子语类》卷一百一十五）

注释：

［1］峣（yáo）：高的样子。

凡看文字，诸家说有异同处，最可观。谓如甲说如此，且捋[1]扯住甲，穷尽其词；乙说如此，且捋扯住乙，穷尽其词。两家之说既尽，又参考而穷究之，必有一真是者出矣。

经之有解，所以通经。经既通，自无事于解，借经以通乎理耳。理得，则无俟乎经。今意思只滞在此，则何时得脱然会通也。且所贵乎简者，非谓欲语言之少也，乃在中与不中尔。若句句亲切，虽多何害。若不亲切，愈少愈不达矣！某尝说："读书须细看得意思通融后，都不见注解，但见有正经几个字在方好。"（《朱子语类》卷十一）

注释：

［1］捋（xián）：扯，拔。

问："'动而无静，静而无动，物也；静而无静，动而无动，神也。'所谓物者，不知人在其中否。"曰："人在其中。"曰："所谓神者，是天地之造化否？"曰："神，即此理也。"问："物则拘于有形；人则动而有静，静而有动，如何却同万物而言？"曰："人固是静中动，动中静，亦谓之物。凡言物者，指形器有定体而言，然自有一个变通底在其中。须知器即道，道即器，莫离道而言器可也。凡物皆有此理。且如这竹椅，固是一器，到适用处，便有个道在其中。"又问神，曰"神在天地中，所以妙万物者，如水为阴则根阳，火为阳则根阴"云云。先生曰："文字不可泛看，须是逐句逐段理会。此一段未透，又去看别段，便鹘突去，如何会透彻，如何会贯通。且如此段未说理会到十分，亦且理会七分，看来看去，直至无道理得说，却又再换一段看。疏略之病，是今世学者通患。不特今时如此，前辈看文字，盖有一览而尽者，亦恐只是无究竟。"问："经书须逐句理会。至如史书易晓，只看大纲，如何？"曰："较之经书不同，然亦自是草率不得。须当看人物是如何，治体是如何，国势是如何，皆当子细。"因举上蔡看明道读史："逐行看过，不差一字。"（《朱子语类》卷九十四）

然经文所指不睹不闻隐微之间者，乃欲使人戒慎乎此，而不使人欲之私得以萌动于其间耳，非欲使人空虚其心，反观于此，以求见夫所谓中者，而遂执之，以为应事之准则也。（《中庸或问》上）

经旨要子细看上下文义，名数[1]制度之类，略知之便得，不必大段深泥，以妨学问。（《朱子语类》卷十一）

注释：

[1] 名数：名位、礼数。"名数制度"即名物制度、典章制度。语出《左传·庄公十八年》："王命诸侯，名位不同，礼亦异数。"

传注，惟古注不作文，却好看。只随经句分说，不离经意最好。疏亦然。今人解书，且图要作文，又加辨说，百般生疑。故其文虽可读，而经意殊远。程子《易传》亦成作文，说了又说。故今人观者更不看本经，只读《传》，亦非所以使人思也。（《朱子语类》卷十一）

今之谈经者，往往有四者之病：本卑也，而抗[1]之使高；本浅也，而凿之使深；本近也，而推之使远；本明也，而必使至于晦。此今日谈经之大患也。（《朱子语类》卷十一）

注释：

[1] 抗：举、支撑。

八、朱熹史学思想

问读史之法。曰："先读《史记》及《左氏》，却看《西汉》《东汉》及《三国志》，次看《通鉴》。温公初作编年，起于威烈王；后又添至共和后，又作稽古录，始自上古。然共和以上之年，已不能推矣。独邵康节却推至尧元年，皇极经世书中可见。编年难得好者。前日周德华所寄来者亦不好。温公于本朝又作大事记。若欲看本朝事，当看长编。若精力不及，其次则当看国纪。国纪只有长编十分之二耳。"（《朱子语类》卷十一）

史亦不可不看。看《通鉴》固好，然须看正史一部，却看《通鉴》，一代帝纪，更逐件大事立个纲目，其间节目疏之于下，乃可记得。（《朱子语类》卷十一）

因言："封建只是历代循袭，势[1]不容已，柳子厚亦说得是。贾生谓'树国必相疑之势'，甚然。封建后来自然有尾大不掉之势。成周盛时，能得几时！到春秋列国强盛，周之势亦浸微矣。后来到战国，东西周分治，赧王但寄于西周公耳。虽是圣人法，岂有无弊者！"大率先生之意，以为封建井田皆易得致弊。（《朱子语类》卷一百八）

注释：

[1] 势：历史发展的趋势。

"至于诸史，则该古今兴亡治乱得失之变。时务之大者，如礼乐制度、天文地理、兵谋刑法之属，亦皆当世所须而不可缺，皆不可以不之习也。"（《朱文公文集》卷六十九）

性是太极浑然[1]之体，本不可以名字言，但其中含具万理，而纲理[2]之大者有四，故命之曰仁、义、礼、智。（《朱文公文集》卷五十八）

注释:

[1] 浑然:完整不可分割。

[2] 纲理:纲纪、法度。

审微于未形,御变于将来,非知道者孰能!(《朱子语类》卷一百八)

会做事底人,必先度事势[1],有必可做之理,方去做。(《朱子语类》卷一百八)

注释:

[1] 强调审时度势的同时,还要根据不同时机和事势,采取不同方法。

“所因之礼,是天做底,万世不可易;所损益之礼,是人做底,故随时更变。”

“所因,谓大体;所损益,谓文为制度,那大体是变不得底。虽如秦之绝灭先王礼法,然依旧有君臣,有父子,有夫妇,依旧废这个不得。”(《朱子语类》卷二十四)

乐记曰:“人生而静,天之性也。感于物而动,性之欲也。”何也?曰:此言性情之妙,人之所生而有者也。盖人受天地之中以生,其未感也,纯粹至善,万理具焉,所谓性也。然人有是性则即有是形,有是形则即有是心,而不能无感于物。感于物而动,则性之欲者出焉,而善恶于是乎分矣。性之欲,即所谓情也。(《朱文公文集》卷六十七)

“凡观书史,只有个是与不是。观其是,求其不是;观其不是,求其是;然后便见得义理。”(《朱子语类》卷十一)

熹昨见奇卿,敬扣之以比日讲授次第,闻只令诸生读左氏及诸贤奏疏,至于诸经、论、孟,则恐学者徒务空言而不以告也。不知是否?若果如此,则恐未安。盖为学之序，为己而后可以及人，达理然后可以制事。故程夫子教人先读《论》《孟》，次及诸经，然后看史，其序不可乱[1]也。若恐其徒务空言，但当就论孟经书中教以躬行之意，庶不相远。至于左氏、奏疏之言，则皆时事利害，而非学者切身之急务也。其为空言，亦益甚矣。而欲使之从事其间而得躬行之实，不亦背驰之甚乎？愚见如此，不敢不献所疑，惟高明裁之。（《朱文公文集》卷三十五）

注释：

[1] 朱熹强调先经后史，这为学之序不可乱。"先经"就是要求学者首先应该注意自己的道德修养，这是"基础"；"后史"是学者在修养好自己的道德的基础上，读史书，扩大知识，治国平天下。

看经书与看史书不同：史是皮外物事，没紧要，可以札记问人。若是经书有疑，这个是切己病痛。如人负痛在身，欲斯须忘去而不可得。岂可比之看史，遇有疑则记之纸邪！（《朱子语类》卷十一）

周问："三代所因者不易，而所损益可知，如何？"曰："此所谓'不易也'，'变易也'。三纲、五常，亘古亘今不可易。至于变易之时与其人虽不可知，而其势必变易可知也。盖有余必损，不及必益，虽百世之远可知也。犹寒极生暖，暖甚生寒，虽不可知，其势必如此，可知也。"（《朱子语类》卷二十四）

古之圣人作为六经，以教后世。易以通幽明之故，书以纪政事之实，诗以导情性之正，春秋以示法戒之严，礼以正行，乐以和心。其于义理之精微，古今之得失，所以该贯发挥，究竟穷极，可谓盛矣。而总其书，不过数十卷，盖其简易精约又如此。自汉以来，儒者相与尊守而诵习之，转相受授，各有家法，然后训传之书始出。至于有国家者，历年行事之迹，又皆各有史官之记，于是文字之传益广。若乃世之贤人君子，学经以探圣人之心，考史以验时事之变，以至见闻感融，有接于外而动乎中，则又或颇论著其说，以成一家之言。而简册所载，箧椟所藏，始不胜其多矣。然学者不欲求道则已，诚欲求之，是岂可以舍此而不观也哉！而近世以来，乃有所谓科举之业者以夺其志，士子相从于学校庠塾之间，无一日不读书，然问其所读，则举非向之所谓者。呜呼！读圣贤之言而不通于心，不有于身，犹不免为书肆，况其所读，又非圣贤之书哉！以此道人，乃欲望其教化行而风俗美，其亦难矣。（《朱文公文集》卷七十八）

问春秋。曰："此是圣人据鲁史以书其事，使人自观之以为鉴戒尔。其事则齐威、晋文有足称，其义则诛乱臣贼子。若欲推求一字之间，以为圣人褒善贬恶专在于是，窃恐不是圣人之意。如书即位者，是鲁君行即位之礼；继故不书即位者，是不行即位之礼。若威公之书即位，则是威公自正其即位之礼耳。其他崩、薨、卒、葬，亦无意义。"（《朱子语类》卷八十三）

诸视亦佳，但此等亦是枉费工夫，不切自己底事。若论为学，治己治人，有多少事？至如天文地理、礼乐制度、军旅刑法，皆是著实有用之事业，无非自己本分内事。古人六艺之教，所以游其心者正在于此。（《朱文公文集》卷五十八）

九、朱熹经济思想

希真说孟子对梁惠王以仁义章。曰："凡事不可先有个利心，才说着利，必害于义。圣人做处，只向义边做。然义未尝不利，但不可先说道利，不可先有求利之心。盖缘本来道理只有一个仁义，更无别物事。义是事事合宜。"（《朱子语类》卷五十一）

问文言四德一段。曰："'元者善之长'以下四句，说天德之自然。'君子体仁足以长人'以下四句，说人事之当然。元只是善之长。万物生理皆始于此，众善百行皆统于此，故于时为春，于人为仁。亨是嘉之会。此句自来说者多不明。嘉，美也；会，犹齐也。嘉会，众美之会，犹言齐好也。春天发生万物，未大故齐。到夏时，洪纤高下，各各畅茂。盖春方生育，至此乃无一物不畅茂。其在人，则'礼仪三百，威仪三千'，事事物物，大大小小，一齐到恰好处，所谓动容周旋皆中礼，故于时为夏，于人为礼。周子遂唤作'中'。利者，为义之和。万物至此，各遂其性，事理至此，无不得宜，故于时为秋，于人为义。贞者乃事之干。万物至此，收敛成实，事理至此，无不的正，故于时为冬，于人为智。此天德之自然。其在君子所当从事于此者，则必'体仁乃足以长人，嘉会足以合礼，利物足以和义，贞固足以干事'。此四句倒用上面四个字，极有力。体者，以仁为体，仁为我之骨，我以之为体。仁皆从我发出，故无物不在所爱，所以能长人。'嘉会足以合礼'者，言须是美其所会也。欲其所会之美，当美其所会。盖其厚薄亲疏、尊卑小大相接之体，各有节文，无不中节，即所会皆美，所以能合于礼也。'利物足以和义'者，使物物各得其利，则义无不和。盖义是断制裁割底物，若似不和。然惟义能使事物各得其宜，不相妨害，自无乖戾，而各得其分之和，所以为义之和也。苏氏说'利者义之和'，却说义惨杀而不和，不可徒义，须着些利则和。如此，则义是一物，利又是一物；义是苦物，恐人嫌，须着些利令甜，此不知义之言也。义中自有利，使人而皆义，则不遗其亲，不后其君，自无不利，非和而何？'贞固足以干事。'贞，正也，知其正之所在，固守而不去，故足以为事之干。干事，言事之所依以立，盖正而能固，万事依此而立。在人则是智，至灵至明，是是非非，确然不可移易，不可欺瞒，所以能立事也。干，如板筑之有桢干。今人筑墙，必立一木于土中为骨，俗谓之'夜叉木'，无此则不可筑。横曰桢，直曰干。无是非之心，非知也。知得是是非非之正，紧固确守，不可移易，故曰'知'，周子则谓之'正'也。"（《朱子语类》卷六十八）

"义者，心之制，事之宜"。所谓事之宜，方是指那事物当然之理，未说到处置合宜处也。（《朱子语类》卷五十一）

仁义根于人心之固有，利心生于物我之相形。（《朱子语类》卷十三）

臣尝谓天下国家之大务，莫大于恤民。而恤民之实在省赋[1]，省赋之实在治军。若夫治军省赋以为恤民之本，则又在夫人君正其心术以立纪纲而已矣。董子所谓正心以正朝廷，正朝廷以正百官，正百官以正万民，正万民以正四方，盖谓此也。（《朱文公文集》卷十一）

注释：

[1] 省赋：即减轻人民赋税负担，这是恤民的最主要措施。

问："诸说皆以'和'如'和羹'为义，如何？"曰："不必专指对人说。只君子平常自处亦自和，自然不同。大抵君子小人只在公私之间。淳录云：'君子小人只是这一个事，而心有公私不同。孔子论君子小人，皆然。'和是公底同，同是私底和。如'周而不比'，亦然。周是公底比，比是私底周，同一事而有公私。五峰云：'天理人欲，同体异用，同行异情。'以'同行异情'，却是。所谓同体者，却只是言同一事。但既犯了'体用'字，却成同体，则是体中亦有人欲。五峰只缘错认了性无善恶，便做出无限病痛。知言中节节如此。"（《朱子语类》卷四十三）

"仁义[1]根于人心之固有，天理之公也；利心生于物我之相形，人欲之私也。循天理，则不求利[2]而自无不利；徇人欲，则求利未得而害已随之。"（《孟子集注》卷一）

注释：

[1] 义：指道德原则、规范。
[2] 利：指物质利益、欲求。

喻义喻利，只是这一事上。君子只见得是义，小人只见得是利。如伯夷见饴，曰："可以养老。"盗跖见之，曰："可以沃户枢[1]。"盖小人于利，他见这一物，便思量做一物事用他，计较精密，更有非君子所能知者。

缘是他气禀中自元有许多鏖[2]糟恶浊底物，所以才见那物事便出来应他。这一个穿孔，便对那个穿孔。君子之于义，亦是如此。（《朱子语类》卷二十七）

注释：

[1] 沃户枢：沃，原有光泽柔润的意思，如《诗·小雅，隰桑》"隰桑有阿，其叶有沃"句的"沃"字，朱熹《诗集传》注曰："沃，光泽貌。"这里是指润滑；户枢：指旧式门赖以转动的门轴。

[2] 鏖（áo）糟：肮脏。

臣谨按南康为郡，土地瘠薄，生物不畅，水源乾浅，易得枯涸，人民稀少，谷贱农伤，固已为贫国矣。而其赋税偏重。比之他处，或相倍蓰。民间虽复尽力耕种，所收之利或不足以了纳税赋，须至别作营求，乃可陪贴输官。是以人无固志，生无定业，不肯尽力农桑，以为子孙久远之计。幸遇丰年，则贱粜禾穀，以苟目前之安；一有水旱，则扶老携幼，流移四出，视其田庐无异逆旅之舍。盖出郊而四望，则荒畴败屋，在处有之。故臣自到任之初，即尝具奏，乞且将星子一县税钱特赐蠲减。又尝具申提点坑冶司，乞为敷奏将夏税所折木炭价钱量减分数。其木炭钱，已蒙圣慈曲赐开允。独减税事，漕司相度方上版曹，若得更蒙圣恩特依所请，则一方憔悴困穷之民，自此庶几复有更生之望矣。然以臣计之，郡之接境江、饶等州，土田瘠薄类此者，非一郡一县而已也；税赋重大如此者，非一料一色而已也。若不大为经理，深加隐恤，虽复时于其间少有纵舍，如以杯水救一车薪之火，恐亦未能大有所济，而剥肤椎髓之祸，必且愈深愈酷，而不可救。元气日耗，根本日伤，一旦不幸而有方数千里之水旱，则其横溃四出，将有不可如何者。未知陛下何以处此？此臣之所谓民之憔悴困穷而不可不恤者然也。（《朱文公文集》卷十一）

窃见本军诸县，大抵荒凉，田野榛芜[1]，人烟稀少，而星子一县为尤甚。因窃究其所以，乃知日前兵乱流移，民方复业，而官吏节次增起税额，

及和买折帛，数目浩瀚，人户尽力供输，有所不给，则复转徙流亡，无复顾恋乡井之意。（《朱文公文集》卷十六）

注释：

［1］榛芜（zhēn wú）：草木丛杂。形容荒凉的景象。

民富则君不至独贫，民贫则君不能独富。有若[1]深言君民一体之意，以止公之厚敛，为人上者所宜深念者也。（《论语集注》卷六）

注释：

［1］有若：孔子弟子，字子有，春秋末鲁国人。鲁哀公曾问有若：在饥荒之年，国家财政开支不够，怎么办？有若说：是不是可以行使十分之一的税率呢（"盍彻乎"）？哀公说，现在实行十分之二的税率（"二"），我尚且感到不够，怎么还能实行十分之一的税率呢？有若对曰：百姓足君孰与不足？百姓不足君孰与足？朱熹这段言论就是对有若与哀公对话的诠释。

因论"治国平天下"章财用处，曰："财者，人之所好，自是不可独占，须推与民共之。未论为天下，且以作一县言之：若宽其赋敛，无征诛之扰，民便欢喜爱戴；若赋敛稍急，又有科敷[1]之扰，民便生怨，决然如此。"又曰："宁过于予民，不可过于取民。且如居一乡，若屑屑[2]与民争利，便是伤廉。若饶润[3]人些子，不害其为厚。孟子言：'可以取，可以无取，取伤廉；可以与，可以无与，与伤惠。'他主意只是在'取伤廉'上，且将那与伤惠来相对说。其实与之过厚些子，不害其为厚；若才过取，便伤廉，便不好。过与，毕竟当下是好意思。与了，再看之，方见得是伤惠，与伤廉不同。所以'子华使于齐，冉子与之粟五秉'，圣人虽说他不是，然亦不大故责他。只是才过取，便深恶之，如冉求为之聚敛而欲攻之，是也。"（《朱子语类》卷十六）

注释：

［1］科敷：犹科派摊派、搜刮（钱物）。

　　[2]屑屑：匆迫的样子。

　　[3]饶润：原意为增多，这里有宽容的意思。

　　浩曰："江浙税重。昨日来，路问村人，见得此间只成十一之税。"曰："尝见前辈说，闽中真是乐国。某初只在山间，不知外处事，及到浙东，然后知吾乡果是乐地。今只汀州全做不得，彼处屡经寇窃，逃亡者多。遗下产业，好者上户占去，不好者勒邻至耕佃。邻至无力，又逃亡。所有田业或抛荒，或隐没，都无归著。又，官科盐於民，岁岁增添，此外有名目科敛不一，官艰於催科，民苦於重敛，更无措手足处。守倅只利俸厚，得俸便了，更不恤大体，须是得监司与理会。亦近说与应仓了，不知如何。"浩云："要好，得监司去地头置局，与理会一番，直是见底方可住。"先生击节曰："此是至切之论！某之见正是如此。"（《朱子语类》卷一百一十一）

　　然或者之论则以为朝廷一节财用，重惜名器，以为国之大政将在于此，二者之请，恐难必济。愚窃以为不然也。夫撙节[1]财用，在于塞侵欺渗漏之弊；爱惜名器，在于抑无功幸得之赏。今将预储积蓄，以大为一方之备，则非所谓侵欺渗漏之弊也；推行恩赏，以昭示国家之信，则非所谓无功幸得之赏也。且国家经费用度至广，而耗于养兵者十而八九。至于将帅之臣，则以军籍之虚数而济其侵欺之奸，馈饷之臣，则以薄籍之虚文而行其盗窃之计。苞苴辇载，争多鬬巧，以归于权幸之门者，岁不知其几巨万。明公不此之正，顾乃规规焉较计毫末于饥民口吻之中，以是为撙节财用之计，愚不知其何说也。国家官爵布满天下，而所以予之者，非可以限数也。今上自执政，下及庶僚，内而侍从之华，外而牧守之重，皆可以交结托附而得。而比来归正之人，近习戚里之辈，大者荷旄仗节，小者正任横行，又不知其几何人。明公不此之爱。而顾爱此迪功、文学、承信、校尉十数人之赏，以为重惜名器之计，愚亦不知其何说也。（《朱文公文集》卷二十六）

　　注释：

　　[1]撙（zǔn）节：节省，节约。

今上下匮乏，势须先正经界[1]。赋入既正，总见数目，量入为出，罢去冗费，而悉除无名之赋，方能救百姓于汤火中。若不认百姓是自家百姓，便不恤。（《朱子语类》卷一百一十一）

注释：

[1] 经界：指土地、疆域的分界。语出《孟子·滕文公上》篇："夫仁政，必自经界始。经界不正，井地不钧，谷禄不平，是故暴君污吏必慢其经界。"《汉书·食货志上》说："理民之道，地著为本。故必建步立晦步立田每（同'亩'），正其经界。"按："步"为度量单位，《汉书·食货志上》说："六尺为步，步百为亩。""建步立亩"则是指对土地进行丈量，确立土地面积；"正其经界"则是确立土地四至的界限。

因又说经界，或曰："初做，也须扰人。"曰："若处之有法，何扰之有？而今只是人人不晓，所以被人瞒说难行。间有一两个晓得底，终不足以胜不晓者之多。若人人都教他算，教他法量，他便使瞒不得矣。打量极多法，惟法算量极易，自绍兴间，秦丞相举行一番以至今。看来是苏绰以后，到绍兴方得行一番，今又多弊了。看来须是三十年又量一番，庶常无弊。盖人家田产只五六年间便自不同，富者贫，贫者富，少间病败便多，飞产匿名，无所不有。须是三十年再与打量一番，则乘其弊少而易为力，人习见之，亦无所容其奸矣。要之，既行，也安得尽无弊？只是得大纲好，其间宁无少弊处？只如秦丞相绍兴间行，也安得尽无弊？只是十分弊，也须革去得九分半，所余者一分半分而已。今人却情愿受这十分重弊压在头上，都不管。及至才有一人理会起，便去搜剔那半分一分底弊来瑕疵之，以为决不可行。如被人少却百贯千贯却不管，及被人少却百钱千钱，便反到要与理会。"（《朱子语类》卷一百九）

本州田税不均，隐漏官物动以万计，公私田土皆为豪宗大姓诡名冒占，而细民产去税存，或更受俵寄[1]之租，困苦狼狈，无所从出。州县既失经

301

常之入，则遂多方擘画，取其所不应取之财，以足岁计。如诸县之科罚、州郡之卖盐是也。上下不法，莫能相正，穷民受害，有使人不忍闻者。熹自到官，盖尝反复讨论，欲救其弊，而隐实[2]郡计，入不支出，乃知若不经界，实无措手之地。（《朱文公文集》卷二十八）

注释：

[1] 俵（biào）寄：指分散、转嫁。

[2] 隐实：审核、核实。

曰："井田、封建如何？"曰："亦有可行者。如有功之臣封之一乡，如汉之乡亭侯[1]。田税亦须要均，则经界不可以不行，大纲[2]在先正沟洫[3]。"（《朱子语类》卷一百八）

注释：

[1] 乡亭侯：汉代的低等侯爵，由食乡、亭而得名。

[2] 大纲：犹大概。

[3] 沟洫：田间水道。沟洫常为土地的边界，"正沟洫"即"正经界"的意思。

版籍不正，田税不均，虽若小事，然其实最为公私莫大之害。盖贫者无业而有税，则私家有输纳欠负、追呼监系之苦；富者有业而无税，则公家有隐瞒失陷、岁计不足之患。及其久也，诉理纷纭，追对留滞，官吏困于稽考，人户疲于应对，而奸欺百出，率不可均，则公私贫富俱受其弊。（《朱文公文集》卷二十一）

细民[1]业去产存，其苦固不胜言，而州县坐失常赋，日朘月削[2]，其势亦将何所底止？然则此法之行，其利在于官府、细民，而豪家大姓、猾吏奸民皆所不便，故向来议臣屡请施行，则为浮言[3]所沮[4]。（《朱文公文集》卷十九）

注释：

[1] 细民：小民；老百姓。

[2] 日朘月削（rì juān yuè xuē）：是指日减月损，消耗越来越大。形容逐渐缩小。也指时时受到搜刮。同"日削月朘"。

[3] 浮言：无根据的话。

[4] 沮：坏，败坏。

"予惟成周之制，县都皆有委积，以待凶荒。而隋唐所谓社仓[1]者，亦近古之良法也，今皆废矣，独常平义仓，尚有古法之遗意，然藏于州县，所恩不过市井惰游辈，至于深山长谷力穑远输之民，则虽饥饿频死而不能及也。"（《朱文公文集》卷七十七）

注释：

[1] 社仓：由南宋朱熹首创的一种民间储粮和社会救济制度。绍兴二十年（1152），朱熹好友魏元履在灾年为安定地方秩序，在建阳县创立社仓。乾道四年（1168），建宁府大饥。当时在安开耀乡的朱熹同乡绅刘如愚向知借常平米600石赈贷饥民，仿效"成周之制"建立五夫社仓。社仓由官府拨给常平米为赈本，春散秋偿，每石米收取息米二斗，小歉困其半，大歉尽困之，当息米收到相当于本米之后，仅收耗米三升，此后即以息米作贷本，原米纳还本府，"依前敛散，更不收息"。

"抑凡世俗之所以病乎此者，不过以王（安石）氏之青苗为说而。以予观于前贤之论而以今日之事验之，则青苗者，其立法之本意固未为不善也。但其给之也以金而不以谷，其处之也以县而不以乡，其职之也以官吏而不以乡人士君子，其行之也以聚敛亟疾之意而不以惨怛[1]忠利之心。是以王氏能以行于一邑而不能以行于天下。"（《朱文公文集》卷七十九）

注释：

[1] 惨怛（cǎn dá）：悲痛忧伤。

蠲阁[1]、赈恤[2]本是一事，首尾相须。若蠲放后时失实，使饥民已被输纳追呼之扰，然后复加赈恤，则与割肉啖口[3]无异。（《朱文公文集》卷十七）

注释：

［1］蠲（juān）阁：阁，通"搁"。蠲阁：指免征赋税。

［2］赈恤：赈济抚恤。

［3］割肉啖（dàn）口：啖，吃。割肉啖口：意思是割自己的肉充饥。

臣窃以为救荒之政，蠲除赈贷固当汲汲于其始，而抚存休养尤在谨之于其终。譬如伤寒大病之人，方其病时，汤剂砭灸固不可以少缓；而其既愈之后，饮食起居之间，所以将护节宣小失其宜，则劳复之证百死一生，尤不可以不深畏也。（《朱文公文集》卷十六）

检准[1]常平免役令[2]，诸兴修农田水利而募被灾饥流民充役者，其工直[3]粮食以常平钱谷给。臣契勘本路水利极有废坏去处，亦有全未兴创去处，欲俟将来给到钱物，即令逐州计度合兴修处，顾募作役，既济饥民，又成永久之利，实为两便。（《朱文公文集》卷十七）

注释：

［1］检准：检查依据。

［2］常平免役令：即"常平免疫敕令"，又称"绍圣常平免役敕令格式"。据《宋史》载，宋哲宗绍圣三年（1096）"以常平、免疫、农田、水利、保甲，类著其法，总为一书，名常平免疫敕令，颁之天下"。

［3］工直：直同"值"。工直：工钱。

乾道四年（1168），建人大饥。熹请于官，始作社仓于崇安县之开耀乡，使贫民岁以中夏受粟于仓，冬则加息什二以偿。岁小不收，则弛其息之半；大侵则尽弛之。期以数年，子什其母，则惠足以广，而息可遂捐以予民矣。行之累年，人以为便。（《朱文公文集》卷八十）

臣闻先圣之言治国，而有节用爱人之说。盖国家财用皆出于民，如有不节而用度有阙，则横赋暴敛，必将有及于民者。虽有爱人之心，而民不被其泽矣。是以将爱人者必先节用，此不易之理也。（《朱文公文集》卷十二）

《易》曰："节以制度，不伤财，不害民。"盖侈用则伤财，伤财必至于害民。故爱民必先于节用。然使之不以其时，则力本者不获自尽，虽有爱人之心，而人不被其泽矣。（《论语集注》卷一）

如今民生日困，头只管重，更起不得。为人君，为人臣，又不以为急，又不相知，如何得好！这须是上之人一切扫除妄费，卧薪尝胆，合天下之智力，日夜图求，一起而更新之，方始得。某在行在[1]不久，若在彼稍久，须更见得事体可畏处。不知名园丽圃其费几何？日费几何？下面头会箕敛[2]以供上之求，又有上不至天子，下不在民，只在中间白干消没[3]者何限。（《朱子语类》卷一百一十一）

注释：

[1] 行在：指天子所在的地方，或指天子巡行所到之地。

[2] 头会（kuài）箕敛：原意为按人征税，用畚箕装取所征的谷物。指横征暴敛。

[3] 白干消没：即干没，指侵吞财物。

曰：上文深陈财用之失民矣，此复言生财之道，何也？曰：此所谓有土而有财者也。夫《洪范》八政，食货为先；子贡问政，而夫子告之亦以足食为首。盖生民之道，不可一日而无者，圣人岂轻之哉！特以为国者以利为利，则必至于剥民以自奉，而有悖出[1]之祸，故深言其害，以为戒耳。至于崇本节用，有国之常政，所以厚下而足民者，则固未尝废也。（《大学或问》下）

注释：

[1]悖出：指财货被他人用不正当的手段攫走。语出《礼记·大学》篇："货悖而入者亦悖而出。"意思是用不正当手段所获取的财货，也会让他人用不正当的方式攫走。于是，便有了"悖入悖出"这一成语。

十、朱熹法律思想

"孔子作春秋，当时亦须与门人讲说，所以公、谷、左氏得一个源流，只是渐渐讹舛。当初若是全无传授，如何凿空撰得？"问："今欲看春秋，且将胡文定说为正，如何？"曰："便是他亦有太过处。苏子由教人只读左传，只是他春秋亦自分晓。且如'公与夫人如齐'，必竟是理会甚事，自可见。又如季氏逐昭公，毕竟因甚如此？今理会得一个义理后，将他事来处置，合于义理者为是，不合于义理者为非。亦有唤做是而未尽善者，亦有谓之不是而彼善于此者。且如读史记，便见得秦之所以亡，汉之所以兴；及至后来刘、项事，又知刘之所得，项之所以失，不难判断。只是春秋却精细，也都不说破，教后人自将义理去折衷。"（《朱子语类》卷八十三）

或问："为政者当以宽为本，而以严济之？"曰："某谓当以严为本，而以宽济之。曲礼谓'涖[1]官行法，非礼，威严不行'。须是令行禁止。若曰令不行，禁不止，而以是为宽，则非也。"（《朱子语类》卷一百八）

注释：

[1]涖：同"莅"。

天下事最大而不可轻者，无过于兵刑。临陈时，是胡乱错杀了几人。所以老子云"夫佳兵者不祥之器，圣人不得已而用之。"狱讼，面前分晓事易看，其情伪难通。或旁无佐证，各执两说，系人性命处须知吃紧思量，犹恐有误也。（《朱子语类》卷一百一十）

今之法家，惑于罪福报应之说，多喜出人罪以来福报。夫使无罪者不得直，而有罪者得幸免，是乃所以为恶尔，何福报之有！书曰："钦哉！钦哉！惟刑之恤哉！"所谓钦恤者，欲其详审曲直，令有罪者不得免，而无罪者不得滥刑也。今之法官惑于钦恤之说，以为当宽人之罪而出其死；故凡罪之当杀者，必多为可出之涂，以俟奏裁，则率多减等：当斩者配，当配者徒，当徒者杖，当杖者笞。是乃卖弄条贯，舞法而受赇者耳！何钦恤之有？罪之疑者从轻，功之疑者从重，所谓疑者，非法令之所能决，则罪从轻而功从重，惟此一条为然耳；非谓凡罪皆可以从轻，而凡功皆可以从重也。今之律令亦有此条，谓法所不能决者，则俟奏裁。今乃明知其罪之当死，亦莫不为可生之涂以上之。惟寿皇不然，其情理重者皆杀之。（《朱子语类》卷一百一十）

问"道之以德，齐之以礼"。曰："资质好底便化，不好底须立个制度，教人在里面件件是礼。后世专用'以刑'。然不用刑，亦无此理。但圣人先以德礼，到合用[1]处，亦不容已。"（《朱子语类》卷二十三）

问"道之以政"。曰："圣人之意，只为当时专用政刑治民，不用德礼，所以有此言。谓政刑但使之远罪而已；若是格其非心[2]，非德礼不可。圣人为天下，何曾废刑政来。"（《朱子语类》卷二十三）

注释：

［1］合用：该用、须用。

［2］格其非心：格，正；非心，不正确的思想、意识和观念。格其非心：纠正错误的、不正确的思想。语出《尚书·同命》："绳愆纠缪，格其非心，俾克绍先烈。"

"为政以德"，非是不用刑罚号令，但以德先之耳。以德先之，则政皆是德。上蔡说："辰非是北辰，乃天之北极。天如水车，北辰乃轴处。水车动，而轴未尝动。"上蔡所云乃北斗。北斗同众星一日一周天，安得谓

之居其所！（《朱子语类》卷二十三）

　　臣闻昔者帝舜以百姓不亲、五品不逊，而使契为司徒之官，教以人伦，父子有亲，君臣有义，夫妇有别，长幼有序，朋友有信。又虑其教之或不从也，则命皋陶作士，明刑以弼五教，而期于无刑焉。盖三纲五常，天理民彝之大节，而治道之本根也。故圣人之治，为之教以明之，为之刑以弼之，虽其所施或先或后或缓或急，而其丁宁深切之意，未尝不在乎此也。乃若三代王者之制，则亦有之，曰：凡听五刑之讼，必原父子之亲，立君臣之义以权之。盖必如此，然后轻重之序可得而论，浅深之量可得而测，而所以悉其聪明、致其忠爱者，亦始得其所施而不悖。此先王之义刑义杀，所以虽或伤民之肌肤，残民之躯命，然刑一人而天下之人耸然不敢肆意于为恶，则是乃所以正直辅翼而若其有常之性也。后世之论刑者不知出此，其陷于申商之刻薄者，既无足论矣，至于鄙儒姑息之论，异端报应之说，俗吏便文自营之计，则又一以轻刑为事。然刑愈轻而愈不足以厚民之俗，往往反以长其悖逆作乱之心，而使狱讼之愈繁，则不讲乎先王之法之过也。

　　臣伏见近年以来，或以妻杀夫，或以族子杀族父，或以地客杀地主，而有司议刑，卒从流宥之法。夫杀人者不死，伤人者不刑，虽二帝三王不能以此为治于天下，而况于其系于父子之亲、君臣之义、三纲之重，又非凡人之比者乎？然臣非敢以此之故遂劝陛下深于用法而果于杀人也，但窃以为诸若此类涉于人伦风化之本者，有司不以经术义理裁之，而世儒之鄙论、异端之邪说、俗吏之私计得以行乎其间，则天理民彝几何不至于泯灭，而舜之所谓无刑者又何日而可期哉？故臣伏愿陛下深诏中外司政典狱之官，凡以诉讼，必先论其尊卑上下长幼亲疏之分，然后听其曲直自词。凡以下犯上，以卑凌尊者，虽直不右；其不直者，罪加凡人之坐；其有不幸至于杀人者，虽有疑虑可怜，而至于奏谳[1]，亦不准辄用拟贷之例。又诏儒臣博采经史以及古今贤哲议论及于教化刑罚之意者，删其精要之语聚为一书，以教学古入官之士与凡执法治民之官，皆使略知古先圣王所以勅典敷教、制刑明辟之大端，而不敢阴为、姑息、果报、便文之计，则庶几敕有以助

成世教而仰称陛下好生恶杀、期于无刑之本意。取进止。（《朱文公文集》卷十四）

注释：

[1] 奏谳（zòu yàn）：中国古代对案件复审的称谓。

法家者流，往往常患其过于惨刻。今之士大夫耻为法官，更相循袭，以宽大为事，于法之当死者，反求以生之。殊不知"明[1]于五刑以弼[2]五教[3]"，虽舜亦不免。教之不从，刑以督之，惩一人而天下人知所劝戒，所谓"辟以止辟"。虽曰杀之，而仁爱之实已行乎其中。今非法以求其生，则人无所惩惧，陷于法者愈众。虽曰仁之，适以害之。（《朱子语类》卷七十八）

注释：

[1] 明：严明。

[2] 弼：辅助、辅弼。

[3] 五教：孟子所说的五种教育。《孟子·尽心上》："君子之所以教者五：有如时雨化之者，有成德者，有达财者，有答问者，有私淑艾者。此五者，君子之所以教也。"

问"听讼吾犹人也，必也使无讼乎！"曰："固是以修身为本，只是公别底言语多走作。如云：'凡人听讼，以曲为直，以直为曲，所以人得以尽其无实之辞。圣人理无不明，明无不烛，所以人不敢。'如此，却是圣人善听讼，所以人不敢尽其无实之辞，正与经意相反。圣人正是说听讼我也无异于人，当使其无讼之可听，方得。若如公言，则当云'听讼吾过人远矣，故无情者不敢尽其辞'，始得。圣人固不会错断了事。只是它所以无讼者，却不在于善听讼，在于意诚、心正，自然有以薰炙渐染，大服民志，故自无讼之可听耳。如成人有其兄死而不为衰者，闻子皋将至，遂为衰。子皋何尝听讼，自有以感动人处耳。"（《朱子语类》卷十六）

十一、朱熹心（理）学思想

问："心，本也。意，特心之所发耳。今欲正其心，先诚其意，似倒说了。"曰："心无形影，教人如何撑拄。须是从心之所发处下手，先须去了许多恶根。如人家里有贼，先去了贼，方得家中宁。如人种田，不先去了草，如何下种。须去了自欺之意，意诚则心正。诚意最是一段中紧要工夫，下面一节轻一节。"或云："致知、格物也紧要。"曰："致知，知之始；诚意，行之始。"（《朱子语类》卷十五）

或问："意者心之所发，如何先诚其意？"曰："小底却会牵动了大底。心之所以不正，只是私意牵去。意才实，心便自正。圣贤下语，一字是一字，不似今人作文字，用这个字也得，改做那一字也得。"（《朱子语类》卷十五）

任道弟问："或问，涵养又在致知之先？"曰："涵养是合下在先。古人从小以敬涵养，父兄渐渐教之读书，识义理。今若说待涵养了方去理会致知，也无期限。须是两下用工，也着涵养，也着致知。伊川多说敬，敬则此心不放，事事皆从此做去。"因言"此心至灵，细入毫芒纤芥之间，便知便觉，六合[1]之大，莫不在此。又如古初去今是几千万年，若此念才发，便到那里；下面方来又不知是几千万年，若此念才发，便也到那里。这个神明不测，至虚至灵，是甚次第！然人莫不有此心，多是但知有利欲，被利欲将这个心包了。起居动作，只是有甚可喜物事，有甚可好物事，一念才动，便是这个物事"。广录云："或问存养、致知先后。曰：'程先生谓："存养须是敬；进学则在致知。"又曰："未有致知而不在敬者。"盖古人才生下儿子，便有存养他底道理。父兄渐渐教他读书，识义理。今人先欠了此一段，故学者先须存养。然存养便当去穷理。若说道，俟我存养得，却去穷理，则无期矣。因言人心至灵，虽千万里之远，千百世之上，一念才发，便到那里。

神妙如此，却不去养他，自旦至暮，只管展转于利欲中，都不知觉！’”（《朱子语类》卷十八）。

注释：

[1] 六合：常用于指上下和四方，泛指天地或宇宙。

盖尝论之，心之虚灵[1]知觉，一而已矣。而以为有人心、道心之异者，则以其或生于形气之私，或原于性命之正，而所以为知觉者不同，是以或危殆而不安，或微妙而难见耳。然人莫不有是形，故虽上智不能无人心；亦莫不有是性，故虽下愚不能无道心。二者杂于方寸之间，而不知所以治之，则危者愈危，微者愈微[2]，而天理之公卒无以胜夫人欲之私矣。精则察夫二者之间而不杂也，一则守其本心之正而不离也。从事于斯，无少间断，必使道心[3]常为一身之主，而人心[4]每听命焉，则危者安，微者著，而动静云为自无过不及之差矣。（《中庸章句序》）

注释：

[1] 虚灵：朱熹所说的“虚灵”，或指心灵（如“虚灵不昧”的“虚灵”即指心灵），或指心灵处于清澈空灵的境地。这里是指后者。

[2] 微：微弱、隐蔽。与《荀子·解蔽》篇“道心之微”句中作“微妙”解的“微”字意思不同。

[3] 道心是天理，是“天命之性”。

[4] 人心是天理与人欲相杂的“气质之性”有善有恶，通过变化先天的“气质”之偏以恢复“天地之性”，消除后天的物欲和私欲对“人心”的蔽障。

人心、道心之说，甚善。盖以道心为主，则人心亦化而为道心矣。如《乡党》所记饮食衣服，本是人心之发，然在圣人分上，则浑[1]是道心也。（《朱文公文集》卷五十一）

注释：

[1] 浑：全、满。

道心之说甚善。人心自是不容去除，但要道心为主，即人心自不能夺，而亦莫非道心之所为矣。然此处极难照管，须臾间断，即人欲便行矣。（《朱文公文集》卷五十六）

此心之灵，即道心也。道心苟存而此心虚，则无所不知，而岂特知此数者而止耶？此心之灵，其觉于理[1]者，道心也；其觉于欲者，人心也。昨答季通书，语却惟莹，不足据以为说。（《朱文公文集》卷五十六）

注释：

[1] 觉：悟，这里有唤发的意思，"觉于理"即被"理"所唤起。

中庸未发、已发之义，前此认得此心流行之体，又因程子凡言心者，皆指已发而言，遂目心为已发、性为未发。然观程子之书，多所不合，因复思之，乃知前日之说，非惟心、性之名命之不当，而日用工夫全无本领，盖所失者不但文义之间而已。按文集、遗书诸说，似皆以思虑未萌、事物未至之时，为喜怒哀乐之未发。当此之时，即是此心寂然不动之体，而天命之性当体具焉。以其无过不及、不偏不倚故谓之中。及其感而遂通天下之故，则喜怒哀乐之性发焉，而心之用可见。以其无不中节，无所乖戾，故谓之和。此则人心之正，而情性之德然也。（《朱文公文集》卷六十四）

诸说例蒙印可，而未发之旨又其枢要，既无异论，何慰如之！然比观旧说，却觉无甚纲领，因复体察，得见此理须以心为主而论之，则性情之德、中和之妙，皆有条而不紊矣。然人之一身，知觉运用，莫非心之所为，则心者，固所以主于身，而无动静语默之间者也。然其方静时，事物未至，思虑未萌，而一性浑然，道义全具，其所谓中，是乃心之所以为体而寂然不动者也。及其动也，事物交至，思虑萌焉，而七情迭用，各有攸主，其所谓和，是乃心之所以为用，感而遂通者也。然性之静也而不能不动，情之动也而必有节焉，是以心之所以寂然感通，周流贯彻而体用未始相离者也。

然人有是心而或不仁，则无以著此心之妙；人虽欲仁而不敬，则无以致求仁之功。盖心主乎一身而无动静语默之间，是以君子之于敬，亦无动静语默而不用其力焉。未发之前，是敬也固已主乎存养之实；已发之际，是敬也又常行于省察之间。方其存也，思虑未萌而知觉不昧，是则静中之动，复之所以"见天地之心也"；及其察也，事物纷纭而品节不差，是则动中之静，艮之所以"不获其身，不见其人"也。有以主乎静中之动，是以寂而未尝不感；有以察乎动中之静，是以感而未尝不寂。寂而常感，感而常寂，此心之所以周流贯彻而无一息之不仁也。然则君子之所以"致中和而天地位、万物育"者，在此而已。盖主于身而无动静语默之间者，心也；仁则心之道，而敬则心之贞也。此彻上彻下之道，圣学之本统。明乎此，则性情之德，中和之妙，可一言而尽矣。（《朱文公文集》卷三十二）

来教又谓动中涵静，所谓"复见天地之心"，亦所未喻。熹前以复为静中之动者，盖观卦象便可自见。而伊川先生之意，似亦如此。来教又谓言静则溺于虚无，此固所当深虑。然此二字如佛者之论，则诚有此患。若以天理观之，则动之不能无静，犹静之不能无动也；静之不能无养，犹动之不可不察也。但见得一动一静，互为其根，敬义夹持，不容间断之意，则虽下"静"字，元非死物，至静之中盖有动之端焉。是乃所以见天地之心者。（《朱文公集》卷三十二）

来书"心无常泯[1]，法无常废"一段乃一书关键。鄙意所同，未有多于此段者也；而其所异，亦未有甚于此段者也。盖有是人则有是心，有是心则有是法，固无常泯常废之理。但谓之无常泯，即是有时而常泯矣；谓之无常废，即是有时而废矣。盖天理人欲之并行，其或断或续，固宜如此。至若论其本然之妙，则惟有天理，而无人欲，是以圣人之教必欲其尽去人欲而复全天理也。若心，则欲其常不泯而不恃其不常泯也，法则欲其常不废而不恃其不常废也。所谓"人心惟危，道心惟微，惟精惟一，允执厥中"者，尧、舜、禹相传之密旨也。夫人自有生而梏于形体之私，则固不能无人心矣。然而必有得于天地之正，则又不能无道心矣。日用之间，二者并行，迭为胜负，而一身之是非得失、天下之治乱安危，莫不系焉。是以欲其择之精而不使人心得以杂乎道心，欲其守之一而不使天理得以流于人欲，则凡其所行，无一事不得其中，而于天下国家无所处而不当。夫岂任人心之自危而以有时而泯者为当然，任道之心之自微而幸其须臾之不常泯也者哉？……

夫三才之所以为三才者，固未尝有二道也。然天地无心而人有欲，是以天地之运行无穷，而在人者有时而不相似。盖义理之心顷刻不存而人道息，人道息而天地之间未尝已，而其在我者则固即此而不行矣。不可但见穹然者常运乎上，颓然者常在乎下，便以为人道无时不立而天地赖之以存之验也。夫谓道之存亡在人而不可舍人以为道者，正以道未尝亡而人之所以体之者有至有不至耳，非是苟有是身则道自存，必无是身然后道乃亡也。天下固不能人人为尧，然必尧之道行，然后人纪可修、天地可立也；天下固不能人人皆桀，然亦不必人人皆桀，而后人纪不可修，天地不可立也。但主张此道之人，一念之间不似尧而似桀，即此一念之间便是架漏度日，牵补过时矣。

且曰心不常泯而未免有时之或泯，则又岂非所谓半生半死之中哉？盖道未尝息而人自息之，所谓"非道亡也，幽厉不由也"，正谓此耳。惟圣尽伦，惟王尽制，固非常人所及。然立心之本，常以尽者为法，而不当以不尽者为准。故曰："不以舜之所以事尧事君，不敬其君者也；不以尧之所以治民治民，贼其民者也。"而况谓其非尽欺人以为伦，非尽罔世以为制，是则虽以来书之辨，固不谓其绝无欺人罔世之心矣。欺人者人亦欺之，罔人者人亦罔之，此汉唐之治所以虽极其盛，而人心不服，终不能无愧于三代之盛时也。夫人只是这个人，道只是这个道，岂有三代、汉唐之别？但以儒者之学不传，而尧、舜、禹、汤、文、武以来转相授受之心不明于天下，故汉唐之君虽或不能无暗合之时，而其全体却在利欲处。此其所以尧舜、三代自尧舜、三代，汉祖、唐宗自汉祖、唐宗，终不能合而为一也。今若必欲撤去限隔，无古无今，则莫若深考尧、舜相传之心法，汤、武反之之功夫，以为准则而求诸身；却就汉祖、唐家心术求微处痛加绳削，取其偶合而察其所自来，黜其悖戾而究其所从起，庶几天地之常经、古今之通义有以得之于我，不当坐谈以往

之迹，追饰已然之非，便指其偶同者以为全体，而谓其真不异于古之圣贤也。（《朱文公集》卷三十六）

注释：

[1] 泯（mǐn）：消灭，丧失。

因言思无邪与意诚，曰："有此种，则此物方生；无此种，生个甚么？所谓种者，实然也。如水之必湿，火之必烧，自是住不得。思无邪，表里皆诚也。若外为善，而所思有不善，则不诚矣。为善而不终，今日为之而明日废忘，则不诚矣。中间微有些核子消化不破，则不诚矣。"又曰："思无邪有两般，伊川诚也之说，也粗。"（《朱子语类》卷二十三）

问："每日暇时，略静坐养心，便觉意自然纷起，要静越不静。"曰："程子谓：'心自是活底物事，如何窒[1]定教他不思。只是不可胡乱思。'才着个要静底意思，便是添了多少思虑。且不要恁地拘迫他，须自有宁息时。"又曰："要静，便是先获，便是助长，便是正。"（《朱子语类》卷一百一十八）

注释：

[1] 窒：塞，不通。

先生问伯羽："如何用功？"曰："且学静坐，痛抑思虑。"曰："痛抑也不得，只是放退可也。若全闭眼而坐，却有思虑矣。"又言："也不可全无思虑，无邪思耳。"（《朱子语类》卷一百一十八）

学者博学审问、谨思明辨等，多有事在。然初学且先须打叠去杂思虑，作得基址，方可下手。如起屋须有基址，许多梁柱方有顿处。（《朱子语类》卷一百一十八）

人须打叠了心下闲思杂虑。如心中纷扰，虽求得道理，也没顿处。须打

叠了后，得一件方是一件，两件方是两件。（《朱子语类》卷一百一十八）

或曰："人之思虑，有邪有正。若是大段邪僻之思却容易制，惟是许多无头面不紧要底思虑，不知何以制之。"曰："此亦无他，只是觉得不当思量底，便莫要思，便从脚下做将去。久久纯熟，自然无此等思虑矣。譬如人坐不定者，两脚常要行；但才要行时，便自省觉莫要行。久久纯熟，亦自然不要行而坐得定矣。前辈有欲澄治思虑者，于坐处置两器，每起一善念，则投白豆一粒于器中。每起一恶念，则投黑豆一粒于器中。初时黑豆多，白豆少。后白豆多，黑豆少。后来遂不复有黑豆，最后则虽白豆亦无之矣。然此只是个死法。若更加以读书穷理底工夫，则去那般不正当底思虑，何难之有。又如人有喜做不要紧事，如写字作诗之属，初时念念要做，更遏捺不得。若能将圣贤言语来玩味，见得义理分晓，则渐渐觉得此重彼轻，久久不知不觉，自然剥落消殒去。何必横生一念，要得别寻一捷径，尽去了意见，然后能如此？隔夕尝有为'去意见'之说者，此皆是不奈烦去修治他一个身心了，作此见解。譬如人做官，则当至诚去做职业，却不奈烦去做，须要寻个幸门去钻，道钻得这里透时，便可以超躐将去。今欲去意见者，皆是这个心。学者但当就意见上分真妄，存其真者，去其妄者而已。若不问真妄，尽欲除之，所以游游荡荡，虚度光阴，都无下工夫处。"因举中庸曰："喜怒哀乐未发之谓中，发而皆中节之谓和。中也者，天下之大本；和也者，天下之达道。至中和，天地位焉，万物育焉。只如喜怒哀乐，皆人之所不能无者，如何要去得。只是要发而中节尔。所谓致中，如孟子之'求放心'与'存心养性'是也；所谓致和，如孟子论平旦之气，与充广其仁义之心是也。今却不奈烦做这样工夫，只管要求捷径，去意见，只恐所谓去意见者，正未免为意见也。圣人教人，如一条平路，平平正正，自此直去，可以到圣贤地位。只是要人做得彻。做得彻时，也不大惊小怪，只是私意剥落净尽，纯是天理融明尔。"（《朱子语类》卷一百一十三）

行夫问"觉"。曰："程子云：'知是知此事，觉是觉此理。'盖知是知此一事，觉是忽然自理会得。"又问"思曰睿"。曰"'视曰明'，是视而便见之谓明；'听曰聪'，是听而便闻之谓聪；'思曰睿'，是思而便通谓之睿。"（《朱子语类》卷五十八）

德元问："何谓'妙众理'？"曰："大凡道理皆是我自有之物，非从外得。"所谓知者，或录此下云："便只是理，才知得。"便只是知得我底道理，非是以我之知去知彼道理也。道理固本有，用知，方发得出来。若无知，道理何从而见！或录云："才知得底，便是自家先有之道理也。只是无知，则道无安顿处。故须知，然后道理有所凑泊也。如夏热冬寒，君仁臣敬，非知，如何知得！所以谓之'妙众理'，犹言能运用众理也。'运用'字有病，故只下得'妙'字。"或录云："盖知得此理也。"又问："知与思，于身最切紧。"曰："然。二者只是一事。知如手，思是使那手去做事，思所以用夫知也。"（《朱子语类》卷十七）

杨问："程子曰：'近思，以类而推。'何谓类推？"曰："此语道得好。不要跳越望远，亦不是纵横陡顿，只是就这里近傍那晓得处挨将去。如这一件事理会得透了，又因这件事推去做那一件事，知得亦是恁地。如识得这灯有许多光，便因这灯推将去，识得那烛亦恁地光。如升阶，升第一级了，便因这一级进到第二级，又因第三级进到四级。只管恁地挨将去，只管见易，不见其难，前面远远处只管会近。若第一级便要跳到第三级，举步阔了便费力，只管见难，只管见远。如要去建宁，须从第一铺，便去到柳营江，柳营江便去到鱼峬驿。只管恁地去，这处进得一程，那处又减得一程。如此，虽长安亦可到矣。不然，只要一日便到，如何得。如读书，读第一段了，便到第二段，第二段了，便到第三段。只管挨将去，次第都能理会得。若开卷便要猎一过，如何得？"直卿问："是理会得孝，便推去理会得弟否？"曰："只是傍易晓底挨将去。如理会得亲亲，便推类去仁民，仁民是亲亲之类。理会得仁民，便推类去爱物，爱物是仁民之类。如'刑于寡妻'，便推类去'至于兄弟'；'至于兄弟'，便推类去'御于家邦'。如修身，便推去齐家；

齐家，便推去治国。只是一步了，又一步。学记谓：'善问者，如攻坚木，先其易者，后其节目。'此说甚好。且如中央一块坚硬，四边软，不先就四边攻其软，便要去中央攻那硬处，宇录云：'其中坚硬，被那软处抨在这里。'如何攻得。枉费了气力，那坚硬底又只在。须是先就四边旋旋抉了软处，中央硬底自走不得。兵书所谓'攻瑕则坚者瑕，攻坚则瑕者坚'，亦是此意。"宇录云："不会问底人，先去节目处理会。枉费了工夫，这个坚又只在。"问："博学与近思，亦不相妨否？"曰："博学是都要理会过，近思是注心着力处。博学是个大规模，近思是渐进工夫。如'明明德于天下'是大规模，其中'格物、致知、诚意、正心、修身、齐家'等便是次序。"宇录云："格物、正心、修身、齐家等，循次序都着学。岂可道是理会得一件，其他皆不去理会！然亦须理会一件了，又去理会一件。博学亦岂是一旦硬要都学得了？"如博学，亦岂一日便都学得了？亦是渐渐学去。问："笃志，未说到行处否？"曰："笃志，只是至诚恳切以求之，不是理会不得又掉了。若只管泛泛地外面去博学，更无恳切之志，反看这里，便成放不知求底心，便成顽麻不仁底死汉了，那得仁！惟笃志，又切问近思，便有归宿处，这心便不泛滥走作，只在这坎窠里不放了，仁便在其中。横渠云：'读书以维持此心。一时放下，则一时德性有懈。'"（《朱子语类》卷四十九）

道理也是一个有条理底物事，不是鹘沦[1]一物，如老庄所谓恍惚者。志于道，只是存心于所当为之理，而求至于所当为之地，非是将此心系在一物之上也。（《朱子语类》卷三十四）

注释：

[1] 鹘沦（hú lún）：亦作"鹘囵""鹘仑"。意为糊涂，不明事理。

鸢飞鱼跃，道体无乎不在。当勿忘勿助长之间，天理流行正如是尔。若谓万物在吾性分中，如鉴之影，则性是一物，物是一物，以此照彼，以彼入此。横渠先生所谓"若谓万象为太虚中所见，则物与虚不相资，形自形，性自性"者，正讥此尔。（《朱文公文集》卷四十五）

敬之问"人之所以异于禽兽者几希"。曰:"人与万物都一般者,理也;所以不同者,心也。人心虚灵,包得许多道理过,无有不通。虽间有气禀昏底,亦可克治使之明。万物之心,便包许多道理不过,虽其间有禀得气稍正者,亦止有一两路明。如禽兽中有父子相爱,雌雄有别之类,只有一两路明,其他道理便都不通,便推不去。人之心便虚明,便推得去。就大本论之,其理则一;才禀于气,便有不同。"贺孙问:"'几希'二字,不是说善恶之间,乃是指这些好底说,故下云'庶民去之,君不存之'。"曰:"人之所以异于物者,只争这些子。"时举录云:"人物之所同者,理也;所不同者,心也。人心虚灵,无所不明;禽兽便昏了,只有一两路子明。人之虚灵皆推得去,禽兽便推不去。人若以私欲蔽了这个虚灵,便是禽兽。人与禽兽只争这些子,所以谓之'几希'。"(《朱子语类》卷五十七)

仁言恻隐之端,如水之动处。盖水平静而流,则不见其动。流到滩石之地,有以触之,则其势必动,动则有可见之端。如仁之体存于心,若爱亲敬兄,皆是此心本然,初无可见。及其发而接物,有所感动,此心恻然,所以可见。如怵惕于孺子入井之类是也。(《朱子语类》卷五十三)

问喜怒哀乐未发已发之别,曰:未发时无形影可见,但于已发时照见。谓如见孺子入井,而有怵惕恻隐之心,便照见得有仁在里面。见穿窬[1]之类,而有羞恶之心,便照见得有义在里面。……惟是先有这物事在里面,但随所感触,便自是发出来。故见孺子入井,便有恻隐之心。见穿窬之类,便有羞恶之心。……从那缝罅里迸将出来,恰似宝塔里四面毫光放出来。(《朱子语类》卷五十三)

注释:

[1] 穿窬(chuān yú):指翻墙头或钻墙洞的盗窃行为,亦指进行这种行为的窃贼。

问颜子"不迁怒，不贰过"。曰："看程先生颜子所好何学论说得条理，只依此学，便可以终其身也。"立之因问："先生前此云：'不迁怒、贰过，是"克己复礼"底效验。'今又以为学即在此，何也？"曰："为学是总说，'克己复礼'又是所学之目也。"又云："天理人欲，相为消长。克得人欲，乃能复礼。颜子之学，只在这上理会。仲弓从庄敬持养处做去，到透彻时，也则一般。"时举问："曾子为学工夫，比之颜子如何？"曰："曾子只是个守。大抵人若能守得定，不令走作，必须透彻。"时举云："看来曾子所守极是至约。只如守一个'孝'字，便后来无往而不通，所谓'推而放诸四海而准'；与夫居处、战阵，无不见得是这道理。"曰："孝者，百行之源，只为他包得阔故也。"（《朱子语类》卷三十）

黄先之说："舜事亲处，见得圣人所以孝其亲者，全然都是天理，略无一毫人欲之私；所以举天下之物，皆不足以解忧，惟顺于父母可以解忧。"曰："圣人一身浑然天理，故极天下之至乐，不足以动其事亲之心；极天下之至苦，不足以害其事亲之心。一心所慕，惟知有亲。看是甚么物事，皆是至轻。施于兄弟亦然。但知我是兄，合当友爱其弟，更不问如何。且如父母使之完廪，待上去，又捐阶焚廪，到得免死下来，当如何？父母教他去浚井，待他入井，又从而揜之，到得免死出来，又当如何？若是以下等人处此，定是吃不过。非独以下人，虽平日极知当孝其亲者，到父母以此施于己，此心亦吃不过，定是动了。象为弟，'日以杀舜为事'。若是别人，如何也须与他理会，也须吃不过。舜只知我是兄，惟知友爱其弟，那许多不好景象都自不见了。这道理，非独舜有之，人皆有之；非独舜能为，人人皆可为。所以大学只要穷理。舜'明于庶物，察于人伦'，唯是于许多道理见得极尽，无有些子未尽。但舜是生知，不待穷索。如今须着穷索教尽。莫说道只消做六七分，那两三分不消做尽，也得。"（《朱子语类》卷五十八）

问："横渠解'学而时习之'云：'潜心于学，忽忽为他虑引去者，此气也。'震看得为他虑所引，必是意不诚，心不定，便如此。横渠却以为气，如何？"曰：

"人谁不要此心定。到不定时，也不奈何得。如人担一重担，尽力担到前面，忽担不去。缘何如此？只为力量不足。心之不定，只是合下无工夫。"曰："所以不曾下得工夫，病痛在何处？"曰："须是有所养。"曰："所谓养者，'以直养'否？"曰："未到'以直养'处，且'持其志无暴其气'可也。若我不放纵此气，自然心定。"震又云："其初用力把捉此心时，未免难，不知用力久后自然熟否？"曰："心是把捉人底，人如何去把捉得他。只是以义理养之，久而自熟。"（《朱子语类》卷二十）

尹氏云："学在己，知不知在人，何愠之有！"此等句极好。君子之心如一泓清水，更不起些微波。（《朱子语类》卷二十）

人固有终身为善而自欺者，须是要打叠得尽。盖意诚而后心可正，过得这一关后，方可进。（《朱子语类》卷十六）

问"自慊"[1]，曰："人之为善，须是十分真实为善，方是自慊。若有六七分为善，又有两三分为恶底意思在里面相牵，便不是自慊。须是如恶恶臭，如好好色方是。"（《朱子语类》卷十六）

注释：

[1] 自慊（zì qiè）：自足；自快。

问："向见先生教童蜚卿于心上着工夫，数日来专一静坐，澄治此心。"曰："若如此，块然都无所事，却如浮图氏矣。所谓存心者，或读书以求义理，或分别是非以求至当之归，只那所求之心，便是已存之心，何俟块然以处而后为存耶。"（《朱子语类》卷一百一十五）

应事得力，则心地静；心地静，应事分外得力。便是动救静，静救动。其本只在湛然纯一素无私心始得。无私心，动静一齐当理。才有一毫之私，便都差了。（《朱子语类》卷一百一十五）

某说:"'克、伐、怨、欲',此四事,自察得却绝少。昨日又思量'刚'字,先圣所取甚重,曰:'吾未见刚者。'某验之于身,亦庶几焉。且如有邪正二人,欲某曲言之,虽死不可。"先生曰:"不要恁地说。惟天性刚强之人,不为物欲所屈。如'克、伐、怨、欲',亦不要去寻来胜他。如此,则胸中随从者多,反害事,只此便是'克、伐、怨、欲'。只是虚心看物,物来便知是与非,事事物物皆有个透彻无隔碍,方是。才一事不透,便做病。且如公说不信阴阳家说,亦只孟浪不信。夜来说神仙事不能得了当,究竟知否?"某对:"未知的当。请问。"先生曰:"伊川曾说'地美,神灵安,子孙盛'。如'不为'五者,今之阴阳家却不知。惟近世吕伯恭不信,然亦是横说。伊川言方为至当。古人卜其宅兆,是有吉凶,方卜。譬如草木,理会根源,则知千条万叶上各有个道理。事事物物各有一线相通,须是晓得。敬夫说无神仙,也不消得。便有,也有甚奇异!彼此无相干,又管他什么?却须要理会是与非。且如说闲话多,亦是病;寻不是处去胜他,亦是病;便将来做'克、伐、怨、欲'看了,一切埽除。若此心湛然,常如明镜,物来便见,方是。如公前日有些见处,只管守着欢喜则甚?如汉高祖得关中,若见宝货妇女喜后便住,则败事矣!又如既取得项羽,只管喜后,不去经画天下,亦败事。正如过渡,既已上岸,则当向前,不成只管赞叹渡船之功!"(《朱子语类》卷一百一十四)

仁父问"平旦之气"。曰:"心之存不存,系乎气之清不清。气清,则良心方存立得。良心既存立得,则事物之来方不惑,如'先立乎其大者,则小者弗能夺也'。"又曰:"大者既立,则外物不能夺。"又问:"平旦之气,何故如此?"曰:"歇得这些时后,气便清,良心便长。及旦昼,则气便浊,良心便着不得。如日月何尝不在天上?却被些云遮了,便不明。"吴知先问:"夜气如何存?"曰:"孟子不曾教人存夜气,只是说歇得些时,气便清。"又曰:"他前面说许多,这里只是教人操存其心。"又曰:"若存得此心,则气常时清,不特平旦时清;若不存得此心,虽歇得此时,气

亦不清，良心亦不长。"又曰："睡梦里亦七扰八攘。如井水，不打他便清，只管去打便浊了。"（《朱子语类》卷五十九）

"心之官则思"，固是元有此思。只恃其有此，任他如何，却不得。须是去思，方得之；不思，则不得也。此最紧要。下云"先立乎其大者"，即此思也。心元有思，须是人自主张起来。（《朱子语类》卷五十九）

问："颜子之乐，只是天地间至富至贵底道理，乐去求之否？"曰："非也。此以下未可便知，须是穷究万理要极彻。"已而曰："程子谓：'将这身来放在万物中一例看，大小大快活！'又谓：'人于天地间并无窒碍，大小大快活！'此便是颜子乐处。这道理在天地间，须是直穷到底，至纤至悉，十分透彻，无有不尽，则于万物为一，无所窒碍，胸中泰然，岂有不乐！"（《朱子语类》卷三十一）

盖人之形色莫非天性，如视则有明，听则有聪，动则有节，是则所谓天性者，初不外乎形色之间也。但常人失其性，故视有不明，听有不聪，动有不中，是则虽有是形而无以践之。惟圣人尽性，故视明听聪而动无不中，是以既有是形而又可以践其形也。可以践形，则无愧于形矣。如此推说，似稍分明，不知是否？（《朱文公文集》卷四十二）

问颜子不迁怒。先生因语余先生宋杰云："怒是个难克治底。所谓'怒，逆德也'。虽圣人之怒，亦是个不好底事物，盖是恶气感得恁地。某寻常怒多，极长。如公性宽怒少，亦是资质好处。"（《朱子语类》卷三十）

一以贯之，犹言以一心应万事。忠恕是一贯底注脚。一是忠，贯是恕底事。（《朱子语类》卷二十七）

一是一心，贯是万事，看有甚事来。圣人只是这个心。（《朱子语类》

卷二十七）

忠是一，恕是贯。忠只是一个真实。自家心下道理，直是真实。事事物物接于吾前，便只把这个真实应付将去。自家若有一毫虚伪，事物之来要去措置他，便都不实，便都不合道理。（《朱子语类》卷二十七）

凡人责人处急，责己处缓。爱己则急，爱人则缓。若拽转头来，便自道理流行。因问："施诸己而不愿，亦勿施诸人，此只是恕，何故子思将作忠恕说。"曰："忠恕两个离不得。方忠时未见得恕，及至恕时，忠行乎其间。'施诸己而不愿，亦勿施诸人'，非忠者不能也。故曰'无忠，做恕不出来'。"（《朱子语类》卷六十三）

忠是本根，恕是枝叶。非是别有枝叶，乃是本根中发出枝叶。枝叶即是本根。曾子为于此事皆明白，但未知圣人是总处发出，故夫子语之。（《朱子语类》卷二十七）

"夫子之道忠恕"，此忠自心而言之。"为人谋而不忠"，此忠主事而言也。自心言者，言一心之统体。主事言者，主于事而已。（《朱子语类》卷二十七）

"'忠恕'，'一以贯之'。曾子假'忠恕'二字，以发明一贯之理。盖曾子平日无所不学。看礼记诸书，曾子那事不理会来！但未知所以一，故夫子于此告之，而曾子洞然晓之而无疑。"贺孙问："告子贡'一以贯之'章，集注云：'彼以行言，此以知言。'是就二子所到上说，如何？"曰："看上下语脉是如此。夫子告曾子，曾子只说：'夫子之道，忠恕而已矣。'这就行上说。夫子告子贡乃云：'汝以予为多学而识之者与？'这是只就知上说。"贺孙因举大学或问云："心之为物，实主于身，其体则有仁义礼智之性，其用则有恻隐羞恶恭敬是非之情，浑然在中，随感而应，以至身之所具，身之所接，皆有当然之则而自不容已，所谓理也，原有一贯意思。"曰："然。施之君臣则君臣义，施之父子则父子亲，施之兄弟则兄弟和，施之夫妇则夫妇别，都只由这个心。如今最要先理会此心。"又云："通书一处说'阴阳五行化生万物。五殊二实，二本则一'。亦此意。又云：如千部文字，万部文字，字字如此好，面面如此好，人道是圣贤逐一写得如此，圣人告之曰，不如此，我只是一个印板印将去，千部万部虽多，只是一个印板。"又云："且看论语，如乡党等处，待人接物，千头万状，是多少般。圣人只是这一个道理做将去。明道说忠恕，当时最录得好。"（《朱子语类》卷二十七）

问："太极'主静'之说，是先静后动否？"曰："'动静无端，阴阳无始。'虽是合下静，静而后动，若细推时，未静时须先动来，所谓'如环无端，互为其根'。谓如在人，人之动作及其成就，却只在静。便如浑沦未判之前，亦须曾明盛一番来。只是这道理层层流转，不可穷诘，太极图中尽之。动极生静，亦非是又别有一个静来继此动；但动极则自然静，静极则自然动。推而上之，没理会处。"（《朱子语类》卷九十四）

问"动静无端，阴阳无始"。曰："这不可说道有个始。他那有始之前，毕竟是个甚么？他自是做一番天地了，坏了后，又恁地做起来，那个有甚穷尽？某自五六岁，便烦恼道：'天地四边之外，是什么物事？'见人说四方无边，某思量也须有个尽处。如这壁相似，壁后也须有什么物事。其时思量得几乎成病。到而今也未知那壁后池本作'天外'。夔孙录作'四边'。是何物。"或举天地相依之说云："只是气。"曰："亦是古如此说了。素问中说：'黄帝曰："地有凭乎？"岐伯曰："火气乘之。"'是说那气浮得那地起来。夔孙录云：'谓地浮在气上。'这也说得好。"（《朱子语类》卷九十四）

问："'无极而太极'，极是极至无余之谓。无极是无之至，至无之中

附录 朱熹文选

乃至有存焉，故云'无极而太极'。"曰："本只是个太极，只为这本来都无物事，故说'无极而太极'。如公说无极，恁地说却好，但太极说不去。"曰："'有'字便是'太'字地位。"曰："将'有'字训'太'字不得。太极只是个理。"曰："至无之中乃万理之至有也。"曰："亦得。"问："'动而生阳，静而生阴'，注：'太极者本然之妙，动静者所乘之机。'太极只是理，理不可以动静言，惟'动而生阳，静而生阴'，理寓于气，不能无动静所乘之机。乘，如乘载之'乘'，其动静者，乃乘载在气上，不觉动了静，静了又动。"曰："然。"又问："'动静无端，阴阳无始'，那个动，又从上面静生下；上面静，又是上面动生来。今姑把这个说起。"曰："然。"又问："'以质而语其生之序'，不是相生否？只是阳变而助阴，故生水；阴合而阳盛，故生火；木金各从其类，故在左右。"曰："'水阴根阳，火阳根阴。'错综而生其端，是'天一生水，地二生火，天三生木，地四生金'；到得运行处，便水生木，木生火，火生土，土生金，金又生水，水又生木，循环相生。又如甲乙丙丁戊己庚辛壬癸，都是这个物事。"因曰："这个太极，是个大底物事。'四方上下曰"字"，古往今来曰"宙"。'无一个物似字样大：四方去无极，上下去无极，是多少大？无一个物似宙样长远：亘古亘今，往来不穷！自家心下须常认得这意思。"（《朱子语类》卷九十四）

动静无端，阴阳无始，天道也；始于阳，成于阴，本于静，流于动者，人道也。然阳复本于阴，静复根于动，其动静亦无端，其阴阳亦无始，则人盖未始离乎天，而天亦未始离乎人也。元亨，诚之通，动也；利贞，诚之复，静也。元者，动之端也，本乎静；贞者，静之质也，著乎动。一动一静，循环无端。而贞也者，万物之所以成终而成始者也。故人虽不能不动，而立人极者必主乎静。惟主乎静，则其著乎动也无不中节，而不失其本然之静矣。静者，性之所以立也；动者，命之所以行也。然其实则静亦动之息尔。故一动一静皆命之行，而行乎动静者乃性之真也。故曰："天命之谓性。"（《朱文公文集》卷六十七）

爱是仁之发，谓爱是仁，却不得。论性，则仁是孝弟之本。惟其有这仁，所以能孝弟。仁是根，孝弟是发出来底；仁是体，孝弟是用；仁是性，孝弟是仁里面事。某尝谓孟子论"四端"处，说得最详尽，里面事事有，心、性、情都说尽。心是包得这两个物事。性是心之体，情是心之用；性是根，情是那芽子。恻隐、羞恶、辞逊、是非皆是情。恻隐是仁之发，谓恻隐是仁，却不得，所以说道是仁之端也。端，便是那端绪子。读书须是子细，"思之弗得，弗措也；辨之弗明，弗措也"，如此方是。今江西人皆是要偷闲自在，才读书，便要求个乐处，这便不是了。某说，若是读书寻到那苦涩处，方解有醒悟。康节从李挺之学数，而曰："但举其端，勿尽其言，容某思之。"它是怕人说尽了，这便是有志底人。（《朱子语类》卷一百一十九）

仁是根，恻隐是根上发出底萌芽，亲亲、仁民、爱物，便是枝叶。（《朱子语类》卷一百一十九）

"'乃若其情，则可以为善。'性无定形，不可言。孟子亦说：'天下之言性者，则故而已矣。'情者，性之所发。"（《朱子语类》卷五十九）

王丈说："孟子'恻隐之心'一段，论心不论性。"曰："心、性只是一个物事，离不得。孟子说四端处最好看。恻隐是情，恻隐之心是心，仁是性，三者相因。横渠云'心统性情'，此说极好。"（《朱子语类》卷五十三）

"仁者爱之理"，只是爱之道理，犹言生之性，爱则是理之见于用者也。盖仁，性也，性只是理而已。爱是情，情则发于用，性者指其未发。故曰"仁者爱之理"。情即已发，故曰"爱者仁之用"。（《朱子语类》卷二十）

爱是恻隐。恻隐是情，其理则谓之仁。"心之德"，德又只是爱。谓

之心之德，却是爱之本柄。（《朱子语类》卷二十）

"心之德"是统言，"爱之理"是就仁义礼智上分说。如义便是宜之理，礼便是别之理，智便是知之理。但理会得爱之理，便理会得心之德。又曰："爱虽是情，爱之理是仁也。仁者，爱之理；爱者，仁之事。仁者，爱之体；爱者，仁之用。"（《朱子语类》卷二十）

问"乃若其情"。曰："性不可说，情却可说。所以告子问性，孟子却答他情。盖谓情可为善，则性无有不善。所谓'四端'者，皆情也。仁是性，恻隐是情。恻隐是仁发出来底端芽，如一个谷种相似，谷之生是性，发为萌芽是情。所谓性，只是那仁义礼知四者而已。四件无不善，发出来则有不善，何故？残忍便是那恻隐反底，冒昧便是那羞恶反底。"（《朱子语类》卷五十九）

横渠云："心统性情。"盖好善而恶恶，情也；而其所以好善而恶恶，性之节也。且如见恶而怒，见善而喜，这便是情之所发。至于喜其所当喜，而喜不过；谓如人有三分合喜底事，我却喜至七八分，便不是。怒其所当怒，而怒不迁；谓如人有一分合怒底事，我却怒至三四分，便不是。以至哀乐爱恶欲皆能中节而无过，这便是性。（《朱子语类》卷九十八）

或问："致中和，位天地，育万物，与喜怒哀乐不相干，恐非实理流行处。"曰："公何故如此看文字！世间何事不系在喜怒哀乐上？如人君喜一人而赏之，而千万人劝；怒一人而罚之，而千万人惧；以至哀矜鳏寡，乐育英才，这是万物育不是？以至君臣、父子、夫妇、兄弟、朋友、长幼相处相接，无不是这个。即这喜怒中节处，便是实理流行，更去那处寻实理流行？"（《朱子语类》卷六十二）

德粹问："'孟子道性善'，又曰'若其情，可以为善'，是如何？"曰：

"且道性、情、才三者是一物，是三物？"德粹云："性是性善，情是反于性，才是才料。"曰："情不是反于性，乃性之发处。性如水，情如水之流。情既发，则有善有不善，在人如何耳。才，则可为善者也。彼其性既善，则其才亦可以为善。今乃至于为不善，是非才如此，乃自家使得才如此，故曰非才之罪'。"某问："下云恻隐、羞恶、辞逊、是非之心，亦是情否？"曰："是情。"舜功问："才是能为此者，如今人曰才能？"曰："然。李翱复性则是，云'灭情以复性'，则非。情如何可灭！此乃释氏之说，陷于其中不自知。不知当时曾把与韩退之[2]看否？"（《朱子语类》卷五十九）

注释：

[1] 李翱（772—841），字习之，唐陇西成纪（今甘肃秦安东）人，一说为赵郡（今河北赵县）人。唐朝文学家、哲学家。李翱是唐德宗贞元年间进士，曾任山南东道节度使职。追随韩愈，强调文以明道。他还主张反佛、复性，发挥《中庸》"天命之谓性"的思想，主张性善情恶说，认为成为圣人的根本途径是复性。复性的方法是"视听言行，循礼而动"，做到"忘嗜欲而归性命之道"。作《复性书》三篇，论述"性命之源"等问题。

[2] 韩愈，字退之，河南河阳（今河南省孟州市）人。世称"韩昌黎""昌黎先生"。唐代杰出的文学家、哲学家。

性其情，乃王辅嗣[1]语，而伊洛用之，亦曰以性之理节其情，而不一之于流动之域耳。以意逆志而不以词害意言，似亦无甚害也。（《朱文公文集》卷五十三）

注释：

[1] 王弼（226—249），字辅嗣，三国曹魏山阳（今河南焦作）人，经学家、哲学家，魏晋玄学的主要代表人物及创始人之一。

十二、朱熹科技思想

天地初间只是阴阳之气。这一个气运行，磨来磨去，磨得急了，便拶[1]许多渣滓，里面无处出，便结成个地在中央。气之清者便为天，为日月，为星辰，只在外，常周环运转。地便只在中央不动，不是在下。（《朱子语类》卷一）

注释：

[1] 拶：挤压。

清刚者为天，重浊者为地。（《朱子语类》卷一）

天运不息，昼夜辗转，故地㩁在中间。使天有一息之停，则地须陷下。惟天运转之急，故凝结得许多渣滓在中间。地者，气之渣滓也，所以道"轻清者为天，重浊者为地"。（《朱子语类》卷一）

天以气而依地之形，地以形而附天之气。天包乎地，地特天中之一物尔。天以气而运乎外，故地㩁[1]在中间，隤然[2]不动。使天之运有一息停，则地须陷下。道夫。天包乎地，天之气又行乎地之中，故横渠云："地对天不过。"（《朱子语类》卷一）

注释：

[1] 㩁（què）：独、专。

[2] 隤（tuí）然：安然。

天包乎地，其气极紧。试登极高处验之，可见形气相催，紧束而成体。但中间气稍宽，所以容得许多品物。若一例如此气紧，则人与物皆消磨矣！（《朱子语类》卷二）

程子言日升降于三万里,是言黄赤道之间相去三万里。天日月星皆是左旋,只有迟速。天行较急,一日一夜绕地一周三百六十五度四分度之一,而又进过一度。日行稍迟,一日一夜绕地恰一周,而于天为退一度。至一年,方与天相值在恰好处,是谓一年一周天。月行又迟,一日一夜绕地不能匝,而于天常退十三度十九分度之七。至二十九日半强,恰与天相值在恰好处,是谓一月一周天。月只是受日光。月质常圆,不曾缺,如圆球,只有一面受日光。望日日在酉,月在卯,正相对,受光为盛。天积气,上面劲,只中间空,为日月来往。地在天中,不甚大,四边空。有时月在天中央,日在地中央,则光从四旁上受于月。其中昏暗,便是地影。望以后,日与月行便差背向一畔,相去渐渐远,其受光面不正,至朔行又相遇。日与月正紧相合,日便蚀,无光。月或从上过,或从下过,亦不受光。星亦是受日光,但小耳。北辰中央一星甚小,谢氏谓"天之机",亦略有意,但不似"天之枢"较切。(《朱子语类》卷二)

问:"北辰是甚星?集注以为'北极之中星,天之枢也'。上蔡以为'天之机也。以其居中,故谓之"北极"。以其周建于十二辰之舍,故谓之"北辰"'。不知是否?"曰:"以上蔡之明敏,于此处却不深考。北辰,即北极也。以其居中不动而言,是天之枢轴。天形如鸡子旋转,极如一物,横亘居中,两头称定。一头在北上,是为北极,居中不动,众星环向也。一头在南,是为南极,在地下,人不可见。"因举先生感兴诗云:"感此南北极,枢轴遥相当。""即是北极否?"曰:"然。"又问:"太一有常居,太一是星否?"曰:"此在史记中,说太一星是帝座,即北极也。以星辰位言之,谓之太一;以其所居之处言之,谓之北极。太一如人主,极如帝都也。""诗云:'三辰环侍傍。'三辰谓何?"曰:"此以日、月、星言也。"(《朱子语类》卷二十三)

安卿问北辰。曰:"北辰是那中间无星处,这些子不动,是天之枢纽。北辰无星,缘是人要取此为极,不可无个记认,故就其傍取一小星谓之极星。

这是天之枢纽，如那门笋子样。又似个轮藏心，藏在外面动，这里面心都不动。"义刚问："极星动不动？"曰："极星也动。只是它近那辰后，虽动而不觉。如那射糖盘子样，那北辰便是中心桩子。极星便是近桩底点子，虽也随那盘子转，却近那桩子，转得不觉。今人以管去窥那极星，见其动来动去，只在管里面，不动出去。向来人说北极便是北辰，皆只说北极不动。至本朝人方去推得是北极只是北辰头边，而极星依旧动。又一说，那空无星处皆谓之辰。康节说日月星辰自是四件，辰是一件。天上分为十二段，即十二辰。辰，天壤也。此说是。每一辰各有几度，谓如日月宿于角几度，即所宿处是辰也，故曰日月所会之处为辰。"又曰："天转，也非东而西，也非循环磨转，却是侧转。"义刚言："楼上浑仪可见。"曰："是。"直卿举郑司农五表日景之说。曰："其说不是，不如郑康成之说。"又曰："南极在地下中处，南北极相对。天虽转，极却在中不动。"义刚问："如说'南极见，老人寿'，则是南极也解见。"曰："南极不见。是南边自有一老人星，南极高时，解浮得起来。"（《朱子语类》卷二十三）

天运不息，非特四时为然，虽一日一时，顷刻之间，其运未尝息也。（《朱子语类》卷六十八）

天之形，圆如弹丸，朝夜运转，其南北两端，后高前下，乃其枢轴不动之处。其运转者亦无形质，但如劲风之旋。当画则自左旋而向右，向夕则自前降而归后，当夜则自右转而复左，将旦则自后升而趋前，旋转无穷，升降不息，是为天体，而实非有体也。地则气之查（渣）滓聚成形质者，但以其束于劲风旋转之中，故得以兀然[1]浮空，甚久而不坠耳。黄帝问于岐伯[2]曰："地何凭乎？"岐伯曰："大气举之。"亦谓此也。其曰九重，则自地之外，气之旋转，益远益大，益清益刚。究阳之数，而至于九，则极清极刚，而无复有涯矣。（《楚辞集注》卷三）

注释：

[1] 兀然：矗立、独立的样子。

[2] 岐伯：传说为黄帝时代的医学家。黄帝与岐伯的对话见于《黄帝内经·素问》卷一九："帝（指黄帝）曰：'地之为下否乎？'岐伯曰：'地为人之下，太虚之中者也。'帝曰：'冯（同"凭"）乎？'岐伯曰：'大气举之也。'"

《离骚》有九天之说，注家妄解，云有九天。据某观之，只是九重。盖天运行有许多重数。（《朱子语类》卷二）

至之问："康节说'天开于子，地辟于丑，人生于寅'，是否？"曰："模样也是如此。经世书以元统会，十二会为一元，一万八百年为一会，初间一万八百年而天始开，又一万八百年而地始成，又一万八百年而人始生。初间未有物，只是气塞。及天开些子后，便有一块渣滓在其中，初则溶软，后渐坚实。今山形自高而下，便似（涉义刚作'倾泻'）出来模样。"淳曰："每常见山形如水漾沙之势，想初间地未成质之时，只是水。后来渐渐凝结，势自如此。凡物皆然。如鸡子壳之类，自气而水，水而质，尤分晓。"曰："是。"淳问："天有质否？抑只是气？"曰："只似个旋风，下面软，上面硬，道家谓之'刚风'。世说天九重，分九处为号，非也。只是旋有九重，上转较急，下面气浊，较暗。上面至高处，至清且明，与天相接。"淳问："晋志论浑天，以为天外是水，所以浮天而载地，是否？"曰："天外无水，地下是水载。某五六岁时，心便烦恼个天体是如何？外面是何物？"（《朱子语类》卷四十五）

问："经星[1]左旋，纬星与日月右旋，是否？"曰："今诸家是如此说。横渠说天左旋，日月亦左旋。看来横渠之说极是。只恐人不晓，所以《诗传》只载旧说。"或曰："此亦易见。如以一大轮在外，一小轮载日月在内，大轮转急，小轮转慢。虽都是左转，只有急有慢，便觉日月似右转了。"曰："然。但如此，则历家'逆'字皆着改做'顺'字，'退'字皆着改作'进'字。"（《朱子语类》卷二）

注释：

[1] 经星：古人所说的经星指恒星，相应地，则把行星称作纬星。

此问月有何德，乃能死而复生？月有何利，而顾望之菟常居其腹乎？答曰：历家旧说，月朔则去日渐远，故魄死而明生。既望则去日渐近，故魄生而明死。至晦而朔，则又远日而明复生，所谓死而复育也。此说误矣，若果如此，则未望之前，西近东远，而始生之明，当在月东；既望之后，东近西远，而未死之明，却在月西矣。安得未望载魄于西，既望终魄于东，而遡日以为明乎？故唯近世沈括之说乃为得之，盖括之言曰："月本无光，犹一银丸，日耀之乃光耳。光之初生，日在其傍，故光侧而所见才如钩；日渐远则斜照而光稍满。大抵如一弹丸，以粉涂其半，侧视之则粉处如钩，对视之则正圆也。"近岁王普又申其说曰："月生明之夕，但见其一钩，至日月相望，而人处其中，方得免其全明。必有神人能凌倒景，旁日月而往参其间，则虽弦晦之时，亦得见其全明，而与望夕无异耳。"以此观之，则知月光常满，但自人所立处视之，有偏有正，故见其光有盈有亏，非既死而复生也。（《楚辞集注》卷三）

月体常圆无阙，但常受日光为明。初三四是日在下照，月在西边明，人在这边望，只见在弦光。十五六则日在地下，其光由地四边而射出，月被其光而明。月中是地影。月，古今人皆言有阙，惟沈存中[1]云无阙。（《朱子语类》卷二）

注释：

[1] 沈存中：即沈括（1031—1095），字存中，号梦溪丈人，杭州钱塘县（今浙江杭州）人。

月无盈阙，人看得有盈阙。盖晦日则月与日相叠了，至初三方渐渐离开去，人在下面侧看见，则其光阙。至望日则月与日正相对，人在中间正看见，则其光方圆。（《朱子语类》卷二）

日月之说，沈存中《笔谈》中说得好，日食时亦非光散，但为物掩耳。若论其实，须以终古不易者为体，但其光气常新耳。（《朱文公文集》卷四十七）

日所以蚀于朔者，月常在下，日常在上，既是相会，被月在下面遮了日，故日蚀。望时月蚀，固是阴敢与阳敌[1]，然历家又谓之暗虚[2]。（《朱子语类》卷二）

注释：

[1]敌：对，相对。《玉篇·攴部》："敌，对也。"按：古代天文学有日月"合""对"之说，阴历初一（即朔日），日与月在地的同一侧，称为日月相合；阴历十五（即望日），日与月在地的两侧，称日月相对。

[2]暗虚：指阴影。

日食是为月所掩，月食是与日争敌。月饶日些子，方好无食。（《朱子语类》卷二）

康节谓："日，太阳也；月，太阴也；星，少阳也；辰，少阴也。星辰，非星也。"又曰："辰弗集于房。"房者，舍也。故十二辰亦谓之十二舍。上"辰"字谓日月也，所谓三辰。北斗去辰争十二来度。日蚀是日月会合处。月合在日之下，或反在上，故蚀。月蚀是日月正相照。伊川谓月不受日光，意亦相近。盖阴盛亢阳，而不少让阳故也。又曰："日月会合，故初一初二，月全无光。初三渐开，方微有弦上光，是哉生明也。开后渐亦光，至望则相对，故圆。此后复渐相近，至晦则复合，故暗。月之所以亏盈者此也。"（《朱子语类》卷二）

日月食皆是阴阳气衰。徽庙朝曾下诏书，言此定数，不足为灾异，古人皆不晓历之故。（《朱子语类》卷二）

天地始初混沌未分时，想只有水火二者。水之滓脚[1]便成地。今登高而望，群山皆为波浪之状，便是水泛如此。只不知因什么时凝了。初间极软，后来方凝得硬。问："想得如潮水涌起沙相似？"曰："然。水之极浊便成地，火之极清便成风霆雷电日星之属。"（《朱子语类》卷一）

注释：

[1] 滓脚：渣子、渣末。

小者大之影，只昼夜便可见。五峰[1]所谓"一气大息，震荡无垠，海宇变动，山勃川湮[2]，人物消尽，旧迹大灭，是谓洪荒之世"。常见高山有螺蚌壳，或生石中，此石即旧日之土，螺蚌即水中之物。下者却变而为高，柔者变而为刚。此事思之至深，有可验者。（《朱子语类》卷九十四）

注释：

[1] 五峰：即胡宏（1102—1161），字仁仲，号五峰，崇安人。

[2] 湮（yān）：埋没。

又问："今推太极以前如此，后去又须如此。"曰："固然。程子云：'动静无端，阴阳无始。'此语见得分明。今高山上多有石上蛎壳之类，是低处成高。又蛎须生于泥沙中，今乃在石上，则是柔化为刚。天地变迁，何常之有。"（《朱子语类》卷九十四）

俗言佛灯[1]，此是气盛而有光，又恐是宝气，又恐是腐叶飞虫之光。蔡季通[2]去庐山，问得，云是腐叶之光。云：昔人有以合子合得一团光，来日看之，乃一腐叶。妙喜[3]在某处见光，令人扑之，得一小虫，如蛇样而甚细，仅如布线大。此中有人随汪圣锡到峨眉山，云五更初去看，初布白气，已而有圆光如镜，其中有佛。然其人以手裹头巾，则光中之佛亦裹头巾，则知乃人影耳。今所在有石，号"菩萨石"者，如水精状，于日中照之，便有圆光。想是彼处山中有一物，日初出，照见其影圆，而映人影如佛影耳。

蛾眉山看佛，以五更初看。（《朱子语类》卷一百二十六）

注释：

[1]佛灯：又称圣灯、神灯，在庐山、青城山、峨眉山等地的山谷中，夜间会突然涌出十到数百点闪烁的荧荧之光，它时聚时散，忽明忽灭，变化多端，这就是佛灯。关于佛灯的形成，人们提出过种种假说，但迄今无定论。当代著名物候学家竺可桢在庐山考察时，曾将佛灯视为庐山三大谜之一。

[2]蔡季通：蔡元定（1135—1198），字季通，南宋理学家，精于律吕，学者称西山先生。蔡元定与朱熹的关系密切，他原要师事朱熹，但朱熹很欣赏他的学识，一直视他为挚友。宋宁宗时，理学被视为"伪学"，朱熹的追随者被视为"逆党"，蔡元定也受牵连，被谪道州，次年卒于湖南。

[3]妙喜：即宗杲。宗杲（1107—163），字县晦，号妙喜，俗姓奚，南宋宣州宁国人。幼年入惠云寺，后出家于郡中景德寺。宣和六年（1124），在汴州参谒禅师圆悟克勤，得圆悟许可，与之分座讲法，以雄辩闻名。绍兴七年（1137），居径山能仁寺。十一年，因不满秦桧的和议政策，被诬与张九成"谤讪朝政"，夺去衣牒，充军衡州、梅州等地。二十六年赦免，恢复僧服，往明州阿育王山。三十二年，孝宗闻其名召对，赐名"大慧禅师"，并御书"妙喜庵"三字赐之。后在云居山倡"看话禅"，开禅宗"参话头"之先。圆寂后谥"普觉"，时人称"定光佛"（亦作"锭光佛"）。清光绪二十七年（1901）所修的《九华山志》云："释氏佛、菩萨皆出西方。惟地藏菩萨为东方新罗国人，惟锭光佛为中华宁国县人。"

先生论及玑衡及黄赤道日月躔度，潘子善言："嵩山本不当天之中，为是天形攲侧，遂当其中耳。"曰："嵩山不是天之中，乃是地之中。黄道赤道皆在嵩山之北。南极北极，天之枢纽，只有此处不动，如磨脐然。此是天之中至极处，如人之脐带也。"（《朱子语类》卷二）

上而无极、太极，下而至于一草、一木、一昆虫之微，亦各有理。一书不读，

则阙了一书道理；一事不穷，则阙了一事道理；一物不格，则阙了一物道理。须着逐一件与他理会过。（《朱子语类》卷十五）

问："所谓'一草一木亦皆有理'，不知当如何格？"曰："此推而言之，虽一草木亦有理存焉。一草一木，岂不可格。如麻麦稻粱，甚时种，甚时收，地之肥，地之硗[1]，厚薄不同，此宜植某物，亦皆有理。"（《朱子语类》卷十八）

注释：

[1] 硗（qiāo）：土质坚硬瘠薄。

问："孟子只言性善，易系辞却云：'一阴一阳之谓道，继之者善也，成之者性也。'如此，则性与善却是二事。"曰："一阴一阳是总名。'继之者善'是二气五行事；'成之者性'是气化已后事。"（《朱子语类》卷七十四）

行夫问："明道言致知云：'夫人一身之中以至万物之理，理会得多，自然有个觉悟处。'"曰："一身之中是仁义礼智，恻隐羞恶，辞逊是非，与夫耳目手足视听言动，皆所当理会。至若万物之荣悴与夫动植小大，这底是可以如何使，那底是可以如何用，车之可以行陆，舟之可以行水，皆所当理会。"又问："天地之所以高深，鬼神之所以幽显。"曰："公且说，天是如何独高？盖天只是气，非独是高，只今人在地上，便只见如此高，要之他连那地下亦是天，天只管转来转去，天大了，故旋得许多渣滓在中间，世间无一物事恁地大，故地恁地大，地只是气之渣滓，故厚而深。"（《朱子语类》卷十八）

"精者，精微之意。画前之易，至约之理也。伏羲画卦，专以明此而已。蕴，谓凡卦中之所有，如吉凶消长之理、进退存亡之道，至广之业也，有卦则因以形矣。阴阳有自然之变，卦画有自然之体，此《易》之为书所以为文字之祖、义理之宗也。然不止此，盖凡管于阴阳者，虽天地之大、鬼神之幽，其理莫不具于卦画之中焉。此圣人之精蕴所以必于此而寄之也。"（《精蕴第三十》，《通书注》）

"变化者，进退之象"，是刚柔之未定者。"刚柔者，昼夜之象"，是刚柔之已成者。盖柔变而趋于刚，是退极而进；刚化而趋于柔，是进极而退。既变而刚，则昼而阳；既化而柔，则夜而阴。犹言子午卯酉，卯酉是阴阳之未定，子午是阴阳之已定。又如四象之有老少。故此两句惟以子午卯酉言之，则明矣。然阳化为柔，只恁地消缩去，无痕迹，故曰化；阴变为刚，是其势浸长，有头面，故曰变。此亦见阴半阳全，阳先阴后，阳之轻清无形，而阴之重浊有迹也。铢曰："阴阳以气言，刚柔以质言。既有卦爻可见，则当以质言，而不得以阴阳言矣。故象辞多言刚柔，不言阴阳，不知是否？"曰："是。"（《朱子语类》卷七十四）

问"变化者进退之象"，与"化而裁之存乎变"。曰："这'变化'字又相对说。那'化而裁之存乎变'底'变'字，又说得来重。如云'幽则有鬼神'，鬼神本皆属幽；然以'鬼、神'二字相对说，则鬼又属幽，神又自属明。变化相对说，则变是长，化是消。"问："消长皆是化否？"曰："然。也都是变。更问：'此两句疑以统体言，则皆是化；到换头处，便是变。若相对言，则变属长，化属消。'化则渐渐化尽，以至于无。变则骤然而长。变是自无而有，化是自有而无。"问："顷见先生说，变是自阴而阳，化是自阳而阴，亦此意否？"曰："然。只观出入息便见。"又问："气之发散者为阳，收敛者为阴否？"曰："也是如此。如鼻气之出入，出者为阳，收回者为阴。入息如螺蛳出壳了缩入相似，是收入那出不尽底。若只管出去不收，便死矣。"问："出入息，毕竟出去时渐渐消，到得出尽时便死否？"曰："固是如此，然那气又只管生。"（《朱子语类》卷七十四）

或问"变、化"二字。曰："变是自阴之阳，忽然而变，故谓之变。化是自阳之阴，渐渐消磨将去，故谓之化。自阴而阳，自是长得猛，故谓之变。自阳而之阴，是渐渐消磨将去。"（《朱子语类》卷七十四）

问："变者化之渐；化者变之成。如昨日是夏，今日是秋为变，到那全然天凉，没一些热时是化否？"曰："然。"又问："这个'变化'字，却与'变化者进退之象'不同，如何？"曰："这又别有些意思，是言刚化为柔，柔变为刚。盖变是自无而有，化是自有而无也。"（《朱子语类》卷七十四）

变、化二者不同。化是渐化，如自子至亥，渐渐消化，以至于无。如自今日至来日，则谓之变。变是顿断有可见处。横渠说"化而裁之"一段好。（《朱子语类》卷七十五）

义刚曰："十月为阳月，不应一月无阳。一阳是生于此月，但未成体耳。"曰："十月阴极，则下已阳生。谓如六阳成六段，而一段又分为三十小段，从十月积起，至冬至积成一爻。不成一阳是陡顿生，亦须以分毫积起。且如天运流行，本无一息间断，岂解一月无阳！且如木之黄落时，萌芽已生了。不特如此，木之冬青者，必先萌芽而后旧叶方落。若论变时，天地无时不变。如楞严经第二卷首段所载，非惟一岁有变，月亦有之；非惟月有变，日亦有之；非惟日有变，时亦有之，但人不知耳。此说亦是。"（《朱子语类》卷七十一）

大凡秋间收成之后，须趁冬月以前，便将户下所有田段，一例犁翻，冻令酥脆，至正月以后，更多著遍数，节次犁耙，然后布种。自然田泥深熟，土肉肥厚，种禾易长，盛水难干。（《朱文公文集》卷九十九）

耕田之后，春间须是拣选肥好田段，多用粪壤拌和种子，种出秧苗。其造粪壤，亦须秋冬无事之时，预先铲取土面草根，晒曝烧灰，旋用大粪拌和，入种子在内。然后撒种。

秧苗既长，便须及时趁早栽插，莫令迟缓过却时节。

禾苗既长，秆草亦生。须是放干田水，仔细辨认，逐一拔出，踏在泥里，以培禾根。其塍[1]畔斜生茅草之属，亦须节次芟削[2]，取令净尽。免得分耗土力，侵害田苗，将来穀实，必须繁盛坚好。

陂塘[3]之利，农事之本，尤当协力兴修。如有怠惰，不趁时工作之人，仰众列状申县，乞行惩戒；如有工力浩瀚去处，私下难以纠集，即仰经县自陈官为修筑。（《朱文公文集》卷九十九）

注释：

[1] 塍（chéng）：是田间的土埂、小堤。

[2] 芟削（shān xuē）：删除。

[3] 陂塘（bēi táng）：池塘。

今来春气已中，土膏脉起，正是耕农时节，不可迟缓。仰诸父老教训子弟，递相劝率，浸种下秧，深耕浅种。趋时早者所得亦早，用力多者所收亦多，无致因循，自取饥饿。（《朱文公文集》卷一百）

陂塘水利，农事之本。今仰同用水人，协力兴修，取令多蓄水泉，准备将来灌溉。如事干众，即时闻官，纠率人功，借贷钱本，日下修筑，不容误事。（《朱文公文集》卷一百）

蚕桑之务，亦是本业。而本州从来不宜桑柘，盖缘民间种不得法。今仰人户常于冬月，多往外路买置桑栽。相地之宜，逐根相去一二丈间，深开窠窟；多用粪壤，试行栽种。待其稍长，即与削去细碎拳曲枝条，数年之后必见其利。如未能然，更加多种吉贝麻苎，亦可供备衣著，免被寒冻。（《朱文公文集》卷一百）

问："格物须合内外始得？"曰："他内外未尝不合。自家知得物之理如此，则因其理之自然而应之，便见合内外之理。目前事事物物，皆有至理。如一草一木，一禽一兽，皆有理。草木春生秋杀，好生恶死。'仲夏斩阳木，仲冬斩阴木'，皆是顺阴阳道理。砥录作'皆是自然底道理'。自家知得万物均气同体，'见生不忍见死，闻声不忍食肉'，非其时不伐一木，不杀一兽，'不杀胎，不殀夭，不覆巢'，此便是合内外之理。"（《朱子语类》卷十五）

叔文问："格物莫须用合内外否？"曰："不须恁地说。物格后，他内外自然合。盖天下之事，皆谓之物，而物之所在，莫不有理。且如草木禽兽，虽是至微至贱，亦皆有理。如所谓'仲夏斩阳木，仲冬斩阴木，'自家知得这个道理，处之而各得其当便是。且如鸟兽之情，莫不好生而恶杀，自家知得是恁地，便须'见其生不忍见其死，闻其声不忍食其肉'方是。要之，今且自近以及远，由粗以至精。"（《朱子语类》卷十五）

德元问："万物各具一理，而万理同出一原。"曰："万物皆有此理，理皆同出一原。但所居之位不同，则其理之用不一。如为君须仁，为臣须敬，为子须孝，为父须慈。物物各具此理，而物物各异其用，然莫非一理之流行也。圣人所以'穷理尽性而至于命'，凡世间所有之物，莫不穷极其理，所以处置得物物各得其所，无一事一物不得其宜。除是无此物，方无此理；既有此物，圣人无有不尽其理者。所谓'惟至诚赞天地之化育，则可与天地参者也。'"（《朱子语类》卷十八）

行夫问："万物各具一理，而万理同出一源，此所以可推而无不通也。"曰："近而一身之中，远而八荒之外，微而一草一木之众，莫不各具此理。如此四人在坐，各有这个道理，某不用假借于公，公不用求于某，仲思与廷秀亦不用自相假借。然虽各自有一个理，又却同出于一个理尔。如排数器水相似；这盂也是这样水，那盂也是这样水，各各满足，不待求假于外。然打破放里，却也只是个水。此所以可推而无不通也。所以谓格得多后自能贯通者，只为是一理。释氏云：'一月普现一切水，一切水月一月摄。'这是那释氏也窥见得这些道理。濂溪通书只是说这一事。"（《朱子语类》卷十八）

　　或问："万物各具一理，万理同出一原。"曰："一个一般道理，只是一个道理。恰如天上下雨：大窝窟便有大窝窟水，小窝窟便有小窝窟水，木上便有木上水，草上便有草上水。随处各别，只是一般水。"（《朱子语类》卷十八）。

　　"乾以易知，坤以简能"，他是从上面"乾知大始，坤作成物"处说来。文蔚曰："本义以'知'字作'当'字解，其义如何？"曰："此如说'乐着太始'，太始就当体而言，言乾当此太始，然亦自有知觉之义。"文蔚曰："此是那性分一边事。"曰："便是他属阳。'坤作成物'，却是作那成物，乃是顺乾。'乾以易知，坤以简能'，易简在乾坤。'易则易知，简则易从'，却是以人事言之。两个'易'字又自不同，一个是简易之易，一个是难易之易。要之只是一个字，但微有毫厘之间。"因论："天地间只有一个阴阳，故程先生云：'只有一个感与应。'所谓阴与阳无处不是。且如前后，前便是阳，后便是阴。又如左右，左便是阳，右便是阴。又如上下，上面一截便是阳，下面一截便是阴。"文蔚曰："先生易说中谓'伏羲作易，验阴阳消息两端而已'。此语最尽。"曰："'阴阳'虽是两个字，然却只是一气之消息，一进一退，一消一长。进处便是阳，退处便是阴；长处便是阳，消处便是阴。只是这一气之消长，做出古今天地间无限事来。所以阴阳做一个说亦得，做两个说亦得。"（《朱子语类》卷七十四）

　　"神无方，易无体。"神自是无方，易自是无体。方是四方上下，神却或在此，或在彼，故云"无方"。"易无体"者，或自阴而阳，或自阳而阴，无确定底，故云"无体"。自与那"其体则谓之易"不同，各自是说一个道理。若恁地滚将来说，少间都说不去。他那个是说"上天之载无声无臭，其体则谓之易"，这只是说个阴阳、动静辟阖、刚柔消长，不着这七八个字说不了。若唤做"易"，只一字便了。易是变易，阴阳无一日不变，无一时不变。庄子分明说"易以道阴阳"。要看易，须当恁地看，事物都是那阴阳做出来。（《朱子语类》卷七十四）

横渠言："游气纷扰，合而成质者，生人物之万殊；其阴阳两端，循环不已者，立天地之大义。"说得似稍支离。只合云，阴阳五行，循环错综，升降往来，所以生人物之万殊，立天地之大义。（《朱子语类》卷九十八）

"四端未是尽，所以只谓之端。然四端八个字，每字是一意：恻，是恻然有此念起；隐，是恻然之后隐痛，比恻是深；羞者，羞己之非；恶者，恶人之恶；辞者，辞己之物；让者，让与他人；是、非自是两样分明。但仁是总名。若说仁义，便如阴阳；若说四端，便如四时；若分四端八字，便如八节。"又曰："天地只是一气，便自分阴阳，缘有阴阳二气相感，化生万物，故事物未尝无对。天便对地，生便对死，语默动静皆然，以其种如此故也。所以四端只举仁义言，亦如阴阳。故曰：'立天之道，曰阴与阳；立人之道，曰仁与义。'"（《朱子语类》卷五十三）

十三、朱熹子学思想

"诸子百家书，亦有说得好处。如荀子曰：'君子大心则天而道，小心则畏义而节。'此二句说得好。"曰："看得荀子资质，也是个刚明底人。"曰："只是粗。他那物事皆未成个模样，便将来说。"曰："扬子工夫比之荀子，恐却细腻。"曰："扬子说到深处，止是走入老庄窠窟里去，如清静寂寞之说皆是也。又如玄中所说'灵根'之说。云云，亦只是庄老意思，止是说那养生底工夫尔。至於佛徒，其初亦只是以老庄之言驾说尔。如远法师文字与肇论之类，皆成片用老庄之意。然他只是说，都不行。至达磨来，方始教人自去做，所以后来有禅，其传亦如是远。"问："晋宋时人多说庄老，然恐其亦未足以尽庄老之实说。"曰："当时诸公只是借他言语来，盖覆那灭弃礼法之行尔。据其心下污浊纷扰如此，如何理会得庄老底意思！"（《朱子语类》卷一百三十七）

问荀扬王韩四子。曰："凡人着书，须自有个规模，自有个作用处。或流於申韩，或归于黄老，或有体而无用，或有用而无体，不可一律观。且如王通这人，于世务变故、人情物态，施为作用处，极见得分晓，只是于这作用晓得处却有病。韩退之则于大体处见得，而于作用施为处却不晓。如原道一篇，自孟子后无人，似它见得。'郊焉而天神格，庙焉而人鬼享。以之为人，则爱而公；以之为心，则和而平；以之为天下国家，无所处而不当'，说得极无疵。只是空见得个本原如此，下面工夫都空疏，更无物事撑住衬簟，所以於用处不甚可人意。缘他费工夫去作文，所以读书者，只为作文用。自朝至暮，自少至老，只是火急去弄文章；而於经纶实务不曾究心，所以作用不得。每日只是招引得几个诗酒秀才和尚度日。有些工夫，只了得去磨炼文章，所以无工夫来做这边事。兼他说，我这个便是圣贤事业了，自不知其非。如论文章云：'自屈原荀卿孟轲司马迁相如扬雄之徒'，却把孟轲与数子同论，可见无见识，都不成议论。荀卿则全是申韩，观成相一篇可见。他见当时庸君暗主战斗不息，愤闷恻怛，深欲提耳而诲之，故作此篇。然其要，卒归於明法制，执赏罚而已。他那做处粗，如何望得王通！扬雄则全是黄老。某尝说，扬雄最无用，真是一腐儒。他到急处，只是投黄老。如反离骚并'老子道德'之言，可见这人更无说，自身命也奈何不下，如何理会得别事？如法言一卷，议论不明快，不了决，如其为人。他见识全低，语言极獃，甚好笑！荀扬二人自不可与王韩二人同日语。"（《朱子语类》卷一百三十七）

儒教自开辟以来，二帝三王述天理，顺人心，治世教民，厚典庸礼之道。后世圣贤遂著书立言，以示后世。及世之衰乱，方外之士厌一世之纷挐，畏一身之祸害，耽空寂以求全身於乱世而已。及老子倡其端，而列御寇、庄周、杨朱之徒和之。孟子尝辟之以为无父无君,比之禽兽。然其言易入,其教易行。当汉之初,时君世主皆信其说,而民亦化之。虽以萧何、曹参、汲黯、太史谈辈亦皆主之,以为真足以先于六经,治世者不可以莫之尚也。及后汉以来,米贼张陵、海岛寇谦之之徒,遂为盗贼。曹操以兵取阳平,陵之孙鲁即纳降款,可见其虚缪不足稽矣。(《朱子语类》卷一百二十五)

道家之学出于老子,其所谓"三清",盖仿释氏"三身"而为之尔。佛氏所谓"三身[1]":法身者,释迦之本性也;报身者,释迦之德业也;肉身者,释迦之真身,而实有之人也。今之宗其教者,遂分为三像而骈列之,则既失其指矣。而道家之徒欲仿其所为,遂尊老子为三清:元始天尊,太上道君,太上老君。而昊天上帝反坐其下,悖戾僭逆,莫此为甚!且玉清元始天尊既非老子之法身,上清太上道君又非老子之报身,设有二像,又非与老子为一,而老子又自为上清太上老君,盖仿释氏之失而又失之者也。况庄子明言老聃之死,则聃亦人鬼尔,岂可僭居昊天上帝之上哉?释老之学尽当毁废。假使不能尽去,则老氏之学但当自祀其老子、关尹、列、庄之徒,以及安期生、魏伯阳辈。而天地百神自当领于天下之祠官,而不当使道家预之,庶乎其可也。(《朱子语类》卷一百二十五)

注释:

[1]三身:佛教术语。指佛的三身,即法身、报身、化身。身是"聚集"之义。法身为聚集法性之法而成。法性平等、遍在、真实、如常,自来清净不灭,聚集法性而成身,所以称为法身,亦称自性身;在表现上,为毗卢遮那佛。报身由智慧聚集而成,智慧能契合于法性,智性相契而证得法性之清净而遍一切处,报得自身,所以称为报身;在表现上,为卢遮那佛。化身,亦称应身,由功德聚集而成,而能成就种种德相,随众生之机缘而变现种种身相,随机应化,说种种诸法以度脱众生,所以名为化身;在表现上,即为释迦牟尼佛。对佛教的三身,朱熹有着非常深刻的理解。

义刚云:"去冬请问乡原比老子如何,蒙赐教谓:'老子害伦理,乡原[1]

却只是个无见识底人。'今春又问'色取仁而行违'比乡原如何,蒙赐教谓:'"色取仁而行违"底是大拍头揎人,乡原是不做声,不做气,做罪过底人。'深玩二说,微似不同。"先生笑云:"便是世间有这一般半间不界底人,无见识,不顾理之是非,一味谩人。看时也似是个好人,然背地里却乖,却做罪过。"(《朱子语类》卷四十七)

注释:

[1] 乡原:即"乡愿"。指乡里中言行不一、伪善欺世的人。

问:"'平天下'章言财用特详,当是民生日用最要紧事耳。"曰:"然。孟子首先所言,其原出此。"子升问此章所言反覆最详之意。曰:"要之,始终本末只一理。但平天下是一件最大底事,所以推广说许多。如明德、新民、至善之理极精微。至治国、平天下,只就人情上区处,又极平易,盖至于平而已耳。后世非无有志于天下国家之人,却只就末处布置,于本原上全不理会。"因言:"庄子,不知他何所传授,却自见得道体。盖自孟子之后,荀卿诸公皆不能及。如说:'语道而非其序,非道也。'此等议论甚好。度亦须承接得孔门之徒,源流有自。后来佛氏之教有说得好处,皆出于庄子。但其知不至,无细密工夫,少间都说得流了,所谓'贤者过之'也。今人亦须自理会教自家本领通贯,却去看他此等议论,自见得高下分晓。若一向不理会得他底破,少间却有见识低似他处。"因说"曾点之徒,气象正如此"。又问:"论语集注说曾点是'虽尧、舜事业亦优为之'。莫只是尧、舜事业亦不足以芥蒂其心否?"曰:"尧、舜事业也只是这个道理。"又问:"他之所为,必不中节。"曰:"本领处同了,只是无细密工夫。"(《朱子语类》卷十六)

庄仲曰:"庄子虽以老子为宗,然老子之学尚要出来应世,庄子却不如此。"曰:"庄子说得较开阔,较高远,然却较虚,走了老子意思。若在老子当时看来,也不甚喜他如此说。"(《朱子语类》卷一百二十五)

或曰：然则庄子之意，得无与子莫之执中者类焉？曰：不然。子莫执中，但无权耳，盖犹择于义理而误执此一定之中也。庄子之意，则不论义理，专计利害，又非子莫之比矣。盖迹其本心，实无以异乎世俗乡愿之所见，而其揣摩精巧、校计深切，则又非世俗乡愿之所及，是乃贼德之尤者。所以清谈盛而晋俗衰，盖其势有所必至。而王通犹以为非老庄之罪，则吾不能识其何说也。（《朱文公文集》卷六十七）

列、庄本杨朱之学，故其书多引其语。庄子说："子之于亲也，命也，不可解于心。"至臣之于君，则曰："义也，无所于逃于天地之间。"是他看得那君臣之义，却似是逃不得，不奈何，须着臣服他。更无一个自然相胥为一体处，可怪！故孟子以为无君，此类是也。（《朱子语类》卷一百二十五）

问："史记云：'申子卑卑，施於名实。韩子引绳墨，切事情，明是非，其极惨核少恩，皆原於道德之意。'"曰："张文潜之说得之。"宋齐丘作书序中所论也。道夫曰："东坡谓商鞅韩非得老子所以轻天下者，是以敢为残忍而无疑。"（《朱子语类》卷一百三十七）

管子之书杂。管子以功业着者，恐未必曾着书。如弟子职之为，全似曲礼。它篇有似庄老。又有说得也卑，直是小意智处，不应管仲如此之陋。其内政分乡之制，国语载之却详。（《朱子语类》卷一百三十七）

管子非仲所著。仲当时任齐国之政，事甚多。稍闲时，又有三归之溺，决不是闲功夫著书底人。著书者是不见用之人也。其书老庄说话亦有之。想只是战国时人收拾仲当时行事言语之类著之，并附以它书。（《朱子语类》卷一百三十七）

若夫道德性命之与刑名度数，则其精粗本末虽若有间，然其相为表里如影随形，则又不可得而分别也。今谓安石之学独有得于刑名度数，而道德性命则为有所不足，是不知其于此既有不足，则于彼也，亦将何自而得其耶？（《朱文公文集》卷七十）

盖兵家之事，不在交锋援战然后胜负可分，要在得天下之心，则士气百倍，虏叛归服。（《朱文公文集》卷九十五上）

汉儒董仲舒较稳。刘向虽博洽而浅，然皆不见圣人大道。贾谊司马迁皆驳杂，大意是说权谋功利。说得深了，觉见不是，又说一两句仁义。然权谋已多了，救不转。苏子由古史前数卷好，后亦合杂权谋了。（《朱子语类》卷一百三十五）

贾谊新书除了汉书中所载，余亦难得粹者。看来只是贾谊一杂记稿耳，中间事事有些。（《朱子语类》卷一百三十五）

林问"不得于言，勿求于心"。曰："此章文义节节相承，须逐节次第理会。此一节只言告子所以'先我不动心者'，皆是以义为外，故就告子所言以辩其是非尔。"又问："浩然之气，便是西铭意思否？"曰："考论文义，且只据所读本文，逐句逐字理会教分明。不须旁引外说，枝蔓游衍，反为无益。如论浩然之气，便直看公孙丑所问意思如何，孟子所答如何，一径理会去。使当时问答之意，一一明白了，然后却更理会四旁余意未晚。今于孟子之意未能晓得，又却转从别处去，末梢都只恁休去。"又问："诐、淫、邪、遁之意，如何辨别？"曰："诐、淫、邪、遁虽是四般，然才有一般，则其余牵连而生，大概多从诐上起。诐只是偏，才偏，便自是一边高一边低，不得其正。如杨氏为我，则蔽于仁；墨氏兼爱，则蔽于义。由其蔽，故多为蔓衍，推之愈阔。如烂物相似，只管浸淫，陷在一处，都转动不得。如墨者夷之所谓'爱无差等，施由亲始'。'爱无差等'是其本说，又却假托'施由亲始'之言，栽接以文其说是也。淫辞如此，自不知其为邪。

附录　朱熹文选

如列子达生之论，反以好色饮酒为善事，而不觉其离于道也。及其说不行，又走作逃遁，转从别处去。释氏毁人伦，去四大。人谓其不可行，则曰：'虽不毁弃人伦，亦可以行吾说。'此其所以必穷也。"又问："性善之论与浩然之气如何？"曰："性善自是性善，何与于此？方理会浩然之气，未有一些涯际，又却说性善，又如适来西铭之问也。譬如往一处所，在路留连濡滞，正所要往之地愈不能达。何如且一径直截去，到此处了，却往他所，何害？此为学者之大病！"（《朱子语类》卷五十二）

杨朱乃老子弟子，其学专为己。列子云："伯成子羔拔一毛而利天下不为。"其言曰："一毛安能利天下？使人人不拔一毛，不利天下，则天下自治矣。"问："老子似不与杨朱同。"曰："老子窥见天下之事，却讨便宜置身于安闲之地，云'清静自治'，岂不是与朱同？"又问："伊川说老子，谓先语大道，后却涉些奸诈。如云'知其雄，守其雌；知其白，守其黑'之类。"曰："孔孟亦知天下有许多事，何故不压他？"曰："孔孟见实理，把作合做底看。他不见实理，把做无故不肯为。"问："孔子曾见他书否？"曰："未必见。"厚之问："孔子何为问礼于他？"曰："他本周家史官，自知礼，只是以为不足道，故一切埽除了。曾子问中自见孔子问他处。邵康节亦有些小似他。"问："渊源录中何故有康节传？"曰："书坊自增耳。"可学。（《朱子语类》卷六十）

孟子不辟老、庄而辟杨、墨，杨、墨即老、庄也。今释子亦有两般：禅学，杨朱也；若行布施，墨翟也。道士则自是假，今无说可辟。（《朱子语类》卷一百二十六）

因论释氏，先生曰："自伊洛君子之没，诸公亦多闻辟佛氏矣。然终竟说他不下者，未知其失之要领耳。释氏自谓识心见性，然其所以不可推行者何哉？为其于性与用分为两截也。圣人之道，必明其性而率之，凡修道之教，无不本于此。故虽功用充塞天地，而未有出于性之外者。释氏非不见性，及到作用处，则曰无所不可为。故弃君背父，无所不至者，由其性与用不相管也。"时魏才仲侍侧，问其故。先生曰："如今未有此病，然亦不可不知。譬如人食物：欲知乌喙之不可食，须是认下这底是乌喙，知此物之为毒，则他日不食之矣。若不便认下，他日卒然遇之，不知其毒，未有不食之也。异端之害道，如释氏者极矣。以身任道者，安得不辨之乎！如孟子之辨杨墨，正道不明，而异端肆行，周孔之教将遂绝矣。譬如火之焚将及身，任道君子岂可不拯救也！"（《朱子语类》卷一百二十六）

问："'观颐，观其所养'，作所养之道；'观其自养'，作所以养生之术。"曰："所养之道，如学圣贤之道则为正，黄老申商则为非，凡见于修身行义，皆是也。所养之术，则饮食起居皆是也。"又问："伊川把'观其所养'作观人之养，如何？"曰："这两句是解'养正则吉'。所养之道与养生之术正，则吉；不正，则不吉。如何是观人之养！不晓程说是如何。"（《朱子语类》卷七十一）

愚谓善学老子者，如汉文景、曹参，则亦不至乱天下。（《朱文公文集》卷七十二）

问："墨氏兼爱，何遽至于无父？"曰："人也只孝得一个父母，那有七手八脚，爱得许多！能养其父无阙，则已难矣。想得他之所以养父母者，粗衣粝食，必不能堪。盖他既欲兼爱，则其爱父母也必疏，其孝也不周至，非无父而何。墨子尚俭恶乐，所以说'里号朝歌，墨子回车'。想得是个淡泊枯槁底人，其事父母也可想见。"又问："'率兽食人'，亦深其弊而极言之，非真有此事也。"曰："不然。即它之道，便能如此。杨氏自是个退步爱身，不理会事底人。墨氏兼爱，又弄得没合杀。使天下伥伥然，必至于大乱而后已，非'率兽食人'而何？如东晋之尚清谈，此便是杨氏之学。杨氏即老庄之道，少间百事废弛，遂启夷狄乱华，其祸岂不惨于洪水猛兽之害！又如梁武帝事佛，至于社稷丘墟，亦其验也。如近世王介甫，其学问高妙，出入于老佛之间，其政事欲与尧舜三代争衡。然所用者尽是小人，聚天下轻薄无赖小人作一处，以至遗祸至今。他初间也何尝有启狄乱华，'率兽食人'之意？只是本原不正，义理不明，其终必至于是耳。"或云："若论其修身行己，人所不及。"曰："此亦是他一节好。其他狠厉偏僻，招合小人，皆其资质学问之差。亦安得以一节之好，而盖其大节之恶哉！吁，可畏，可畏！"（《朱子语类》卷五十五）

　　"'用舍无预于己，行藏安于所遇，命不足道也。'盖只看义理如何，都不问那命了。虽使前面做得去，若义去不得，也只不做；所谓'杀一不辜，行一不义而得天下，有所不为'。若中人之情，则见前面做不得了方休，方委之于命；若使前面做得，它定不肯已；所谓'不得已而安之命'者也。此固贤于世之贪冒无耻者，然实未能无求之之心也。圣人更不问命，只看义如何。贫富贵贱，惟义所在，谓安于所遇也。如颜子之安于陋巷，它那曾计较命如何。陶渊明说尽万千言语，说不要富贵，能忘贫贱，其实是大不能忘，它只是硬将这个抵拒将去。然使它做那世人之所为，它定不肯做，此其所以贤于人也。"或云："看来，渊明终只是晋宋间人物。"曰："不然。晋宋间人物，虽曰尚清高，然个个要官职，这边一面清谈，那边一面招权纳货。渊明却真个是能不要，此其所以高于晋宋人也。"或引伊川言："晋、宋清谈，因东汉节义一激而至此者。曰：公且说节义，如何能激而为清谈？或云节义之祸，在下者不知其所以然，思欲反之，所以一激而其变至此。曰：反之固是一说，然亦是东汉崇尚节义之时，便自有这个意思了，盖当时节义底人，便有傲睨一世，污浊朝廷之意。这意思便自有高视天下之心，少问便流入于清谈去。"如皇甫规见雁门太守曰："卿在雁门，食雁肉，作何味？"那时便自有这意思了。少间那节义清苦底意思，无人学得，只学得那虚骄之气。其弊必至于此。（《朱子语类》卷三十四）

参考文献

［1］周敦颐．周敦颐集，长沙：岳麓书社，2007.

［2］程颢、程颐．二程集，北京：中华书局，1981.

［3］张载．张载集，北京：中华书局，1978.

［4］黎靖德．朱子语类，北京：中华书局，1986.

［5］陆九渊．陆九渊集，北京：中华书局，1980.

［6］邵雍．邵雍集，北京：中华书局，2010.

［7］胡宏．胡宏集，北京：中华书局，1987.

［8］黄宗羲．宋元学案，北京：中华书局，1986.

［9］四库全书．电子版，香港：迪志文化出版有限公司，1999.

［10］蔡方鹿．宋明理学心性论，四川：巴蜀书社，2009.

［11］蔡方鹿．程颢、程颐与中国文化，贵阳：贵州人民出版社，1996.

［12］蔡方鹿．张栻与理学，北京：人民出版社，2015.

［13］陈来．宋明理学，沈阳：辽宁教育出版社，1991.

［14］陈来．朱子哲学研究，上海：华东师范大学出版社，2000.

［15］陈来．朱子书信编年考证，北京：生活·读书·新知三联书店，2007.

［16］陈代湘．现代新儒学与朱子学，长沙：湖南人民出版社，2003.

［17］陈荣捷．朱子新探索，上海：华东师范大学出版社，2007.

［18］陈荣捷．朱子门人，上海：华东师范大学出版社，2007.

［19］丁为祥．虚气相即·张载哲学体系及其定位，北京：人民出版社，2000.

〔20〕董平、刘宏章. 陈亮评传，南京：南京大学出版社，1996.

〔21〕束景南. 朱熹年谱长编，上海：华东师范大学出版社，2001.

〔22〕侯外庐等. 宋明理学史，北京：人民出版社，1997.

〔23〕胡杰，冯和一. 张栻经学与理学探析，成都：巴蜀书社，2015.

〔24〕高令印等. 朱子学通论，厦门：厦门大学出版社，2007.

〔25〕郭齐. 朱熹传，成都：四川大学出版社，2000.

〔26〕乐爱国. 朱子格物致知论研究，长沙：岳麓书社，2010.

〔27〕李煌明. 宋明理学中的"孔颜之乐"问题，昆明：云南人民出版社，2006.

〔28〕吕思勉. 理学纲要，南京：江苏文艺出版社，2008.

〔29〕蒙培元. 理学范畴系统，北京：人民出版社，1989.

〔30〕彭永捷. 朱陆之辩. 朱熹陆九渊哲学比较研究，北京：人民出版社，2002.

〔31〕钱穆. 朱子新学案，成都：巴蜀书社，1986.

〔32〕钱穆. 朱子学提纲，北京：生活·读书·新知三联书店，2002.

〔33〕祈润兴. 陆九渊评传，南京：南京大学出版社，1998.

〔34〕任继愈. 中国哲学史，北京：人民出版社，1979.

〔35〕束景南. 朱子大传，北京：商务印书馆，2003.

〔36〕唐明邦. 邵雍评传，南京：南京大学出版社，2011.

〔37〕田智忠. 朱子论"曾点气象"研究，成都：巴蜀书社，2007.

〔38〕温伟耀. 成圣之道. 北宋二程修养工夫论之研究，郑州：河南大学出版社，2004.

〔39〕向世陵. 理气性心之间. 宋明理学的分系与四系，北京：人民出版社，2008.

〔40〕向世陵. 善恶之上. 胡宏·性学·理学，北京：中国广播电视出版社，2000.

〔41〕刑舒绪. 陆九渊研究，北京：人民出版社，2008.

〔42〕徐梵澄. 陆王学述，上海：远东出版社，1994.

［43］杨柱才.道学宗主.周敦颐哲学思想研究，北京：人民出版社，2004.

［44］余英时.宋明理学与政治文化，桂林：广西师范大学出版社，2006.

［45］张立文.宋明理学研究，北京：中国人民大学出版社，1985.

［46］张立文.朱熹思想研究，北京：中国社会科学出版社，1994.

［47］张立文.心学之路；陆九渊思想研究，北京：人民出版社，2008.

［48］张立文.朱熹评传，长春：长春出版社，2008.

［49］张立文.朱熹大辞典，上海：上海辞书出版社，2013.

［50］张义德.叶适评传，南京：南京大学出版社，1994.

［51］朱杰人.朱子全书（1—27 册），上海：上海古籍出版社，合肥：安徽教育出版社，2002.

［52］（美）田浩.朱熹的思维世界，西安：陕西师范大学出版社，2002.

［53］（美）田浩.功利主义儒家陈亮对朱熹的挑战，南京：江苏人民出版社，1997.

［54］（美）包弼德，王昌伟译.历史上的理学，杭州：浙江大学出版社，2009.

［55］（日）岛田虔次.朱子学与阳明学，西安：陕西师范大学出版社，1986.

参 考 文 献

后　记

这本书终于到了要写"后记"的时候了，"写后记"标志着这本书快完工了。虽然"快完工"，但是我并没有一种很轻松的感觉。

为什么呢？因为，我一直在思索：这本书的存在到底有什么意义？因这本书是一套丛书中之一册，所以必须按照丛书的总体要求来编写，包括"本论"与"文选"两个部分，"本论"部分有17万字，"文选"部分有20余万字。"本论"又包括"生平简介""思想研究"和"历史地位（思想价值）"。基于此，心为形役，我很惶恐，这本书能有什么创新之处？又因为研究朱熹及其著作的成果不胜枚举，我更加惶恐，这本书的创新之处是什么？

自2008年因攻读博士学位的需要，我开始研读朱熹的著作，练习撰写关于朱熹的论文，至2011年终于以《"心与理一"与"超凡入圣"之学——朱子心论研究》一文作为学位论文而按时顺利毕业，实在是侥幸。2013年此文经修改后在前辈老师的关怀下由安徽人民出版社出版。因鄙人生性驽钝，又固守没有"创新之处"不肯下笔成文的"毛病"，所以走上现在的工作岗位之后一直在研读朱熹的著作，写出并发表的关于朱熹的论文却并不是很多，实在是惭愧。朱熹的著作可谓是汗牛充栋，朱熹的思想可谓是博大精深，虽然自2008年至2018年已有十年，古语云"十年磨一剑"，我的剑不仅没有磨成，甚至还没有成胚。于是我更加惶恐了。

在诸多的惶恐与不安之中，在诸多的电脑屏幕的荧光漂白了我的双眼的夜晚之中，这本书还是快完成了。虽然就朱熹的某一两个方面的思想而言，自我感觉还能做到有一些自己独到的看法，但就"哲学、政治、伦理、教育、文学、美学、经学、史学、经济、法律、心（理）学、科技"等各个方面思想而言，我只能做到尽可能多地学习前圣时贤的成果，借鉴他们的观点，简明扼要地汇集成书。关于朱熹的佛学思想，因限于篇幅而没有涉及，更是一种缺憾。因此，这本书于我来说，是一个通过学习而得来的成果，也是一个学习的过程。这个学习的过程永远不会结束，一直延续到生命的尽头，还有很多没有学习完。

在本次的学习的过程中，我有很多感受。其一，在前圣时贤面前，我基本是个研究朱熹的小学生。其二，我希望把我从朱熹那里学到的告诉正在学习和将要学习的同人。从朱熹那里，我学到了什么？

从朱熹那里，我学到了要忧国忧民。要怀忧国忧民之心，行忧国忧民之举。朱熹无论是在泉州同安主簿任上还是在漳州和潭州等任上，他都竭尽所能为一方百姓谋福，想方设法减免赋税，赈灾济急，整顿吏治，移风易俗，虽极力倡导正经界而终不能行等。朱熹曾经上《壬午应诏封事》《庚子应诏封事》和《戊申封事》等，陈述自己的治国主张，主张"正君心"、反和主战、任贤使能、省赋恤民、反佛崇儒等。

从朱熹那里，我学到了要学无常师。在吸取诸家之长的基础上，形成自己较为完善的思想体系。朱熹开始就学于胡宪、刘勉之和刘子翚等，又曾向道谦学禅；潜心研究周敦颐、二程、张载理学，又儒、佛、道无所不学；还拜访过李樗、林之奇、刘藻、任文荐、林光朝、方翥、陈俊卿等。直到31岁时在延平正式拜李侗为师，受教两个多月后，才尽弃释老"异学"，而后经过多年的砥砺最终构建了自己较为完善的理学体系。

从朱熹那里，我学到了"理"要愈辩愈明。在与时贤的反复辩论中受到启发，不断完善自己的思想体系。朱熹曾与吕祖谦倾心交谈，与蔡元定讲论经义，与何镐论学，与张栻等人论中和，与陆氏兄弟等人论心与理、无极与太极，与陈亮等人辩义利与王霸，在不断地辩论中不停地反思，在不停地反思中用心总结，在总结之后又进行新的辩论，又反思、总结，如此不已，最后尽可能地完善自己的思想体系。

从朱熹那里，我学到了要诲人不倦。以教育来者后学为己任，在教育他们成人的同时延续自己的学术思想。自从朱熹在20岁回祖籍婺源省祖墓时收了平生第一批弟子，直到逝世从没有停止过对教育的重视。在任时整顿县学、整顿军学，颁布《谕学者》《谕诸生》《谕诸职事》等，延师聘教，亲自讲授，使学风为之一振。朱熹重建白鹿洞书院，作《白鹿洞赋》，定《白鹿洞书院学规》，重修岳麓书院。在野时建寒泉精舍、武夷精舍；建竹林精舍，后扩建为沧州精舍；创立紫阳书院，为教育提供良好的场所和规范的制度。

从朱熹那里，我学到了要笔耕不辍。在庆元党禁后，朱熹忍辱负重，虽疾病缠身，仍笔耕不辍，先后编纂、整理和修订了《学校贡举私议》《增损吕氏乡约》《资治通鉴纲目》《孟子要略》《韩文考异》《大学章句》《周易参同契考异》《尚书解》《楚辞集注》《楚辞后语》《楚辞辨证》《简斋诗集》等著述。其中《大学章句》是朱熹毕生致力的经解之一，前后做过不计其数的反复修改，直到逝世的前三天，还在对其某些章节作进一步修改。

从朱熹那里，我们可以学到很多。并不是说，凡是朱熹的我们都要学。也不是说，凡是朱熹的我们都可以学得到。我们要学其可学之处，行其可行之处，努力做一个较为完美的"我"。这个"我"一直在途中……

本书文选及引文大部分参考《朱子全书》上海古籍出版社，安徽教育出版社，2002 年版。